PFKNR

PFKNR

BAD BUNNY Y LA MÚSICA COMO UN ACTO DE RESISTENCIA

VANESSA DÍAZ Y PETRA R. RIVERA-RIDEAU

Planeta

Título original: *P FKN R: How Bad Bunny Became the Global Voice of Puerto Rican Resistance*

© DUKE UNIVERSITY PRESS
Todos los derechos reservados

© 2026, Vanessa Díaz y Petra R. Rivera-Rideau

Traducción: 2026, Aurora Lauzardo
Diseño e ilustración de portada: Matthew Tauch, basado en una fotografía de Thais Llorca Lezcano

Derechos reservados

© 2026, Editorial Planeta Mexicana, S.A. de C.V.
Bajo el sello editorial PLANETA M.R.
Avenida Presidente Masaryk núm. 111,
Piso 2, Polanco V Sección, Miguel Hidalgo
C.P. 11560, Ciudad de México
www.planetadelibros.us

Primera edición impresa en esta presentación: enero de 2026
ISBN: 978-607-39-3914-0

No se permite la reproducción total o parcial de este libro ni su incorporación a un sistema informático, ni su transmisión en cualquier forma o por cualquier medio, sea este electrónico, mecánico, por fotocopia, por grabación u otros métodos, sin el permiso previo y por escrito de los titulares del *copyright*.

Queda expresamente prohibida la utilización o reproducción de este libro o de cualquiera de sus partes con el propósito de entrenar o alimentar sistemas o tecnologías de Inteligencia Artificial (IA).

La infracción de los derechos mencionados puede ser constitutiva de delito contra la propiedad intelectual (Arts. 229 y siguientes de la Ley Federal del Derecho de Autor y Arts. 424 y siguientes del Código Penal Federal).

Si necesita fotocopiar o escanear algún fragmento de esta obra diríjase al CeMPro (Centro Mexicano de Protección y Fomento de los Derechos de Autor, http://www.cempro.org.mx).

Impreso en los talleres de Lightning Source, LLC
1246 Heil Quaker Blvd., LaVergne, TN 37086, USA.
Impreso en EE.UU. - *Printed in the United States of America*

ESTE LIBRO VA DEDICADO A:

Anacaona, Clemente, Rafael y Adrian, y a todos los nenes de Borikén dentro de Puerto Rico y en la diáspora.

Y PARA NUESTROS QUERIDOS PADRES,

Eugenio Rivera Jr. y Woodrow Díaz Jr.

«SOY GRANDE PORQUE VENGO DE UN LUGAR PEQUEÑO. SOY LEYENDA PORQUE SOY PUERTORRIQUEÑO. AQUÍ NACÍ, Y AQUÍ ME MUERO».

BENITO ANTONIO MARTÍNEZ OCASIO, ALIAS «BAD BUNNY»

ÍNDICE

Nota de la edición 11

Introducción. «¿Quién eres tú?»: Entender a Bad Bunny y la resistencia en Puerto Rico 12

1 Las cosas están empeorando: Puerto Rico en la era de «Soy peor» 26

2 ¿«Estamos bien»?: El huracán María y los desastres no naturales en Puerto Rico 52

3 «El pueblo no aguanta más injusticia»: Bad Bunny y el Verano Boricua 74

4 «¿Por qué no puedo ser así?»: Bad Bunny y las políticas de género 96

5 «El mundo es mío»: Bad Bunny más allá de Borinquen 124

6 «Puerto Rico está bien cabrón»: La fiesta es la protesta 147

7 «Cantando en *Non-English*»: Bad Bunny se pierde en la traducción 175

8 «Nunca antes hubo uno como yo»: Bad Bunny, Coachella y la pertenencia de los latinos en Estados Unidos   199

9 «Prende una velita»: Esperanza continua, resistencia continua   222

Conclusión. «Seguimos aquí»   243

AGRADECIMIENTOS   253

NOTAS   257

DISCOGRAFÍA   305

BIBLIOGRAFÍA   307

ÍNDICE ANALÍTICO   319

ACERCA DE LAS AUTORAS   333

NOTA DE LA EDICIÓN

Gran parte de las fuentes primarias de esta investigación son entrevistas que las autoras les hicieron a personas vinculadas de forma directa o indirecta a la industria de la música en Estados Unidos y Puerto Rico. En el listado de entrevistas, se especifica si se realizaron en inglés o en español. Algunas entrevistas realizadas en español contienen palabras o frases en inglés. A fin de que las citas directas sean lo más fieles posible a las palabras de las personas entrevistadas se han mantenido palabras y frases en inglés con su traducción correspondiente entre corchetes. La bibliografía y las notas han sido actualizadas para incluir las fuentes secundarias que se han traducido al español. Ningún estudio en español sobre Bad Bunny debe prescindir del recién publicado *El ABC de* DtMF: *Diccionario de palabras de Puerto Rico y referencias culturales en* DeBÍ TiRAR MáS FOToS de Maia Sherwood Droz (Naguabo, Puerto Rico: Extreme Graphics, 2025).

INTRODUCCIÓN

«¿QUIÉN ERES TÚ?»: ENTENDER A BAD BUNNY Y LA RESISTENCIA EN PUERTO RICO

Diciembre de 2024. Bad Bunny estaba terminando su álbum de 2025 *DeBÍ TiRAR MáS FOToS* cuando se dio cuenta de que la canción principal no funcionaba. La inspiración llegó después de que Bad Bunny y su colaborador y productor de mucho tiempo, MAG, se unieran a una parranda para celebrar las fiestas navideñas. Las parrandas en Puerto Rico son parecidas a las serenatas, en las que un grupo de personas va de puerta en puerta cantando canciones navideñas, acompañadas por músicos que tocan instrumentos como el pandero (especie pandereta propia del género folklórico puertorriqueño de la plena), el cuatro, el güiro y otros similares.

MAG regresó al hotel después de la parranda y no pudo dormir. «Oía bomba y plena circulando por mi cabeza», relató. «Entonces, a las 8 de la mañana, con aliento a pitorro, pensé, ¿y si probamos con una plena, pero a nuestra manera?[1] Así que le envié un mensaje de voz a Benito [alias Bad Bunny] y me dijo: "Eso me gusta mucho"».[2] Enseguida se dirigieron al estudio para grabar la nueva canción. «DtMF» abre con acordes melódicos de sintetizador que preparan el terreno para la voz potente y ronca de Bad Bunny. Ambos vieron que necesitaba instrumentación en vivo. Bad Bunny invitó a un grupo de músicos, a quienes llama cariñosamente «los sobrinos», y con quienes ya había colaborado en otros temas del álbum. Estos jóvenes músicos fueron esenciales en la creación de la percusión y las voces de llamada y respuesta que se asocian a la plena, un género musical afropuertorriqueño. MAG recuerda el proceso de grabación comunal: «Yo cantaba, Benito cantaba. Todo el mundo estaba en la sala en vivo pasándoselo en grande. Grabamos una plena en vivo y fue un momento de celebración precioso. Ha sido la sesión más bonita en la que he participado».

No podían imaginar que «DtMF» lanzaría la plena puertorriqueña a la escena mundial. «DtMF» pronto alcanzó el primer lugar en las dos plataformas de música en *streaming* más importantes del mundo: Apple Music y Spotify. El 21 de enero de 2025, unas semanas después del lanzamiento de *DeBÍ TiRAR MáS FOToS*, la canción de plena-fusión alcanzó el primer lugar en la lista Global 200 de Billboard, la lista que mide la difusión y las ventas de canciones en todo el mundo.[3] Antes de «DtMF», ninguna canción de plena había entrado en las listas, mucho menos alcanzado el primer lugar. De hecho, dada la naturaleza folklórica del género, es probable que la mayoría de la gente fuera de Puerto Rico y de la diáspora puertorriqueña nunca hubiera oído hablar de la plena. «No esperaba esa reacción, esa acogida», explicó MAG. «Lo que está ocurriendo con "DtMF" parece un movimiento cultural. Y se siente como si el mundo nos abrazara a nosotros y a Puerto Rico, y de una manera tan hermosa».

El éxito de la canción —y del álbum en su totalidad— no es de extrañar, dada la vertiginosa serie de logros de Bad Bunny como uno de los mejores artistas del mundo. *DeBÍ TiRAR MáS FOToS* fue su cuarto álbum en alcanzar el primer lugar en la lista de Billboard 200. De hecho, el primer álbum en español que debutó en el primer lugar de la lista fue *El último tour del mundo* de Bad Bunny, en 2020.[4] Cabe destacar que todos y cada uno de sus ocho álbumes de estudio han alcanzado el primer lugar en la lista Billboard Latin Albums. Más de cien canciones de Bad Bunny han llegado al Billboard Hot 100; quince han llegado al Top 10 de la lista; se trata de un logro especialmente notable dado que los temas en español rara vez llegan tan alto.[5] Entre 2020 y 2022, Bad Bunny se convirtió en el artista con más *streaming* en Spotify durante tres años consecutivos, superando a artistas de la talla de Beyoncé, Taylor Swift y Harry Styles.[6]

1.1 Bad Bunny, con un conjunto de chaqueta como los que vestía el ícono de la salsa Héctor Lavoe, interpreta «Baile INoLVIDABLE» y «DtMF» con una agrupación de salsa en vivo, entre los que figuran Los Sobrinos. Docuserie de 4 capítulos para celebrar los 50 años de *Saturday Night Live*, *SLN50*: The Homecoming Concert at Radio City Music Hall, el 14 de febrero de 2025. (Peacock/NBC Universal vía Getty Images).

Además de esas métricas pioneras en las listas, en repetidas ocasiones Bad Bunny ha roto barreras para la música latina y los artistas en español en Estados Unidos. En total, Bad Bunny ha recibido más de cuarenta nominaciones a los Grammy y a los Grammy Latinos, y se ha convertido en el primer artista de habla hispana en obtener una nominación al Grammy al Álbum del Año por *Un verano sin ti* (2022).[7] *Un verano sin ti* se convirtió en el álbum más reproducido en *streaming* de la historia de Spotify, y recibió numerosos reconocimientos, incluido el noveno puesto en la lista de los mejores álbumes del siglo XXI de *Rolling Stone*.[8] Su éxito también allanó el camino para que Bad Bunny se convirtiera en el primer artista de la historia en realizar dos giras distintas, *El último tour* y *World's Hottest Tour* (ambas en 2022), con una recaudación de $100 millones de dólares en menos de doce meses.[9] Tras esas giras, Bad Bunny se convirtió en el primer artista latino de habla hispana en encabezar Coachella en 2023.[10] En 2024, la gira *Most Wanted Tour* de Bad Bunny fue la séptima más taquillera de Estados Unidos con una recaudación de más de $200 millones de dólares.[11] En el verano de 2025, Bad Bunny realizó una residencia histórica en Puerto Rico. Bad Bunny es, sin lugar a dudas, una auténtica superestrella.

Aunque muchos han celebrado el éxito de Bad Bunny en el *mainstream* estadounidense, otros se han preguntado si su fama le ha distanciado de sus raíces y comunidades puertorriqueñas. Estas críticas salieron a relucir con su álbum de 2023, *Nadie sabe lo que va a pasar mañana* (a menudo llamado *Nadie sabe*), que precedió a su álbum de 2025 *DeBÍ TiRAR MáS FOToS*. Bad Bunny presentó *Nadie sabe* como un álbum para sus «verdaderos fans» y se remontó a sus días como artista de trap latino.[12] Las letras del álbum hablan de la incomodidad de Bad Bunny con la fama al tiempo que presume de su riqueza y éxito. Bad Bunny lanzó *Nadie sabe* después de trasladarse por una breve temporada a Los Ángeles, donde vivió en una moderna mansión cerca de Sunset Strip. Allí inició un romance con la supermodelo y estrella de *reality* Kendall Jenner, quien ha enfrentado críticas por apropiarse de la cultura mexicana en el *marketing* de su marca de tequila 818.[13] La mudanza a Los Ángeles, codearse con estrellas de cine estadounidenses, salir con un miembro de la familia Kardashian-Jenner y quejarse de su fama hizo que muchos fans conjeturaran que Bad Bunny había erosionado su compromiso con Puerto Rico y con los latinos en general.[14]

Lo que los fans no sabían era que, junto con este disco de trap latino, Bad Bunny también había concebido y empezado a trabajar en *DeBÍ TiRAR MáS FOToS*, el cual, tras su lanzamiento, muchos críticos calificarían de «carta de amor a Puerto Rico».[15] Bad Bunny es conocido por fusionar géneros de formas únicas e inesperadas. Sin embargo, *DeBÍ TiRAR MáS FOToS* marcó la primera vez que el artista mezclaba géneros puertorriqueños más tradicionales como la plena, la bomba y la salsa en su característico sonido de reguetón y trap. También destacó a una pléyade de jóvenes artistas puertorriqueños como Dei V, RaiNao y Chuwi, además de Los Sobrinos y Los Pleneros de la Cresta.

Pero la música no es lo único que ha hecho de *DeBÍ TiRAR MáS FOToS* el álbum más puertorriqueño de Bad Bunny. Esta es quizás su obra más politizada hasta el momento. El álbum celebra la resistencia y la alegría puertorriqueñas, al tiempo que ofrece críticas políticas mordaces al colonialismo estadounidense en Puerto Rico. La campaña mediática que precedió al lanzamiento del álbum —la víspera de la importante festividad del Día de Reyes en Puerto Rico— incluyó un cortometraje de doce minutos protagonizado por el actor y director de cine puertorriqueño Jacobo Morales y una figura animada del sapo concho, un sapo crestado endémico de Puerto Rico que está en peligro de extinción. Como muchas de las letras del álbum, el cortometraje aborda la gentrificación de Puerto Rico, que, como comentaremos más adelante en este libro, es devastadora para la cultura, la tierra y la gente del archipiélago. *DeBÍ TiRAR MáS FOToS* fue tanto una obra maestra musical como un grito de guerra político, firmemente arraigado en la cultura, las preocupaciones y las tradiciones de los puertorriqueños. Como describimos en nuestra reseña del álbum para *Latina*, «el álbum se inspira en la larga historia de la música puertorriqueña como forma de resistencia, en particular contra el colonialismo estadounidense, y en el uso del arte y la danza para contar historias de la vida cotidiana, la alegría y la lucha de los puertorriqueños».[16] Para los que seguían escépticos, *DeBÍ TiRAR MáS FOToS* subraya que Bad Bunny sigue comprometido con Puerto Rico y los puertorriqueños, y que continuará utilizando su plataforma para arrojar luz sobre los problemas a los que se enfrenta su tierra natal.

Bad Bunny nació en 1994 en Vega Baja, Puerto Rico, y es el hijo mayor de un camionero y una maestra de escuela. Su vida ha estado marcada por una serie de crisis políticas, económicas y sociales en Puerto Rico, tales como la ruinosa crisis de la deuda, el deterioro de las infraestructuras y la omnipresente corrupción gubernamental. Al mismo tiempo, los últimos treinta años de historia puertorriqueña también han puesto de manifiesto la innovación y la autodeterminación de los puertorriqueños frente a sus continuas realidades coloniales. Es innegable que el colonialismo y los agudos momentos de crisis de Puerto Rico han moldeado su vida como Benito Antonio Martínez Ocasio, en muchos sentidos un típico milenial puertorriqueño de origen obrero, y como Bad Bunny, el inconfundible artista de fama mundial. En lugar de distanciarse de sus raíces en su ascenso, el éxito de Bad Bunny se debe en gran parte a su defensa sin ambages de su tierra natal y a la conexión íntima que mantiene con Puerto Rico.

Muchas de las personas que entrevistamos para este libro observaron lo increíble que es que Puerto Rico, una isla pequeña de apenas 170 km de largo por 60 km de ancho (o como se dice en Puerto Rico, de 100 × 35 [millas]), pueda producir tal abundancia de monumentales figuras de la cultura pop. Desde el ícono del béisbol Roberto Clemente al salsero Ismael Rivera, la superestrella del pop Ricky Martin, muchos puertorriqueños legendarios han dejado su huella en Estados Unidos y en todo el mundo. Jowell, del popular dúo de reguetón Jowell y Randy (grupo que también es una de las influencias musicales del propio Bad Bunny), nos dijo: «Muchas veces gente como tú nos preguntan: "Mira, ¿qué es lo que tiene de especial Puerto Rico que hace música especial?" o "¿Qué rayos es? Porque es una isla tan pequeña y logra un poder tan fuerte a través de la cultura, de la música, del arte"». Otro artista de reguetón y trap latino, De La Ghetto, nos dijo: «La gente me pregunta *like everywhere I go* [donde quiera que voy] "mano, ¿cómo Puerto Rico, una isla tan pequeña, produce tantos músicos y atletas?"... y yo digo, "cabrón, yo no sé"». Para el productor musical Eduardo Cabra, el éxito de Bad Bunny se debe en parte a sus raíces puertorriqueñas. Eduardo, quien produjo la canción «WELTiTA» en *DeBÍ TiRAR MáS FOToS*, nos dijo: «No es una casualidad que Bad Bunny sea boricua».

Tomamos prestado el título de nuestro libro *P FKN R* del himno de Bad Bunny a Puerto Rico en su álbum de 2020 *YHLQMDLG*.[17] P FKN R es la abreviatura de «Puerto "*Fucking*" Rico», que refleja en sí misma el efecto del colonialismo estadounidense en el español y la cultura de Puerto Rico. Como señala el antropólogo lingüístico Jonathan Rosa, es el interfijo de un improperio, que denota un profundo conocimiento y familiaridad con las normas lingüísticas del inglés, resultado de más de cien años de dominio colonial estadounidense.[18] P FKN R refleja la imposición cultural estadounidense y es también una frase omnipresente en el repertorio de Bad Bunny. Representa las luchas y la alegría de los puertorriqueños, así como la dualidad de la vida en el archipiélago: FKN se refiere tanto a lo positivo como a lo negativo. Es una expresión de orgullo por la puertorriqueñidad, pero también de frustración por los problemas que el colonialismo ha traído al archipiélago. Esa dicotomía es fundamental en el extraordinario arte que Puerto Rico ha producido e influye en las cambiantes formas de resistencia cotidiana a la opresión y el colonialismo, que son parte de la vida puertorriqueña.

La resistencia no es un concepto monolítico, sino que puede configurarse de diversos modos para servir a las circunstancias y necesidades particulares de quienes la ejercen. En el caso de Puerto Rico, sus más de quinientos años (y suma y sigue) de colonialismo —primero bajo el dominio español y luego bajo el estadounidense— han creado una situación en la que la resistencia continua es la única opción. Como explica el historiador Jorell Meléndez-Badillo, desde el momento en que los colonizadores españoles desembarcaron en las costas de Puerto Rico, los indígenas taínos de Borikén, o lo que hoy se conoce como Puerto Rico, «se dieron cuenta de que los colonizadores no eran de fiar».[19] Por este motivo, Meléndez-Badillo se refiere a los taínos como «el pueblo que se resistió a la conquista de Colón».[20] Y así comenzó la resistencia a la colonización que duró siglos. Los puertorriqueños han participado en diferentes tipos de resistencia, desde la música y la danza hasta el arte visual y la poesía, las protestas organizadas y la rebelión armada, o simplemente enarbolando una bandera puertorriqueña (lo que, en un momento dado, bajo el dominio estadounidense, podía llevar a los puertorriqueños a la cárcel).[21] La frase «P FKN R» es en sí misma una muestra de esa resistencia. A pesar de provenir de la lengua del colonizador, el interfijo FKN en PR denota orgullo, y es poderoso y contundente.

P FKN R —como título, como mantra, como forma de vida— también abre un espacio para honrar lo vulgar. Como artista de reguetón, Bad Bunny ha estado sometido a la misma paranoia cultural y a las mismas preocupaciones que siempre han afectado al género. Desde los inicios de su carrera, se le ha acusado públicamente de ser en parte responsable de los problemas sociales de Puerto Rico.[22] Kacho López Mari, reconocido director y productor de cine que ha dirigido varios proyectos para Bad Bunny, nos dijo en una entrevista que una de las cosas más impresionantes de Bad Bunny es la variedad de temas que trata en sus canciones, desde la conciencia social hasta lo vulgar: «De que le importe un carajo, de que va a hablar de lo sexual, pues él se va por lo explícito, bien cabronamente explícito. Pero mira, o sea, de la manera que yo lo veo, pues así él habla y así ha sido el mundo apto de consumirlo, y de alguna manera, conectar con ese mensaje. La verdad es que él lo dice de una manera muy de él... Él es un genio musical». En la cobertura mediática de los históricos conciertos de Bad Bunny en Puerto Rico en 2022, los padres que llevaron a sus hijos adolescentes al concierto veían más allá de la vulgaridad de algunas de sus letras, reconocían que su obra forma parte de un movimiento histórico de jóvenes en Puerto Rico, y querían que sus hijos estuvieran conectados con esa historia.[23]

La vulgaridad o la percepción de vulgaridad también fueron clave en las protestas masivas de 2019 en Puerto Rico (también conocidas como el Verano Boricua), en las cuales el perreo era una forma de protesta. El *perreo*, baile asociado al reguetón, suele bailarse de espaldas, con la persona de delante girando las caderas contra la pelvis de su pareja de forma provocativa. Se presume que el término *perreo* procede de la palabra «perro», porque imita la copulación entre canes. La naturaleza explícita del perreo ha hecho del baile un tema de preocupación, de desprecio y hasta de una campaña de censura.[24] Al mismo tiempo, otros también han considerado el perreo un espacio de liberación y libertad.[25] En ese espíritu, los jóvenes (en su mayoría *queer*) que se reunieron en los escalones de la icónica catedral en el Viejo San Juan para perrear fueron intencionales en su audacia y «vulgaridad intrépida» durante las protestas masivas en 2019.[26] Dado que lo *queer* se ha equiparado a lo largo de la historia con la vulgaridad, la presentación a menudo no conforme con el género de Bad Bunny, junto con su defensa de temas como poner fin a la violencia de género que afecta de forma desproporcionada a las mujeres y las personas LGTBQ+, ha contribuido a que lo perciban como vulgar. Aunque se ha acusado con razón al reguetón de ser misógino y homofóbico, la relación del reguetón con la vulgaridad y la inaceptabilidad social más amplia también lo ha conectado con lo *queer*.[27] Al reguetón nunca le ha interesado la respetabilidad. Más bien, el reguetón desbarata las asociaciones entre puertorriqueñidad y respetabilidad, a la vez que arroja luz sobre las actuales realidades coloniales a las que se enfrenta el archipiélago.[28]

Siguiendo el ejemplo de los artistas pioneros del reguetón puertorriqueño que le precedieron, Bad Bunny ha mantenido que su música no es la razón de los males sociales de Puerto Rico. En 2018, el ahora gobernador caído en desgracia Ricardo Rosselló solicitó a través de las redes sociales que Bad Bunny añadiera una tercera noche a sus conciertos de la primavera de 2019 en El Coliseo de Puerto Rico José Miguel Agrelot (localmente llamado «El Choliseo o El Choli»), el mayor recinto techado de conciertos de Puerto Rico. En respuesta, una maestra puertorriqueña se lanzó a las redes sociales para criticar a Bad Bunny, acusándolo de que sus letras vulgares y groseras contribuían a una «generación de imbéciles» en Puerto Rico.[29] Cuando la publicación de la maestra en las redes sociales se hizo viral, Bad Bunny publicó una declaración de varias páginas en su cuenta de Instagram para responder tanto a ella como a Rosselló. En respuesta a la petición de Rosselló, dijo: «Mi dignidad como boricua no me lo permite, sabiendo que hay asuntos como estos que son mucho más importantes que un tercer concierto mío».[30] Se refería a los numerosos problemas que aquejan a Puerto Rico, desde la crisis de la deuda hasta la inepta respuesta del gobierno al huracán María. A continuación, Bad Bunny agradeció a la profesora su servicio a la comunidad, pero también la responsabilizó de su papel como educadora de los jóvenes de Puerto Rico: «Sepa que este artista que hoy usted critica solo es un producto más del sistema de educación de mi país. Así que usted y sus compañeros también han contribuido a ese exitoso plan de crear una "generación de imbéciles"... [T]e dicen que Cristóbal Colón es un héroe y es bueno, pero querer saber más que los maestros con preguntas difíciles es malo».[31] Este incidente demuestra cómo Bad Bunny les da la vuelta a las acusaciones de vulgaridad para mostrar que las verdaderas vulgaridades ocurren a nivel del fracaso del Estado, las políticas coloniales y las actitudes racistas y clasistas que afectan a la sociedad puertorriqueña.

Bad Bunny ha utilizado de forma eficaz su plataforma para expresar el orgullo y la frustración que encierra la frase P FKN R. Él siempre representa a Puerto Rico, que es en parte lo que le ha ganado la admiración y el respeto de sus pares. «Otras personas lo habrían mantenido neutral, porque [están] tratando de ser globales y [están] tratando de conseguir más oídos», nos dijo Marissa Lopez, jefa de Relaciones con Artistas Latinos de Apple Music, quien ha colaborado con Bad Bunny y su equipo en varios lanzamientos de álbumes. «Pero Benito toca su propio tambor». MAG, el productor de Bad Bunny, nos explicó que cuando Bad Bunny «empezó a mostrar su postura política sobre las cosas que ocurren en la isla», se hizo más querido por los puertorriqueños, tanto en Puerto Rico como en la diáspora. El reguetonero Jowell nos explicó que parte del atractivo de Bad Bunny es que siempre representa a Puerto Rico: «Pues yo creo que Bad Bunny es como la máxima expresión de Puerto Rico... Él dijo, no importa lo más grande que yo sea, yo siempre voy a seguir escribiendo en Puerto Rico, hablando de Puerto Rico, hablando de la cultura de Puerto Rico, que yo creo que es algo que es interesante para el mundo». Como nos dijo Kacho, «Benito utiliza la puertorriqueñidad como un punto de partida para todo. Pero además, como él la ve, como lo inspira realmente. Ahí es que tú ves esa grandeza, pero sobre todo la capacidad de mirar esa grandeza, el potencial en la puertorriqueñidad, y con eso, la creación boricua ha podido conquistar a nivel global».

Desde 2020, Bad Bunny ha dominado la cultura popular mundial con sus álbumes rompedores, sus actuaciones históricas y sus deslumbrantes estadísticas en las listas de éxitos. Para Gus López, veterano ejecutivo musical y fundador del sello de reguetón Machete Music, la voz única de Bad Bunny, su brillante presencia escénica, su conexión con el público y su enfoque poco convencional lo convierten en un «artista único en su generación. Hace todo lo que se supone que no debes hacer, ¡y funciona! Y, encima, es una bestia en el escenario». Tainy, colaborador y productor de Bad Bunny desde hace mucho tiempo y una leyenda por derecho propio del reguetón, también considera a Bad Bunny un artista innovador de su generación. Al reflexionar sobre la importancia de que Bad Bunny actúe en espacios estadounidenses de gran audiencia como *The Tonight Show* con Jimmy Fallon, Tainy nos dijo:

> No es normal para un artista latino estar en esos lugares, [algo que] vimos mucho con él... estar metido en cosas donde normalmente no existiríamos... Fue importante no solo para Puerto Rico, sino América Latina.

Es un artista que ahora mismo está famoso, está pegado, está haciendo su dinero, está haciendo sus cosas, pero al final del día podemos entender que él sea un ser humano como cualquier otra persona, que sabe las diferentes circunstancias que uno vive... y [uno] puede ver a alguien así de importante... también velando por el país. Son cosas que te separan de otros artistas.

Muchas personas coinciden con Tainy en que Bad Bunny es un ícono mundial tanto en Puerto Rico como en América Latina, y que sus posturas políticas han sido decisivas en su ascenso. El propio Bad Bunny subraya con regularidad que su intención es vivir en Puerto Rico para siempre. Como le dijo al *podcaster* puertorriqueño Anthony Cáceres, apodado «El Tony»: «Yo vivo aquí, cabrón, yo vivo aquí, tengo propiedades, cabrón, gracias a Dios puedo comprar. Si necesito una propiedad vamos a suponer en L. A. [Los Ángeles], estoy haciendo un par de películas, pues... por cuestión de trabajo... A mí todo el que me pregunta: "¿Dónde tú vives?". Yo no digo: "Yo vivo en L. A." o "Yo vivo en Nueva York". Pues yo digo: "Yo vivo en Puerto Rico. Ahora mismo estoy durmiendo en L. A., pero vivo en Puerto Rico", le digo a la gente».[32] Bad Bunny sigue trabajando con sus amigos de la escuela y sigue vinculado a su comunidad de Almirante Sur en el municipio de Vega Baja. En 2023, le dijo a *Billboard*:

> Me gusta estar conectado con la gente. Y cuando digo «conectado», no es «Ah, quiero compartir esto con mis fans». No, es «¿Qué está pasando en Puerto Rico?». Si siguiera trabajando en el supermercado, ¿cómo vería las cosas? Quiero sentir esa conexión. Quizás ya no ando por la calle, pero soy consciente de lo que ocurre en ella. Mis amigos están todos allí. Todos viven en sus pueblos natales, donde siempre han vivido, y todo el mundo sigue igual y tienen sus familias y los mismos amigos que tienen desde hace años, como yo. Si alguien del vecindario muere, lo sé. Si alguien se queda embarazada, yo también me entero.[33]

De igual modo, Bad Bunny le dijo a El Tony que, aunque ha alcanzado tanto éxito que podría vivir en cualquier parte del mundo, quiere quedarse en Puerto Rico y vivir entre puertorriqueños: «No quiero vivir en [el municipio de] Dorado, donde tengo una casa cogiendo polvo porque no quiero vivir [en ella]... en una burbuja donde todo está bien cuando sé que más allá, después de la verja, las cosas no están bien... Si algún día tengo hijos, papi, yo no quiero tenerlos aquí en... el parquecito de golf... Yo quiero dejarlos que vayan por ahí, por el barrio, que no vivan en una burbuja».[34]

Las referencias de Bad Bunny al municipio de Dorado y a los campos de golf apuntan al intenso aburguesamiento que está ocurriendo en Puerto Rico. Leyes como la Ley 60 allanaron el camino para que los estadounidenses ricos se trasladaran a Puerto Rico y se establecieran en zonas como la ciudad costera de Dorado, en extremo aburguesada, donde los edificios de lujo y los complejos turísticos exclusivos han desplazado a los puertorriqueños y cortado los puntos de acceso público a las playas locales.[35] Como multimillonario, Bad Bunny es uno de los pocos puertorriqueños que pueden permitirse vivir en lugares como Dorado, pero prefiere quedarse en el «barrio», cerca de sus compatriotas puertorriqueños.

Bad Bunny ha utilizado con habilidad su plataforma de superestrella mundial para abogar por Puerto Rico, basándose en la larga tradición de combinar la alegría y la protesta en su música como forma de resistencia. Eso es lo que lo convierte en un portavoz tan eficaz de Puerto Rico. Pablo Batista, quien ha trabajado con artistas de reguetón desde los inicios del género, nos dijo: «Todo lo que Benito ha hecho hasta el día de hoy es siempre significativo para Puerto Rico. Por primera vez, tenemos a alguien que puede decirle al mundo lo que sentimos y no es una persona del gobierno con su agenda propia. Si estamos jodidos, él te dirá: "Hey, estamos jodidos. Necesitamos ayuda"». De nuestras entrevistas con productores, artistas y otras figuras de la industria se desprende con claridad que Bad Bunny es cada vez más intencionado y abierto a la hora de utilizar su trabajo y su enorme plataforma para abogar por Puerto Rico, denunciando sus infraestructuras deficientes o su corrupción endémica, al tiempo que expresa su máximo orgullo y esperanza por Puerto Rico.[36] *P FKN R* demuestra que el trabajo de Bad Bunny, desde sus inicios como rapero de SoundCloud hasta su actual estatus de superestrella mundial, refleja y ayuda a dar forma al discurso sobre la vida puertorriqueña en los últimos treinta años. Su arte es parte de una larga historia de resistencia puertorriqueña.

BREVE INTRODUCCIÓN A LA HISTORIA DE PUERTO RICO

Cuando Bad Bunny lanzó *DeBÍ TiRAR MáS FOToS*, su equipo contrató al historiador Jorell Meléndez-Badillo para que escribiera el texto que aparecería en los visualizadores de YouTube de cada canción del álbum. Los visualizadores son secuencias visuales —una serie de fotografías o una escena— que están vagamente conectadas con el tema de un álbum y que aparecen en la pantalla mientras se reproduce el audio de una canción.[37] Para *DeBÍ TiRAR MáS FOToS*, Bad Bunny quería que los visualizadores de cada canción contuvieran diferentes lecciones de historia de Puerto Rico, que sus fans pudieran leer mientras escuchaban la canción. Quería aprovechar su plataforma para arrojar luz sobre aspectos de la historia de Puerto Rico que incluso él, como persona educada en escuelas públicas puertorriqueñas, nunca aprendió. Meléndez-Badillo escribió textos btreves sobre una amplia gama de temas, desde el Grito de Lares de 1868, cuando los puertorriqueños intentaron derrocar el gobierno español, hasta la creación de la bandera puertorriqueña, el activismo obrero de principios del siglo xx y el crecimiento de la diáspora puertorriqueña.[38] Mezclar la cultura popular con contenidos educativos no solo fue una idea brillante, sino que también proporcionó un contexto e información importantes con los que interpretar las canciones del álbum. De igual modo, nuestro objetivo con este libro es usar el trabajo de Bad Bunny para arrojar luz tanto sobre las numerosas crisis a las que se enfrenta Puerto Rico como sobre sus raíces en su relación colonial con Estados Unidos. Aunque hacer un recuento completo y detallado de la historia de Puerto Rico supera el alcance de este libro, en los siguientes párrafos ofrecemos algunos antecedentes básicos sobre Puerto Rico desde 1898, cuando Estados Unidos se estableció como potencia mundial y Puerto Rico se convirtió en uno de sus territorios más importantes.[39]

Estados Unidos obtuvo a Puerto Rico junto con Guam, Filipinas y Cuba al final de la Guerra Hispano-Estadounidense en 1898. Tras un breve gobierno militar, la Ley Foraker de 1900 estableció un nuevo gobierno dirigido por un gobernador nombrado por el presidente de Estados Unidos y oficiales puertorriqueños electos en la Cámara de Delegados de Puerto Rico. Sin embargo, la cuestión de qué hacer con la población puertorriqueña seguía siendo un problema para muchos políticos y élites estadounidenses que consideraban a los puertorriqueños racialmente inferiores e incapaces de asimilarse a Estados Unidos.[40] Poco después de la Ley Foraker, una serie de casos del Tribunal Supremo de Estados Unidos conocidos como los Casos Insulares (1901-1922) establecieron que Puerto Rico es un territorio «extranjero en el sentido doméstico», lo que significa que Puerto Rico es una posesión «doméstica» de Estados Unidos pero demasiado «extranjera» como para integrarse al país.[41]

La ciudadanía era una de las complejidades más críticas de dicho acuerdo. Los puertorriqueños no eran ciudadanos estadounidenses ni de ningún otro país porque Puerto Rico no era un Estado soberano. En 1917, el

Congreso de los Estados Unidos aprobó la Ley Jones-Shafroth que impuso la ciudadanía estadounidense a todos los puertorriqueños, incluidos los nacidos y criados en el archipiélago. Sin embargo, la ciudadanía puertorriqueña al día de hoy no concede plenos derechos cívicos a las personas que viven en el archipiélago de Puerto Rico. Por ejemplo, los puertorriqueños no pueden votar en las elecciones presidenciales de Estados Unidos ni tienen representación con derecho al voto en el Congreso de los Estados Unidos. Sin embargo, los puertorriqueños sí son elegibles para el servicio militar obligatorio.[42] De hecho, el historiador jurídico Sam Erman se refiere a los puertorriqueños como «casi ciudadanos», lo que significa que, a pesar de que son ciudadanos estadounidenses, Estados Unidos nunca ha tenido la intención de concederles plenos derechos de ciudadanía.[43] En 1948, las cosas cambiaron ligeramente cuando a los puertorriqueños se les permitió, por primera vez, elegir a su propio gobernador, un político experimentado llamado Luis Muñoz Marín, quien ocupó el cargo durante cuatro mandatos consecutivos, desde 1949 hasta 1965. Bajo su liderazgo, Puerto Rico aprobó su propia Constitución en 1952 y estableció un nuevo estatus político: el Estado Libre Asociado (ELA). Para Muñoz Marín y otros partidarios del ELA, esto parecía una gran concesión que le otorgaría autonomía a Puerto Rico al tiempo que mantendría los lazos con Estados Unidos. La administración de Muñoz Marín y el gobierno de Estados Unidos alegaban que el ELA no era un acuerdo colonial sino un «convenio» único al que ambas partes habían llegado de forma voluntaria, argumento que esgrimieron ante la Asamblea General de las Naciones Unidas para eliminar a Puerto Rico de la lista de territorios no autónomos.[44] Sin embargo, en la práctica, el estatus de ELA no hizo sino afianzar aún más el dominio colonial de Estados Unidos en Puerto Rico. Por ejemplo, cuando Puerto Rico envió su Constitución de 1952 al Congreso de los Estados Unidos para su aprobación, el Congreso no solo eliminó algunas de las políticas que contemplaba la Constitución —aquellas que concedían educación gratuita, seguridad en la vivienda y similares—, sino que también se aseguró de que, al final del día, Estados Unidos siempre tendría la última palabra respecto a Puerto Rico.[45] La Constitución de los Estados Unidos va por encima de cualquier estipulación escrita en la Constitución de Puerto Rico, y el Congreso de los Estados Unidos mantiene el derecho de modificar o rechazar cualquier legislación en Puerto Rico.[46]

Durante todo este tiempo, los puertorriqueños también se han resistido al colonialismo estadounidense. A mediados del siglo XX, emergieron importantes líderes independentistas, entre los que se destaca Pedro

Albizu Campos, que animaron a los puertorriqueños a luchar por su soberanía. Otros participaron en actos de resistencia armada, como Blanca Canales, quien dirigió un pequeño levantamiento en el pueblo de Jayuya en 1950, y los cuatro activistas —Lolita Lebrón, Rafael Cancel Miranda, Andrés Figueroa Cordero e Irving Flores—, quienes, en 1954, abrieron fuego desde la rotonda del Capitolio durante una reunión del Congreso de los Estados Unidos.[47] Además, estudiantes, trabajadores sindicales, feministas y personas de la diáspora puertorriqueña se han movilizado en torno a los derechos de los trabajadores, los derechos reproductivos, las acciones militares de Estados Unidos y la justicia medioambiental.[48] Estos movimientos se han enfrentado a la represión del gobierno estadounidense e incluso a la del gobierno puertorriqueño. Sin embargo, como mostraremos a lo largo de este libro, las movilizaciones, la organización y las protestas siguen siendo aspectos importantes de la vida puertorriqueña.

Este contexto es necesario para entender cómo la situación presente de Puerto Rico ha dado forma a la obra de Bad Bunny. La actual crisis de la deuda, las secuelas del huracán María y otras catástrofes no naturales, como la gentrificación y los desplazamientos masivos que se están produciendo en el archipiélago, y los recientes recortes en servicios sociales, tales como la sanidad y la educación, tienen sus raíces en esta larga historia colonial. El trabajo de Bad Bunny también es parte de esta larga historia de resistencia en Puerto Rico. Ya sea cuando abandonó su gira europea en 2019 para unirse a las protestas para destituir al entonces gobernador Ricardo Rosselló, cuando añadió un documental de veintidós minutos sobre el aburguesamiento al final del video musical de 2022 para «El Apagón», o cuando incorporó imágenes y referencias líricas a la independencia de Puerto Rico en su canción de 2025, «LA MuDANZA», Bad Bunny ha utilizado cada vez más su plataforma para abogar por Puerto Rico.

1

LAS COSAS ESTÁN EMPEORANDO: PUERTO RICO EN LA ERA DE «SOY PEOR»

Rafael Castillo Torres, más conocido por su nombre artístico De La Ghetto, comenzó a grabar música rap en 2005, cuando tenía alrededor de veintiún años, con su contemporáneo Austin Agustín Santos, más conocido por su nombre artístico Arcángel. (Si bien solo fueron el dúo Arcángel y De La Ghetto por un año, han seguido trabajando juntos de vez en cuando). Durante las siguientes dos décadas, De La Ghetto crearía un nuevo sonido de rap y R&B en español que se convertiría en la base del trap latino. En muchos sentidos, Arcángel y De La Ghetto se adelantaron a su tiempo, fusionando ritmos de hiphop y *riffs* de R&B con letras en español en una época en la que el reguetón, de base más caribeña, dominaba las ondas de radio.

Bad Bunny entonces llevó el trap latino a nuevas alturas. Como nos dijo De La Ghetto desde su casa en Orlando, Florida: «Él trajo todo el género pa' Puerto Rico... *the number one artist in the world* [el artista número uno del mundo]». Bad Bunny, según De La Ghetto, fue muy elegante al continuar con el trabajo de los primeros artistas del trap latino. Recordó lo que fue darse cuenta de que Bad Bunny y otros de esa nueva generación de raperos estaban tan influenciados por su trabajo: «Me miraban como "¡Diablos! De La Ghetto!"... ellos nos escucharon a nosotros. Nosotros cantamos en el *prom* [baile de graduación] de ellos».

En 2023, Bad Bunny llamó a De La Ghetto para hablar sobre hacer una nueva canción juntos. Los dos habían colaborado en el éxito de 2016 «Caile», que también contó con la participación de los artistas Bryant Myers y Zion. En el momento del lanzamiento de «Caile», Bad Bunny era una nueva estrella del trap que aún no había grabado un álbum. Ya en 2023, Bad Bunny se había convertido en uno de los artistas más grandes no solo del trap latino sino del mundo. Cuando llamó, De La Ghetto explicó: «[Sentí que] me estaban llamando. Como Batman... Todos los héroes de DC: "Cabrón, hay un problema, llega a Nueva York"».

De La Ghetto llegó al estudio en Nueva York para grabar con Bad Bunny, Tainy, Arcángel y Ñengo Flow (otro artista puertorriqueño que había comenzado a mediados de la década del año 2000). Según De La Ghetto, el ambiente en el estudio era eléctrico. Todos «dejaron [sus egos] afuera» para apoyar a Bad Bunny y su idea de crear una canción que celebrara la vida en los barrios obreros y caseríos (conjunto de viviendas públicas) de Puerto Rico. La canción se convertiría en un nuevo himno para Puerto Rico: «ACHO PR».

Bad Bunny lanzó el video musical de «ACHO PR» el 10 de marzo de 2024, el día en que cumplía treinta años. El video de casi doce minutos documenta la creación de la canción. Los espectadores ven a De La Ghetto, Arcángel y Ñengo Flow llegar al estudio en Manhattan. Entre las imágenes de cada uno de ellos rapeando sus versos, todos cantando feliz cumpleaños a De La Ghetto y al amigo íntimo y director creativo de Bad Bunny, Janthony Oliveras, y el grupo bromeando y pasando el rato, los fanáticos obtienen una visión poco común del proceso creativo de Bad Bunny.[1]

Bad Bunny es más que un rapero. También es un productor y compositor muy respetado. MAG y Tainy, sus productores y socios creativos, nos dijeron lo mucho que les gusta que participe de forma activa en todos los aspectos de la producción. MAG nos dijo: «He tenido la suerte en mi carrera de estar en el estudio de grabación con algunos de los mejores compositores de todos los tiempos. Benito es probablemente el mejor escritor con el que he estado en el estudio de grabación». Tainy describió de manera similar la sensación de completo asombro que sintió cuando conoció a Bad Bunny: «[T]oda la música que él estaba sacando eran *beats* de él. Y eso a mí también me voló la cabeza porque yo estaba escuchando música súper-*cool* de un chamaquito nuevo en Puerto Rico y pues podía deducir que eran otros productores o lo que sea, pero ver que esas ideas de producción estaban viniendo de él también fue como que, diablos, eso no es normal». De La Ghetto nos dijo: «Yo diría [que] es como... otro Kanye [West] boricua en el sentido [de que] él se graba, él se mezcla, *he did his own beats* [él creaba sus propios ritmos]». En el video musical de «ACHO PR» Bad Bunny aparece trabajando en sus ritmos en el ordenador con Tainy, escuchando en sus auriculares las grabaciones que van haciendo y ofreciendo consejos a Ñengo Flow, De La Ghetto y Arcángel sobre sus versos y su forma de cantar.

De La Ghetto recordó que escuchar las recomendaciones de Bad Bunny fue lo que le gustó más del proceso de grabación de «ACHO PR»: «[Bad Bunny] *helped us a little bit, like he would listen to our verses* [nos ayudó un poco, escuchaba nuestros versos y decía]: "Déjame escuchar eso", dadadadada. "Me gusta, cambia esto, papapapa". *And we just all did the record together* [E hicimos el disco juntos]». Fue un verdadero intercambio. De La Ghetto añadió: «Yo decía algo, a él le gustaba, él me decía algo y todo iba y venía». A veces, los consejos de Bad Bunny para la grabación se basaban en canciones anteriores de los artistas mayores, lo cual reflejaba su profundo conocimiento de sus catálogos. De La Ghetto también recordó un momento en el que no estaba seguro de entender qué quería decir Bad Bunny y le dijo: «*Ah, bro, what do you mean? Let me hear you out, what do you want?* [Ah, mano, ¿qué quieres decir? Déjame escucharte...]. ¿Qué tú quieres?». La respuesta de Bad Bunny fue: «Cabrón, ¿tú te acuerdas en ese *track, what you did when you first started* [lo que hiciste en esa pista, cuando estabas empezando]? ¿Recuerdas ese flow?». Bad Bunny podía hacer esas recomendaciones porque es un verdadero estudioso de los artistas que le precedieron. «Benito lo dice *all the time, like we're his inspiration* [todo el tiempo, que somos su inspiración], yo, Arcángel, Jowell y Randy», nos dijo De La Ghetto. La grabación incluye esa declaración después del verso de Ñengo Flow en «ACHO PR». Bad Bunny dice: «Cabrón, eso fue lo que me crie escuchando desde chamaquito: Arca, De La Ghetto, Ñengo. Papi, que estén aquí se siente bien cabrón, de verdad, de corazón».

De La Ghetto siempre supo que había sido una inspiración para Bad Bunny, pero no se dio cuenta de la magnitud de su influencia hasta que grabaron «ACHO PR». Recordó que durante el proceso de grabación Bad Bunny le dijo que la canción «Solo y Vacío» del álbum *Masacre Musical* de De La Ghetto de 2008 había sido importante para él. De La Ghetto nos contó que Bad Bunny dijo: «*I had this girlfriend and she dumped me* [Yo tenía una novia y me dejó]... *Bro, I would listen to that song every night before I go to bed* [Mano, yo escuchaba esa canción todas las noches antes de acostarme]... Yo lloraba con esa canción». De La Ghetto estaba sorprendido: «Y ahora esas son cosas que yo no pensaba en esos tiempos *when I first did the record* [al principio cuando hice el álbum]... pensándolo ahora es como, wow, mira pa'llá, cabrón, Benito escuchaba esa canción, *that was one of his favorite records* [era uno de sus discos favoritos]».

Para De La Ghetto, esa información era reivindicativa. Durante años, le habían dicho que el rap y el R&B en español nunca se venderían. Recordó: «Yo corrí mucha crítica de mucha gente». La gente le decía que estaba demasiado «americanizado», que sonaba demasiado a rap, demasiado *spanglish* y muy poco reguetón. Pero perseveró y se convirtió en uno de los fundadores del sonido trap latino. Nos dijo: «Yo sabía que ese estilo se iba a meter».

De La Ghetto comenzó a rapear en 2005, cuando Bad Bunny tenía apenas once años. No fue solo el escepticismo de otros raperos y productores lo que hizo que esos primeros años fueran difíciles para De La Ghetto. Fue también el momento en que la economía puertorriqueña, que ya estaba en dificultades debido a décadas de política fiscal colonial que desfavorecieron grandemente a Puerto Rico, comenzó a entrar en una profunda recesión. De La Ghetto nos dijo que sintió esa crisis de una forma muy aguda. En 2006, las exenciones fiscales que muchas empresas estadounidenses disfrutaban en Puerto Rico desaparecieron y miles de puertorriqueños perdieron sus empleos.[2] Eso desató lo que el historiador Jorell Meléndez-Badillo llama un «desastre fiscal».[3] Durante los años de formación de Bad Bunny y los inicios de la carrera de De La Ghetto, Puerto Rico experimentó una intensa fase de austeridad que agravó aún más la crisis al archipiélago. Cuando Bad Bunny lanzó su primer sencillo «Diles» en 2016, Puerto Rico enfrentaba una crisis política y económica sin precedentes. Ese fue el telón de fondo en el auge del trap latino —un género que representaba los barrios y caseríos descritos en «ACHO PR»— así como para el de Bad Bunny.

El 3 de noviembre de 2024, Bad Bunny apareció en el Festival de Esperanza en San Juan para apoyar a Juan Dalmau, el candidato a gobernador por el Partido Independentista Puertorriqueño (PIP). Dalmau se postuló como parte de una nueva alianza política, La Alianza, compuesta por el

Partido Independentista Puertorriqueño y el Movimiento Victoria Ciudadana. Fueron unas elecciones históricas porque era la primera vez que un candidato independentista tenía posibilidades reales de ganar la gobernación. Bad Bunny y muchos de sus compañeros, incluidos los artistas de reguetón Young Miko, Residente, Rauw Alejandro y Jowell y Randy, entre otros, apoyaron de forma activa a Dalmau. Muchos de esos artistas son parte de una generación de puertorriqueños que crecieron bajo la sombra de la crisis de la deuda de Puerto Rico. En su discurso en el festival, Bad Bunny habló de ser parte de una generación que estaba desilusionada con el *statu quo* y quería un cambio. Afirmó: «Yo soy parte de la generación que nació durante una de las administraciones más corruptas que ha tenido el país. A mí nadie me lo contó. Yo nací y me crie y vivo aquí. Yo lo viví».[4]

De hecho, la generación de Bad Bunny ha sido testigo de algunos de los problemas más importantes que condujeron a la actual crisis de la deuda. Nació en Vega Baja en 1994, apenas dos años después de que el presidente Bill Clinton eliminara la Sección 936 del Código de Rentas Internas de Estados Unidos. En 1976, el Congreso de los Estados Unidos codificó la Sección 936 a instancias del gobernador puertorriqueño Rafael Hernández Colón.[5] La Sección 936 eximía a las corporaciones estadounidenses que hacían negocios en Puerto Rico de pagar impuestos federales sobre sus ganancias, incluso después de transferir los fondos de vuelta a Estados Unidos. Permitía a las corporaciones trasladar patentes y otros activos a Puerto Rico para evitar también el pago de impuestos federales sobre ellos. Es más, eximía a esas corporaciones del pago de impuestos en caso de liquidación, lo que significaba que los activos y las ganancias podían transferirse a los directivos y accionistas corporativos sin obligación tributaria.

En una entrevista en video desde su oficina en Puerto Rico, Alejandro García Padilla (gobernador de Puerto Rico entre 2013 y 2017) nos dijo que consideraba que la Sección 936 había sido una intervención exitosa porque, sin ella, la crisis petrolera de la década de 1970 habría causado una recesión económica en Puerto Rico. En la década de 1960, el gobierno puertorriqueño había realizado inversiones significativas para aumentar la refinación de petróleo para su exportación a Estados Unidos. Sin embargo, los estados árabes impusieron un embargo al petróleo estadounidense en 1973. En respuesta, Estados Unidos levantó las restricciones a las importaciones de petróleo extranjero, lo que colocaba a Puerto Rico en una posición de desventaja estratégica. Esa medida, junto con el activismo ambiental local que desafiaba el proyecto petrolero, diezmó el potencial económico de las refinerías de petróleo de Puerto Rico.[6] La economía del archipiélago entró en una recesión severa, con un desempleo que rondaba el 20 % en 1976.[7] García Padilla atribuyó a la Sección 936 el mérito de traer fábricas, empleos e inversiones a Puerto Rico. Algunos fabricantes, como las compañías farmacéuticas, se trasladaron a Puerto Rico y proveyeron empleos a la población local. Sin embargo, los investigadores han demostrado que las exenciones fiscales de la Sección 936 fueron sobre todo exitosas en atraer capital en lugar de fábricas al archipiélago y que, como resultado, creó menos empleos de lo que sus arquitectos habían prometido.[8] La Sección 936 no ocurrió en el vacío; más bien, fue la última de una larga historia de implementación de políticas que reforzaron la dependencia económica de Puerto Rico de Estados Unidos y aseguraron que el capital fluyera de Puerto Rico a las manos de corporaciones estadounidenses.[9] Críticos de la Sección 936, como Meléndez-Badillo, argumentan que «consolidó la dependencia de Puerto Rico de la inversión extranjera».[10] A la larga demostraría ser un plan económico insostenible con resultados desastrosos para Puerto Rico.

En 1992, Estados Unidos, México y Canadá aprobaron el Tratado de Libre Comercio de América del Norte (TLCAN), que creó una zona de libre comercio en toda la región. Eso supuso que las ventajas de Puerto Rico sobre otros países latinoamericanos en términos de una fuerza laboral de bajo costo y condiciones financieras favorables para las empresas estadounidenses se disiparan.[11] La eliminación gradual de la Sección 936 por parte del presidente Clinton comenzó en 1996. Clinton sostenía que dicha legislación permitía de manera injusta que las corporaciones evitaran pagar impuestos federales, aumentando así el déficit nacional de Estados Unidos. El entonces gobernador de Puerto Rico, Pedro Rosselló, miembro del partido proestadidad, el Partido Nuevo Progresista (PNP), también apoyó la eliminación de la Sección 936. Según García Padilla, Rosselló creía que la Sección 936 era incompatible con que Puerto Rico llegara a convertirse en un estado, ya que la política solo era viable si Puerto Rico seguía siendo una colonia.[12] La eliminación gradual de la Sección 936 entre 1996 y 2006 resultó ser otro golpe devastador para Puerto Rico. Miles de puertorriqueños perdieron sus empleos cuando muchas de las corporaciones que se habían beneficiado del Código de Rentas Internas se fueron del archipiélago.[13] Sin embargo, incluso con el fin de la Sección 936, los inversionistas estadounidenses todavía disfrutaban de varios beneficios financieros que hacían atractivas las inversiones en Puerto Rico, en especial, los relacionados con los bonos puertorriqueños. Desde la década de 1940, el gobierno puertorriqueño ha utilizado bonos, que vende a entidades estadounidenses para financiar sus operaciones. Los bonos son, en esencia, pagarés que las agencias gubernamentales emiten a los acreedores para obtener fondos en calidad de préstamo. Esos bonos gubernamentales se consideran seguros porque los gobiernos por lo general pagan sus deudas. Se entiende que los bonos de Puerto Rico son particularmente seguros. Puerto Rico, a diferencia de otras municipalidades de Estados Unidos, no puede acceder al Capítulo 9 de bancarrota, y la Constitución del territorio exige el pago de su deuda pública por encima de todas sus demás obligaciones financieras. Además, los acreedores no pagan impuestos locales ni federales sobre ninguna de sus ganancias provenientes de los bonos puertorriqueños.[14] Por lo tanto, los inversionistas saben que siempre obtendrán su dinero y siempre obtendrán ganancias.

Según García Padilla, el gasto deficitario de Puerto Rico continuó a un ritmo acelerado después de que la eliminación gradual de la Sección 936 en 2006 cortara los ingresos fiscales. Así lo explica: «Los gobiernos que habían empezado a coger préstamos con fuentes de repago temporera, empiezan a coger préstamos en el 2006 sin fuente de repago. Entonces empezaron a coger préstamos que se pagaban con préstamos». Puerto Rico se hundió en una crisis de deuda más profunda. García Padilla dijo que esa política resultó en que Puerto Rico acumuló $40,000 millones de deuda entre 2006 y 2012, el doble de la que había acumulado entre 1940 y 2006.

Las discusiones sobre la deuda de Puerto Rico en los medios de comunicación estadounidenses también culpaban a los propios puertorriqueños por acumular una cantidad tan grande de deuda y llamaron a Puerto Rico una «isla del mantengo». Semejante acusación postulaba que los puertorriqueños habían contraído de forma irresponsable grandes cantidades de deuda a causa de su supuesta pereza y estilo de vida descuidado.[15] Sin embargo, el estatus colonial de Puerto Rico significa que tiene pocas opciones. Como colonia, a Puerto Rico no solo se le prohibía declararse en bancarrota en los tribunales estadounidenses, sino que también se le impedía pedir préstamos o celebrar acuerdos financieros con organizaciones como el Fondo Monetario Internacional, como lo haría una nación soberana. El archipiélago depende de Estados Unidos para sus finanzas. Desde esa perspectiva, el irresponsable no es Puerto Rico sino las instituciones financieras estadounidenses que continuaron prestándole dinero. Sabían que pagar los préstamos presentaría serias dificultades financieras para los puertorriqueños y, sin embargo, los fondos buitre hicieron caso omiso de este hecho porque también sabían que, pasara lo que pasara, Puerto Rico tendría que pagarles.

Además de los cuantiosos préstamos para financiar las operaciones básicas del gobierno, varias administraciones puertorriqueñas implementaron severas medidas de austeridad. En la década de 1990, la administración del gobernador Pedro Rosselló promovió la privatización de los servicios públicos y recortes drásticos al sector público, práctica que continuaron las administraciones posteriores, sin importar el partido político al que pertenecieran. En 2008, el predecesor de García Padilla, Luis Fortuño, implementó de forma inmediata medidas de austeridad de gran alcance, que incluyeron despidos masivos de empleados del sector público, lo que desencadenó importantes protestas en todo el archipiélago.[16]

Es probable que, de adolescente, Bad Bunny fuera testigo de algunas de las movilizaciones masivas que ocurrieron durante la administración de Fortuño, y que, como estudiante, hubiera tomado como algo personal los recortes a las escuelas públicas. El politólogo José Laguarta Ramírez señala que, si bien no sabemos con certeza cómo impactaron los recortes de servicios públicos a la familia de Bad Bunny, dada la escala de dichos recortes, es probable que el cantante haya experimentado algún cierre de escuela que durara unos días o más. La madre de Bad Bunny, Lysaurie Ocasio, trabajaba como maestra de escuela, y Laguarta Ramírez señala que si bien no sabemos si enseñaba en las escuelas públicas, «parece probable que hubiera algo de empatía en el hogar».[17] Un artículo de *Pitchfork* de 2020 menciona que la madre de Bad Bunny estuvo sin trabajo durante un tiempo cuando él tenía quince años. Aunque el artículo no explica con exactitud por qué, el momento (2009) coincide con la aprobación de la Ley 7 durante la administración de Fortuño, que provocó el despido de 30,000 empleados públicos.[18] Bad Bunny reconoció esto abiertamente en 2024 durante su discurso en el Festival de Esperanza cuando dijo, refiriéndose a Fortuño: «A mis 18 años, bajo la ignorancia, con la venda del bipartidismo, mi primer voto fue para uno de los mayores culpables de la deuda que hoy al pueblo le toca pagar, para un traidor que dejó a más de 30,000 familias sin empleo, incluyendo la mía».

Además de esas dramáticas medidas de austeridad, la administración de Fortuño aprobó la Ley 20 y la Ley 22 en 2012. Ambas leyes otorgaban incentivos a los inversionistas estadounidenses para mudarse a Puerto Rico ofreciéndoles una tasa de impuestos baja (4 %) y eximiéndolos de cualquier impuesto a las ganancias de capital.[19] En esencia, la Ley 20 y la Ley 22 dieron a los individuos los tipos de créditos fiscales que la Sección 936 había extendido antes a las corporaciones estadounidenses con la esperanza de atraer a estadounidenses de altos ingresos a Puerto Rico. Ed Morales señala que a pesar de las suposiciones de que la reubicación de los estadounidenses ricos en Puerto Rico estimularía el crecimiento económico, no hay ningún mecanismo que garantice que una porción significativa de su inversión se destine al desarrollo económico puertorriqueño.[20] Además, si bien la administración de Fortuño justificó el recorte de fondos para servicios públicos como la Universidad de Puerto Rico como una forma de abordar la deuda, también hundió al archipiélago aún más en ella. Puerto Rico acumuló $16,000 millones adicionales en deuda durante el mandato de Fortuño entre 2009 y 2013.[21]

Aunque García Padilla no compartía la afiliación partidaria de Fortuño, también implementó medidas de austeridad, apoyó la inversión estadounidense en Puerto Rico y siguió tomando préstamos en un esfuerzo por evitar una mayor agitación económica cuando asumiera el cargo. Meléndez-Badillo señala que «una de las primeras medidas de García Padilla fue privatizar el aeropuerto Luis Muñoz Marín» en 2013.[22] Esta controvertida medida convirtió al principal aeropuerto de Puerto Rico en el único aeropuerto totalmente privatizado en Estados Unidos y sus territorios.[23] Meléndez-Badillo también señala que la administración de García Padilla redujo significativamente el poder sindical, los salarios y los beneficios de los empleados del gobierno, el mayor sector de empleo en Puerto Rico.[24] Por lo tanto, las medidas de austeridad, la privatización y el endeudamiento excesivo siguieron siendo un problema incluso durante la administración de García Padilla.

Apenas dos años después del inicio de la administración de García Padilla, los bonos puertorriqueños recibieron la calificación de «chatarra». Por lo general, los bonos chatarra tienen un riesgo muy alto de impago. Para los inversores dispuestos a asumir el riesgo, los bonos chatarra tienen una tasa de rendimiento muy alta. Sin embargo, el requisito constitucional de Puerto Rico de pagar sus deudas por sobre todas las cosas significaba que la calificación de bonos chatarra, por lo general riesgosa, produciría grandes ganancias para los inversionistas, aunque esto también garantizaba que los puertorriqueños sufrirían. Los hospitales, las escuelas y las pensiones estaban en riesgo porque todo el dinero de las arcas de Puerto Rico fue directo a manos de los bancos y fondos de cobertura estadounidenses.

García Padilla nos dijo que ya en mayo de 2015 sabía que Puerto Rico no podría hacer su siguiente pago de la deuda. Había propuesto una serie de medidas que, creía, podrían ayudar, incluido un Impuesto al Valor Agregado, que esperaba que permitiera a Puerto Rico evitar el impago, pero la legislatura no lo aprobó. También intentó trabajar con entidades federales. Como nos dijo García Padilla: «También le propusimos otras alternativas al Departamento del Tesoro, alternativas que ellos no aceptaron. Le propusimos alternativas al Congreso, alternativas que ellos no aceptaron». Tenía las manos atadas.

El 28 de junio de 2015, García Padilla dio lo que Ed Morales llamó uno de los discursos gubernamentales más trascendentales en la historia de Puerto Rico.[25] Sentado en su escritorio, García Padilla declaró en un tono sombrío que Puerto Rico no podía pagar su deuda de $72,000 millones. Declaró: «No se trata de política. Se trata de matemáticas».[26] No había el dinero y punto. Puerto Rico estaba al borde de una crisis financiera sin precedentes y necesitaba algún tipo de alivio.

La declaración del gobernador de que Puerto Rico estaba destinado a caer en impago llamó la atención de muchas personas en Estados Unidos, incluidos funcionarios del gobierno y, en especial, los gerentes de fondos de cobertura y otras instituciones financieras que esperaban que se les devolviera su dinero. Por tal razón, la discusión sobre cómo resolver esta crisis priorizó cómo hacer posible el pago a los acreedores de Puerto Rico. El 30 de junio de 2016, el presidente Barack Obama firmó un proyecto de ley bipartidista llamado Promesa, que fue presentado como una oportunidad «generosa» para que Puerto Rico pusiera en orden sus finanzas. Promesa creó la Junta de Supervisión y Administración Financiera (JSAF), comúnmente conocida como «La Junta» en Puerto Rico. Según la ley, el presidente de Estados Unidos designa a los siete miembros con derecho a voto de La Junta. Los designados por Obama, incluidos los cuatro miembros puertorriqueños, tenían fuertes vínculos con el sector financiero. En algunos casos, esos vínculos eran con los mismos bancos que se beneficiaron de la deuda de Puerto Rico.[27] La ley estipula que el gobernador de Puerto Rico participe como miembro sin derecho a voto de La Junta.

García Padilla nos dijo que La Junta era un «problema» impuesto a Puerto Rico que los republicanos estadounidenses en el Congreso exigían como condición para aprobar la ley Promesa. Ciertamente, la instalación de La Junta cosificó la relación colonial entre Puerto Rico y Estados Unidos. El politólogo Pedro Cabán sostiene que «Promesa fue un instrumento legal ideado por el gobierno federal para privar a la administración insular de la autoridad para manejar la economía política de Puerto Rico».[28] La Junta tiene control total sobre la reestructuración económica de Puerto Rico, y Promesa le dio a La Junta el poder unilateral de bloquear «cualquier ley nueva, orden ejecutiva, resolución conjunta, regla o reglamento» que considere que interferirá con el nuevo «Plan fiscal».[29] De este modo, Promesa consolidó aún más el antiguo acuerdo colonial que convirtió a Estados Unidos en el principal responsable de la toma de decisiones en Puerto Rico. Además, desde 2016, una serie de decisiones del Tribunal Supremo de Estados Unidos ha reforzado la falta de soberanía de Puerto Rico, incluido un caso de 2023 que protegió a La Junta de la obligación de divulgar documentos sobre sus operaciones, a pesar de que esta retención de documentos violaba la Constitución de Puerto Rico.[30]

Aunque García Padilla ve a La Junta como un problema, tiene una visión optimista del efecto de Promesa en Puerto Rico. Nos dijo: «Sin Promesa, Puerto Rico hubiese tocado fondo. Puerto Rico no tocó fondo». Luego nos explicó que: «Entonces, uno se da cuenta de que tener una protección contra demandas que, al fin y al cabo, hay una ley de quiebras, permitió que no pudieran embargar las cuentas. [Eso] permitió que no quebraran los bancos, que no quebraran los *credit unions* [cooperativas de crédito]... permitió que los negocios siguieran abiertos... que la familia puertorriqueña... no mejoraría su calidad [de vida], pero no empeoraría su calidad [de vida]».

No todo el mundo está de acuerdo. Muchos activistas, académicos y puertorriqueños creían que la deuda en sí era ilegal según la Constitución puertorriqueña, ya que excedía el límite de deuda constitucional de Puerto Rico. En 2015, bajo presión de grupos ciudadanos, García Padilla firmó la Ley 97 para crear una Comisión para la Auditoría Integral de la Deuda Pública de Puerto Rico. La comisión debía estar compuesta por ciudadanos independientes que examinarían la legalidad de las deudas pendientes. Sin embargo, esta comisión nunca se formó, y el sucesor de García Padilla, Ricardo «Ricky» Rosselló (hijo del exgobernador Pedro Rosselló), anuló la legislación.[31] Al momento de escribir este libro, todavía no se ha realizado una auditoría de la deuda de Puerto Rico.

Aunque García Padilla esperaba que la vida de los puertorriqueños no empeorara con Promesa, la realidad es que las consecuencias de Promesa han sido en extremo duras, y sus efectos negativos se han agravado con el tiempo. Las severas medidas de austeridad continúan. La disminución de los servicios públicos incluye el cierre de cientos de escuelas, mientras que el salario mínimo se ha reducido y el costo de vida ha aumentado.[32] La privatización de servicios públicos, como la red de energía eléctrica de Puerto Rico, ha empeorado los servicios en lugar de producir los ahorros de costos y las mejoras que se habían prometido. Como comentó la autora Carina del Valle Schorske en una entrevista que le hiciéramos, es probable que Bad

Bunny haya sentido los aspectos económicos de Promesa de otros modos también: «pertenecía al grupo de edad cuyo salario mínimo fue reducido a menos de $5 por Promesa». Refiriéndose a que Bad Bunny estudió en la Universidad de Puerto Rico (UPR) en Arecibo unos años antes de dedicarse de lleno a la música, agregó que era «un desertor universitario de una universidad pública que ya no es gratuita». Dicho de otro modo, Bad Bunny fue uno de los miles de jóvenes en Puerto Rico directamente afectados por los recortes a sus escuelas, la disminución de las perspectivas laborales y el deterioro de la calidad de vida debido a la grave crisis económica que enfrentaba el archipiélago.

Durante los años en los que Bad Bunny estudió en la escuela secundaria y la universidad se produjeron múltiples huelgas masivas y protestas estudiantiles contra los recortes a la UPR en el primer conjunto masivo de recortes por parte de La Junta en 2017.[33] Laguarta Ramírez atribuye el discurso político de Bad Bunny a una identificación general con la historia de resistencia política y cultural al colonialismo estadounidense por parte de los puertorriqueños, que puede haberse fortalecido al observar estas huelgas y protestas.[34] En un episodio de 2019 del programa de YouTube *El Influence[R]* del artista de reguetón Residente, Bad Bunny estuvo de acuerdo con él en que UPR nunca debería privatizarse, afirmando que sus dos años allí habían sido invaluables para su desarrollo personal y como músico.[35]

Como nos explicó Carina del Valle Schorske, para los miembros de la generación de Bad Bunny, la descolonización «no es una especie de idea abstracta». Desde el deterioro de la infraestructura y las barreras hasta la auditoría de la deuda gubernamental, consideran que la descolonización es una cuestión de «observar partes específicas del funcionamiento del archipiélago que podrían descolonizarse». Eso no significa que los jóvenes en Puerto Rico no estén preocupados por cuestiones de estatus; más bien, significa que los impulsan las mismas realidades materiales del colonialismo persistente en Puerto Rico que siempre han impactado a los puertorriqueños. A lo largo de las últimas tres décadas, esa generación ha experimentado una disminución rápida y dramática de su calidad de vida y de las oportunidades disponibles para ella. La imposición de La Junta en Puerto Rico en 2016 hizo imposible ignorar las conexiones entre las luchas cotidianas de los puertorriqueños y la larga historia del colonialismo estadounidense en el archipiélago. Ese es el contexto sociopolítico que marcó los años de formación de Bad Bunny y la creación de su género, el trap latino.

De La Ghetto recuerda cómo era la vida antes de que triunfara. Comenzó su carrera como cantante en 2005, un año antes de que la Sección 936 desapareciera por completo. Los tiempos eran difíciles. Nos dijo:

> Yo soy un mano de PR, viví en el barrio. Yo sé lo que es trabajar, yo sé lo que es coger la guagua, yo sé lo que es estar jodido. Lo hice por toda la vida. De verdad, veo de todo. Antes de la música, no era como que yo sentía como que, acho, *there was no hope* [no había esperanza]. *I was just going to work all my life, or sell drugs, or just party and bullshit* [Yo iba a trabajar toda la vida o vender drogas o fiestar y comer mierda]. No había programa de gobierno para deporte ni de música ni de actuación. Había de nada. No había la ayuda de nada. Era como que, *like in the summer, we would like do nothing with our lives* [Era como en el verano, no hacíamos nada con nuestras vidas]. Y yo era uno de un millón iguales.

De La Ghetto nació en la ciudad de Nueva York, pero se mudó a Puerto Rico cuando tenía ocho años. A principios de la década de 2000, vivía en La Perla, un histórico barrio de clase trabajadora a lo largo de la costa, justo afuera de las murallas del Viejo San Juan. Su madrina le había conseguido una beca para estudiar ingeniería de sonido. De La Ghetto siempre quiso ser productor como sus ídolos, los productores de hiphop Timbaland y Dr. Dre.

En esa época, el Viejo San Juan inició sus Martes de galería, donde la gente iba a beber, pasar el rato y visitar las galerías de arte locales el primer martes de cada mes. Los Martes de galería terminaban temprano. Después, los asistentes, en su mayoría estudiantes universitarios que no vivían en La Perla, se reunían en un lugar llamado La Placita, una pequeña plaza afuera de una bodega.[36] De La Ghetto vio una oportunidad. Explicó: «Ahí me dio la idea… de montar DJ y montar a gente para que pudieran ver, para hacer poesía en vivo, *whatever*, era como crear, como una plataforma para ayudar a esa gente para expresar su arte». Después de obtener permiso del dueño de la bodega para presentar sus espectáculos en La Placita, De La Ghetto se conectó con un grupo de DJ locales que tenía equipo, micrófonos y sistema de sonido, y el grupo comenzó una noche de micrófono abierto después del Martes de galería.

De La Ghetto era tímido y evitaba ser el foco de atención. Pero un martes decidió arriesgarse. Recordó que: «*I was working in the kithchen in Old San Juan* [Estaba trabajando en una cocina en el Viejo San Juan]… Yo salí un poco temprano y fui bajando [a La Perla]. Era el momento de *open mic* [micrófono abierto], *so*, yo fui con esa misma ropa ese día de la cocina y empecé a improvisar en la tarima».

Cuando terminó su intervención, un hombre del público se le acercó. Ese hombre trabajaba para el artista de reguetón Zion, quien acababa de fundar un sello discográfico llamado Baby Records. Después de una rápida llamada telefónica durante la cual De La Ghetto cantó a capela, Zion decidió contratarlo. «Pues en ese momento yo no estaba con Arcángel *and my name was* [y mi nombre era] Rafael de la Ghetto... *It was longer from the times of like Fresh Prince and Will Smith, so it was even longer. So when I met Zion he was like that name is too long, ponte De la Ghetto* [Era más largo, como inspirado por Fresh Prince [*El Príncipe del Rap de Bel Air*] y Will Smith, así que era más largo. Entonces, cuando conocí a Zion, me dijo: "Ese nombre es demasiado largo, ponte De La Ghetto"]». Y así comenzó la carrera discográfica de De La Ghetto.

Según nos contó, De La Ghetto comenzó a trabajar como solista para Baby Records mientras aún vivía en La Perla. Comenzó a escuchar sobre Arcángel por medio de sus compañeros de clase en la escuela nocturna. De La Ghetto dijo que la gente le decía: «"*There's this new kid Arcángel you should meet him" and vice versa, they said the same thing to Arcángel* ["Hay un nene nuevo, Arcángel, deberías conocerlo», y viceversa, le decían lo mismo a Arcángel]: "Usted tiene que conocer a ese cabrón, es un nene de Nueva York, le gusta esa música como que, lo mismo"]». Por fin se conocieron y se llevaron bien de inmediato. «*When we started talking it was like, wow, we had a lot in common. He's Dominican, raised in Puerto Rico. I'm Half Dominican raised in Puerto Rico. We were both born in New York, we just hit it off* muy rápido [Cuando empezamos a hablar fue como ¡guau!, teníamos mucho en común. Él es dominicano, criado en Puerto Rico. Yo soy mitad dominicano criado en Puerto Rico. Ambos nacimos en Nueva York. Nos llevamos bien muy rápido]».

Decidieron empezar a hacer música juntos como dúo en 2005. En esa época el reguetón estaba adquiriendo cada vez mayor popularidad en todo el mundo. Pero Arcángel y De La Ghetto tenía una visión diferente. Su fuente de inspiración principal eran el hiphop y el R&B provenientes de Estados Unidos. De La Ghetto explicó: «Siempre decía, ven acá, ¿por qué no hay nadie haciendo este *flow* americano, pero en español? Porque en Puerto Rico *you know they love New York rappers, LA rappers* [Porque en Puerto Rico, tú sabes, les encantan los raperos de Nueva York, los raperos de Los Ángeles]». Recordó que canciones como «In Da Club» de 50 Cent fueron muy populares en Puerto Rico en 2003: «*I remember seing the same people in the street* [Recuerdo ver a la misma gente en la calle], hay mucha gente que ni sabe en inglés *bumpin' to 50 [Cent] and I was like yo, I can do that in Spanish* [la gente se le acercaba a 50 Cent y pensé: Oye, puedo hacer eso en español]». Con ese propósito, Arcángel y De La Ghetto imaginaron un sonido más hiphop y R&B que los sonidos con tendencia al *dancehall* del reguetón. De La Ghetto nos dijo: «*We started listening to Gucci Mane, Young Jeezy... all those rappers like* espérate, vamos a hacer eso, *let's do that, you know, in Spanish. Let's do this R&B shit in Spanish, let's Americanize it a little bit more. And that's what we really wanted to do* [Empezamos a escuchar a Gucci Mane, Young Jeezy... a todos esos raperos y fue como, espérate, vamos a hacer eso, tú sabes, en español. Vamos a hacer esta mierda de R&B en español, vamos a americanizarla un poquito más. Y eso es lo que en realidad queríamos hacer]». Fueron al estudio donde De La Ghetto tenía una grabación instrumental del álbum *2001* de Dr. Dre. Arcángel y De La Ghetto escribieron lo que nos describió como *hip-hop joint* llamado «Traficando a mi manera» basado en uno de esos temas, y se convirtió en un éxito instantáneo en las calles. Arcángel y De La Ghetto participaron en importantes álbumes recopilatorios de reguetón. Sus canciones como «Ven pégate» con Zion en el álbum *Sangre Nueva* (2005) de Naldo, y «Mi fanática» de los poderosos productores de reguetón Luny Tunes, y *Más Flow: Los Benjamins* (2006) de Tainy los puso en el centro de atención.

A pesar del corto tiempo que Arcángel y De La Ghetto cantaron como dúo, dejaron una huella indeleble en la escena musical latina, creando en esencia el trap latino. El trap es un subgénero del rap que surgió en Atlanta, Georgia, a finales de la década de 1990 y principios de la de 2000. El estilo trap se caracteriza por una línea de base lenta y sostenida, a menudo tocada en un sintetizador, y platillos *hi-hat* rápidos sobre la cual los artistas rapean con un estilo vocal más lento, a veces balbuceante y a menudo monótono. El término «trap» proviene del argot local de Atlanta y se refiere a una casa que era el centro de operaciones de los traficantes de drogas. De La Ghetto describió la música trap de Atlanta como «más *rátchet*, más como en el *crack-house* y el *shooting, you know where they shoot dope* [donde se inyectan droga] por las venas. So, era más como que cocinando crack, *shooting*, el punto de drogas, eso era más *hardcore* en Atlanta» que en el trap latino.

La primera canción trap en español que ganó popularidad en Puerto Rico fue «El pistolón» de 2009, producida por DJ Blas y grabada por Yaga y Mackie con Randy, Arcángel y De La Ghetto. Al igual que el trap de Atlanta, «El pistolón» habla de la vida en las calles y se jacta de las hazañas de los artistas en el juego del rap. La canción también refleja los sonidos más callejeros del trap en una época en la que el reguetón se había vuelto mucho más comercial. El reguetón, y su precursor, el *underground*, surgieron a finales de la década de 1980 y principios de la de 1990 cuando los DJ puertorriqueños mezclaron el *dancehall* jamaicano, el *reggae* panameño en español y el hiphop.[37] Los DJ puertorriqueños como DJ Negro y DJ Playero crearon un nuevo sonido que fusionó estos géneros para crear la columna vertebral del reguetón moderno. En esencia, el *underground* era música de fiesta, pero muchos artistas afirmaron que su música reflejaba las realidades de la vida en los barrios urbanos pobres, incluida la violencia y las drogas. Esas asociaciones eran tan marcadas que en un momento dado el *underground* se convirtió en objeto de una campaña de censura que, aunque infructuosa, reiteró los estereotipos de las comunidades urbanas de clase trabajadora como centros de drogas y delincuencia.[38]

A pesar de los intentos de censura, el *underground* y el reguetón no pudieron ser detenidos. De hecho, esas campañas de censura, sin quererlo, dieron publicidad a la música y enseñaron a los DJ y artistas que modificar su lenguaje podía ampliar su audiencia. El reguetón siguió creciendo y ganando terreno en Puerto Rico, la diáspora y otros lugares de América Latina. El éxito mundial de Daddy Yankee de 2004, «Gasolina», lanzó el reguetón a la escena musical latina. Sin embargo, según Jerry Pullés de Apple Music, alrededor de 2010, el reguetón entró en una «época seca». Surgieron pocos artistas nuevos de reguetón, y muchos artistas establecidos estaban lanzando discos con lo que Jerry describió como un «toque tropical… esa vibra fiestera, divertida, tropical y merenguera». El lanzamiento de grandes éxitos como «Bailando» (2014) de Enrique Iglesias, Gente de Zona y Descemer Bueno, y «Despacito» (2017) de Luis Fonsi y Daddy Yankee impulsó las fusiones de reguetón-pop a la cultura dominante.[39] De Colombia salió un nuevo sonido de reguetón con el ascenso de artistas como J Balvin, Maluma y Karol G, quienes produjeron lo que muchos han descrito como un estilo de reguetón más suave y romántico, más agradable para el público general.[40] Para algunos, este cambio en el estilo y la estética del reguetón hacia sonidos y letras con más influencia del pop distanció al género de sus raíces.[41]

En ese contexto, algunos vieron el trap latino como un regreso a los sonidos y temas callejeros del reguetón original. Farruko, quien ya se había consolidado como cantante de reguetón, explicó a *Billboard* que el trap era «la expresión más cercana a lo que es la calle ahora mismo, lo que se está viviendo afuera, la generación que está creciendo ahora».[42] De manera similar, Ozuna describió las letras del trap latino como «la letra cruda de la calle».[43] El trap latino surgió en Puerto Rico durante la profunda incertidumbre de la recesión económica posterior a 2006 que afectó de forma desproporcionada a los pobres urbanos. Muchos fanáticos y críticos culturales afirmaban que, a medida que el reguetón se volvía más popular, las canciones de trap latino regresaron a los temas que antes habían dominado el reguetón, incluido el tráfico de drogas, la violencia y la vida en las calles.

De La Ghetto nos dijo que el trap latino que salía de Puerto Rico se diferenciaba del trap de Atlanta porque era «*the same street stuff* [lo mismo que se hacía la calle], pero haciéndolo un poquito más lindo. Y hacíamos también cantándolo un poco más para nenas. Era más sexual, sí, pero era más... era como nosotros mezclamos. *Like we were Draking it before Drake* [Cantando como Drake antes de Drake], ¿me entiende?, en Puerto Rico... *Like we were rapping and singing* [Estábamos rapeando y cantando], ¿me entiende? Nosotros incluimos más melodía al trap cuando comenzó. *We were doing more melodies* [Hacíamos más melodía], más coros, más cantaíto».

Si bien los ritmos sonaban más a trap de Atlanta, ese «cantaíto» se remontaba a los primeros trabajos de Arcángel y De La Ghetto, como la primera canción que escribieron juntos, «Traficando a mi manera». Pero fue el éxito de «El pistolón» lo que inspiró a una nueva generación de artistas de trap latino, que adoptaron ese estilo a principios de la década de 2010, incluidos Anuel AA, Bryant Myers y Ozuna.[44] Una canción destacada fue el éxito de Bryant Myers, «La esclava», con un remix con los artistas Anonimus, Anuel AA y Almighty. Era una canción muy sexualmente explícita que hablaba de una mujer a la que le gustaba el sexo violento. «La esclava» ejemplifica muchas características sonoras que De La Ghetto describe como típicas del trap latino: un coro cantado intercalado con versos rapeados lentos y melódicos y letras muy explícitas.

Tanto Jerry Pullés de Apple Music como De La Ghetto piensan que «La esclava» es una de las canciones que hicieron al trap latino popular entre un público más amplio. Aun así, el trap latino se distribuyó sobre todo a través de canales informales, como discos pirateados o plataformas digitales gratuitas como SoundCloud. Jerry nos contó, por ejemplo, cómo siguió el desarrollo del trap latino en «sitios web generados por los usuarios donde, ya sabes, artistas tipo "hazlo tú mismo", artistas independientes sin contrato que hacían su propia música y la colgaban. No vivía en las DSP [plataformas de transmisión digital] habituales», como Spotify o Apple Music. El contenido explícito dificultaba la distribución de la música en la radio o en canales más formales.

Luego, en 2016, el trap latino tuvo un segundo gran éxito: «La ocasión», producida por DJ Luian y Mambo Kingz, y con la participación de De La Ghetto, Arcángel, Ozuna y Anuel AA. Jerry explicó que «"La esclava" es un poco como la plantilla en la que se basó "La ocasión". "La ocasión" es como la versión superpulida». Al igual que «La esclava», «La ocasión» trata sobre sexo, pero la letra es un poco menos explícita. Eso ayudó a que se convirtiera en la primera canción de trap latina en aparecer en las listas de *Billboard*. Jerry recordó: «Fue un momento muy importante en el género porque tenía dos artistas consagrados, Arcángel y De La Ghetto, que habían incursionado en el R&B y el trap mucho antes de "La ocasión" y luego también estaban Ozuna y Anuel AA, que eran poco conocidos en aquel entonces». Según De La Ghetto, a DJ Luian se le ocurrió la idea de hacer «La ocasión» después de escuchar «La esclava». De La Ghetto cantó la línea «no sé, porque no quiere darme la oportunidad» para la apertura de «La ocasión», y DJ Luian compuso el ritmo con Ozuna cantando el gancho. De La Ghetto recuerda que estaba en Nueva York cuando DJ Luian lo llamó para proponerle componer la canción. De La Ghetto compartió una melodía con él y a DJ Luian le gustó. «*So, the next day I got to Puerto Rico and I went straight to the studio and I recorded the intro and did my verse. And then Anuel* tiró, *Arcángel* tiró. *We didn't even know it would be such a big hit* [Entonces, al día siguiente llegué a Puerto Rico y fui directo al estudio y grabé la introducción e hice mi verso. Y Anuel cantó, Arcángel tiró. No sabíamos que sería un éxito tan grande», nos dijo De La Ghetto. «La ocasión» se lanzó en el momento perfecto cuando las plataformas de *streaming* comenzaban a dominar la distribución de la música. De hecho, en 2015, los ingresos de DSP como Spotify y Apple Music superaron las ventas de discos o mp3 descargables.[45] De La Ghetto nos explicó que el lanzamiento de «La ocasión» en ese momento «explotó el mercado del trap latino. Eso fue lo que comenzó el trap latino, "La ocasión"... *all the labels were like yo' what is this. All the major labels, all the playlists, all were like yo', we were the ones that changed* [Todos los sellos discográficos decían: "¿Qué es esto?". Todos los sellos discográficos más importantes, todas las listas de reproducción lo decían. Fuimos nosotros los que cambiamos] hasta la programación de la radio *and we changed* [y cambiamos] la programación digital. Porque hasta ese tiempo *it was* [era] solo reguetón no existía trap *in Spanish category* [en la categoría de música en español]».

En Apple Music, Jerry Pullés estaba esperando el momento justo para lanzar una nueva lista de reproducción de trap latino. Ya sabía que «era un momento en el que se estaba produciendo un cambio, y esta era una música que estaba subrepresentada, que no se reproducía en ninguna de las principales emisoras radiales. Ningún DSP tenía un espacio dedicado a coleccionar lo mejor de esa música». El éxito de «La ocasión» reveló que había un público más amplio para el trap latino que lo consumiría en canales más formales. «La ocasión» no solo le dio a Jerry algo que justificara la creación de su lista de reproducción, sino que también le dio su nombre. Al final de la canción, De La Ghetto improvisa: «¡Trap Kings [Reyes del trap]!». Jerry tomó esa frase y la convirtió en el título de la lista de reproducción inaugural de trap latino de Apple Music: «Trap Kingz».

«Trap Kingz» fue la primera lista de reproducción DSP dedicada al trap latino. Según Jerry, «Trap Kingz» creó un espacio muy necesario para un género que a toda velocidad se estaba convirtiendo en uno de los más populares en la escena de la música latina.

> Creo que de alguna manera validó el movimiento [latin trap] para mucha gente… Porque en ese momento, al menos, no sabía que nadie más, ya sabes, ninguna otra plataforma importante, le dedicara espacio a ese género. Definitivamente la radio tradicional no iba a tocar esa música. Les llevó años apoyar esa música. Pero se siente genial ver que esos artistas tuvieron un hogar, y creo que tal vez alentó a algunos artistas que tenían miedo de incursionar en el género a hacer música trap porque ahora hay una lista de reproducción para ellos.

«Trap Kingz» no solo encontró un hogar, sino que pronto se convirtió en la lista de reproducción de música latina número uno en Apple Music. En enero de 2017, «Trap Kingz» ya había generado un programa de radio en Apple One (que en aquel momento se llamaba Beats One) con el mismo nombre que presentaba las canciones de trap latino más populares del momento. El equipo de radio de Apple imaginó un presentador artista que reflexionara sobre el crecimiento del género, contara historias sobre los artistas y, en general, se convirtiera en el rostro de la marca «Trap Kingz». Jerry pensó de inmediato en el artista que en muy poco tiempo se había convertido en el rapero más popular de la lista de reproducción: un joven de Vega Baja, Puerto Rico, que respondía al nombre de Bad Bunny.

Antes de ser Bad Bunny, era Benito Antonio Martínez Ocasio, un tipo normal de una familia normal de Vega Baja, Puerto Rico. Vega Baja es un pueblo que está justo en el medio de la costa norte de Puerto Rico. El sitio web de turismo de Puerto Rico recomienda visitar Vega Baja por su belleza natural. En unos 142 kilómetros cuadrados, el extremo norte de Vega Baja bordea con el Mar Caribe y alberga hermosas playas, incluida Puerto Nuevo, que se considera una de las playas más limpias de todo el Caribe. La parte sur de la Vega Baja colinda con el municipio montañoso de Morovis.

Bad Bunny es del barrio Almirante Sur, que está más cerca de Morovis. En febrero de 2018, Jerry Pullés viajó con Bad Bunny y su equipo a Vega Baja para filmar un breve documental en preparación para la campaña de Apple Music Up Next de Bad Bunny. El documental lleva a los espectadores en un viaje por caminos de montaña rodeados de exuberante vegetación tropical y colinas sinuosas. El video fue filmado en los lugares que Bad Bunny frecuentaba, como la playa local y la cancha de baloncesto. También contó con apariciones de viejos amigos, muchos de los cuales todavía trabajan con él, y entrevistas inusuales con sus hermanos, Bernie y Bysael, y su madre, Lysaurie Ocasio. El documental presenta a un hombre a punto de alcanzar el estrellato mundial, alguien que ya tenía la atención de su país natal, pero que, como Jerry predijo de forma acertada, estaba a punto de despegar hacia la estratosfera.[46]

Pero no importa cuán grande se vuelva Bad Bunny, Vega Baja es su hogar. Creció en una familia puertorriqueña bastante típica. Como Bad Bunny le dijo a Carina del Valle Schorske en una entrevista para *The New York Times Magazine*, la suya era una «familia normal que habla de la cotidianidad».[47] Su madre es una católica devota y llevaba a sus tres hijos a la iglesia con regularidad. La primera vez que Bad Bunny cantó frente una audiencia fue en el coro de la iglesia local, algo que la crítica musical Suzy Exposito dice que lo distingue de otros artistas latinos de trap o reguetón: «No es de sorprender que haya crecido cantando canciones de iglesia, y muchos de los mejores cantantes lo hacen».[48] Aun así, Bad Bunny no tenía una formación musical formal. Y como alguien que creció en el tranquilo pueblo de Vega Baja, no estaba conectado con las escenas de reguetón y trap latino. En cambio, encontró su camino en la música a través de internet. Carina señaló que Bad Bunny y su amigo Ormani Pérez aprendieron a utilizar Fruity Loops (ahora conocido como FL Studio), un *software* de producción musical muy pirateado que proporciona elementos básicos como efectos especiales, sonidos y música instrumental para desarrollar ritmos.[49] En sus inicios, productores pioneros de reguetón como Luny

Tunes y DJ Blass crearon los sonidos característicos del género con Fruity Loops. Ese *software* era muy accesible en parte porque circulaban versiones pirateadas por todo Puerto Rico; el *software* de producción es demasiado caro para que la gente común lo use. Pero más allá de su accesibilidad, el productor de reguetón Tainy nos dijo que Fruity Loops era popular porque era bastante fácil de usar y entender, incluso para personas sin ningún tipo de formación musical o técnica formal. Fruity Loops les proporcionó a jóvenes como Bad Bunny y Ormani una opción accesible y sencilla con la que incursionar en la creación de su propia música.

Además de navegar por internet, Bad Bunny y sus amigos realizaban viajes ocasionales al área metropolitana de San Juan. Disfrutaban en especial de Plaza Las Américas, un enorme centro comercial en el área metropolitana de San Juan, donde iba a buscar la música más reciente en las tiendas de discos. Pero eso era solo un capricho ocasional. «Yo era un chamaquito humilde, de campo», le dijo Bad Bunny a Carina del Valle Schorske en una entrevista para *The New York Times Magazine*.[50]

Más tarde, mientras estudiaba en la UPR y trabajaba en la cadena de supermercados Econo, Bad Bunny comenzó a hacerse un nombre en el ámbito local, produciendo sus propias canciones y escribiendo sus propias rimas. Entre clases y ayudando a los clientes a guardar sus comestibles en bolsas, Bad Bunny lanzaba sus canciones nuevas en SoundCloud, una plataforma de internet que permite a los artistas publicar canciones de forma gratuita.

En 2016, Bad Bunny lanzó una canción en SoundCloud que cambiaría su vida para siempre: «Diles». Es una canción trap lenta y *sexy* sobre un hombre que sabe cómo complacer sexualmente a una mujer. Bad Bunny creó el ritmo y grabó su propia voz. La canción despegó. Un día, mientras trabajaba en un proyecto en Colombia, De La Ghetto visitó a un barbero. Nos dijo: «*I was shooting a video out there and my barber was like* [Estaba grabando un video allí y mi barbero me dijo]: "Cabrón, escucha la de Bad Bunny"». Se refería a «Diles», y a De La Ghetto le encantó. «*I met with Luian and...* [Me reuní con DJ Luian y (le dije)]: "Cabrón, ¿escuchaste a ese chamaquito Bad Bunny?". "Cabrón, *I heard his name ring, you know* [escuché su nombre, tú sabes], por ahí". *And* yo le dije a Luian: "Cabrón, cógelo, no creo que es *a bad idea* [una mala idea]"».

DJ Luian siguió el consejo y fichó a Bad Bunny para su sello, Hear This Music. Hear This Music lanzó un remix de «Diles» que incluía versos de algunas de las estrellas del trap latino más populares de Puerto Rico, entre ellas, Farruko, Arcángel, Ñengo Flow y Ozuna. Ese fue el primer sencillo oficial de Bad Bunny respaldado por un sello discográfico y muy pronto escaló en las listas.

De regreso a Miami, Jerry Pullés de Apple Music escuchó el remix de «Diles» justo cuando salió y estaba decidido a añadirlo a «Trap Kingz». Al no poder usar música que no estuviera ya en la plataforma de Apple, con frecuencia tenía que contactar directamente a los artistas para preguntarles si podía incluir su música en sus listas de reproducción. Antes del lanzamiento del nuevo remix de «Diles» en agosto de 2016, Jerry habló con Bad Bunny sobre agregar su música a «Trap Kingz». Jerry había notado que las canciones de Bad Bunny aparecían en Apple Music, pero luego desaparecían sin previo aviso. Jerry le envió un mensaje a Bad Bunny en Instagram y le pidió al joven artista que se comunicara con él por correo electrónico. Bad Bunny lo hizo, respondiendo: «Aquí estamos. ¡Saludos!». Jerry escribió: «Quería comunicarme contigo porque recibimos algunas canciones de Bad Bunny hace unas semanas, pero ya no están disponibles en Apple Music. No sé por qué desaparecieron, pero quería saber si volverían pronto porque tenía dos de ellas en mi lista de reproducción y me encantaría volver a ponerlas en ella». Poco tiempo después, Bad Bunny respondió por correo electrónico que no tenía idea de cuáles de sus canciones estaban en Apple Music ni si volverían. Jerry se enteró de que Bad Bunny no estaba al tanto de sus canciones en la plataforma. Resultó que unos productores de copias piratas habían colocado sus canciones en el servicio, razón por la cual eran eliminadas con regularidad. Pero con la nueva versión de «Diles» lanzada en agosto de 2016, Jerry por fin tenía una canción de Bad Bunny que podía usar.

La música de Bad Bunny pronto se convirtió en la más popular en la lista de reproducción «Trap Kingz». Apenas seis semanas después de que Hear This Music lanzara «Diles», Bad Bunny tenía una nueva canción, «Tú no vive así» con Arcángel. Producida por DJ Luian y Mambo Kingz, la canción presenta un ritmo trap clásico acentuado por disparos de bala a lo largo del estribillo. Jerry lo agregó de inmediato a la lista de reproducción «Trap Kingz». Luego, en diciembre del mismo año, Bad Bunny lanzó «Soy peor». El éxito de esa tercera canción consolidó la posición de Bad Bunny como líder de la lista de reproducción y del trap latino en general. «Todo lo que colocara ahí con su voz iba a funcionar», nos dijo Jerry en una entrevista. Incluso si fuera solo una pequeña participación en la canción de otra persona, el trabajo de Bad Bunny se volvería popular al instante. El éxito de Bad Bunny en la lista de reproducción demostró que estaba preparado para ser la siguiente gran estrella del trap latino.

«Soy peor» es un trap latino clásico que destaca un *hi-hat* sincopado y desacelerado con una línea de bajo profunda, con capas de acordes de sintetizador lentos. En lugar de una letra más explícita sexualmente, «Soy peor» es una canción triste de ruptura. Bad Bunny le dice a su antiguo interés amoroso que siga adelante: «*Sigue tu camino que sin ti me va mejor*». Pero luego hay un giro porque, a pesar de intentar seguir adelante y afirmar que está mejor, Bad Bunny parece no poder sacarse a la chica de la cabeza. «*Si antes yo era un hijueputa ahora soy peor / ahora soy peor, ahora soy peor por ti*». Jerry pensó que esta letra distinguía a Bad Bunny de los temas típicos del trap latino. El experto en comunicaciones Luis Rivera-Figueroa sostiene que casi todo el trap latino en Puerto Rico implica «una estética pornográfica, una fórmula narrativa de encuentros sexuales y representaciones del dominio masculino a través de la conquista sexual».[51] En cambio, Jerry señaló que «el concepto y el contenido [de «Soy peor»] no es el típico de una canción de trap latino. Es una canción sobre el fracaso y la vulnerabilidad, habla de una ruptura y de cómo perder a esa mujer lo cambió y lo convirtió en una persona diferente. Sin embargo, se presenta con ese estilo duro del trap... Fue un momento "ese tipo es diferente de todos los demás"».

A Jerry también le encantó «Soy peor» y señaló que «en cuanto a la melodía, esa canción se podría grabar en muchos otros géneros y aun así ser un éxito». «Soy peor» es una canción lenta que puso en relieve la suave voz de barítono de Bad Bunny. Exposito describe la voz de Bad Bunny como única dentro de la escena del trap latino: «No suena como ningún otro cantante de trap latino o reguetón. En especial cuando canta en su registro más agudo, hay algo muy metálico en su voz. Su cadencia me hace recordar la forma en que puede sonar una trompeta y eso es algo que lo distingue, la plenitud de su voz».[52] De manera similar, el productor MAG nos dijo que lo primero que lo atrajo de Bad Bunny como fan fue su voz. «El tono de su voz me atrapó de inmediato. No era el tono que estábamos acostumbrados a escuchar en el reguetón —o él estaba haciendo trap en ese momento—, y eso me atrapó. Tenía algo de barítono en su voz y también en sus melodías, su rango melódico». La voz distintiva de Bad Bunny, sus letras emotivas y sus melodías únicas lo diferenciaron del sonido trap típico.

Bad Bunny se convirtió muy pronto en la cara y la voz del trap latino. Bad Bunny había abandonado su sello discográfico original y se unió al sello independiente Rimas, con el que firmó poco después del éxito de «Diles» en 2016, con el propietario Noah Assad como su nuevo mánager.

Noah ya era conocido en los círculos del trap latino. Le dijo a *Billboard* que «hacía lo que fuera por ganarse un dólar en la industria de la música». «Yo era un mánager de giras, contrataba artistas, tenía un estudio y lo alquilaba».[53] De hecho, Jerry conoció a Noah cuando este se convirtió en el contacto principal de otra futura superestrella que comenzaba en el mundo del trap, Ozuna. Con el tiempo, a los veinticuatro años, Noah cofundó su propio sello, Rimas Entertainment, en 2014. El plan inicial de Noah para Rimas implicaba usar YouTube para promover a los artistas locales y ayudarlos a reclamar activos a través de la plataforma.[54] Por lo tanto, Rimas centró sus estrategias de *marketing* iniciales en maximizar el alcance del algoritmo de YouTube para distribuir música, en especial el trap latino, de artistas puertorriqueños.[55]

A Noah le encantó la voz distintiva de Bad Bunny, su apariencia que desafía los roles de género y su personalidad única. Noah ideó una estrategia para que Bad Bunny lanzara un sencillo tras otro (acompañados de videos económicos que producía con entre $5,000 y $10,000 dólares) y apareciera en grabaciones de otros artistas que pronto ganarían popularidad en línea.[56] Cuando Apple Music seleccionó a Bad Bunny para Up Next, Bad Bunny ya había acumulado una importante base de fans sin haber lanzado todavía un álbum.

Jerry invitó a Noah a cenar en Los Ángeles, donde le planteó la idea de que Up Next podría ser una plataforma excelente para expandir aún más el alcance de Bad Bunny. Bad Bunny se había vuelto tan popular que algunos en Apple se preguntaban si en realidad era un artista «prometedor» o ya era un artista establecido no apto para la serie Up Next. Pero Jerry perseveró y convenció a Apple para que incluyera a Bad Bunny argumentando que, si bien ya era muy popular en el mundo hispanohablante, aún no había sido presentado a otros públicos. Como parte de la campaña, Bad Bunny realizó un concierto íntimo en un pequeño local de Miami en marzo de 2018. Como recordó Jerry: «Estaba creciendo tan aprisa que cuando hicimos esa fiesta, ya estaba actuando en lugares mucho más grandes». Incluso en los tres meses entre la aprobación de Bad Bunny como el nuevo artista de Up Next y el concierto, su fama aumentó de forma exponencial.

Por lo tanto, el concierto fue una experiencia única e íntima para muchos de sus fans. En un pequeño escenario, con solo su amigo Ormani (quien comenzó a usar el nombre artístico DJ Orma), Bad Bunny interpretó sus éxitos para unos cientos de fanáticos. En el video del concierto, la cámara se enfoca en los fanáticos que grabaron la actuación y los amigos sorprendidos que la transmitieron vía FaceTime en vivo. Cantó sus versos en colaboraciones: «Sensualidad» con Prince Royce y J Balvin, «Krippy Kush» de Farruko, y canciones propias como «Diles», «Chambea» y «Soy peor». Al final, llamó a De La Ghetto para cantar su éxito conjunto, «Caile», de la época en que, como dijo De La Ghetto, «Bad Bunny estaba super-empe [estaba empezando]». A pesar de tener tantos éxitos, Bad Bunny aún no había lanzado un álbum. El primero no saldría hasta la víspera de Navidad de 2018. Y, sin embargo, sus fans se sabían todas las canciones.

Entre tema y tema, Bad Bunny agradeció efusivamente a sus fans y atribuyó su éxito a «todos los latinos que me apoyan».[57] La conexión con las comunidades latinas fue aún más pronunciada en el minidocumental que Apple lanzó sobre la vida de Bad Bunny como parte de la campaña Up Next. Ya entonces, el huracán María había agudizado la crisis de Puerto Rico, y Bad Bunny habló de su dolor al observarlo desde lejos y compartió lo que se había convertido en un video *freestyle*, que pronto se haría viral, ensalzando la resiliencia de los puertorriqueños para superar una tragedia tan enorme. En momentos como ese, vislumbramos la continua defensa que el futuro Bad Bunny hará de los puertorriqueños y los latinos en todas partes.

El crecimiento del trap latino que había comenzado diez años antes con Arcángel y De La Ghetto por fin se había ganado el respeto que merecía. De La Ghetto está orgulloso de su papel en la innovación del género, pero ve su crecimiento como un esfuerzo de grupo: «Fuimos yo y Arcángel [los] que trajimos el trap latino a Puerto Rico, y después esa generación, Anuel, Bad Bunny, Eladio, también fue Mike Towers. *They were the ones that created the movement... Everybody did* [Ellos fueron los que crearon el movimiento... Todos lo hicieron], abrir la puerta poco a poco hasta que vino Bad y la abrió completamente». El ascenso de Bad Bunny sería tan meteórico, tan radical, que bien pudo haberse convertido en un enigma, a la manera de Prince, o intocable como Beyoncé. En cambio, Bad Bunny es más o menos el mismo de siempre, un tema que se reitera en casi todas sus retrospectivas y entrevistas. En Up Next, vemos los inicios de Bad Bunny como superestrella; no solo su fama y popularidad, sino también sus actuaciones que desafían las categorías de género, sus comentarios políticos y su autenticidad. Esos aspectos de la personalidad de Bad Bunny no han hecho más que crecer a medida que su plataforma se expande a un público más amplio.

De hecho, el séquito actual de Bad Bunny incluye a muchas de las mismas personas con las que pasaba tiempo mientras crecía. Ormani (ahora

DJ Orma) se desempeña como DJ oficial de la gira de Bad Bunny y juntos produjeron el gran éxito «Safaera» (de su álbum de 2020, *YHLQMDLG*) usando Fruity Loops. Bad Bunny también creció con su ingeniero de sonido, Beto «La Paciencia» Rosado, quien lo ha ayudado a grabar su voz desde el principio. Otro amigo de la infancia llamado Jomo Dávila trabaja como su fotógrafo oficial y asistente. Y luego está Janthony Oliveras, un tipo alto y delgado de cabello rizado. Bad Bunny conoció a Janthony cuando estudiaban en el recinto de Arecibo de la UPR. Janthony ayudó a Bad Bunny a tener más estilo, eligiendo atuendos para sus primeros espectáculos y, con el tiempo, se convirtió en el consultor creativo del artista. En 2022, Janthony le dijo al *podcaster* Chente Ydrach que él era como el «segundo cerebro» de Bad Bunny: la persona que mejor conocía los deseos y gustos de Bad Bunny, y quien había ayudado a que las ideas del rapero se hicieran realidad.[58] Bad Bunny mantiene a sus amigos cerca. Como le dijo Noah Assad a la revista *Rolling Stone*: «Hasta el día de hoy, está con sus ocho mejores amigos, y están trabajando. No son su séquito, son su familia».[59] De hecho, cuando Spotify lanzó un video de la cena que organizaron para celebrar que doce canciones de Bad Bunny habían superado los mil millones de reproducciones en su plataforma, el grupo de personas a las que invitó a cenar con él incluía a todos sus amigos de la infancia junto con sus hermanos, Bysael y Bernie. (Los únicos amigos más recientes de la industria que estaban a la mesa eran sus colaboradores y productores de tiempo atrás, Tainy y MAG).[60]

Por desgracia, Puerto Rico no ha gozado del mismo éxito que el trap latino o que las personas más cercanas a Bad Bunny. De La Ghetto reconoció esto en su conversación con nosotras al decir que, cada vez que regresa a Puerto Rico, ve muchos de los mismos problemas que vio hace años. En su antiguo barrio, ve «la misma gente trabajando [en] el mismo trabajo, no haciendo nada. El sistema necesita un cambio bien drástico». Pero eso no es sorprendente en el contexto del colonialismo estadounidense. La promesa de Promesa de mejorar la vida de los puertorriqueños fue una artimaña para ocultar la realidad de que los verdaderos ganadores serían las mismas corporaciones y élites estadounidenses que siempre se habían beneficiado de la política colonial en Puerto Rico. Pero una nueva crisis estaba a punto de ocurrir: un huracán histórico impulsaría a Bad Bunny a comenzar a usar su plataforma más amplia para defender su patria.

2

¿«ESTAMOS BIEN»?: EL HURACÁN MARÍA Y LOS DESASTRES NO NATURALES EN PUERTO RICO

Bad Bunny debutó en televisión interpretando «Estamos bien» en *The Tonight Show with Jimmy Fallon*, que se transmite por NBC, el 26 de septiembre de 2018. María, un fuerte huracán categoría 4, había tocado tierra en Puerto Rico un año y seis días antes. Fue el huracán más mortífero y costoso de la historia de Puerto Rico. A los espectadores de *The Tonight Show* se les recordó el hecho con las siguientes palabras: «El 20 de septiembre de 2017, Puerto Rico estuvo expuesto a toda la fuerza de la ferocidad de la naturaleza». El texto se proyectó en pantalla antes de que Bad Bunny apareciera en escena. A continuación, se mostraron imágenes en blanco y negro de la destrucción causada por la tormenta y Bad Bunny subió al escenario.[1] Hablando en inglés, algo poco habitual en él, Bad Bunny estaba decidido a comunicarse con el público estadounidense al que tenía acceso en ese momento: «A un año del huracán, todavía hay gente sin electricidad en sus casas. Murieron más de 3,000 personas y Trump sigue negándolo. Pero ¿saben qué? Estamos bien». La declaración hacía referencia a la negativa por parte de Trump de reconocer el número elevado de víctimas mortales de María y a la incapacidad de su administración para mitigar la devastación que provocó la tormenta.[2]

Detrás de Bad Bunny, las imágenes de la destrucción causada por el huracán dieron paso a imágenes de un Puerto Rico hermoso: Bad Bunny con sus amigos; familias felices; playas puertorriqueñas; el campo; y segmentos del video musical de su canción, «Estamos bien». El estilo ecléctico del cantante se hizo evidente: uñas pintadas, pequeñas gafas de sol ovaladas, aretes y una chaqueta larga.

Su actuación ejemplificó la frustración y, a la vez, la celebración inherentes a la frase P FKN R. Era irónico, pero también audaz, y les recordaba a los espectadores que, a pesar de la retórica deshumanizante de la administración Trump, los puertorriqueños seguían en pie y hacían mucho más que sobrevivir. A la vez que llamar la atención sobre la grave situación de Puerto Rico, le decía a un público, que tal vez no sabía mucho sobre el archipiélago, que el espíritu de su gente permanecía fuerte. Pero el mensaje final era de esperanza. Al desviarse de la letra grabada de la canción, Bad Bunny se dirigió al pueblo de Puerto Rico en español y concluyó: «Estamos bien y vamos a estar mejor, Puerto Rico».

Para muchos espectadores era la primera vez que veían a Bad Bunny. Tal vez fue arriesgado que un joven artista, que se presentaba por primera vez ante el gran público estadounidense, usara esa plataforma para criticar cómo el gobierno federal les había fallado a los puertorriqueños. Cuando Bad Bunny habló con Petra durante un evento de la Universidad de Harvard en 2019, le dijo que la decisión de usar su plataforma de esa manera no había sido difícil. Sabía que el mundo no podía ver lo que ocurría en Puerto Rico y esa era su oportunidad de mostrárselo. Bad Bunny estaba de gira por Europa cuando el huracán María azotó el archipiélago y, como a muchos de nosotros en la diáspora puertorriqueña, le costó procesar la noticia y comunicarse con su familia. Su nueva visibilidad como invitado en *The Tonight Show* le dio a Bad Bunny la oportunidad de mostrar la devastación y la desesperación que tantos puertorriqueños dentro y fuera del archipiélago sentimos tras el paso del huracán María.

El legendario productor de reguetón Tainy, quien produjo la canción «Estamos bien», nos dijo en una entrevista que la actuación de Bad Bunny en *The Tonight Show*

> influyó el cariño que todo el mundo le tiene [a Bad Bunny], en especial la gente de Puerto Rico. Nunca ha sido como que esa persona que se olvidó

de donde vino. Es bien arriesgado y diferente usar plataformas grandes para dar esos diferentes mensajes y que se vea genuino. Pero hay ciertos artistas que definen una generación y van a tener un rol importante en que ciertos mensajes lleguen. Tal vez mi música o mis temas no van a hablar de esto todo el tiempo, pero en el momento que pueda hacer algo por aportar, pues sé que tengo millones de ojos encima de mí, como que voy a hacer algo. Eso para mí es importante.

Tainy sugirió que el compromiso de Bad Bunny con la acción política es inusual, ya que muchos artistas a menudo se sienten inseguros sobre cómo usar sus plataformas del modo más eficaz. En ese contexto, la actuación de Bad Bunny fue especialmente conmovedora para Tainy. Nos dijo: «Eso a mí me enorgullece como puertorriqueño... tener a alguien representando [a Puerto Rico] de esa manera... para mí es *cool* decir, que trabajé con alguien así».

El debut de Bad Bunny en *The Tonight Show* fue la primera demostración de su poder político. Está claro que no lo hizo porque quería que lo vieran como un activista o porque ambicionara convertirse en político o líder político. Más bien, como le dijo a Petra en 2019, lo hizo porque sintió que no tenía más remedio que sacar la cara por Puerto Rico. La frustración que Bad Bunny se esforzó por transmitir en su primera aparición en la televisión estadounidense demostró su voluntad de tomar partido en asuntos políticos. Su interpretación de «Estamos bien», una canción que habla en específico de la realidad puertorriqueña, fue más directa y contundente en el sentido político que cualquier otra canción o video que hubiera presentado hasta entonces.

El huracán María ha sido una de las catástrofes más devastadoras ocurridas en la vida de Bad Bunny, así como en la historia moderna de Puerto Rico. El huracán y sus consecuencias dejaron al descubierto, de la forma más clara y pública posible, la innegable condición colonial de Puerto Rico. La política colonial estadounidense ha dejado las infraestructuras de Puerto Rico, y a los propios puertorriqueños, en un estado pésimo. El efecto de la tormenta no puede disociarse de la larga historia colonial de Puerto Rico.[3] Según la autora Jean Hostetler-Díaz, el huracán María reveló lo frágil que se había vuelto la vida en el archipiélago y cómo la falta de ética y la mala gestión habían destruido el aparato del Estado, y aclaró más allá de toda duda lo que significa ser una colonia.[4]

El trato desigual que reciben los ciudadanos estadounidenses se hizo evidente.

Cuando María azotó, los puertorriqueños ya estaban lidiando con la destrucción masiva del huracán Irma, el huracán categoría 5 que pasó sobre el archipiélago apenas dos semanas antes. Aunque María se había debilitado un poco cuando tocó tierra en Puerto Rico, duró mucho más que Irma e impactó a todo el archipiélago. Con vientos sostenidos de hasta 250 kilómetros por hora y más de un metro de lluvia, provocó daños que se estimaron en al menos $100,000 millones de dólares.[5] Las pequeñas islas puertorriqueñas de Vieques y Culebra sufrieron daños terribles, y ocho años después, Vieques aún sigue sin hospital.[6] La red eléctrica del archipiélago quedó destruida por completo. Se perdió cerca del 80 % de la agricultura.[7] Casi 800,000 viviendas sufrieron daños, miles fueron derribadas. En los primeros meses después del huracán, más de 300,000 puertorriqueños desesperados abandonaron el archipiélago en lo que se convirtió en una de las mayores migraciones de puertorriqueños al territorio continental estadounidense en la historia.[8] En los años que siguieron a María, emigraron muchos más.[9]

Tras el huracán, Alex, un amigo íntimo de Vanessa que vive en Guaynabo, Puerto Rico, se puso en contacto con ella. Se sentaba en su automóvil para refrescarse durante unos minutos en el aire acondicionado, cargar el teléfono y llamarla. A petición suya, Vanessa compartió en las redes sociales sus recuentos sobre la vida después del huracán:

> Vanessa, Puerto Rico está destruido. Las cosas están fatales. No tenemos comida. No hay agua en ninguna parte. Hoy he ido a buscar agua a un río. Y si el río está contaminado, va a propagar enfermedades. La gente se asea en el río. Hay basura por todas partes. Ha pasado una semana. No estamos recibiendo ayuda. No hay luz. No hay agua. Estoy conduciendo por la calle y la oscuridad es absoluta. La fila para echar gasolina es enorme. ¿Y Donald Trump está hablando de la NFL?[10] Aquí hay gente *fucking* muriendo. Las personas que necesitan diálisis no pueden recibirla. La gente como mi abuelo, que necesita que mantener su insulina fría, no puede porque no hay hielo.[11]

La reflexión de Alex demuestra la profunda negligencia de los gobiernos estadounidense y puertorriqueño en su respuesta después de María. Una de las agencias más ineficaces fue la Agencia Federal de Gestión de Emergencias (FEMA, por sus siglas en inglés), responsable de ayudar a los estados y territorios estadounidenses después de una catástrofe. A cerca del 62 % de los puertorriqueños que solicitaron fondos a FEMA para reconstruir sus hogares se les denegó la ayuda.[12] El reportaje de 2018 de la National Public Radio (NPR), «How FEMA Failed to Help Victims of Hurricanes in Puerto Rico Recover [Cómo FEMA no ayudó a las víctimas de los huracanes en Puerto Rico a recuperarse]», destacó la desesperante necesidad de que el gobierno federal ayudara al archipiélago y documentó el enorme número de personas que sufrían sin techo, sin comida y sin agua potable.[13] La antropóloga Sarah Molinari informó que, aun cuando FEMA respondía a quienes solicitaban ayuda, la escasez de fondos, los trámites burocráticos y los retrasos provocaron una especie de «fatiga por falta de asistencia en una catástrofe» en muchos puertorriqueños que carecían de recursos básicos mucho después del paso de la tormenta.[14] En julio de 2020, Prensa Asociada informó que no se había completado «ni un solo trabajo de reparación o reconstrucción» en el número relativamente pequeño de viviendas a las que se les concedieron fondos federales.[15] Cuando fuimos a Puerto Rico tres años después, vimos casas que aún tenían lonas azules en lugar de techos.

Los funcionarios del gobierno estadounidense, incluidos los de FEMA, minimizaron la gravedad de la calamidad y la incompetencia de la respuesta estadounidense. El director de FEMA, Brock Long, llegó a declarar a Fox News que la respuesta al huracán María en Puerto Rico era, «en cuestión de lógica, el evento más desafiante que Estados Unidos haya visto jamás», y añadió que el gobierno estaba «moviéndose tan rápidamente como lo permitía la situación».[16] El hecho de que Puerto Rico sea un archipiélago se utilizó como excusa para justificar la respuesta incompetente e inhumana del gobierno estadounidense. Si bien es cierto que la magnitud de la destrucción causada por María supuso un desafío sin precedentes para las labores de socorro, Estados Unidos, como una de las naciones más poderosas del mundo, tenía acceso a los recursos, el equipo y la mano de obra necesarios para aliviar la situación. Según Alex le contó a Vanessa: «El ejército estadounidense puede invadir Irak y controlar un país enorme en una semana, pero no podemos limpiar la mierda en Puerto Rico. Podemos invadir Afganistán, pero hay un desastre y no podemos llevarle agua o devolverle la energía eléctrica al pueblo puertorriqueño».[17] Cuando Florida y Texas fueron azotados por los huracanes Irma y Harvey, más o menos al mismo tiempo que María golpeó a Puerto Rico, la respuesta federal en esos estados fue mucho más eficiente y eficaz que en Puerto Rico.[18] En Florida, por ejemplo, la semana después de Irma, FEMA había instalado

100,000 techos de lona.[19] En Puerto Rico, cien días después de María, solo se habían instalado 30,000 lonas para techos, y la promesa de instalar más nunca se cumplió.[20]

En lugar de lonas, agua, alimentos y otros suministros necesarios, el presidente Donald Trump viajó a Puerto Rico, en una rápida visita de cinco horas, dos semanas después de la tormenta para lanzarles a los que asistieron a la rueda de prensa «toallas [de papel] hermosas y suaves. Muy buenas toallas».[21] Trump afirmó que los puertorriqueños a los que visitó ya no necesitaban linternas recargables con energía solar, cuando solo el 7 % del archipiélago tenía servicio de electricidad.[22] Al mismo tiempo, demostró un desprecio profundo por Puerto Rico y sus habitantes, a quienes acusó de no ser autosuficientes para resolver sus problemas ni agradecer toda la ayuda que, según él, había llegado a Puerto Rico. En los días posteriores al incidente de las toallas de papel, Trump tuiteó:

> A Texas y Florida les va muy bien, pero Puerto Rico, que ya sufría las consecuencias de unas infraestructuras rotas y una deuda masiva, está en graves problemas... Su vieja red eléctrica, que estaba en muy mal estado, quedó devastada. Gran parte de la isla quedó destruida, con miles de millones de dólares... que le debe a Wall Street y a los bancos que, lamentablemente, hay que atender. La comida, el agua y la atención médica son las prioridades, y están bien.[23]

En lugar de reconocer que Puerto Rico ha sido víctima de la desinversión y la extracción, Trump pateó a la colonia que estaba en el suelo, culpando a su gobierno y a su pueblo de la situación, y afirmando que Puerto Rico drenaba la economía estadounidense. Los puertorriqueños, escribió, quieren que «se lo hagan todo». Con sus palabras, Trump revivió los viejos estereotipos racistas del generoso Tío Sam que les da limosnas a sus problemáticos, pobres e incultos hijos coloniales de piel oscura.[24]

Trump no fue el único que culpó a los puertorriqueños. En lugar de admitir sus fallas sistemáticas a la hora de proporcionar ayuda, los funcionarios de FEMA alegaron que la falta de determinación y la propensión cultural a «esperar a que las cosas ocurran» era lo que les impedía a los puertorriqueños a acceder a la ayuda.[25] Según la antropóloga Hilda Lloréns, los medios de comunicación estadounidenses suelen describir a los puertorriqueños como gente negra y marrón desamparada, que huye de los «trópicos desastrosos» y caóticos.[26] Ese tipo de cobertura, centrada en los desastres naturales y basada en estereotipos de lugares exóticos, salvajes y tropicales, ayudó a reforzar la autoimagen altruista del gobierno estadounidense, que decía hacer todo lo que podía, cuando nada distaba más de la realidad.[27]

En una llamada telefónica a Vanessa, Alex insistió en el efecto devastador de la falta de respuesta federal tras el huracán: «No he visto ayuda federal. Cuando Texas fue golpeado [por un huracán], hubo recursos. Como ciudadanos estadounidenses, deberíamos recibir ayuda. Los puertorriqueños son los que están limpiando la mierda. Son los que están cortando árboles. Pero no tenemos los suministros adecuados. Así que va muy lento. Todo lo que se está haciendo, lo hemos organizado nosotros. El pueblo. No FEMA».[28] Alex tenía razón. En vez de recibir asistencia del gobierno tras la tormenta, los puertorriqueños tuvieron que hacerse cargo de la situación. En la medida de lo posible, los puertorriqueños limpiaron sus propia basura, acarrearon su propia agua, crearon sus propias infraestructuras de energía eléctrica y crearon o reforzaron los programas de ayuda mutua existentes.[29] Por ejemplo, Oscar Carrión, del municipio de Canóvanas, guiándose con tutoriales de YouTube, sin guantes y sin experiencia previa como electricista, arriesgó su vida para rehacer el cableado de tendido eléctrico y restablecer el servicio de electricidad a miles de personas de la zona.[30]

Mientras algunos, como Trump, afirmaban que los puertorriqueños eran vagos y malagradecidos, otros los alababan por su resiliencia ante la tormenta. La antropóloga Yarimar Bonilla critica esa noción de resiliencia: «La pregonada resiliencia de los puertorriqueños... también debe entenderse como una forma de trauma; años de abandono por parte del gobierno federal han forzado a las comunidades a hacerse cargo de sí mismas. Eso es maravilloso, pero también problemático, pues ahora se espera que [los puertorriqueños] tengan una capacidad sobrehumana de resistir».[31] Los mismos puertorriqueños estaban sujetos a esta idea. El periodista Benjamín Torres Gotay descubrió que, después de la tormenta, los puertorriqueños se habían resignado a que, en el mejor de los casos, la ayuda que recibirían del gobierno sería mínima.[32] Bonilla señala de igual modo que la frase #PuertoRicoSeLevanta se convirtió en una consigna popular para celebrar la resiliencia del pueblo puertorriqueño tras el huracán. Sin embargo, argumenta Bonilla, la resiliencia del pueblo no debería excusar la falta de resiliencia de la infraestructura en Puerto Rico.[33] A fin de cuentas, como ha escrito el historiador Jorell Meléndez-Badillo, «centrarse en la resiliencia ignora el hecho de que las personas que habían sufrido múltiples traumas hacían lo que podían para sobrevivir. Celebrar la resiliencia desplaza la culpa del Estado al individuo. Para muchos, María reveló dolorosamente que el gobierno estadounidense seguía considerando a

2.1 En esta caricatura de 1898, titulada «Will Wear the Stars and Stripes [Llevará las barras y las estrellas]», un Tío Sam blanco, alto, vestido con el paradigmático traje de barras y estrellas de la bandera estadounidense, le ofrece una pequeña versión de su traje a un hombre puertorriqueño de piel oscura y mucho más pequeño, que solo lleva puestos un calzoncillo y un sombrero que dice «Porto Rico». Los tropos que se muestran eran comunes en las viñetas de esa época y promulgaban la idea de que los puertorriqueños (así como todos los pueblos latinoamericanos y caribeños) eran pobres, incultos y racialmente inferiores, y necesitaban con desesperación el apoyo de Estados Unidos. Con ese discurso se pretendía justificar el hecho de que Puerto Rico siguiera siendo una colonia y legitimar la continua intervención estadounidense en toda América. Ilustración de Charles Lewis Bartholomew. Publicada originalmente en *Minneapolis Journal* el 7 de mayo de 1898. (Biblioteca del Congreso).

los puertorriqueños ciudadanos de segunda clase en el mejor de los casos, vagos y necesitados de salvación, en el peor».[34]

El huracán María puso de manifiesto la realidad colonial de Puerto Rico: desde la ruinosa infraestructura del archipiélago hasta los discursos racistas que moldearon la respuesta del gobierno estadounidense al desastre. El colonialismo funciona en parte presentando a los colonizados como desechables. Quizás nada evidenció más la idea de que los puertorriqueños son desechables que el elevado número de víctimas mortales de María. Cuando Trump visitó Puerto Rico, elogió a la administración del gobernador Ricardo Rosselló por haber evitado muertes en masa y afirmó que solo dieciséis personas habían muerto como consecuencia de la tormenta.[35] Sin embargo, con el tiempo se vio que esa cifra era totalmente inexacta. En muchos sentidos, las secuelas de la tormenta fueron más mortíferas que la propia tormenta. Alex le explicó a Vanessa: «La gente lo está pasando muy mal. La gente se muere porque no hay servicios. [El gobierno] lo oculta. La gente está sufriendo. Se están suicidando.[36] Te lo digo porque estoy aquí y sé lo que está pasando».[37] Aún no sabemos con exactitud cuántas personas murieron a causa del huracán María y sus secuelas, porque el gobierno estadounidense no les proveyó recursos básicos, como alimentos, agua potable, electricidad para sus aparatos médicos y medicamentos vitales.[38] El gobierno puertorriqueño ha informado cifras variables, pero la mayoría de los puertorriqueños han aceptado la estadística provista por un estudio de salud pública de la Universidad de Harvard, que determinó que al menos 4,645 personas perdieron la vida como consecuencia del huracán.[39]

En julio de 2018, poco después de la publicación del estudio de Harvard, cientos de puertorriqueños colocaron pares de zapatos frente al Capitolio de Puerto Rico para protestar contra las declaraciones del gobierno puertorriqueño en aquel momento de que solo habían muerto sesenta y cuatro personas a causa de María. Cada par de zapatos representaba a un ser querido fallecido. Si los zapatos de esos seres queridos se habían perdido, la gente dejaba un par suyo.[40] El 21 de septiembre de 2024, siete años después de María, Bad Bunny reveló en X (antes Twitter) que él también había dejado sus par de zapatos:

> Wow! por muchos años cada vez que me salían las distintas fotos de este día, me quedaba mirando un rato a ver si encontraba el par mío que dejé allí. Nunca grabé, ni tiré foto, ni publiqué nada; ni tan siquiera para mí de recuerdo. Nadie se enteró ni se dio cuenta de que fui, ni si quiera se lo conté a alguien. Hoy por fin las acabo de ver en esta foto. Y wow! Me emocioné mucho al verlas y se me aguaron los ojos, pues además del significado del acto, eran muy especiales para mí. Fueron las tenis que utilicé la primera vez que me trepé en la tarima de El Choli (concierto de Farruko en el 2016), día que nunca olvidaré. Nunca voy a parar de agradecer y devolver el amor que me ha dado esta tierra. Por eso siempre voy a estar aquí.[41]

Mientras tanto, en Estados Unidos, la diáspora puertorriqueña se movilizaba para encontrar familiares, acceder a información y enviar suministros a sus comunidades en el archipiélago. Al igual que muchos otros puertorriqueños en Estados Unidos, Vanessa publicó mensajes desesperados en las redes sociales buscando a alguien en la costa oeste de Puerto Rico que pudiera ayudarla a localizar a su familia, incluido su abuelo (que estaba en un hospital a la espera de una operación cuando el huracán azotó la isla) y su tía (que se había refugiado en la casa de sus padres, que tenía muy poca comida y agua). Sin forma de ponerse en contacto con su familia durante una semana, publicó mensajes en las redes sociales con la esperanza de que alguien los viera y le diera noticias.[42] En aquellos días, Facebook era un núcleo de actividad de la diáspora puertorriqueña. La gente intercambiaba información y compartía su profunda tristeza por tantas personas que no podían comunicarse con sus familias. Había un tremendo sentimiento de culpa por no estar ahí, en Puerto Rico, para ofrecer apoyo, pero también reconocíamos que, de estar allí, habríamos sido una boca más que alimentar. Eso produjo una sensación de impotencia y confusión por querer ayudar y no saber cuál era la mejor manera de hacerlo. Tras diez días de espera, la familia de Vanessa por fin pudo mover sus contactos y recursos para lograr que su abuelo y su tía viajaran a Estados Unidos en un crucero de Royal Caribbean (la empresa proporcionó suministros y transporte mientras el gobierno estadounidense afirmaba que el acceso a Puerto Rico era imposible).[43]

Como Vanessa, Bad Bunny también esperaba noticias de su familia. Cuando María azotó a Puerto Rico, Bad Bunny acababa de llegar a Europa tras varias semanas de gira por Latinoamérica y Estados Unidos. Esto situó a Bad Bunny, si bien de forma provisional, en la diáspora. Publicó un mensaje en Instagram que reflejaba el sentir de muchas personas de la diáspora en aquel momento: «Ustedes no saben lo difícil que es para mí estar tan lejos de mi casa y no poder hacer nada. Mi cuerpo está en Europa, pero mi alma y mi mente están en Puerto Rico con ustedes. Aún no he podido ni hablar con mi madre y les juro que es lo que más me duele... Me rompen el alma todas las imágenes de mi bella isla, pero sé que muy pronto nos vamos a recuperar. PUERTO RICO TE AMO!!».[44] Bad Bunny ha descrito posteriormente su sentimiento de culpa por no haber estado en Puerto Rico cuando azotó María. En una entrevista de 2020, reflexionó sobre lo que sintió al vivir el huracán desde fuera cuando toda su familia y todos sus amigos estaban en Puerto Rico. Describió que los puertorriqueños que estaban fuera de Puerto Rico sufrieron mucho, aunque de otro modo, por

Benito Antonio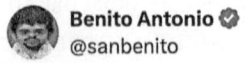
@sanbenito

wow! por muchos años cada vez que me salían las distintas fotos de este día, me quedaba mirando un rato a ver si encontraba el par mío que dejé allí. Nunca grabé, ni tiré foto, ni publiqué nada; ni tan siquiera para mi de recuerdo. Nadie se enteró ni se dió cuenta de que fui, ni si quiera se lo conté a alguien. Hoy por fin las acabo de ver en esta foto. Y wow! Me emocioné mucho al verlas y se me aguaron los ojos, pues ademas del significado del acto, eran muy especiales para mi. Fueron las tennis que utilicé la primera vez que me trepé en la tarima del choli (concierto de farruko en el 2016), día que nunca olvidaré. Nunca voy a parar de agradecer y devolver el amor que me ha dado esta tierra. Por eso siempre voy a estar aquí.

"Fueron 5 mil que dejaron morir, y eso nunca se nos va a olvidar..."
Translate post

2.2 La publicación de Bad Bunny en X (antes Twitter) del 21 de septiembre de 2024, transmite su emoción al ver sus zapatos en una foto del monumento al huracán María, que se creó de improviso en 2018. Las personas colocaron pares de zapatos a lo largo de la plazoleta de mármol frente al edificio del Capitolio en San Juan para exigir un recuento adecuado de los que murieron como resultado del huracán. Los zapatos que Bad Bunny colocó en el monumento eran los que había usado en su primera actuación en El Choli de Puerto Rico en 2016. (Imagen de X @sanbenito).

la incertidumbre, la incomodidad de preguntarse qué estaba pasando y preguntarse «¿dónde está mi familia?».[45]

Pocos días después de María, Bad Bunny expresó ese sentimiento en un rap improvisado que publicó en Instagram, titulado «Mi Puerto Rico».[46] El rap capta de un modo brillante el dolor, la rabia y el miedo que sentían a diario muchos puertorriqueños dentro y fuera del archipiélago. Comienza con una frase que expresa el temor de no saber si un miembro de su familia está vivo o muerto: «*Otro día que no sé de mami*». Al final, no obstante, la canción ofrece esperanza para el futuro:

Otra tarima que me trepo con el nudo en la garganta
Dicen que Dios no manda pruebas si uno no las aguanta
Por eso sé que Puerto Rico de esta se levanta
Y el árbol se planta, la flor vuelve y crece
Somos la estrella que alumbra aunque estemos sin luz seis meses.[47]

En muchos sentidos, la letra reitera la resiliencia que critican Yarimar Bonilla y otros estudiosos. Sin embargo, las palabras de Bad Bunny reflejan un sentimiento con el que muchos puertorriqueños podían identificarse, lo que Bonilla llama el «pesimismo esperanzado» que «nos abre los ojos a las duras tareas necesarias para transformar el aquí y el ahora».[48] El mensaje de perseverancia tras el desastre que ofrece la canción habla de la esperanza a la que Bad Bunny y otros podían aferrarse ante esa situación imposible. Aunque la resiliencia del pueblo no puede usarse para encubrir la negligencia del gobierno, lo cierto es que la esperanza es fundamental para poder imaginar un mejor futuro.

«Mi Puerto Rico» tiene un tono más triste, que es coherente con el pesimismo esperanzado. En esa misma época surgieron otras canciones que también ayudaron a muchas personas a sobrellevar las secuelas del huracán, a veces hasta proporcionando breves interludios de frivolidad en un momento de crisis. La gente escuchaba música mientras hacía filas kilométricas para todo, desde comprar gasolina y agua hasta entrar en un supermercado con las góndolas casi vacías. Una de esas canciones fue «Te boté», un trap latino que se lanzó el 1 de diciembre de 2017, un poco más de dos meses después de María. El mánager y antiguo promotor de reguetón Pablo Batista recordó que, justo después de María, no podía ir a ninguna parte en Puerto Rico sin escuchar «Te boté». Describió la canción como «la banda sonora de cuando sales a buscar gasolina o esperas dos horas en fila para hacer la compra. Si le preguntas a un puertorriqueño que haya estado en el archipiélago cuando se lanzó "Te Boté", te contará lo que hacía en la época pos-María». Pablo explicó que, al quedarse sin servicio de internet, los puertorriqueños solo contaban con la radio para entretenerse. Recuerda que en las emisoras locales tocaban «Te boté» como tres veces por hora y opina que «si estás en Puerto Rico y preguntas cuál es la canción que más se escuchaba después de María, ocho de cada diez personas te dirán "Te boté"».

«Te boté» es una canción de trap latino producida, interpretada y escrita por José «Young Martino» Martín Velásquez, con la colaboración de los raperos puertorriqueños Nio García, Darell y Casper Mágico. Después de la tormenta, Young Martino, Nio y Casper se refugiaron en Florida, y los cuatro raperos se reunieron en Orlando para hacer música y aliviar su ansiedad. En una entrevista con *Rolling Stone*, Casper explica que «Te boté» es «una canción que nació de la ruina, de la nada». Nio añade que fue una respuesta a la dificultad para comunicarse con la gente de Puerto Rico en aquel momento: «Estábamos en la oscuridad, en una depresión, y queríamos algo que moviera a la gente».[49]

Los artistas canalizaron sus emociones en lo que se convertiría en una canción de éxito grandiosa. En 2019, Young Martino le dijo a *Billboard*: «Casper me pidió que creara algunos *beats*, un ritmo, y así sin más, sin piano ni instrumentos, salió un *beat* de mi cerebro. Lo programé, luego siguió la melodía, luego la base del tema, y empezamos a tararear con Nio lo que sería la introducción». Young Martino combinó la melodía con la voz de Casper para crear la canción.[50] Casper y Nio publicaron un adelanto de la canción en Instagram que se hizo viral inmediatamente. En menos de tres meses, la versión inicial de la canción tuvo casi sesenta millones de visitas en YouTube.[51]

Otra estrella del trap latino, Ozuna, se puso en contacto con Casper para hacer una remezcla. Después, Bad Bunny y el veterano del reguetón, Nicky Jam, empezaron a conversar sobre la nueva versión del exitoso tema. El 13 de abril de 2018, la remezcla de «Te boté» con Ozuna, Bad Bunny y Nicky Jam catapultó la canción a nuevas alturas. Llegó al primer puesto en la lista Hot Latin Songs de *Billboard*, donde permaneció catorce semanas y, desde entonces, ha acumulado miles de millones de visitas en YouTube. «Te boté» también alcanzó el puesto #36 en la lista Billboard Hot 100.[52] No es poca cosa, teniendo en cuenta que la remezcla está toda en español y dura más de siete minutos.

La canción es oscura, un despecho, que pertenece al género de canciones de desamor y venganza. La remezcla es una combinación de trap latino con reguetón; todos los raperos que la interpretan son puertorriqueños. Ofrece un marcado contraste con las canciones alegres, sexuales, cursis y de sonidos tropicales que fusionan el pop latino y el reguetón, como el éxito de 2017 de Luis Fonsi y Daddy Yankee «Despacito», en cuya remezcla bilingüe cantó Justin Bieber. Los medios de comunicación han dicho que «Despacito» es un himno a la vida después de María. En un artículo en el *Tampa Bay Times* sobre el crucero que trajo a los abuelos de Vanessa a Estados Unidos se menciona la canción que sonaba cuando el barco atracó en Fort Lauderdale, Florida: «En el puerto, cientos de familiares desesperados, que portaban banderas y pancartas, corearon «Puerto Rico se levanta» cuando los refugiados empezaron a salir del barco a eso de las 9:30 de la mañana. El himno de Luis Fonsi a la Isla del Encanto, "Despacito", se escuchaba de fondo».[53]

En Puerto Rico, sin embargo, el himno después de María fue «Te boté». Para Pablo, la canción es importante no solo porque dominó las ondas radiales, sino también porque resonó entre los puertorriqueños en un momento en el que necesitaban algo positivo: «"Te boté" refleja aquella época de lucha después de María. María nos golpeó y nos destrozó. Te despertabas y entre las nubes veías un rayo de luz… Eso fue "Te boté". Salió en un momento en el que necesitábamos algo así».

Aunque en el fondo «Te boté» es una canción de ruptura, también expresa un poderoso mensaje de libertad, no de tristeza. En vez de rapear sobre el deseo de recuperar a la ex, los raperos le dicen adiós. «Te boté» significa te eché. Me deshice de ti. En una de las muchas repeticiones del estribillo, Darell y Nio rapean:

Bebé, yo te boté
Te di banda y te solté
Pa'l carajo te mandé
De mi vida te saqué

Luego sigue el verso de Casper: «*Pa'l carajo te boté / Yo sin ti me siento bien / Ya no sufro por amore[s] ahora rompo corazone[s]*». De primera intención, «Te boté» parece la típica canción sobre romper con alguien y pasar página. Pero si tomamos en cuenta los sentimientos que originaron la canción y las condiciones a las que estuvieron sometidos los puertorriqueños tras la tormenta debido a la inacción del gobierno estadounidense, es fácil entender que la canción adquiriera una connotación motivacional, incluso política. En medio del abandono extremo tras el huracán María, es natural interpretar «Te boté» como una canción sobre la inutilidad del gobierno federal. Estados Unidos es como el amante disfuncional que hay que sacar de la vida de los puertorriqueños porque estarían mejor sin él.

De primera intención también, parecía poco probable que «Te boté» se convirtiera en una canción sobre la experiencia del huracán María. Pero desde sus lanzamiento, «Te boté» estuvo muy ligada a María. Young Martino, Casper y Nio García la grabaron mientras lidiaban con su propia ansiedad y rabia por la tormenta, y esas emociones se exacerbaron porque el gobierno estadounidense no era capaz de responder de un modo adecuado y humanitario a la crisis. La canción estaba tan ligada al huracán en la mente de la gente que Pablo oyó el rumor de que la remezcla se había grabado en un estudio alimentado por un generador de electricidad. Sea o no cierto, la idea refleja lo arraigada que está «Te boté» en la memoria colectiva de los puertorriqueños respecto al huracán María. No cabe duda de que el sentimiento de la canción proveyó una salida a sus frustraciones por el huracán y sus secuelas en el archipiélago. Al tiempo que canciones como «Te boté» y «Mi Puerto Rico» se convertían en la banda sonora de la vida en Puerto Rico justo después de María, se gestaba otra canción que sonorizaría el pesimismo esperanzado de los puertorriqueños ante el resto del mundo: «Estamos bien» de Bad Bunny.

Unos meses después de que la remezcla de «Te boté» dominara las ondas radiales, los puertorriqueños recibieron un nuevo éxito. «Estamos bien» de Bad Bunny se lanzó el 28 de junio de 2018. Para él, era otro tipo de sonido y otro tipo de canción. Mientras que los éxitos anteriores a «Estamos bien» eran canciones de trap latino más típicas, «Estamos bien» abre con un coro y su tono es más alegre y optimista. La canción era el resultado de la combustión entre el crecimiento rápido y explosivo de la popularidad de Bad Bunny y la vasta destrucción de su patria mientras él estaba lejos. Al igual que los artistas que crearon «Te boté», Bad Bunny canalizó ese momento sobrecogedor a través de la música. El producto fue un himno sobre sí mismo y sobre las realidades de la vida en el Puerto Rico después del huracán María. Al igual que «Te boté», la letra de la canción, en la que presume de dinero y automóviles llamativos, es bastante típica del trap latino, pero en el contexto de María, adquirió un nuevo significado que Bad Bunny y su productor, Marcos Efraín Masís Fernández, más conocido por su nombre artístico, Tainy, no previeron.

2.3 Tainy y Bad Bunny el 5 de enero de 2024 en el concierto de promoción del disco *Data* de Tainy en El Choli de San Juan. (Fotografía de Luis M. Medina Leandry).

Para entender la reverencia que Bad Bunny y otros artistas sienten por Tainy, basta con escuchar lo que el propio Bad Bunny dijo en el escenario del concierto para promover el álbum *Data* de Tainy en enero de 2024: «Puerto Rico, estás viendo al mejor artista del género urbano en la historia. Y no hablo de mí. Hablo de Tainy».[54] Bad Bunny sabe que es un artista renombrado, pero le concede buena parte del crédito a Tainy. De hecho, Tainy ha desempeñado un papel fundamental en el desarrollo del reguetón. Aunque empezó a producir cuando era adolescente, el vasto repertorio de Tainy abarca toda la trayectoria de la comercialización del reguetón desde mediados de la década del 2000 hasta el presente.[55] Esto significa que muchas de las canciones que Bad Bunny escuchó mientras se formaba son de Tainy. Ahora colaboran para producir algunos de los éxitos más importantes de la escena del reguetón contemporáneo.

El estudio de Tainy es un pequeño bungaló en una calle tranquila de Miami. Las paredes interiores están decoradas con placas que celebran sus innumerables éxitos de platino con Bad Bunny. En una larga entrevista que le hicimos en su estudio, Tainy nos habló de su carrera, que comenzó cuando solo tenía catorce años. El sonido ecléctico de Tainy proviene de sus influencias igualmente eclécticas: pop, hiphop y *rock* estadounidenses; desde los Beatles hasta Biggie Smalls, Linkin Park, Eminem, Aerosmith,

Timbaland y los Neptunes. Criado en un hogar religioso por su madre dominicana en Puerto Rico, no se le permitía escuchar el floreciente género del reguetón en el hogar, pero aprovechaba cualquier oportunidad que se le presentara para escucharlo en la escuela o en casa de sus amigos. Sin embargo, su educación religiosa ayudó a que su carrera despegara de un modo inesperado cuando conoció en la iglesia a uno de sus amigos y mentores, el consumado productor de reguetón Josías de la Cruz, más conocido como Nely el Arma Secreta. Tainy le atribuye a Nely el haberle enseñado «lo que es hacer ritmo». Nely ayudó a Tainy a conseguir una copia pirata del *software* de producción Fruity Loops, que se utilizaba en las primeras producciones de reguetón. La madre de Tainy reunió los fondos para comprarle un ordenador y él se puso a trabajar. Los viajes al estudio con Nely ayudaron a Tainy a desarrollar su arte. Nos contó que en el estudio se sentía como en «otro mundo... no había nadie, solamente él [Nely]. Pero yo me sentaba atrás, sin preguntar... Yo no hablaba mucho con tal de no molestar, pero lo que quería era absorber todo lo que pudiese». Tainy compartía sus ritmos con Nely en la iglesia, y Nely le hacía críticas constructivas.

Tainy solo tenía catorce años cuando Nely le llevó su música a un poderoso dúo de productores de reguetón llamado Luny Tunes. En aquel momento, Luny Tunes, el dúo compuesto por Francisco Saldaña y Victor Cabrera, era el mayor productor de la industria. Son responsables de muchos de los grandes éxitos del reguetón: «Gasolina» de Daddy Yankee, «Métele sazón» de Tego Calderón y «Rakata» de Wisin y Yandel, entre otros. Les gustó el material que Nely compartió con ellos e invitaron a Tainy a su estudio. Saldaña se ofreció a fichar a Tainy en el acto. La madre de Tainy estaba esperando en el automóvil y él corrió hacia ella para que aprobara el contrato.

En ese momento, la vida de Tainy cambió. Se unió al pequeño grupo de productores que luego se convirtieron en los artífices del sonido del reguetón. Tainy recuerda que estrellas del reguetón como Wisin y Yandel, Don Omar, Héctor el Father, Alexis y Fido, y Zion y Lennox pasaban por el estudio mientras él trabajaba en el cuartito de arriba «experimentando» con el equipo de producción al que no tenía acceso en casa. Trabajar junto con los pioneros del reguetón, productores que le doblaban la edad, le dio la oportunidad a Tainy de perfeccionar su oficio y empezar a crear su sonido único.

Aunque ya había contribuido a muchas canciones populares, el primer gran éxito de Tainy fue «Pam pam» de Wisin y Yandel en 2006. La canción tiene algunos sonidos clásicos de sintetizador, propios del reguetón

2.4 Tainy en El Choli el 5 de enero de 2024. (Fotografía de Luis M. Medina Leandry).

temprano de Tainy, mezclados con el pegadizo gancho del éxito de 1989, «Lambada». Para Tainy, trabajar con Yandel fue como una iniciación a nuevas formas de integrar melodías a sus ritmos. Yandel quería incorporar «Lambada» a una canción y le cantó la melodía a Tainy, quien nos contó que la había escuchado, pero en aquel momento no sabía qué era. Con eso, nos dijo Tainy, «pude como que recrearla y ya de ahí empezaron a añadir diferentes elementos que tal vez la llevaban un poquito más a reguetón». Con «Pam pam» Tainy dio un salto a la fama.

Muy pronto, el joven productor se convirtió en un pilar del reguetón. A los diecisiete años, Tainy coprodujo el álbum *Más Flow: Los Benjamins* (2006) junto con sus mentores, Luny Tunes. En el álbum participaron varios artistas —Daddy Yankee, la estrella del merengue Tony Tun Tun y el supergrupo de pop latino RBD— creando un puente entre el reguetón y otros géneros latinos. Desde entonces, Tainy se ha convertido en uno de los productores más importantes de la música latina y se ha ganado un sinfín de reconocimientos, como premios Grammy, Premios BMI y Premios Billboard, entre otros. Esto se debe en parte a que ha estado abierto a tender puentes y mezclar géneros y, por extensión, a que ha ayudado a los artistas icónicos con los que trabaja, como Bad Bunny, a mezclar géneros también.

La primera canción que Tainy produjo en la que Bad Bunny apareció fue también uno de los mayores éxitos de Tainy: «I Like It» de Cardi B, que se lanzó en mayo de 2018. Pero Bad Bunny y Tainy no se conocieron durante la producción de esa canción, sino en un chat de José Álvaro Osorio Balvín, alias J Balvin, a quien Bad Bunny le había pedido que los presentara. Después, como nos contó Pablo, el mánager de Tainy, «Noah [Assad] le dijo a Tainy: "Oye, ¿puedes venir a Puerto Rico e ir al campo a trabajar con [Bad Bunny]?"». A partir de ese ese encuentro, Bad Bunny y Tainy iniciaron lo que luego se convertiría en una de las asociaciones creativas más importantes de la historia del reguetón.

Tainy describió una sensación de conexión instantánea cuando se reunió con Bad Bunny para producir «Estamos bien». Tainy ya había trabajado con grandes figuras del reguetón, pero colaborar con alguien que tenía más o menos su misma edad significaba que él y Bad Bunny se entendían de un modo muy diferente a como se entendía con los artistas pioneros con los que trabajó cuando era adolescente. Explicó: «Fue *cool* tener a alguien como él, que es menor que yo, pero más cercano a mi generación, que crecimos escuchando lo mismo, que tal vez crecimos viendo o haciendo lo mismo». Cuando trabajaba con artistas mayores que él, nos contó Tainy, sentía que tenían poco en común. Bad Bunny y Tainy se llevan menos de cinco años. Según Tainy, tenían «gustos similares» y eso lo hacía «sentirse más cómodo» en ese momento». Recuerda que al trabajar con Bad Bunny sentía que podía experimentar con ideas musicales de una forma verdaderamente colaborativa: «Puedo proponer [algo] porque ya no me siento con miedo de que *maybe* no escuchen lo que yo escucho».

Bad Bunny venera a Tainy del mismo modo que Tainy se maravilla de trabajar con Bad Bunny, quien, además de ser un excelente letrista, es también productor por derecho propio: «Toda la música que él estaba sacando eran *beats* de él. Y eso a mí también me voló la cabeza... Me ayuda a la hora de poder tener conversaciones en el lado de la producción con alguien que lo entiende. Eso pasó con "Estamos bien"». Sobre esta última añadió: «solamente ese *choir* [coro] del principio... [Bad Bunny] no tenía hacia dónde llevarla. Aportarle como que, okey, [yo] haría esta percusión y le añadiría este piano acá. Pero la idea inicial vino de él y eso mismo ocurrió después en *X 100PRE*».

Bad Bunny ya había empezado a escribir varias canciones de *X 100PRE* cuando se conocieron, pero necesitaba que su nuevo compañero, Tainy, le ayudara a completarlas. El enfoque orgánico y colaborativo del dúo fue evidente a partir de «Estamos bien». Tainy nos habló de esa colaboración: «Y no era como que ese pensamiento de lo hice [yo]... Él me enseña también...Fue tan divertido... ese intercambio de ideas y estar como...

sincronizados». Él y Bad Bunny crean música que los inspira a ambos. Aunque Bad Bunny ha trabajado con otros productores a lo largo de su carrera artística, Tainy sigue siendo una presencia constante en la producción de todos sus álbumes. Como nos dijo Tainy, el grado de «conexión» entre él y Bad Bunny en su proceso creativo es «algo diferente y acaba siendo una revolución».

Las colaboraciones de Tainy y Bad Bunny no constituyen una «revolución» musical, sino que también destacan y honran a Puerto Rico en su trabajo, aunque no pretendan que todas sus canciones sean «políticas». El estatus colonial de Puerto Rico y sus crisis actuales hacen que su trabajo sea, por fuerza, político. Para Tainy, Puerto Rico está «atascado». Al referirse a las numerosas crisis que atraviesa el archipiélago, explicó: «hay muchas cosas difíciles que [a Puerto Rico le] ha tocado pasar, pero a la misma vez no importa lo que pase, siempre va a haber una voz de la comunidad o del pueblo... siempre van a saber o salir a pelear por el pueblo de ellos y de alguna manera, o sea, salir hacia adelante o salir de catástrofes como María». Al igual que Bad Bunny, Tainy dice sentir un amor infinito por «[el] país donde nací, que me dio tantas ideas y ha influido tanto en mí».

Tainy nos dijo que las canciones que él y Bad Bunny componen juntos siguen siendo relevantes porque el enfoque de su música es cómo hacen sentir a la gente y cómo reflejan esa emoción que intentan transmitir a través de las canciones, que a menudo tratan sobre temas específicos de Puerto Rico o de la realidad puertorriqueña: «Poder hacer que la gente sienta algo diferente, aunque tal vez te tome tiempo al principio, es muy drástico o es muy raro, diferente, pero termina siendo especial». Tanto el contenido como el ritmo de «Estamos bien», que la crítica musical Suzy Exposito ha calificado de «gozo electro-psíquico», es sin duda algo especial.[56]

Así como el nuevo proceso de producción fue terapéutico para Tainy, la creación de «Estamos bien» fue un punto de inflexión para Bad Bunny, quien recién salía de lo que recuerda como un «momento oscuro», con «episodios de depresión».[57] Aunque *X 100PRE* fue su primer álbum, los numerosos sencillos de Bad Bunny ya lo habían catapultado a la fama, y ese rápido ascenso estremeció al nuevo artista. En una entrevista que le hicieron los influenciadores y *podcasters* puertorriqueños Molusco y Chente Ydrach en 2018, Bad Bunny habló sobre lo que le costó adaptarse a la fama: «No estaba preparado».[58] Tampoco estaba preparado para el negocio de la música: «La música es bella, pero el negocio, la industria, es un cabrón, es una mierda». Dijo que un mes antes de grabar «Estamos bien» en 2018, «me despegué». El remedio era escapar y pasar tiempo con sus seres queridos: «Cojo una casa, cabrón, la renté para mí y para todos mis amigos... mi hermano estaba allí... nos metimos el verano completo, el mes completo allí vacilando... Montamos un set para trabajar y hacer canciones... Compartía con mi familia. A eso fue que me dediqué, a tratar de entender por qué yo no estaba contento, cabrón, con tanto éxito, con tanta fama...».[59]

De esa experiencia surgió la canción «Estamos bien». La canción hace alarde de: «*Hoy me levanté contento, hoy me levanté feliz / Aunque dicen por ahí que están hablando de mí, hey / Joda, que se joda, que se joda, hey*». En un *live* de Instagram para celebrar el lanzamiento de *X 100PRE*, Bad Bunny expresó que se había tomado un tiempo para reflexionar sobre las personas y «eso que era tóxico en mi vida». Se distanció de gente a la que describió como que: «no tenemos la misma pasión por la música, no tenemos la misma visión por el mundo, no tenemos la misma visión por el amor, por el prójimo, no tenemos la misma visión de lo que es arte, no tenemos la misma visión ni la misma filosofía de vida».[60] Aunque Bad Bunny había firmado con el sello discográfico Rimas Entertainment en 2016, siguió creando música con Hear This Music hasta el lanzamiento de *X 100PRE* en 2018. Es difícil no interpretar parte del lenguaje de esa canción en el contexto de la ruptura de su asociación con Hear This Music, sobre todo porque su contrato con Hear This Music no le permitía producir un álbum de estudio. Dijo que ahora se rodea de «personas que me quieren por como soy y por quien soy, no por lo que me convertí ni lo que proyecto al mundo».[61] Cuando empezó a hacer las cosas a su modo, «la musa corrió más cabrón [la inspiración llegó más rápido]».[62] Al parecer, habituarse a la fama y gestionar sus negocios, además de los innumerables problemas a los que se enfrentaba Puerto Rico, fue demasiado para él.

«Estamos bien» respondía a esas cuestiones con una letra inspiradora, y abierta a la vez, sobre las realidades de la vida en un momento en el que los puertorriqueños necesitaban tanto que sus problemas se reconocieran, como una esperanza para el futuro:

> *Dime qué esperas tú*
> *Si alguien puede, eres tú*
> *Aunque pa' casa no ha llega'o la luz*
> *Gracias a Dios porque tengo salud...*
> *No te preocupes, estamos bien*
> *Con o sin billetes de 100*

Ese mensaje de resiliencia es distinto al que la académica Yarimar Bonilla criticó tras el huracán María. Más que a la resiliencia como todo lo que los puertorriqueños son naturalmente capaces de soportar, la letra de la canción hace referencia a la resiliencia para ofrecerle esperanza a su comunidad. Aun sin servicio eléctrico y sin dinero, él y su gente estarán bien.

Al reflexionar sobre por qué «Estamos bien» fue tan poderosa, Pablo nos dijo:

> En ese momento, [Bad Bunny] se permitió a sí mismo abrirse y contarle a todo el mundo lo que sentía. Recuerden que estamos saliendo del huracán María, así que estamos pasándola mal. Esa canción le dijo a todo el mundo «sí, estamos luchando, pero estamos bien». Con o sin dinero, estamos bien. Somos puertorriqueños. Somos puertorriqueños orgullosos. Estamos contentos de ser puertorriqueños y nunca ha habido nada que nos detenga. Ni un gobierno español ni un gobierno estadounidense; ni que nos pusieran en la mayor desventaja de la historia con la Ley Jones.[63] Nada nos ha detenido. [Uno de] los mayores huracanes jamás registrados [en la historia] acaba de pasar sobre nosotros y seguimos aquí... Le dio un nuevo aliento a la gente de Puerto Rico. Y se convirtió en una canción que todos los puertorriqueños podemos cantar a pleno pulmón. Porque nos recuerda que, oye, vamos a superar toda esta mierda. Es una canción puertorriqueña.

Los comentarios de Pablo aclaran cómo y por qué la música de Bad Bunny representa el tema de la resistencia puertorriqueña más allá de la resiliencia que se les exige a los puertorriqueños a cada paso.[64] La resistencia puede adoptar muchas formas. La forma en que Bad Bunny la aborda es suya, pero resuena entre los puertorriqueños. Por eso utilizó su plataforma en *The Tonight Show* para hablar del estado de las cosas en Puerto Rico a un año del huracán María. Por eso amonestó directamente al presidente Trump. Bad Bunny sabe quién es, de dónde viene y lo que defiende, aunque no pueda defenderlo todo ni a todos. Aunque tenga defectos, como todo el mundo. Ha llegado a donde está como artista, como portavoz a regañadientes de Puerto Rico, en parte gracias a su relación con Tainy, quien lo ayudó a consolidar su sonido, un sonido que trae consigo esa historia de la que Tainy estaba tan impregnado. Juntos crearon el sonido contemporáneo de la resistencia en el archipiélago.

3

«EL PUEBLO NO AGUANTA MÁS INJUSTICIA»: BAD BUNNY Y EL VERANO BORICUA

La noche del 24 de julio de 2019, Vanessa llegó al Aeropuerto Internacional de Los Ángeles para tomar el primero de dos vuelos para llegar a Puerto Rico. Respondía al llamado a una protesta masiva en San Juan, que varias figuras públicas, entre ellas Bad Bunny y Ricky Martin, habían hecho en las redes sociales. Durante diez días, en lo que quizás han sido las mayores protestas de la historia de Puerto Rico, miles de puertorriqueños le pidieron la renuncia al entonces gobernador, Ricardo «Ricky» Rosselló.[1]

Mientras esperaba por su vuelo en la puerta de embarque, vio un televisor sintonizado en CNN en inglés. El titular en la pantalla leía: «Breaking News: Puerto Rico Governor to Resign [Noticias de última hora: El gobernador de Puerto Rico renuncia]». Vanessa llevaba una camiseta que acababa de hacerse, que decía «Ricky Renuncia» sobre una foto de Bad Bunny con la bandera de Puerto Rico, tomada unos días antes en las protestas. Al ver a Ricky renunciar en vivo por televisión, empezó a gritar de emoción. No parecía que hubiera otros puertorriqueños por los alrededores, y la gente se quedó boquiabierta ante su entusiasmo. Pero se montó en el avión esperanzada, vigorizada y perpleja. El pueblo puertorriqueño, nuestro pueblo, había obligado al gobernador a renunciar.

El ímpetu inmediato para las protestas había sido la publicación del Centro de Periodismo Investigativo de Puerto Rico el 13 de julio de 2019 (el día antes de que comenzaran las protestas), de casi novecientas páginas de chats entre Rosselló, sus ayudantes principales y algunos miembros de su gabinete.[2] La publicación de los chats sin editar, que pronto fueron bautizados «RickyLeaks» y «Chat Gate», expuso el intercambio de mensajes de burla hacia quienes habían muerto a consecuencia del huracán María, así como comentarios misóginos e insultos homofóbicos, racistas y clasistas. En un intercambio entre el gobernador y el exdirector de Finanzas, Christian Sobrino Vega, en el que comentaban el creciente número de cadáveres que se acumulaban en el Instituto de Ciencias Forenses tras el huracán, Rosselló bromeó sin piedad: «¿No tenemos algunos cadáveres para alimentar a nuestros cuervos?». Era la mayor pocavergüenza, término que, en el español de Puerto Rico, significa descaro o falta de vergüenza. Tras años de padecer adversidades extremas, los chats llevaron a los puertorriqueños al límite. Como observa la académica Marisol LeBrón, las protestas eran una cuestión de vida o muerte.[3]

Bad Bunny decidió interrumpir su gira europea para regresar a Puerto Rico y participar en las protestas. «¡¡¡Mi gente me necesita!!! Y yo los necesito a ellos», declaró en el pie de un video que publicó en Instagram el 15 de julio de 2019.[4] Ese mismo año, en una actividad en la Universidad de Harvard, Bad Bunny le dijo a Petra que no se lo pensó dos veces antes de cancelar su gira para participar en las protestas. Sentía que era su deber cívico como puertorriqueño y quería ser testigo del momento histórico.

En una publicación en Twitter, el 15 de julio de 2019, Bad Bunny anunció:

MERA PUERTO RICO!! 🇵🇷 ¡voy a bajar pa' la isla y me gustaría verlos conmigo y con los que ya salieron pa' la calle!! Esta gente piensa que tenemos miedo y vamos a demostrarle que están bien equivocados!! VAMOS PA' ENCIMA PUÑETA!!![5]

Tres días después, el 18 de julio, junto con un video de Instagram, proclamó:

EL PUEBLO ES LA ÚNICA VÍCTIMA AQUÍ!! NADIE MÁS!!! O ESTÁS CON EL GOBIERNO CORRUPTO ABUSADOR O ESTÁS CON EL PUEBLO!!! NO HAY

ENTREMEDIOS!!! NO VAMOS A DESCANSAR!! NO NOS VAMOS A QUITA-RR!!! NO PODEMOS OLVIDAR!!! ESTO NO ES DE AHORA!! ES DE DÉCADAS!!! PERO EL CABRÓN DE @ricardorossello COLMÓ LA COPA!! Y LE TOCA TODA LA FURIA DE UN PAÍS!! ESTO ES HISTÓRICO!!! VUELVO Y REPITO, CUANDO SE CUENTE LA HISTORIA DE AQUÍ A 20 AÑOS, DE QUÉ LADO QUIERES ESTAR?!! PUERTO RICO, NO NOS VAMOS A DEJAR, PUÑETA!!![6]

La furia de Bad Bunny y de todos los puertorriqueños había llegado al límite. El orgullo de Puerto Rico estaba en juego.

«A mí me hizo Puerto Rico», declaró el artista en el video que acompañaba la canción publicada en Instagram en el que exhortaba no ya a los revolucionarios, sino a todos los puertorriqueños, a «salir todos a la calle», sin distinción de raza, religión o ideología política.[7] Con los puños en alto y agitando banderas desde la parte trasera de una camioneta blanca que transportaba un enorme amplificador, Bad Bunny, junto con otros artistas puertorriqueños, como Residente, iLe y Ricky Martin, mostraron su solidaridad con la lucha. Bad Bunny, quien iba vestido todo de negro con su distintiva máscara (prepandémica), se colocó encima del amplificador y ondeó la bandera de Puerto Rico con el triángulo azul celeste, reconocida como la bandera independentista. Esa imagen de Bad Bunny se convirtió en una de las más icónicas de la protesta, convirtiéndolo en la estrella más visible entre las que participaron. El 22 de julio se celebró la protesta mayor, que congregó a casi un tercio de la población del archipiélago. Bad Bunny volvió a estar presente, agitando orgulloso la misma bandera junto con Residente, la cantante Ednita Nazario, el campeón de boxeo Tito Trinidad y otras destacadas figuras puertorriqueñas.

Mientras Vanessa se dirigía a Puerto Rico, los manifestantes siguieron rodeando la Fortaleza (la mansión del gobernador), aun después de que Rosselló anunciara que renunciaría. Las calles del Viejo San Juan se llenaron de pancartas de protesta pintadas a mano, consignas melódicas que exigían y a la vez celebraban la renuncia, e innumerables mini conciertos y bailes, desde bomba y plena hasta reguetón. Pero también había una gran cantidad de policías antidisturbios que actuaron aprisa y con violencia contra los manifestantes. Bad Bunny publicó en Instagram:

Aprovechemos esta fuerza que hemos tomado para luchar por lo justo!! Para seguir sacando a estos corruptos que abusan del pueblo!! Para construir un mejor Puerto Rico!! A LOS POLITICOS!! YA USTEDES HAN SIDO TESTIGO QUE LAS EPOCAS EN LAS QUE MANTENÍAN AL PUEBLO CIEGO

3.1 Imagen icónica de protesta de Bad Bunny sosteniendo la bandera de Puerto Rico encima de un gran amplificador colocado en la parte trasera de una camioneta blanca frente al Capitolio, el edificio gubernamental que alberga el Senado y la Cámara de Representantes de Puerto Rico. Justo debajo de él, en la misma furgoneta, están los artistas iLe, Residente y Ricky Martin. Bad Bunny sostiene la versión de la bandera de Puerto Rico que tiene el triángulo azul celeste; esta bandera es ampliamente reconocida como la bandera independentista. (Foto de Joe Raedle/Getty Images).

> CON SUS MENTIRAS Y MANIPULACIONES PASARÓN!! LES QUEDA MUY POCO!! PONGANSE A TRABAJAR POR EL PAÍS DE MANERA HONESTA Y COMPROMETIDA, O DE LO CONTRARIO SENTIRAN NUESTRA FUERZA Y FURIA!! PUERTO RICO!! LOS AMOOO!!! ESTOY BIEN CABRONAMENTE ORGULLOSO DE USTEDES!!! DE NOSOTROS!! CREO EN MI PAÍS! CREO EN MI GENERACIÓN! LA GENERACIÓN DEL: YO NO ME DEJO!!! ✊🏽 🇵🇷 🔥[8]

Bad Bunny se unió a las protestas el 24 de julio, montado en una camioneta y vestido con un conjunto deportivo rosado. Lo acompañaban las estrellas del reguetón Wisin, del dúo Wisin y Yandel, Nicky Jam y Residente.

Cuando Vanessa por fin aterrizó en Puerto Rico el 25 de julio de 2019, los manifestantes permanecían en las calles, a pesar de que Rosselló ya había anunciado su inminente renuncia. Su objetivo era seguir presionando para impedir que personas cercanas a la administración de Rosselló, como la secretaria de Justicia, Wanda Vázquez Garced, y el secretario de

Estado en funciones, Pedro Pierluisi, sucedieran a Rosselló. La gente no confiaba en nadie que hubiera participado en la administración de Rosselló. Cuando Vanessa se unió a las protestas en el Viejo San Juan esa tarde, escuchó nuevas consignas contra Vásquez Garced y Pierluisi, entre estas: «Pierluisi, Pierluisi, culpable por la crisis». También vio arte popular en las paredes de los edificios históricos con textos de protesta, como «Vamo' Pa' Ti, Wanda [Vamos por ti, Wanda]». Tras siglos de lucha, y después de los desastres económicos y (no)naturales más recientes, el pueblo había llegado a su punto de saturación. El histórico verano de 2019 se conoció como el Verano Boricua.[9] Fue una de las movilizaciones más importantes en la historia de Puerto Rico, que ayudaría a moldear las vidas y actitudes de Bad Bunny y otros de su generación.

Al reflexionar sobre su gobernación en un artículo publicado en *The New York Times*, en 2021 Rosselló no admitió haber fracasado como líder, que fue lo que provocó las protestas en masa y su posterior renuncia. En cambio, dijo que su decisión de renunciar se debió a algo mucho menor: un simple boquete.[10] La infinidad de boquetes (hoyos) en las carreteras de Puerto Rico, que han aumentado desde el huracán María, son característicos de la vida puertorriqueña actual. De hecho, algunas canciones de Bad Bunny hacen referencia a los boquetes en las calles y carreteras: «Estamos bien» de 2018 («*La Mercedes en PR recogiendo boquete'*»); «El Apagón» de 2022 («*Cogiendo to' lo' hoyo'*»); y «BOKeTE» de 2025, cuyo título alude a los infames hoyos. Rosselló declaró a *The New York Times* que no fue la pérdida de apoyo del pueblo puertorriqueño lo que provocó su renuncia, sino el hecho de que, mientras la gente protestaba en las calles, él y su familia pasaron por encima de un boquete y su hija pequeña pensó que les habían disparado.[11] Resulta irónico que, aunque de forma indirecta, sea responsabilidad del gobernador reparar esos boquetes. Por lo tanto, si fue un boquete lo que lo movió a renunciar, la culpa era suya. En realidad, todo era culpa suya. Lejos de dirigir a Puerto Rico a través de una miríada de crisis, Rosselló las agravó con sus medidas drásticas de austeridad, su negligencia deliberada ante las adversidades, y los numerosos escándalos de corrupción de su administración.

Si a Rosselló le costaba verlo, al pueblo puertorriqueño no. En respuesta al desprecio de Rosselló hacia el pueblo puertorriqueño antes de la publicación de los chats, el grupo feminista La Colectiva Feminista en

Construcción (La Cole) movilizó a sus miembros y colaboradores para iniciar las protestas. Varios años antes del Verano Boricua, La Cole ya se estaba organizando en torno a muchas cuestiones que afectaban a los puertorriqueños de a pie, desde la imposición de La Junta hasta la respuesta inadecuada del gobierno después del huracán María y el efecto devastador de la violencia de género en el archipiélago. Como describe la filósofa Rocío Zambrana, La Cole utilizó tácticas feministas negras en su organización para llamar la atención sobre las conexiones entre el colonialismo, el racismo y la misoginia.[12] A los miembros de La Cole se les reconoce como los organizadores principales que convocaron a las masas a la calle. La académica Marisol LeBrón observa: «La visión de un futuro radical, interseccional y de afirmación de la vida para Puerto Rico, suscrita por les activistas feministas y *queer*, resultó en el junte multitudinario de una de las protestas más grandes, si no la más, en la historia puertorriqueña».[13] La portavoz de La Cole, Zoán Dávila-Roldán, declaró a *The New York Times* que las protestas de 2019 «se veían venir desde hacía mucho tiempo».[14] El chat fue la gota que colmó la copa, «la culminación de décadas de injusticia por parte del liderato de la isla».[15]

Desde el momento en que aterrizó en San Juan aquel verano, Vanesa se encontró con puertorriqueños deseosos de hablar sobre lo que estaba ocurriendo. Un agente de aduana en el aeropuerto vio la camiseta de Vanessa con las palabras «Ricky Renuncia» y se le acercó para hablarle de lo que estaba ocurriendo en las calles. «Somos una colonia», declaró el agente, haciéndole señas a otro agente para que hablara con Vanessa sobre las protestas. En San Juan, unos días después, un conductor de Uber le dijo a Vanessa: «Necesitamos un tercer partido en el poder porque no tenemos fe ni confianza en los dos partidos principales. No tuve agua ni electricidad durante siete meses después de María, y eso que vivo en el área metropolitana [de San Juan]». Una empleada de un restaurante en Rincón le dijo que las protestas le pusieron la piel de gallina y que: «Los que no estábamos en San Juan protestábamos en nuestros propios barrios. Así que fueron incluso más de lo que se vio en los medios». En la radio, la gente llamaba para expresar su opinión y también su preocupación de que, a pesar de las protestas, nada cambiara. Se percibía un sentido dramático de orgullo e indignación, esperanza y preocupación.

Las numerosas crisis que ha sufrido Puerto Rico en los últimos años tienen su origen en el estatus colonial del archipiélago. El predecesor de Rosselló, Alejandro García Padilla, quien también enfrentó reacciones violentas durante su mandato como gobernador, expresó su indignación ante el comportamiento de Rosselló y sus compinches. En una entrevista que le hicimos, García Padilla compartió su perspectiva sobre el desarrollo de las protestas, así como su horror ante el chat, que calificó de «bárbaro, completamente vulgar». Comentó que el chat revelaba un nivel de «hipocresía» por parte de la administración Rosselló que los puertorriqueños no podían aceptar. Según García Padilla, el gobierno de Rosselló promovía una serie de valores «conservadores» mientras que «internamente, había burlas contra la mujer, burla contra los gays, burlas contra los gordos, burlas contra los muertos. En un momento donde el país estaba sufriendo, él [Ricardo Rosselló] quería proyectar sensibilidad pero su equipo ilustraba insensibilidad».

Está claro que el chat ofendió a todo el mundo y galvanizó la opinión pública. Como explicó García Padilla: «En el caso del verano del 19 era distinto porque no era sobre un *issue* [asunto]. Era sobre todos los *issues*. Era todo el mundo en contra [de Rosselló]. Ahí estaban religiosos, ateos, jóvenes, viejos, estadistas independentistas, estadolibristas. Porque tú lees el chat y todo el mundo podía encontrar algo ofensivo. No quedaba nadie sin ser ofendido». Del mismo modo, la cantante y activista puertorriqueña Ileana Cabra Joglar, mejor conocida como iLe, nos dijo que, después del chat, era imposible que la gente ignorara la corrupción que durante mucho tiempo ha asolado a Puerto Rico. Los puertorriqueños estaban hartos de que las cosas siguieran como siempre, y no les dio miedo tomar las calles.

Como recordó iLe, las multitudes del Verano Boricua protestaron de formas creativas y divertidas. La pregunta no era qué están haciendo los puertorriqueños para protestar, sino qué no están haciendo los puertorriqueños para protestar. A medida que transcurrían los días, los manifestantes puertorriqueños utilizaban tácticas cada vez más innovadoras: sesiones de yoga frente a la mansión del gobernador, consignas pegadizas coreadas al son de rítmicos cacerolazos, bailes, tambores de bomba y perreo combativo en la escalinata de la catedral del Viejo San Juan. Y aunque a veces daba miedo salir a la calle debido a los esfuerzos de la policía por reprimir las protestas, la sensación predominante era la de una comunidad muy conectada que, aunque indignada, también se divertía.[16]

Uno de los espectáculos más impresionantes fue cuando el motociclista Misael González Trinidad movilizó a miles de motociclistas para que se unieran a las protestas del 17 de julio en el Viejo San Juan. González Trinidad, mejor conocido como El Rey Charlie, tiene un sinnúmero de seguidores en las redes sociales y en todo Puerto Rico. En el pasado había recabado mucho apoyo para protestar por cuestiones como la creciente criminalización de los hombres de la clase trabajadora en el archipiélago.[17] Ese día del Verano Boricua, se detuvo en los caseríos de camino al Viejo San Juan para reclutar más manifestantes. El activista Lale Namerrow Pastor comentó: «Cuando llegaron a[l Viejo] San Juan, fue de las cosas más impresionantes que he visto en mi vida. Miles de motocicletas».[18] El grupo de El Rey Charlie era tan numeroso que la policía no pudo impedir que entraran por las estrechas calles del Viejo San Juan que llevan a la casa del gobernador.[19] Fueron esas muestras espontáneas de solidaridad masiva entre grupos, incluidos algunos que no solían participar en protestas políticas, las que le dieron al Verano Boricua tanta fuerza.[20]

La participación de celebridades puertorriqueñas también contribuyó a que las manifestaciones fueran diferentes a las del pasado. La presencia de la estrella del pop puertorriqueño Ricky Martin fue muy significativa por el hecho de que Rosselló y los miembros de su gabinete dirigieron insultos y chistes homofóbicos contra Martin en el chat. El 16 de julio, Martin publicó un video en las redes sociales para denunciar al gobernador y pedirle a la gente que se le uniera en la calle. Expresó que se sentía «Frustrado. Enojado. Siento una presión en el pecho horrible y ¿cómo me puedo liberar de esta angustia? Simplemente viajando a Puerto Rico y diciendo presente en la marcha». Luego describió la ruta de la protesta, que comenzaría en el Capitolio y terminaría en La Fortaleza, donde los manifestantes «le vamos a dejar saber a Ricardo Rosselló que no lo queremos en el poder, que estamos cansados. Ya Puerto Rico ha sufrido muchísimo y no podemos más con el cinismo de estos líderes».[21] Ese mismo día, Bad Bunny publicó un video en sus redes sociales en el que también le pedía a la gente que saliera a la calle para la protesta.[22]

El miércoles 17 de julio, la participación de ambos artistas, así como la de los cantantes La India y Danny Rivera, y el actor Benicio del Toro, ganador de un Oscar, dio mucha visibilidad a las protestas, sobre todo en los principales medios de comunicación estadounidenses. Ese día, por ejemplo, la periodista puertorriqueña Núria Net publicó un artículo en *Rolling Stone* titulado «Why Bad Bunny Wants Puerto Rican Youth to Take the Streets [Por qué Bad Bunny quiere que la juventud puertorriqueña tome las calles]». Aunque el artículo utiliza a Bad Bunny como gancho, se centra sobre todo en las protestas y los escándalos de Rosselló y su gobierno.[23] De igual forma, un videorreportaje de Prensa Asociada sobre la manifestación del 22 de julio muestra la interacción entre los artistas y los manifestantes. Aunque el título menciona a Ricky Martin y a Bad Bunny, en el videorreportaje se alternan clips de las estrellas con declaraciones de los

3.2 Esta imagen de las protestas contra el gobernador Ricardo Rosselló es emblemática de la orientación hacia la comunidad, la diversidad y la popularidad del movimiento #RickyRenuncia de 2019. Una pancarta lee «fuera corruptos homofóbicos», aludiendo a la homofobia evidente en los chats de Rosselló. (Foto cortesía de Gabi Pérez-Silver).

participantes. Una mujer dijo que estaba allí para: «dejarle saber a nuestro gobierno que estamos cansados de la corrupción, que estamos cansados de que nos sigan privando de servicios, que la gente se nos muere de hambre, los niños se nos quedan sin escuelas». Otra dijo: «Yo me siento enfadada, pero la manera de mostrar mi enojo es marchando con todos los compañeros de Puerto Rico, con todos mis compatriotas».[24] Podría argumentarse que la hipervisibilidad de las estrellas eclipsó el trabajo de grupos como La Cole, pero no sabemos si los medios de comunicación habrían prestado la misma atención a los organizadores sin la participación de los famosos. El exgobernador García Padilla nos dijo: «las protestas del verano del 19 no fueron unas protestas de artistas. Fueron unas protestas de pueblo, donde los artistas servían como el tonificador. Como portavoces. Y eso fue fundamental en el éxito de las protestas». Los propios artistas también declararon que las protestas no giraron en torno a ellos. Sin embargo, como todos los demás puertorriqueños que protestaron en aquel julio, quisieron llamar la atención sobre las injusticias que ha sufrido Puerto Rico y crear un cambio colectivo.

René Pérez Joglar, conocido como Residente, declaró a *The New York Times*: «Pero hay que entender que la gente está ahí porque está molesta, no porque quieran ver a los artistas».[25] Los artistas ayudaron a atraer la atención de los medios de comunicación internacionales, que suelen ignorar los asuntos puertorriqueños. Sin embargo, en Puerto Rico, las multitudes se congregaron para protestar, no para ver a los famosos.

Los famosos tenían tantos motivos para estar enfadados como el resto de los puertorriqueños. La pasión de Bad Bunny, como miembro de una generación más joven de puertorriqueños, se hizo evidente cuando, al anunciar que cancelaba su gira europea para unirse a la protesta, escribió en Instagram: «Nos han hecho creer que los que salen a la calle a protestar son locos, criminales y alborotadores. Vamos a demostrarles que la generación de hoy exige respeto. El país no les pertenece a ellos, nos pertenece a nosotros».[26] Los jóvenes, famosos o no, desempeñaron un papel importante en el éxito de las protestas. Citando a la jurista Ariadna Godreau Aubert, Marisol LeBrón observa que esos jóvenes manifestantes habían crecido durante la «década perdida» de Puerto Rico, cuando el gobierno aplicó medidas de austeridad selectivas a una población cada vez más vulnerable mientras atraía a extranjeros para que trataran a Puerto Rico como su paraíso tropical y fiscal personal.[27] Esa generación, la generación de Bad Bunny, salió a la calle para demostrarles al gobierno y al mundo que ya era suficiente.

Tainy, íntimo amigo y colaborador de Bad Bunny, no participó en las protestas, pero reflexionó sobre ellas más tarde. Nos dijo: «Hay muchas cosas difíciles que [nos] ha tocado pasar, pero a la misma vez [está] ese sentido de que no importa lo que pase, siempre va a haber una voz de la comunidad o del pueblo... Así como fue con lo del gobernador, y ver que el pueblo completo salió y no le dio *break* a nadie, [es] algo especial... que un país se puede unir por una misma causa». Resulta interesante que haya sido la música, y el reguetón en particular, lo que unificó a los puertorriqueños durante las protestas.

En la calle era palpable que la gente sentía frustración, rabia e indignación, pero también alegría, amor y placer, mientras protestaba al ritmo de los éxitos del reguetón. Cuando entrevistamos a iLe, nos explicó el papel de la música en la cultura puertorriqueña: «[L]a música en Puerto Rico es un acto de resistencia y nosotros desahogamos mucho a través de la música... [en] el movimiento, en el baile... también la plena, la bomba, pues son nuestros modos también de desahogarnos y de unirnos». Como señaló iLe, además de la música, los diferentes estilos de baile desempeñaron un papel crucial en las protestas. Esa centralidad del baile, según Lebrón, «demostró que el placer encarnado debe ser un componente vital y necesario de la protesta política».[28]

El perreo, el baile asociado al reguetón, desempeñó un papel importante en el Verano Boricua. Para muchos críticos del reguetón, el perreo representa la desviación sexual y la promiscuidad, que consideran inherentes al género. Los críticos han censurado el perreo porque alegan que promueve un comportamiento sexual inapropiado entre la juventud puertorriqueña, en especial entre las mujeres jóvenes.[29] Esas críticas virulentas contra el perreo son, en última instancia, una crítica al baile y a las comunidades negras de clase trabajadora que lo crearon en contraposición a la respetabilidad asociada con la idea de nación puertorriqueño.

Pero no todo el mundo ve el perreo como algo opresivo o inmoral. Para algunos, el perreo puede ser un espacio de liberación, autoexpresión y alegría. El estudioso de la performance Ramón Rivera-Servera afirma que el perreo puede verse como parte de una «política *queer* y feminista de la clase trabajadora» que contrarresta el énfasis en la decencia y la respetabilidad asociadas con la sociedad puertorriqueña dominante, incluido el «feminismo puertorriqueño de clase media blanca».[30] En ese contexto, el perreo contradice los sistemas heteronormativos y patriarcales que estructuran la sociedad puertorriqueña. Es una expresión de reconocimiento y liberación de las mismas comunidades marginadas que fueron blanco de los chats de Rosselló.

Los activistas puertorriqueños han recurrido al perreo en su trabajo. Antes de 2019, por ejemplo, La Cole organizó un evento anual llamado «Si no puedo perrear, no es mi revolución». La invitación al evento que publicaron en las redes sociales declaraba que el espacio estaría libre de violencia contra los negros, y de racismo, lesbofobia, transfobia, homofobia, sexismo y acoso. Convocaba a los asistentes a «desculonizar» la pista de baile.[31] El término «desculonizar» es un juego de palabras entre «descolonizar» y «culo», que significa emplear el cuerpo y el movimiento corporal en las prácticas de resistencia. Ese fue uno de los muchos actos en los que se abordó la danza como práctica anticolonial, sobre todo entre los grupos LGBTQ+.[32]

Cuando Vanessa se unió a los incansables manifestantes la mañana siguiente al anuncio de la renuncia de Rosselló, vio el mensaje «Hoy ganó el perreo» escrito con pintura en espray en las paredes del Viejo San Juan. Estaba a pocos metros de donde los DJ *queer*, Perra Mística y Kaya Té, hicieron historia al convocar el perreo combativo. Mientras Rosselló se

3.3 Esta es una de las imágenes más icónicas del perreo combativo que tuvo lugar en las escalinatas de la histórica catedral del Viejo San Juan después de que Ricardo Rosselló anunciara que iba a renunciar el 24 de julio de 2019. La convergencia del simbolismo del trasero casi desnudo de la manifestante (bailarina), con la bandera de Puerto Rico asomando entre las nalgas, que perrea en la escalinata de una famosa iglesia católica subraya la naturaleza compleja y subversiva de la protesta y la celebración *queer*, liderada por mujeres y fundamentada en el baile. (Captura de pantalla del video de «El apagón», dirigido por Kacho López Mari).

preparaba para renunciar, la gente se reunió en la escalinata de la catedral de San Juan para un perreo intenso. Cientos de personas se juntaron para perrear. La artista multimedios puertorriqueña Karla Claudio-Betancourt filmó un video de un minuto para documentar la ocasión.[33] En el video vemos a un grupo diverso de jóvenes perrear en la escalinata de la antigua catedral: mujeres con mujeres, hombres con hombres, mujeres con hombres, personas trans y no binarias, todas unidas en el perreo. Algunas llevan camisetas y tocados con la consigna #RickyRenuncia, otras lucían lentejuelas o ropa de fiesta. Una persona llevaba puesto un bikini con la bandera de Puerto Rico y meneaba el culo casi al descubierto en las escaleras de la catedral (esta imagen se ha vuelto tan icónica, que Bad Bunny la incluye en algunos de sus videos).

Los protagonistas del audaz perreo combativo fueron los mismos grupos que han sufrido discriminación, exclusión y violencia en Puerto Rico durante décadas. Rocío Zambrana escribe que la «irreverencia» del perreo combativo mostró un tipo de protesta que tal vez no provocó un cambio sistémico, pero que se convirtió en una suerte de «interrupción subversiva» que rechazaba de forma enérgica la política de respetabilidad que ha definido a la puertorriqueñidad hegemónica.[34] Los manifestantes tomaron las vulgaridades del chat y las convirtieron en una expresión de su identidad, gozo, alegría y humanidad. El perreo como espacio inclusivo y liberador fue una forma de protesta que les devolvió la jugada a Rosselló y a sus compinches, así como a los críticos del reguetón. En la escalinata de la catedral, los manifestantes escenificaron ese temor de que el reguetón corrompe a la sociedad puertorriqueña, pero haciendo una declaración profunda y patriótica de que en Puerto Rico hay lugar para todos. Los verdaderos corruptores eran los políticos como Ricky Rosselló.

La misma crudeza e irreverencia asociadas con el reguetón y el perreo, que provocaron campañas de censura contra estos géneros musicales, fueron la fuente perfecta para las consignas creativas y las tácticas de protesta en 2019. Muchas consignas usadas en las protestas hacían referencia al reguetón. A tono con el «perreo combativo», la consigna «Sin perreo no hay revolución» describe el perreo como un acto inherentemente revolucionario. Otra consigna, «Cuando la tiranía es ley, el perreo es orden», se inspiró en una famosa cita del líder independentista puertorriqueño Pedro Albizu Campos, «Cuando la tiranía es ley, la revolución es orden», sustituyendo la palabra «revolución» por «perreo».

Además de dichas consignas, los manifestantes utilizaron letras de reguetón de forma ingeniosa en sus cantos. Resulta irónico que fuera el poder del perreo intenso del pueblo lo que derribara a Ricardo Rosselló, dado que su padre, Pedro Rosselló, desempeñó un papel importante en los intentos de censurar el género cuando fue gobernador en la década de 1990. Buena parte de los esfuerzos de censura se centraron en las letras de las canciones, sobre todo las que hablan del sexo y la violencia. En ese sentido, los manifestantes se basaron en las mismas letras y canciones que, décadas atrás, habían sido blanco de los censores del reguetón.[35] Eso significó que se cantaran temas como «En la cama» de Daddy Yankee y Nicky Jam (2001), que detalla actos sexuales de forma explícita y hace referencia a partes del cuerpo de la mujer. El estribillo de la canción declara: «*Yo quiero la combi completa / ¿Qué? / Chocha, culo, tetas*». En 2019, los manifestantes transformaron la canción en una llamada y respuesta. Alguien llamaba por el megáfono: «Yo quiero la combi completa», y la multitud respondía: «¿Qué? ¡Ricky, renuncia, puñeta!».[36] No está claro cuándo se escuchó por primera vez esa consigna durante el Verano Boricua, pero el 17 de julio, Residente gritó el llamado y el público respondió.[37]

Otro ejemplo del uso de una letra de reguetón en la protesta fue una pancarta que citaba la canción de 2003, «Mami yo quisiera quedarme», de Yandel con Alexis. La pancarta quedó grabada en el documental *Landfall* (2020) de Lale Namerrow Pastor, que narra los tormentos del archipiélago desde el huracán María hasta el Verano Boricua.[38] La canción original habla de un hombre que quiere estar con su novia, pero la atracción de las calles es demasiado fuerte: «*Mami yo quisiera quedarme pero la calle me llama / No me esperes que llego tarde / La calle está que arde*».[39] Luego el cantante describe diversas armas de fuego y experiencias con la violencia armada. La pancarta que aparece en *Landfall* transforma la canción machista sobre la violencia armada en un llamado a unirse a las masas en las calles.

No solo los antiguos temas del reguetón protagonizaron las protestas, la canción trap «Te boté», posterior al huracán María, volvió a convertirse en un himno durante el Verano Boricua. Las masas de manifestantes cantaban «Te boté» mientras celebraban la renuncia de Rosselló en las calles del Viejo San Juan.[40] Como se menciona en el capítulo 2, «Te boté» puede significar «te dejé», pero también significa echar a alguien, tirarlo a la basura o despedirlo; los puertorriqueños habían «botado», literalmente, a Rosselló. Al día siguiente de esa celebración en la calle, Vanessa fotografió una pancarta en la que aparecía la palabra «botó». Decía: «Ricky no renunció fue el pueblo que lo botó por ser: corrupto, homofóbico, misógino, machista».[41] Dada la relevancia de «Te boté» en momentos tan significativos para el pueblo puertorriqueño, la elección del verbo parece sin duda una referencia a la canción que los manifestantes habían cantado el día anterior.

El mánager de Tainy, Pablo Batista, quien comenzó su carrera cuando se popularizaron las primeras canciones de reguetón, como «En la cama», nos dijo que el uso por parte de los puertorriqueños de letras del reguetón y el perreo combativo durante las protestas «demuestra lo listos que somos. Los puertorriqueños hacen algo de la nada muy rápido, así que, sí, vamos a plantarnos aquí, y vamos a perrear, y vamos a combatir todo esto con perreo». Durante el Verano Boricua, la reutilización de las canciones y el perreo que en su día provocaron tanta angustia debido a su percibida vulgaridad adquirieron un nuevo significado de desafío, destacando que la verdadera vulgaridad no está en el reguetón ni en las comunidades trabajadoras negras y *queer* que lo utilizaron para protestar. La verdadera vulgaridad está en las declaraciones de Rosselló y sus compinches, tanto por su lenguaje en los chats como por sus políticas que marginaban a esos grupos y fomentaban el proyecto colonial en Puerto Rico. «Afilando los cuchillos» de Residente, Bad Bunny e iLe surgió como un nuevo himno que denunciaba de forma explícita esa contradicción y se convirtió en la canción (no oficial) del verano.

«Afilando los cuchillos» se lanzó a las 9 de la mañana del 17 de julio de 2019 y fue la punzante crítica musical al gobierno de Puerto Rico que el pueblo quería y necesitaba durante las protestas multitudinarias. Si bien canciones como «En la cama» se reciclaron para la protesta, «Afilando los cuchillos» se creó precisamente para ese momento y documentó no solo el sentir de los artistas, sino también lo que estaba ocurriendo en las calles de Puerto Rico en tiempo real. Residente abre el tema con los versos que escribió sobre las multitudes que venían con El Rey Charlie: «*Llegó la hora de un combo de miles en motoras / Patrullando las 24 horas, boricua de cora' / con el puño arriba, a la conquista*». La noche después de que se lanzó la canción, las calles de San Juan fueron testigo de la mayor manifestación de motociclistas que se había visto hasta entonces.

En sus versos, Bad Bunny se dirige a los miembros de los chats, llamando la atención sobre las burlas de Rosselló a los muertos del huracán María y su homofobia rampante. Bad Bunny le repite a Ricky que se vaya, y le dice que todo el mundo se enterará de su corrupción e inmoralidad:

Y que se enteren to's los continente'
Que Ricardo Rosselló es un incompetente
Homofóbico, embustero, delincuente
A ti nadie te quiere, ni tu propia gente

Los versos de Bad Bunny demuestran que el público al que iba dirigido el rap no era solo la multitud de manifestantes puertorriqueños, sino el mundo entero. Al igual que su capacidad para atraer la cobertura de los medios de comunicación más importantes, los artistas se valieron del poder de su estrellato para llamar la atención del mundo sobre la incompetencia y la corrupción de Rosselló. Ya fuera documentando lo que estaba sucediendo, como hizo Residente con El Rey Charlie, o expresando la ira y la frustración de los puertorriqueños, como hizo Bad Bunny en sus letras, «Afilando los cuchillos» atrajo aún más atención hacia las protestas.

La canción destripaba a Rosselló y a su equipo por corruptos. Residente trazó una línea directa entre la corrupción de Ricky Rosselló y la de su padre, Pedro Rosselló, «*Tú eres hijo del cabrón más corrupto de la historia*». De hecho, más de ochenta personas de la administración de Pedro Rosselló enfrentaron cargos por corrupción y muchos fueron a la cárcel.[42] Al establecer una conexión tan explícita entre las dos administraciones Rosselló se subrayó que los chats eran solo un incidente más en un patrón de corrupción que había comenzado mucho antes de 2019. El llamado a la renuncia de Rosselló se acentuó con el inquietante estribillo de iLe en «Afilando los cuchillos», cuando afirma que el pueblo está afilando los cuchillos para «*arrancar la maleza del plantío / pa' que ninguno se aproveche de lo mío*». La canción también fue una advertencia a los futuros políticos puertorriqueños de que el pueblo estaba harto y ya no aceptaría el tipo de corrupción y abusos que había sufrido antes.

El sonido minimalista y la fluidez de la canción pone de manifiesto las habilidades raperas y líricas de Residente y Bad Bunny, y la voz única y potente de iLe. Además, la canción se creó aprisa y con poco tiempo para mejorar la calidad de la producción o las secciones instrumentales. En un episodio de su programa en YouTube, *El Influence[R]*, Residente habla con Bad Bunny sobre la composición de la canción pocas semanas después de las protestas. Al recordar «Afilando los cuchillos», Residente explica: «como que la molestia estaba tan cabrona de parte de nosotros como boricuas, estábamos conectados. Es que todo fue bien rápido... es que fue honesto... lo que estábamos sintiendo en el momento, rápido lo sacamos. No hubo tiempo de pensar más allá de la molestia que sentíamos por lo que estaba pasando en el país. Esa noche no dormimos».[43] Refiriéndose a Bad Bunny, Residente dijo: «Tú estabas en Ibiza, y viajaste como ocho horas o nueve para llegar a Puerto Rico. Yo estaba en Estados Unidos, en Nueva York... No sabíamos qué íbamos a escribir cada uno de nosotros. Estuvo bueno también porque no nos tocamos en cuanto a lo que estábamos diciendo... no interfirieron las letras, no se cruzaron... Cada uno dijo lo que quería decir y al final terminaron aportando cosas distintas».[44] Del mismo modo, cuando hablamos con iLe sobre el proceso de creación de la canción, nos explicó que fue «muy espontáneo». Residente se comunicó con iLe y Bad Bunny para grabar «Afilando los cuchillos». Cada uno grabó por separado su parte en torno al tema de «afilar los cuchillos». iLe recordó que no habían escuchado las partes de los demás hasta que la canción estuvo montada. En *El Influence[R]*, Bad Bunny explica que les envió sus versos a los productores «a las 2 de la mañana, para que [la canción] saliera a las 9 de la mañana».[45] Como dice Residente en la letra de la canción, «*Esto salió temprano pa' que te lo desayunes*», dirigiéndose a Rosselló.

3.4 Residente, Bad Bunny e iLe en las protestas del Verano Boricua del 17 de julio de 2019, en San Juan, que destituyeron al gobernador Ricardo Rosselló. (Foto cortesía de Thais Llorca).

Residente, Bad Bunny e iLe lanzaron el tema en YouTube para que cualquier persona en cualquier lugar del mundo pudiera escucharlo de forma gratuita. La misma mañana en que se estrenó la canción, los tres salieron juntos a la calle y la escucharon por todas partes.

Los artistas sintieron el significado y el efecto de la canción al instante. En palabras de iLe: «Cuando ves que la gente estaba buscando esa canción, porque simplemente estaba contando, apalabrando ese momento histórico que estábamos viviendo, pues fue súper poderoso». Para iLe, escuchar la canción en la protesta afirmó que cada artista había usado su música con eficacia para dejar su huella en las protestas, a su manera.

«Afilando los cuchillos» acumuló más de 2.5 millones de visitas un día después de su lanzamiento en YouTube.[46] iLe nos dijo: «En momentos así, uno siempre busca en dónde sentirse seguro. Y hay veces que las canciones son eso. Es como que nos ayudan a sentirnos acompañados a sentirnos seguros de que "okey, esto es lo que tenemos que hacer… vamos a quedarnos aquí". Y cuando ves el resultado… eso también te da ese empujón que a veces uno necesita para quedarse esas horas más en la calle, para buscar otras maneras creativas de protestar, para que siga viniendo más gente, pues son motivadoras. Así que, pues, sí, ese momento siempre va a estar ahí para la historia».

Ese verano, Residente había declarado públicamente que grabaría un tema de perreo si Rosselló renunciaba, y cumplió su promesa.[47] Bad Bunny se le unió lanzando una canción titulada «Bellacoso [excitado sexualmente]» al día siguiente de la renuncia de Rosselló. Estas canciones reflejan la versatilidad y el alcance de ambos artistas. «Bellacoso» es más un himno de fiesta que «Afilando los cuchillos». La letra podría parecer una descripción irreverente del sexo ocasional, pero la canción hace referencia al escándalo de los chats, sobre todo la primera línea del estribillo *«Bien bellacoso pero sin acoso»*. Residente explicó después en *Rolling Stone* que la canción trata sobre el consentimiento, pero también sobre la inclusión y la alegría en la protesta, algo muy parecido a lo que hizo La Cole en la organización las protestas del Verano Boricua.[48] En el video aparecen bailarines de diversos orígenes: hombres, mujeres, negros, blancos, heterosexuales, personas *queer*, gordas, delgadas y todo lo demás. Refleja el amplio abanico de personas que habían sido objeto de burla y ridiculización en los chats de Rosselló. Pero al igual que en el perreo combativo, en «Bellacoso», esos grupos celebran y se divierten juntos. La canción representa el equilibrio de las protestas —la rabia y la lucha, la diversión y la alegría— y las formas en que el pueblo puertorriqueño se defendió para demostrar que en realidad eran Rosselló y sus compinches los vulgares.

En el episodio de *El Influence[R]* en el que Bad Bunny fue de invitado, Residente recordó su encuentro en 2017 como «amor a primera vista».[49] «Admiro a Benito, claro que sí... la gente que no puede identificar lo que yo admiro de él me tira porque ellos no tienen la capacidad de admirar lo que yo admiro». Explicó que no colabora con gente a la que no admira. «¿Cómo yo voy a hacer música con alguien que no admiro?... Toda la gente con la que yo hago música es porque de alguna manera conectamos, y más para un disco mío. Para mis discos, para que entre en mi casa, en mi disco, tiene que haber algún tipo de admiración... y los que no lo entienden, en un futuro lo entenderán».[50] Bad Bunny también ha reconocido en público que Residente es una de sus influencias musicales más importantes.[51] Por ejemplo, cuando le preguntaron en una entrevista para *Vogue* en 2024 cuál era su canción favorita de otro artista, Bad Bunny identificó de inmediato la canción de 2008 de Calle 13, «La Perla».[52]

La carrera artística de Bad Bunny le debe mucho al éxito de pioneros del trap latino como De La Ghetto y Arcángel, y a la influencia de

Residente y Calle 13, el grupo que Residente fundó con sus hermanos, iLe y Eduardo Cabra. En una entrevista de 2019 a raíz del lanzamiento de su primer álbum, *X 100PRE*, las personalidades de YouTube, Chente y Molusco, le preguntaron a Bad Bunny sobre su relación con Residente, señalando que no solo los veían juntos a menudo después de que conectaron por primera vez a finales de 2017, sino que, como señala Molusco, parecían tener enfoques similares. Molusco dijo: «Vemos que Residente realmente no sigue las tendencias. Cuando graba, graba lo que le sale de los cojones y lo que le llena. Y cuando te hicimos una pregunta al principio de esta entrevista, básicamente te fuiste por la misma línea... Y de repente tuviste la oportunidad de hablar con Residente, y Residente pudo influenciar un poco en tus decisiones para este disco, que sea algo bastante diferente a lo que la gente está acostumbrada a escuchar del Conejo».[53] Bad Bunny reiteró que su enfoque en *X 100PRE* fue hacer lo que le saliera de un modo natural y orgánico en un momento difícil de su vida. Sin embargo, confirmó también la influencia de Residente, coincidiendo con la observación de Molusco. «Me ha influenciado en cuestión de quizás darme seguridad en hacerlo. [Residente] me dice: "Cabrón, yo reconozco que tú tienes la capacidad de... mejorar tus letras". Me da el consejo de que... puedo dejar de cantar quizás algo sin sentido... y cantar algo con más de contenido». En una entrevista en 2022, Residente dijo que él y Bad Bunny hablan todos los días, pero que las decisiones artísticas de Bad Bunny son suyas. Residente solo está ahí para guiarlo cuando pide apoyo. «Lo está haciendo... por sí mismo pero, sí, estoy ahí. Él lo sabe. Y a veces me pide [consejo] y yo le contesto... hablamos mucho».[54] Residente ha sido un mentor informal de Bad Bunny.

El modelo que Residente y Calle 13 les han dado a Bad Bunny y a otros jóvenes músicos es cómo crear éxitos populares y bailables con comentarios políticos. Eduardo Cabra, hermano de Residente e iLe, mejor conocido como «Visitante» en Calle 13, nos dijo que una piedra angular del enfoque del grupo era que «había una coherencia [entre] lo que se hablaba [fuera] del escenario y lo que se cantaba sobre el escenario». Residente y sus hermanos proceden de una familia de activistas que abogan por la independencia de Puerto Rico. Aun al inicio de su carrera no se privaron de hacer comentarios políticos abiertamente. En 2005, por ejemplo, el grupo lanzó «Querido FBI», una respuesta casi instantánea al asesinato por el FBI de Filiberto Ojeda Ríos, líder revolucionario independentista puertorriqueño y cofundador del grupo militante Los Macheteros.[55] En 2009, las autoridades puertorriqueñas cancelaron un concierto de Calle

13 después de que Residente criticara los planes del entonces gobernador Luis Fortuño de despedir a 17,000 empleados del gobierno. Con una camiseta que decía «Viva Puerto Rico Libre», Residente llamó a Fortuño «hijo de la gran puta» en los premios MTV latinoamericanos.[56] Como consecuencia, al grupo se le prohibió actuar en Puerto Rico durante más de tres años.[57]

En cierto modo, la crítica política abierta de Calle 13 es una anomalía dentro del reguetón y la música urbana de mediados de la década del 2000. Una excepción es Tego Calderón, cuyas letras a menudo abordan de forma explícita cuestiones sociales y políticas de Puerto Rico, incluidos los efectos del colonialismo estadounidense.[58] Sin embargo, el relativo silencio del reguetón respecto a la independencia no es sorprendente, dada la historia de represión a las expresiones de orgullo y apoyo a la independencia de los puertorriqueños. Los puertorriqueños nunca han gozado de la protección de la Primera Enmienda de la Constitución de los Estados Unidos para expresarse contra la dominación estadounidense en el archipiélago. La represión de los sentimientos independentistas se ha manifestado de diversas formas: los arrestos en masa de activistas por la independencia; la vigilancia por parte del gobierno estadounidense de aquellos que apoyan o incluso hablan de la independencia; y hasta las masacres, como la Masacre de Ponce de 1937, cuando el gobernador de Puerto Rico nombrado por Estados Unidos ordenó a la policía atacar una protesta pacífica contra el encarcelamiento del líder independentista Pedro Albizu Campos.[59] Dados la inmensa popularidad mundial de Calle 13 y el reconocimiento que han recibido la crítica (son los artistas más galardonados en la historia de los Premios Grammy Latinos hasta la fecha), las medidas que tomó el gobierno de Puerto Rico para censurarlos revelaron en el ámbito internacional la historia de represión continua, que tan a menudo se ha ocultado.

Calle 13 ejemplificó no solo un una forma de compromiso político diferente para una generación más joven de reguetoneros, sino también un estilo de actuación que trastoca la política de respetabilidad asociada a la puertorriqueñidad, de la que a veces se han burlado sin ambages. De hecho, aunque Bad Bunny es conocido por su actitud de «yo hago lo que me da la gana», podría decirse que fue Calle 13, y Residente en particular, el modelo de esa actitud. Las letras de Residente siempre han incorporado la sátira, el humor y la irreverencia. La académica y crítica cultural Frances Negrón-Muntaner ha descrito el estilo de Calle 13 como «poesía de la suciedad», que toma prestados elementos surrealistas para trastocar el *statu quo*: ya sea la estética hipermasculina y comercial del reguetón o la situación política de Puerto Rico.⁶⁰ Del mismo modo, la antropóloga Hilda Lloréns argumenta que el trabajo de Calle 13 contradice la política de respetabilidad que sustenta el nacionalismo puertorriqueño y los roles de género, aunque a veces reproduzca los mismos problemas que pretende criticar.⁶¹ En un artículo para NPR, la periodista Anne Hoffman escribe: «Una de las cosas que más me gustan de Calle 13 es que se parecen a estos chicos en el colegio que se sentaban al fondo de la clase, que hacían chistes terribles. Y como sabemos, todo chiste tiene algo de verdad. Residente entiende las fallas y los puntos sensibles de las personas, y ahí lanza su ataque».⁶² Eduardo nos confirmó que Calle 13 quería provocar a la gente. «Era como si [nuestro trabajo] creara malestar y también promoviera el malestar». El objetivo era alterar las expectativas y contribuir a los cambios culturales.

iLe nos dijo que, aunque no hay que exigirles a los artistas que participen en la defensa social y política, es importante que piensen en formas de comprometerse de un modo creativo con temas que tengan algún significado para ellos. Nos explicó que hacer eso demuestra solidaridad con quienes se ven afectados por diversos problemas sociales y se movilizan en torno a ellos, y hasta anima a otras personas con plataformas similares a hacer lo mismo. En muchos sentidos, esa fue la influencia de Calle 13 en artistas como Bad Bunny, que crecieron escuchando su música. Bad Bunny forma parte de una nueva generación de puertorriqueños que imaginan un futuro diferente para su patria. Esa perspectiva, sumada a las lecciones aprendidas por grupos como Calle 13 antes que él, ha ayudado a Bad Bunny a convertirse en una voz poderosa en el Puerto Rico contemporáneo.

Por desgracia, las protestas no llegaron a cambiar el sistema, aunque lo trastocaron de un modo significativo. El 7 de agosto de 2019, Wanda Vázquez Garced, secretaria de justicia de la administración de Ricardo Rosselló, juró como gobernadora para completar su término. En 2021, Pedro Pierluisi, otro miembro de la administración de Ricky Rosselló, se convirtió en el duodécimo gobernador electo de Puerto Rico. Poco ha cambiado. Pero, a pesar de los problemas que siguen afectando a los puertorriqueños, iLe nos dijo que las protestas ofrecieron la esperanza de un futuro diferente.

Resulta curioso que, mientras que Calle 13 recibió críticas y censura por sus posturas abiertamente políticas al principio de su carrera, el compromiso político de Bad Bunny, lejos de perjudicar su reputación, no ha hecho sino reforzarla. Dado el carácter popular del movimiento Ricky Renuncia, la visibilidad de Bad Bunny durante las protestas de 2019 acrecentó su fama entre los puertorriqueños dentro y fuera de Puerto Rico y selló su posición como portavoz del archipiélago, aunque ese no fuera su objetivo. Todo esto ocurrió en un momento crucial de la carrera de Bad Bunny, quien se preparaba para lanzar su siguiente álbum, YHLQMDLG, que significa *Yo Hago Lo Que Me Da La Gana*. La frase ha representado la actitud, el estilo y la evolución musical de Bad Bunny a medida que avanza su carrera, la cual, como la de Residente antes que él, combina la crítica política aguda con toques de humor y arrogancia. El Verano Boricua demostró que desde hace mucho tiempo el juego y la alegría forman parte de las tradiciones de protesta de los puertorriqueños. Bad Bunny haría gala de esa actitud, de sus fusiones musicales únicas y de sus letras ingeniosas, para seguir superando los límites.

4
«¿POR QUÉ NO PUEDO SER ASÍ?»: BAD BUNNY Y LAS POLÍTICAS DE GÉNERO

En 2019, el grupo de alumnos de Harvard llamado No Label organizó una visita de Bad Bunny a su campus justo antes de empezar la porción final de su gira *X 100PRE* en el Agganis Arena de Boston. Invitaron a Petra, reconocida experta en reguetón, a moderar la conversación. La mayoría de las estrellas cobra honorarios elevados por hablar ante un grupo de alumnos universitarios, pero Bad Bunny aceptó asistir gratuitamente durante una hora para conversar sobre su obra.

También sacó tiempo para ver el campus de Harvard y hablar con Petra de manera informal antes de que se sentaran frente a una audiencia de alumnos. Petra llegó al Museo de Arte de Harvard antes que Bad Bunny. Los alumnos de No Label esperaban junto a la escalinata de piedra del museo, mirando nerviosos sus teléfonos. Petra se movía de un lado a otro para calentarse en aquel fresco día de otoño. Con la esperanza de parecer una profesora *cool*, se había puesto sus *jeans* nuevos color ciruela y una chaqueta de cuero blanca más apropiada para el sur de California que para una tarde borrascosa y nublada de otoño en Nueva Inglaterra. La publicista de Bad Bunny, Sujeylee Solá, llegó poco después que Petra y les informó a todos que la estrella y su equipo estaban atrapados en un atasco, pero que llegarían en breve. Petra entabló una conversación trivial con el escolta policial, quien dijo estar asombrado por la misión que le habían asignado. Por lo general, escoltaba a jefes de Estado internacionales, representantes al Congreso de los Estados Unidos y gente así. Era la primera vez que le tocaba escoltar a un músico famoso y compañero latino en Harvard.

Por fin llegaron unos enormes y llamativos todoterrenos negros, de los que salieron varios puertorriqueños vestidos informalmente y con aspecto de *skaters*. Bad Bunny salió el último. Es alto. Llevaba una camisa de algodón a rayas, pantalones estilo cargo, botas de senderismo, unas llamativas gafas rectangulares muy pequeñas y una gorra de béisbol bastante ajada. Su aspecto no distaba mucho del de los universitarios que pasaban por allí.

A modo de bienvenida, los alumnos de No Label les dieron un paseo por el campus a Bad Bunny y su séquito. El grupo esperaba pasar desapercibido, pero era imposible no notar a una docena de personas que hablaban español y se paseaban por Harvard Yard escoltados por un oficial de seguridad. Aun así, nadie los molestó. Bad Bunny y Petra charlaron torpemente sobre temas como Fruity Loops y el álbum *Oasis*, que el artista había grabado con la estrella colombiana del reguetón J Balvin y que había salido a la venta cuatro meses antes. Petra le preguntó si estaba nervioso y él respondió sin lugar a dudas que sí. Dijo que hablar en Harvard lo ponía mucho más nervioso que actuar en un estadio. Petra le expresó lo importantes que eran él y su obra para los alumnos universitarios, incluidos los suyos, y le mencionó que justo esa semana había corregido varios trabajos que analizaban las políticas de género en su video para la canción «Caro» del álbum *X 100PRE*.

—¡¿En serio?! —exclamó sorprendido.

Era en serio, sí. A los alumnos de Petra en Wellesley College les atraía mucho «Caro» porque en el video, Bad Bunny se transforma en una persona andrógina, interpretada por la modelo puertorriqueña Jazmyne Joy. La fluidez de género del video musical se destacó en el panorama musical latino, que tiende a atrincherarse en los binarios de género, y en el cual las representaciones *queer* son escasas y poco frecuentes.

«Caro» es solo uno de los muchos momentos de la carrera de Bad Bunny en los que ha puesto al límite las cuestiones de género, masculinidad y homosexualidad en la música latina. Eso es importante en la escena del trap latino, donde la hipermasculinidad es inherente al espíritu del género.[1] Desde los inicios de su carrera artística, la estética de Bad Bunny lo ha distanciado de otros artistas de trap latino por su uso de ropa entallada y colores brillantes en contraposición a las camisetas deportivas

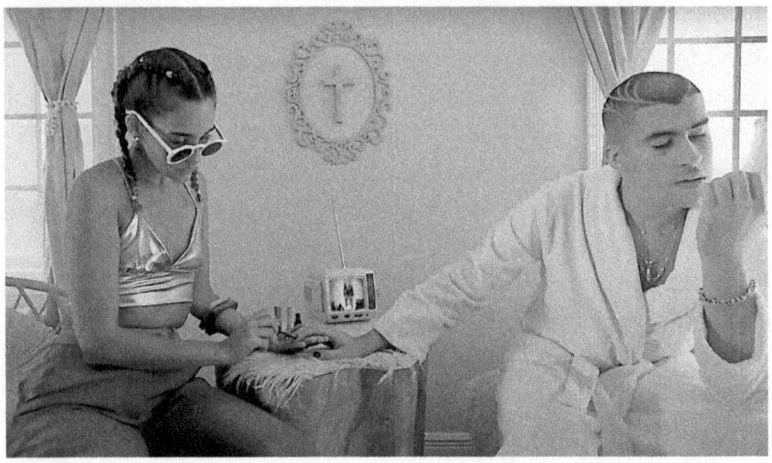

4.1 Fotograma del video musical del sencillo «Caro», que figura en el álbum *X100PRE* (2018) de Bad Bunny. En aquel momento, pocos hombres en la escena del reguetón o el trap latino se pintaban las uñas. Sin embargo, pintarse las uñas era característico en el estilo individual de Bad Bunny. La escena inicial en la que aparece una mujer haciéndole la manicura desafió muchas normas asociadas a la masculinidad en el reguetón. (Video dirigido por Fernando Lugo y Bad Bunny).

holgadas y los *jeans* que se asocian con el género. Se pintaba las uñas (de hecho, «Caro» comienza con una escena en la que a Bad Bunny están pintándole las uñas), una práctica ya cada vez más aceptada entre los jóvenes, aunque, en aquel momento, era bastante controvertida. En 2018 le negaron el servicio en un salón de manicura en España porque decían que no les pintaban las uñas a hombres. Bad Bunny no tuvo reparos en expresar su decepción en las redes sociales.[2] Jerry Pullés, programador latino de Apple Music, nos dijo en una entrevista: «Recuerdo que había montones de personas en internet hablando de un hombre que se pintaba las uñas y diciendo "¡Dios mío!", "¡Ay, Dios mío!". Y ahora cualquier artista masculino se pinta las uñas y a nadie le importa». Eddie Santiago, exdirector de la división latina de Spotify en Estados Unidos, nos dijo en una entrevista que Bad Bunny «desafiaba sin ambages las normas de género». Empezó con «cosas pequeñas»: esmalte de uñas, ropa femenina y joyas. «Le gusta llevar atuendos *cool*, y los atuendos *cool* no tienen género», añadió Eddie.

Bad Bunny ha declarado que admira la ropa de mujer por su diversidad de estilos y que, sobre todo, se viste con lo que se siente más cómodo. El artista dijo para *Allure* en 2021: «Ir de compras con mi madre era una de mis cosas favoritas porque me perdía en el departamento de mujer viendo las combinaciones, los colores, los cortes, los diseños. Luego me tocaba a mí comprar ropa y era aburridísimo. Siempre eran los mismos *jeans* y camisetas en diferentes tallas. Las mujeres lo tenían todo». En cuanto a los bolsos, declaró: «Para las mujeres hay muchos tipos, colores, formas y diseños diferentes. ¿Y para los hombres? La misma billetera vieja y destartalada para metérsela en el bolsillo».[3] Bad Bunny ha llevado ropa diseñada para mujeres en las portadas de revistas de alta costura como *Harper's Bazaar* y *Allure*. En 2022 debutó en la Gala del Met con un atuendo que combinaba la camisa de cuello sastre y la corbata propias de la moda masculina con una chaqueta de mangas abombadas y una falda larga a juego, más características de la ropa femenina. Llevaba ambos lados de la cabeza rapados y el pelo largo en la parte superior de la cabeza alisado y recogido con pasadores dorados.[4]

El veterano artista del trap latino, De La Ghetto, considera que el sentido de la moda de Bad Bunny contribuyó a cambiar la imagen típica de supermacho de la calle de los artistas del trap latino. De La Ghetto nos dijo: «Nuestro género en Puerto Rico es muy machista... Bad Bunny rompió ese estereotipo... *I can wear my shorty short pants all the way up, you know, way up to my* rodillas, *who cares?* [Yo puedo ponerme mis pantaloncitos cortos hasta la rodilla, ¿a quién le importa?]. *I can rock, you know,* los cortos *with the Vans without no socks* [Puedo ponerme los cortos con las [zapatillas] Vans sin calcetines]. *I'm me, let me be me* [Yo soy yo, déjenme ser yo mismo]. *I don't have to be like everybody else with the same chain, with the same haircut, with the same attitude*. [No tengo que ser como todo el mundo, con la misma cadena, el mismo corte de pelo, la misma actitud]. *I was one who* decía, wow que bueno, nos dio un *break* para respirar, ¿entiende? El creó un género nuevo».

Bad Bunny cuestiona las normas de género de otras maneras también. En 2023 recibió el premio Vanguard de GLAAD por promover la aceptación de las comunidades LGBTQ+ en los medios de comunicación. El premio destaca hasta qué punto el artista ha impulsado las conversaciones sobre la identidad de género y la sexualidad. El artista también ha hablado de la crisis de la violencia de género, lo cual es significativo tanto en el contexto del trap latino y el reguetón, como en Puerto Rico, donde la violencia de género y los feminicidios (asesinatos de mujeres, a menudo a manos de sus parejas) son un problema grave. Bad Bunny cuestiona las normas de género y critica la violencia de género como parte de su política, aunque no lo exprese como tal. No cabe duda de que, al igual que en buena parte de las canciones de reguetón (y de otros géneros populares), en las letras de Bad

4.2 Bad Bunny asiste a la Gala del Met 2022, cuya temática fue la Edad Dorada, con un traje sastre a la medida diseñado por Riccardo Tisci para Burberry, que combina elementos de las tendencias de la moda masculina y femenina del Puerto Rico de finales del siglo XIX. Llevaba el pelo recogido en un estilo femenino. El icónico atuendo ejemplifica cómo Bad Bunny desafía las normas de género en sus propias elecciones de moda. (Kevin Mazur/Getty Images Entertainment vía Getty Images).

Bunny se puede ver una cosificación de la mujer, algo que le han reprochado muchos críticos culturales y académicos.⁵ Sin embargo, los pronunciamientos de Bad Bunny en torno a la desigualdad y la violencia de género, así como sus propias construcciones y representaciones de género, son un aspecto central de su música como resistencia.

En la actividad que tuvo lugar en Harvard, Bad Bunny y Petra se acomodaron en sus asientos en el escenario. Los alumnos habían preparado de antemano preguntas sobre su música y su activismo. Después de un breve diálogo sobre su canción «Estamos bien» y las protestas del Verano Boricua de 2019, pasaron al tema de las políticas de género en el reguetón. Tanto Bad Bunny como Petra se resistieron a contestar por qué el reguetón es misógino. Petra se sintió validada cuando Bad Bunny repitió lo que con frecuencia ella les dice a sus propios alumnos: que el reguetón merece críticas por su misoginia, pero que dicha misoginia es un reflejo del sexismo en la sociedad en general, y no solo en la música. El propio Bad Bunny ha sido criticado por sus letras misóginas. Dijo que aprendía de las críticas y se tomaba el tiempo para escuchar de dónde provenían. Explicó que había reflexionado sobre su crianza en una sociedad machista y que, tal y como hizo en las protestas de 2019, podía usar su plataforma para representar a las mujeres como agentes de sus propias historias y reconocer también la vulnerabilidad y los sentimientos de los hombres.

Para algunos fans, esa vulnerabilidad y esa atención a los sentimientos han sido evidentes desde los primeros éxitos de Bad Bunny. Recordemos, por ejemplo, los comentarios de Jerry Pullés en el capítulo 1 sobre uno de los primeros sencillos de Bad Bunny, «Soy peor», cuya letra expresa una angustia y una vulnerabilidad que lo distinguían de otros artistas del trap latino en aquel momento. Otro de sus primeros éxitos, el sencillo «Callaíta» de 2019, evoca un sentimiento similar en su letra con un sonido que lo distingue de muchos otros éxitos del reguetón. La canción se originó después de que Tainy le envió a Bad Bunny un *beat* que había producido. Tainy nos contó que «Callaíta» marcó un hito en su propia carrera: «[La canción] abrió [una] etapa... de mi carrera de proponer yo música mía, como artista, y no solamente ser el productor de los discos de [otros artistas]... y también de un nuevo sonido donde siento que ahora puedo seguir experimentando más». En la producción de la canción, Tainy reunió sonidos que no solían escucharse en el reguetón: «Traté esto de alguna manera, esta combinación de percusiones que no son las tradicionales... ese tipo de acordes... y este *feeling* [sentimiento]... Salió bien diferente a la manera que normalmente suena un tema de reguetón o urbano. Pero para mí se escuchaba bien».

Tainy le mostró la canción a Bad Bunny, quien conectó enseguida con ella y le devolvió la canción terminada dos días después. En palabras de Tainy: «Él pudo entender exactamente la emoción o el *feeling* que uno quería transmitir con la música y lo ejecutó en letra y melodías». La canción comienza con los sonidos del graznido lejano de las gaviotas y el batir de las olas, seguidos de los acordes de un órgano. Bad Bunny declaró a *Vanity Fair* que «Callaíta» es una canción de la que «nunca me canso. La introducción tiene una melodía tan hermosa». Se refiere a la melodía que compuso Tainy.[6] En su crítica del sencillo, Suzy Exposito escribió en *Rolling Stone*: «La canción encierra algunos de los signos más reveladores de la inminente temporada playera: el sonido de las olas al romper, los graznidos lejanos de las gaviotas y los ecos carnavalescos de un órgano de vapor. En conjunto, forman un *collage* cautivador de nana y reguetón».[7]

Los sonidos etéreos creados por Tainy hicieron que «Callaíta» se destacara en el saturado campo del reguetón. Pero la historia que Bad Bunny cuenta en la letra fomenta el tono de canción de cuna. La canción describe a una joven que suele ser «calladita», pero en el fondo es más atrevida de lo que parece:

Ella es callaíta
Pero p'al sexo, es atrevida, yo sé
Marihuana y bebida
Gozándose la vida como es

Es un tema conocido del reguetón. Desde Calle 13 hasta Don Omar y CNCO, muchos artistas del reguetón cuentan historias de jóvenes respetables, a menudo estudiosas, que se convierten en su yo más salvaje cuando perrean.[8] Pero en «Callaíta» hay un giro argumental: «*Ella no era así, ella no era así, no sé quién la dañó*». No queda claro si «así» se refiere a que era callada u osada.

Esa ambigüedad es significativa. Aunque muchas canciones celebran la noción de que perrear hace atrevidas a las mujeres, ese enfoque en las mujeres que perrean también se ha utilizado para atacar al reguetón, lo cual refleja una doble moral sexual a la que «Callaíta» se resiste efectivamente. En 2002 la senadora puertorriqueña Velda González puso en marcha la Campaña Anti-Pornografía, dirigida sobre todo contra el contenido sexual en los videos musicales de reguetón, aunque la propia González afirmó que la campaña abarcaba los contenidos pornográficos en los medios de comunicación en general. Lo que más preocupaba a los proponentes de la Campaña Anti-Pornografía era que esos videos pudieran influir de forma negativa en la autoestima y el comportamiento sexual de las mujeres jóvenes, que las «corrompieran» e instaran a mantener relaciones sexuales prematrimoniales o a consumir drogas. Resulta revelador que no les preocupara el efecto que pudiera tener el reguetón en los hombres jóvenes.[9] El mánager de Tainy, Pablo Batista, recuerda la reacción de los fans y artistas del reguetón a la campaña. Se preguntaban por qué la Campaña Anti-Pornografía se dirigía a los cantantes de reguetón y no a los verdaderos narcotraficantes y delincuentes que cometían actos violentos. Nos dijo que Velda González y sus partidarios «estaban perdiendo el tiempo... malgastando recursos policiales en perseguirlos, cuando había narcotráfico por todas partes». Los comentarios de Pablo reflejan un sentimiento común entre los artistas y fans del reguetón, cuya respuesta solía ser que las verdaderas amenazas a las que se enfrentaban los jóvenes de Puerto Rico eran la pobreza, la vivienda inadecuada, la educación deficiente y otras desigualdades sistémicas, no el reguetón.[10] Sin embargo, la Campaña Anti-Pornografía se empeñó en tildar al reguetón de peligro para los jóvenes puertorriqueños. Según la lógica de la Campaña Anti-Pornografía, el reguetón fue el que «dañó» a la protagonista de «Callaíta», y la hizo sucumbir a vicios como la bebida, la marihuana y el perreo. Sin embargo, la historia que cuenta Bad Bunny es muy distinta. Se trata de una mujer con un pasado, tal vez doloroso, que la hizo más callada o más atrevida, o ambas cosas.

Bad Bunny quería una vibra divertida para el video musical. Su equipo se puso en contacto con el director de videos de reguetón y ganador de un Grammy, Kacho López Mari, después de ver el anuncio de cerveza Medalla que este había realizado, en el que aparecía un grupo de jóvenes pasando un buen rato. Según nos contó Kacho desde su oficina de San Juan, la única indicación que le dio Bad Bunny fue que «Callaíta» debía mostrar el «verano perfecto». El video se centra en una joven, interpretada por la modelo puertorriqueña Natalia García. Sus amigos la recogen en casa para ir a un bar. Allí bailan, beben y se divierten. Cuando vemos a García bailar, está sonriente, rodeada de sus amigos y perreando a sus anchas.[11] Bad Bunny se fija en ella desde la barra, pero aunque intercambian miradas, no se le acerca. Ambos acaban encontrándose en una fiesta nocturna en la playa,

4.3 En este fotograma del video de «Callaíta», la modelo Natalia García baila alegremente con sus amigos en una fiesta en la playa. En el fondo se aprecia el luminoso carrusel. El momento captura su inocente jovialidad, que contrasta con el modo en que la Campaña Anti-Pornografía presentaba el reguetón y el perreo como peligrosos y amenazadores para las mujeres. (Video dirigido por Kacho López Mari).

donde bailan de forma juguetona sin apenas tocarse. Una de las imágenes icónicas del video de «Callaíta» es un precioso carrusel antiguo iluminado contra el cielo nocturno a la orilla del mar.[12] García aparenta sentirse libre dando vueltas en el carrusel con sus amigos y, después, con el propio Bad Bunny, en cuyo hombro se recuesta mientras él la abraza con ternura. El carrusel, que evoca juventud y diversión, sugiere inocencia y paz. Las imágenes del video armonizan con la letra, que hace hincapié en los pensamientos, sentimientos y motivaciones de la mujer, más que en su cuerpo y su atractivo sexual, lo cual contradice la premisa de la Campaña Anti-Pornografía de que el perreo es siempre peligroso y amenazador para las mujeres.

Si la imagen del carrusel resulta divertida y desenfadada, llevarla al lugar donde se filmó el video no lo fue. En su entrevista para *Vanity Fair*, Bad Bunny reconoció: «Quería un carrusel frente a la playa. Sabía que yo no tendría que llevarlo [allí]. Los pobres muchachos tuvieron que matarse para poner ese carrusel en la playa. Pero me quedé sorprendido cuando llegué y vi el carrusel».[13] El video se rodó en Playa Caracoles, una reserva natural de Arecibo, en la costa norte de Puerto Rico. Por tratarse de una zona protegida, el equipo de Kacho no podía entrar con camiones en la playa ni remover la arena. Tardaron dos días en transportar el equipo y los materiales que necesitaban, incluidos los grandes tablones de madera que se usaron para crear una base sobre la cual colocar el carrusel. El carrusel lo transportó una empresa de San Juan y tuvieron que utilizar una grúa de construcción gigantesca para llevarlo a la playa desde el aparcamiento. Los esfuerzos merecieron la pena, pues la imagen del carrusel se convirtió en una de las más icónicas de la carrera de Bad Bunny e hizo aún más memorable la singular canción.

Tanto el video como la canción «Callaíta» contrastan con las representaciones de la mujer típicas del reguetón y, por momentos, hasta con las del propio Bad Bunny. Dicho esto, Bad Bunny a menudo subvierte las representaciones de género típicas del reguetón, incluso en canciones que a primera vista parecerían ajustarse a estas. La canción «La difícil», incluida en YHLQMDLG, describe a una mujer a la que le encanta salir de fiesta, consumir drogas y mantener relaciones sexuales con distintos hombres porque no quiere una relación estable. Es tan sexy y coqueta que todo el mundo, hombres y mujeres, la desean. En muchos aspectos, es el arquetipo de la mujer en el reguetón, dado su insaciable apetito sexual. Todos los que la rodean se la comen con los ojos. Sin embargo, ella es dueña de su propia sexualidad, agente de su propio placer. Ella decide con qué hombres sale, les dice lo que le gusta y cómo le gusta que la toquen, y controla los encuentros.

El video musical de «La difícil», dirigido por Cliqua & Stillz, complica aún más esta narrativa. Bad Bunny estrenó el video el 28 de febrero de 2020, un día antes del lanzamiento de YHLQMDLG. El video comienza con una madre muy joven, interpretada por la modelo y *podcaster* de Miami La Yuli, mientras le trenza el pelo a su hija en el sofá. La cámara pasa a un camerino que recuerda al de un club de *strippers*, donde la joven madre se maquilla junto con otras mujeres frente a un enorme espejo iluminado. Resulta que son las modelos del video más reciente de Bad Bunny. Las mujeres perrean al fondo mientras él actúa. A medida que se desarrolla la historia, vemos a la joven madre cuidar de su hija entre sesiones de fotos *sexy* y filmaciones de videos musicales o mientras trabaja en el club nocturno. En un momento estremecedor, la madre está en una audición bailando ante una pantalla en negro mientras un grupo de hombres observa sus caderas y su trasero. Nunca se ve contenta en el trabajo, más bien se muestra muy seria y hasta inexpresiva mientras baila y habla con los hombres que podrían contratarla para algún trabajo. Pero con su hija, la joven madre ríe y se divierte realizando actividades cotidianas como lavarse los dientes o lavar la ropa en la lavandería. El video termina con la joven madre en un vestidito de lentejuelas, acurrucada en la cama con su hija.[14]

Mujeres como la protagonista del video —que bailan de forma provocadora, ya sea como *strippers*, bailarinas exóticas o modelos de videos musicales— ocupan un lugar destacado en los discursos en torno al reguetón.

De hecho, las bailarinas fueron el centro de atención de la Campaña Anti-Pornografía. Todo el mundo, desde los políticos hasta trabajadores sociales, difamó a las bailarinas de videos musicales. Un director de videos musicales de reguetón defendió sus videos diciendo que, al contratar a las *strippers* para sus videos, las sacaba de los clubes, dando a entender que las *strippers* eran, de hecho, un peligro para sí mismas y para la sociedad, como alegaba la Campaña Anti-Pornografía. Todas esas narrativas implican que las mujeres que perrean son de por sí problemáticas e hipersexuales —un ejemplo peligroso para las jóvenes— y carecen de voluntad propia.[15]

En el video musical de «La difícil», Bad Bunny interpreta a un rapero que acosa a las mujeres y, al igual que los demás hombres del video, está ajeno a las tribulaciones a las que se enfrenta la joven madre. Desde el punto de vista del personaje que interpreta Bad Bunny, las bailarinas podrían ser tal y como afirma la Campaña Anti-Pornografía. Sin embargo, el video se centra en la perspectiva de la joven madre y revela una historia diferente. Ella no está obsesionada con su propio placer sexual, sino que finge ser la mujer que describe la canción para ganar dinero y poder cuidar de su hija. El hecho de que recurra a ese trabajo para mantener a su familia podría verse como una crítica implícita al trabajo sexual y a otras actividades que explotan a las mujeres vulnerables. Pero junto con la letra de la canción, el video presenta una visión más compleja y matizada de la voluntad de las mujeres en estos espacios.[16]

De hecho, Bad Bunny suele dar voluntad propia a las protagonistas femeninas de sus canciones, centrándose en sus deseos, ya sean sexuales o de otro tipo. Muchos de sus videos musicales amplifican esa voluntad. Bad Bunny es muy deliberado a la hora de priorizar sus videos para que sus canciones tengan más significado. Como nos explicó Kacho, muchos sellos discográficos ahora invierten menos en los videos musicales, y muchos artistas se limitan a hacer clips cortos de fácil acceso en plataformas de internet como TikTok e Instagram. Bad Bunny, por el contrario, cada vez invierte más en sus videos musicales. Sus videos amplifican el sentido de sus canciones y los usa para hacer declaraciones sociales relevantes. Eso permite que sus comentarios sobre las cuestiones de género tengan un alcance mayor.

Durante su conversación en Harvard, Bad Bunny y Petra reprodujeron algunos videos musicales de Bad Bunny y comentaron cada video antes de mostrar el siguiente. El video del sencillo «Solo de mí», de 2018, fue uno de los que presentaron y comentaron. La canción es lenta, con acordes de piano y un *beat* de reguetón de fondo. Bad Bunny muestra su lado *emo* [sentimental] en esta canción sobre el fin de una relación, pero en lugar de un lamento triste, la letra describe a alguien que está feliz por haber recuperado su libertad. El estribillo inicia la canción: «*No me vuelvas a decir "bebé" / Yo no soy tuyo ni de nadie / yo soy solo de mí*».

Al igual que «Callaíta» y «La difícil», el mensaje de «Solo de mí» se amplifica con el video musical. «Solo de mí» también se centra en una joven, interpretada por la actriz venezolana Laura Chimaras, que lleva puesta una chaqueta negra de lentejuelas con solo un sujetador negro debajo. Gesticula con la boca la letra cantada con la voz de Bad Bunny frente a un micrófono antiguo contra un telón azul brillante. Chimaras empieza a cantar el estribillo con la vista baja, pero cuando el ritmo se hace más lento, una luz la ilumina y comienza a mirar a la cámara. Justo antes de empezar el primer verso, gira la cabeza bruscamente hacia la izquierda como si le hubieran dado un puñetazo. Vuelve a mirar a la cámara y se pasa el pelo por detrás de la oreja despacio para revelar un moratón en su mejilla. A medida que la canción avanza, la violencia continúa y ahora vemos que tiene un ojo morado y la nariz ensangrentada. Después de cada puñetazo, mira más desafiante a la cámara. Transcurridos dos minutos del video, se encorva y estira los brazos hacia delante. Cuando los baja, los moratones han desaparecido y le sonríe a la cámara mientras declara que no le pertenece a nadie más que a sí misma. Empieza a sonar una kalimba, entra un ritmo más fuerte de *dembow* y la escena pasa a un club. Hacia el final del video, la canción se vuelve más festiva y Chimaras baila con Bad Bunny y sus amigos en el club.[17]

Bad Bunny ha descrito el video como un comentario sobre la violencia doméstica. La estudiosa de la literatura Elena Valdez escribe que algunos aspectos del video refuerzan las normas patriarcales (como por ejemplo, el atuendo revelador de Chimaras y el hecho de que sea la única mujer en una discoteca llena de hombres) y afirma que podría tratarse de una «versión masculina de lo que debería ser la liberación femenina».[18] Sin embargo, Valdez explica que el video es también un texto feminista y que el crédito de dirección de Bad Bunny es una «declaración personal del artista» sobre la necesidad de tomar medidas serias para abordar la violencia de género en Puerto Rico.[19]

Una de las razones que hacen que una superestrella como Bad Bunny permanezca en un sello discográfico independiente más pequeño —como Rimas— es que le permite mantener el control creativo de su música y sus videos. En Harvard, Bad Bunny le dijo a Petra que «Solo de mí» era uno de los videos más importantes que había hecho hasta entonces. Quiso que fuera sencillo y se centrara en la experiencia de la mujer, aunque reconoció que la letra estaba escrita desde la perspectiva de un hombre. Además de que la voz que canta es la de Bad Bunny, la letra es masculina: dice «no soy tuyo» en lugar de tuya. En una entrevista que Chente Ydrach y Molusco le hicieron en 2018, Bad Bunny explica el concepto del video, que lanzó después de la canción. Según Bad Bunny, el video salió después que la canción porque «la canción está cabrona... que la gente se la vacile a su manera... que la escuche y se la viva como quiera escucharla y como quiera interpretarla. Y, luego, ¡boom!, cambiarle la mente con este concepto y con este mensaje. Y así fue. Y todo el mundo se quedó como *what?* [¿qué?]. Porque la canción es un despecho...[20] No te quiero más en mi vida, etc. Después se pone activa y arranca... Pero luego coge otro significado».[21] La estrategia de Bad Bunny para el lanzamiento del video musical de «Solo de mí» amplifica su mensaje político sobre la violencia de género en Puerto Rico sin que por ello deje de resultar atractiva para su público más amplio.

En su introducción a un número especial de la revista *Centro: Journal of the Center for Puerto Rican Studies* dedicado a la violencia de género en Puerto Rico, Diana Aramburu y Tania Carrasquillo Hernández explican el alcance del problema de la violencia de género en el archipiélago: en Puerto Rico, que tiene una población de un poco más de 3 millones de habitantes, hubo 79 feminicidios en 2022, 15 de ellos atribuidos a la violencia de pareja. Esa cifra representa un aumento significativo respecto a los 59 feminicidios que se cometieron en 2021.[22] Cabe aclarar que activistas, analistas y académicos sostienen que es probable que esas cifras sean inexactas porque no se denuncian todos los casos y al gobierno le falta voluntad para dar cuenta del problema como es debido.[23]

Vilma González Castro es la directora de Coordinadora Paz para las Mujeres, una coalición de organizaciones en Puerto Rico que se dedica a acabar con la violencia de género prestando servicios y educando a las víctimas y las comunidades. González Castro señala que las crisis superpuestas —como la crisis de la deuda, el huracán María y el covid-19— incrementaron lo que ya de por sí era un índice alto de violencia de género en Puerto Rico.[24] El colonialismo hace que el estrés sea una condición normal de la población.[25] La crisis de la deuda limitó el acceso a los fondos para servicios sociales y apoyo. El huracán María destruyó las infraestructuras necesarias para llegar a las mujeres de las comunidades rurales. El aislamiento del covid-19 presentó nuevas oportunidades para que floreciera la violencia de género. En enero de 2021, el gobernador Pedro Pierluisi firmó la Orden Ejecutiva 2021-013, que declaraba el estado de emergencia en relación con la violencia de género. La orden creó un comité de agencias gubernamentales y otras organizaciones para hacer frente a la crisis.[26]

Para algunos activistas, la declaración de Pierluisi llegaba demasiado tarde. Las organizaciones feministas llevaban años protestando y pidiéndole al gobierno de Puerto Rico que abordara el problema del feminicidio. En 2018 La Cole acampó frente a La Fortaleza, la mansión del gobernador, para exigirle al entonces gobernador Ricky Rosselló que atendiera el asunto de la violencia de género. Rosselló no se reunió con ellas. En cambio, el 25 de noviembre, el Día Internacional de la Eliminación de la Violencia contra la Mujer de la ONU (que coincidía con el último día de la protesta de La Cole), la policía llegó y atacó a los manifestantes con gas pimienta y macanas.[27]

Un mes después, Bad Bunny lanzó «Solo de mí». Al mismo tiempo, publicó un anuncio en su cuenta de Instagram para denunciar la violencia de género:

> No estoy seguro si las peleas de gallos son maltrato, pero la violencia de género en contra de la mujer y la cantidad absurda de mujeres que son asesinadas al mes SÍ LO ES. ¿Cuándo vamos a darle prioridad a lo que realmente importa??! ES HORA DE TOMAR ACCIÓN YA! Sé que habrá muchas opiniones, pero yo solo les digo que por algo se empieza, y cada cual hace su parte como cree que pueda. NO QUEREMOS NI UNA MUERTE MAS! Respeta la mujer, respeta al hombre, respeta al prójimo, respeta la vida! ¡MENOS VIOLENCIA, MAS PERREO! (Y SI ELLA LO QUIERE, SI NO DEJALA QUE PERREE SOLA Y NO LA JODAS).[28]

Unos meses después, en enero de 2019, Bad Bunny y Residente se presentaron en La Fortaleza y exigieron una reunión con Rosselló para hablar sobre la violencia en Puerto Rico (no está claro hasta qué punto se habló de violencia de género en la reunión). Residente contó a *Rolling Stone* que él y Bad Bunny dieron vueltas alrededor de La Fortaleza durante horas, se hicieron fotos con los guardias de seguridad e intentaron obtener permiso para entrar en el edificio. Según Residente, lo que por fin les dio acceso fue que le envió un mensaje directamente al gobernador en Twitter pidiéndole la reunión, y Rosselló accedió.[29] Los tres hombres hablaron de muchas de las crisis que se superponen en el archipiélago, como la austeridad, la educación y, en especial, la violencia.[30] En una entrevista para *Rolling Stone*,

Residente mencionó que le interesaba mucho apoyar el «movimiento feminista» en Puerto Rico y el trabajo de La Cole.

Por su parte, La Cole expresó rabia por la hipocresía de Rosselló. Escribieron en Facebook: «Ricardo Rosselló recibió a Residente y a Bad Bunny para hablar sobre la violencia que se vive en el país, pero NO nos recibió cuando estuvimos tres días acampando frente a Fortaleza exigiendo que se declarara un #EstadoDeEmergencia sobre la violencia de género. ¿Acaso el gobernador solo se reúne con hombres o es que solo está puesto pal faranduleo? 🙄 De todas maneras, sigue faltándole el respeto a las mujeres en el país, [l]a violencia machista también es responsabilidad del estado».[31] En su análisis de los hechos, Elena Valdez hace referencia a la innegable falta de respeto de Rosselló hacia sus electores, que está íntimamente ligada a la misoginia rampante en Puerto Rico.[32]

Desde entonces, Bad Bunny ha seguido usando su arte y sus actuaciones para abordar cuestiones relacionadas con la igualdad de género y aliarse con grupos marginados por razón de sexo e identidad de género. Por ejemplo, repite el mensaje sobre la autonomía de la mujer sobre su cuerpo en el éxito de 2020, «Yo perreo sola», del álbum YHLQMDLG. La escenografía del video musical incluye un cartel de neón que lee «Ni una menos», lema que se originó durante las protestas masivas en Argentina contra la violencia de género en 2015, y que pronto se extendió por todo el continente americano.[33]

La muerte de Alexa Negrón Luciano, una mujer negra, trans y sin hogar, que fue brutalmente asesinada el 24 de febrero de 2020 en Toa Baja, Puerto Rico, fue otra ocasión en la que Bad Bunny se pronunció. Negrón Luciano fue asesinada a tiros en un parque de Toa Baja. Un video publicado posteriormente en las redes sociales muestra a un grupo de hombres que la acosan antes de que fuera asesinada.[34] El asesinato de Negrón Luciano es diferente de la violencia de pareja porque fue asesinada por personas a las que no conocía.[35] Sin embargo, como señala Vilma González, la violencia contra las personas trans se deriva de las mismas desigualdades estructurales y las mismas ideologías de género que otras formas de violencia de género.[36] Las mujeres trans en Puerto Rico se enfrentan a la inseguridad económica, la falta de vivienda y la violencia de un modo desproporcionado.[37] Puerto Rico apenas ha comenzado a incluir la violencia contra las mujeres trans en sus estadísticas, pero son muy pocos los casos de violencia contra las mujeres trans que se registran.[38] De hecho, Negrón Luciano fue la primera de seis personas trans conocidas que fueron asesinadas en Puerto Rico solo en 2020.[39]

Tres días después de la muerte de Negrón Luciano, el 27 de febrero, Bad Bunny apareció en el *The Tonight Show with Jimmy Fallon* para interpretar su nueva canción «Ignorantes» junto con el cantante panameño Sech. La canción es otro clásico *emo* de Bad Bunny que trata sobre una ruptura. El video musical aboga por la igualdad de los homosexuales retratando tanto a parejas *queer* como del mismo sexo, que luchan por gestionar sus relaciones. La canción fue un éxito y debutó en el puesto # 3 de la lista Hot Latin Songs de Billboard; incluso entró en los Hot 100 en su primera semana.[40] Bad Bunny se presentó en el *Tonight Show* vestido con una falda negra, una camiseta blanca debajo de una chaqueta rosa claro y botas. Mientras cantaba, fue bajándose la chaqueta por los hombros para revelar las palabras: «Mataron a Alexa, no a un hombre con falda». Los errores en las clasificaciones de género son endémicos en Puerto Rico, donde los investigadores y los medios de comunicación a menudo malgenerizan a las víctimas de violencia trans o las llaman por el nombre que tenían antes de hacer la transición.[41] El mensaje de Bad Bunny era una respuesta directa a los medios de comunicación estadounidenses, que ignoraron el caso, y una crítica a los investigadores y medios de comunicación de Puerto Rico que se refirieron a Alexa como un «hombre con falda».

La fama que ha adquirido Bad Bunny por denunciar la violencia de género es tal que la gente a veces piensa que algunas de sus canciones tratan sobre la violencia de género cuando no es así. Un ejemplo es la canción «Andrea» de su álbum *Un verano sin ti* (2022). «Andrea» fue una de las últimas canciones que Bad Bunny grabó para el álbum. La letra es parecida a la de canciones como «Callaíta», que describen a una mujer que lucha por su autonomía. «Andrea» cuenta la historia de una mujer llamada Andrea, que desea un futuro mejor con una pareja amorosa que la respete y la apoye. La letra da a entender que ha sufrido violencia de pareja: «*A la buena, beso y abrazo / a la mala, botellazo sin soltar el vaso*». Luego Bad Bunny rapea:

> *Ella no quiere una flor, solo quiere que no la marchiten*
> *Que cuando compre pan, no le piten*
> *Que no le pregunten qué hizo ayer*
> *Y un futuro lindo le inviten*
> *Que le den respeto y nunca se lo quiten*

Bad Bunny retrata a una mujer que desea un futuro mejor en el cual, por encima de todo, la respeten y la reconozcan por quien es. Bad Bunny escribió la canción, pero para el estribillo contó con la ayuda de Buscabulla, un dúo puertorriqueño de *indie pop*, compuesto por los esposos Luis Alfredo del Valle y Raquel Berríos, que mezcla sonidos electrónicos de sintetizador con ritmos tropicales. En el estribillo, Berríos canta sobre la búsqueda de respeto y autonomía de Andrea: «*Quiero alguien que se atreva, que se atreva y me entienda a mí*».

«Andrea» provocó una gran conmoción. Algunos medios de comunicación, como *People en Español* y Yahoo News, reportaron que la canción aludía al caso de Andrea Ruiz Costas, una mujer de treinta y cinco años, que había solicitado protección legal contra su exnovio maltratador, Miguel Ocasio Santiago.[42] En 2021, aprovechando la nueva ley firmada por el gobernador Pierluisi para atender la violencia doméstica en Puerto Rico, Ruiz Costas le pidió al tribunal que detuviera a Ocasio Santiago, quien, alegaba, la había amenazado y acosado, pero el juez dictaminó que «no había causa» para hacerlo. Poco después, el 28 de abril de 2021, su cuerpo fue encontrado en una cuneta. Ocasio Santiago la agredió con un cuchillo y luego quemó su cuerpo de forma tal que solo pudo ser identificada a través de los registros dentales. Miguel Ocasio Santiago confesó el asesinato y posteriormente se suicidó en la prisión mientras esperaba el juicio por asesinato en primer grado.[43] El asesinato de Ruiz Costas unió a los puertorriqueños, quienes exigieron la publicación de las cintas de audio de la vista judicial para entender cómo era posible que ocurriera algo así, sobre todo, después de que Pierluisi declarara el estado de emergencia. Según informó el periódico *El Nuevo Día*, aunque el gobierno afirmaba que le estaba dando prioridad al asunto, los tribunales puertorriqueños denegaban la mayoría de las peticiones de órdenes de protección, aun cuando 2021 había sido un año récord de feminicidios.[44]

Dadas las denuncias anteriores de Bad Bunny contra la violencia de género y la enorme publicidad que rodeó el caso, mucha gente creyó que «Andrea» trataba sobre Ruiz Costas. Incluso Buscabulla lo pensó. Del Valle declaró a NPR: «Es una imagen que se te mete en la cabeza, obviamente, si eres puertorriqueño. Sabíamos del caso. Sabíamos lo horrible que fue. Fue muy visceral». Su compañera, Raquel Berríos, recuerda que «Benito nunca aclaró si se trataba de Andrea». Sin embargo, Berríos dijo: «Cuando estaba escribiendo [el estribillo], lo tenía presente, aunque no estaba segura del todo».[45]

El productor MAG describió cómo se compuso la canción y nos dijo que el uso del nombre fue pura coincidencia. MAG y Bad Bunny estaban en Miami dándole los últimos retoques a *Un verano sin ti*. Bad Bunny editaba las voces en el ordenador mientras MAG daba vueltas a nuevas ideas porque sentía que al álbum «le faltaba algo». Estaba escuchando un tema que describió como «mi intento de hacer un *beat* al estilo Buscabulla y lo titulé "*beat* tipo Buscabulla". Así que estoy escuchando eso y Benito se gira y pregunta: "¿Qué es eso?". Y yo digo: "Es una idea que tengo". Y él dice: "Déjame oírlo, déjame oírlo otra vez". No sé cómo lo oyó porque el volumen estaba muy bajo y yo tenía el teléfono pegado a la oreja». MAG le tocó el *beat*. Recuerda que, cuando se fue a casa esa noche, Bad Bunny «escribió y grabó el tema él solo esa misma noche. Estaba obsesionado con el ritmo. Al día siguiente, nos reunimos y me dijo: "Me puse a escribir y grabé la canción"». Pero a la canción le faltaba el estribillo. Bad Bunny le preguntó a MAG si podrían ponerse en contacto con Buscabulla, a pesar de que era muy tarde en la noche. Así que MAG le envió a la pareja un DM en Instagram para decirles que Bad Bunny, a quien no conocían personalmente, quería hablar con ellos. Acordaron hacer un FaceTime a altas horas de la noche. Después de la llamada, Buscabulla escribió los estribillos y grabó una sección instrumental extendida para cerrar la canción.

Bad Bunny ha declarado que la canción no trata sobre Andrea Ruiz Costas. En una entrevista, le dijo a Chente Ydrach: «En verdad no sé cómo sentirme [ante la suposición errónea de que se trata de Ruiz Costas]. Yo sé que se fue viral, yo vi que salió hasta en las noticias». Bad Bunny no se opuso a la asociación que la gente hacía entre su canción «Andrea» y Ruiz Costas. No obstante, explicó: «La persona de la que hablo en la canción sí puede ser Andrea, la muchacha que asesinaron, como puede ser otro millón de mujeres más que han sido víctimas igual de violencia de género». La Andrea de su canción pretendía ser real, dijo. «Me encanta que muchas mujeres se han identificado con este tema y sí, lo más seguro es que los familiares de Andrea puedan escucharlo y saber si Andrea se hubiera identificado [con la canción]... el propósito es ese, que la Andrea de la canción, afortunadamente sigue viva y con ganas de mantenerse viva».[46]

El hecho de que tanta gente, incluidos sus colaboradores, diera por hecho que la «Andrea» de Bad Bunny era Andrea Ruiz Costas es indicativo de su reputación consolidada como defensor de la erradicación de la violencia de género. Desde sus primeros éxitos, Bad Bunny ha llamado la atención sobre la violencia de género —sobre todo, los feminicidios— en Puerto Rico. Esto es más significativo en el contexto del reguetón, un género en el que muchas canciones y videos musicales promueven mensajes misóginos. Aun así, como comentaron Bad Bunny y Petra en Harvard, el reguetón en sí no es responsable de la misoginia, la violencia, la homofobia y la transfobia persistente en la sociedad puertorriqueña (y en otras sociedades).

Los activistas de Puerto Rico, con razón, no señalan al reguetón como causante de la violencia de género. Más bien hablan de las desigualdades estructurales, de ciertas normas culturales muy arraigadas y de la falta de recursos cruciales —dada la relación colonial con Estados Unidos— como los factores clave en la perpetuación del problema. No obstante, dada la reputación del reguetón como género misógino, es significativo que un artista masculino del reguetón haya decidido utilizar su plataforma para denunciar la violencia de género en todas sus formas.

Aunque Bad Bunny se asombró cuando Petra le dijo que muchos de sus alumnos habían escrito ensayos sobre el video de su canción «Caro», a Petra no le sorprendía. Este video musical, que desafía los roles de género, pasa de Bad Bunny, que se interpreta a sí mismo, a la modelo andrógina puertorriqueña Jazmyne Joy, que también interpreta a Bad Bunny. Ambos llevan la misma vestimenta, de modo que a veces es difícil distinguir quién es quién. Para muchos de nuestros alumnos, eso supuso un distanciamiento refrescante del «macho barrio-céntrico» e hipermasculino del reguetón, obsesionado con los automóviles, el dinero y las mujeres.[47] «Caro» es un himno al amor propio que declara que todas las personas, sin importar su origen, son valiosas a su manera. Ese mensaje se magnifica en el video con el «huevo de Pascua» o interludio sorpresa en el que participa Ricky Martin. Se escuchan acordes suaves de fondo y Bad Bunny canta:

¿Por qué no puedo ser así?
¿En qué te hago daño a ti?
¿En qué te hago daño a ti?
Yo solamente soy feliz

La silueta de Bad Bunny se dibuja contra el sol poniente mientras un grupo de hombres y mujeres pasa corriendo por su lado. La voz de Ricky Martin entra para armonizar con «solamente soy feliz» mientras Bad Bunny repite el estribillo. Esos versos son una respuesta a quienes sostienen que la homosexualidad representa una amenaza para el orden social, y se acentúa gracias a los efectos visuales. En un momento dado, una mujer besa la mejilla de Bad Bunny y, unos segundos después, un hombre con barba hace lo mismo. El interludio termina con la voz de Martin canturreando «solamente» mientras la imagen se desvanece para mostrar a Jazmyne Joy, convertida en Bad Bunny, rapeando alrededor de un auto con sus amigos.

La participación de Ricky Martin en *X 100PRE* podría interpretarse como que una estrella mundial consagrada apoya a una estrella emergente. El éxito internacional de Ricky Martin lo ha convertido en un ícono mundial puertorriqueño, quizás el más popular hasta Bad Bunny. Al mismo tiempo, la música *bubblegum pop* y las baladas de Martin, así como su postura de «blanquito» de clase alta, son lo opuesto en muchos sentidos del individuo callejero, a menudo no blanco e hipermasculino asociado con el reguetón.[48] El hecho de que Martin cante precisamente esos versos sobre esas imágenes en el video supone una declaración contundente de apoyo a las comunidades LGBTQ+ por parte de Bad Bunny.

Ricky Martin comenzó su carrera en el grupo Menudo. Luego se estableció como solista en el pop, tanto en español como en inglés. En sus memorias, *Yo*, de 2010, Martin escribe sobre la extrema presión que sintió durante buena parte de su carrera de presentarse como un hombre heterosexual, por temor a que su base de fans y su comunidad lo condenaran al ostracismo si salía del armario.[49] Las leyes antisodomía de Puerto Rico no se derogaron hasta 2003, pero el deseo entre personas del mismo sexo ha sido estigmatizado durante mucho tiempo como producto de la influencia colonial estadounidense.[50] Puerto Rico reconoció el derecho al matrimonio entre personas del mismo sexo en 2015 y el derecho a cambiar la identidad de género en todos los documentos oficiales en 2018, pero la historia de exclusión y marginación de la comunidad LGBTQ+ es larga.[51] Aunque Puerto Rico se ha presentado como un paraíso para los turistas *queer* que visitan el Caribe, los ciudadanos puertorriqueños *queer* siguen enfrentándose a la violencia estructural y física.

Martin salió del armario en 2010. Como describe el académico Lawrence La Fountain-Stokes, fue un gran momento para la cultura puertorriqueña, y Martin sufrió una respuesta negativa impresionante de muchas élites puertorriqueñas.[52] El profesor de Estudios Estadounidenses Edward Chamberlain señala que la presencia de Martin en las redes sociales como ícono puertorriqueño abiertamente gay que habla sobre cuestiones humanitarias y de justicia social no es en absoluto superficial. Por el contrario, supone una reivindicación de pertenencia en el contexto LGBTQ+ puertorriqueño.[53]

Martin ha elogiado en repetidas ocasiones a Bad Bunny por su apoyo a las comunidades LGBTQ+. Fue Martin quien le entregó a Bad Bunny el premio GLAAD Vanguard en 2023, y lo elogió por «apoyar enérgicamente a las mujeres trans y a toda la comunidad, y por decirles a todos sus fans que dejen a las personas LGBTQ+ bailar, amar y vivir sus vidas con autenticidad».[54] En entrevistas posteriores, Martin ha seguido celebrando la solidaridad de Bad Bunny. En marzo de 2024 Martin apareció en el *Show de Kelly Clarkson* y dijo:

> ¿No es increíble lo que está haciendo Bad Bunny? Ojalá yo hubiera tenido eso [esa oportunidad]. Quiero decir, es una generación diferente. Yo tenía mucho miedo de ser yo mismo. Tenía miedo de que me juzgaran y de arruinar mi carrera por decir quién soy y cómo amo. Y ahora hay una generación de grandes artistas, artistas con mucho talento, que dicen: no me importa, si quiero llevar falda, llevo falda. Si quiero pintarme las uñas, me las pinto y soy un aliado de la comunidad LGBTQ+. ¡Qué suerte tienen! Qué suerte tenemos de contar con ese grupo de jóvenes que les hablan a los jóvenes de lo importante que es simplemente ser.[55]

Como señala Suzy Exposito en su artículo de portada en *Rolling Stone* (2020) sobre Bad Bunny: «podría decirse que [Ricky Martin] preparó el terreno para que Bad Bunny fuera libre de muchas formas que, en su día, [Martin] no pudo ser».[56]

«Caro» fue la primera de muchas representaciones de la homosexualidad en la obra de Bad Bunny, entre las que hay que contar la representación de parejas LGBTQ+ en el video de «Ignorantes» y sus atuendos que desafían los roles de género. Pero nada captó tanto la atención del público como su video musical para «Yo perreo sola» de su álbum YHLQMDLG. Al igual que muchas canciones suyas, «Yo perreo sola» celebra la autonomía de la mujer, centrándose esta vez en el respeto a la elección de la mujer de perrear sola sin que le hagan insinuaciones sexuales no deseadas. En el video, Bad Bunny se vistió de travesti con todo y pechos artificiales, y lució tres atuendos diferentes, incluido el *body* de látex rojo, que a partir de entonces se convirtió en un ícono. Nunca antes una estrella del reguetón se había vestido y actuado como travesti.

La internet se volvió un hervidero de actividad. Algunas personas sugirieron que Bad Bunny practicaba el *queerbaiting*, es decir, que adoptaba una estética o identidad *queer* con fines lucrativos y no para expresar una homosexualidad auténtica. El *queerbaiting* es una forma de apropiación cultural por parte de personas que nunca se han enfrentado a la realidad que viven las personas *queer* de verdad. Bad Bunny nunca se ha identificado como *queer*, aunque sí sugirió que su sexualidad era fluida, como cuando declaró a *Los Angeles Times* en 2020: «No sé si dentro de 20 años me gustará un hombre. En la vida nunca se sabe».[57] Luego añadió: «Pero, por lo pronto, soy heterosexual y me gustan las mujeres».[58] Sus dos relaciones más conocidas han sido con mujeres (Carliz de la Cruz, Gabriela Berlingeri y Kendall Jenner).

En un editorial de amplia difusión publicado en *The Guardian*, Andre Wheeler expresó su descontento por los elogios que Bad Bunny había recibido a raíz del video musical. Lamentó que el hecho de que el artista abrazara la estética *queer* le hiciera ganarse el favor del público del *mainstream*. Wheeler argumentó que Bad Bunny no debió recibir tanta atención cuando las personas *queer* de verdad, que habían sido las pioneras de esa estética, no la recibían. «Tenemos que abordar ese tipo de actividades de los famosos con el mismo escepticismo y someterlas al mismo escrutinio que les aplicamos a las marcas y a las empresas cuando hacen campañas de Orgullo. Pues, si el aliadismo puede resultar en más ventas de discos y más tendencias en Twitter, ¿es en realidad un apoyo puro y desinteresado?».[59] De igual modo, la académica Verónica Dávila Ellis sostiene que la posición de Bad Bunny como hombre heterosexual cisgénero le otorga ciertos privilegios para actuar como travesti o hacer representaciones no binarias que otras personas no disfrutan.[60]

La crítica y los fans también le reprocharon a Bad Bunny que no le diera a la rapera puertorriqueña Nesi un crédito de artista principal por grabar las voces y parte del estribillo del tema «Yo perreo sola». Nesi dijo públicamente que no le molestaba, y Bad Bunny argumentó que él escribió las líneas que ella cantó, de modo que su voz podía ser la de «cualquier mujer».[61] Los críticos argumentaron que eso era incorrecto, que la voz de Nesi fue lo que convirtió la canción en un éxito. En su reseña de YHLQMDLG, Verónica Dávila Ellis escribe que Bad Bunny había socavado sus propios «intentos de escribir letras feministas al perpetuar la oclusión histórica de las mujeres que colaboran y contribuyen en el reguetón».[62]

En 2024, la exnovia de Bad Bunny, Carliz de la Cruz, ganó $40 millones de dólares por daños y perjuicios después de que él utilizara su voz sin su permiso en los eslóganes de varias canciones.[63] La cuestión trasciende a Bad Bunny y el crédito. Muchas mujeres han cantado algunos de los estribillos y versos más famosos del reguetón sin recibir reconocimiento alguno, a veces hasta en detrimento de sus propias carreras.[64] Por ejemplo, la cantante de reguetón Glory grabó muchos de los versos más reconocibles de éxitos como «Gasolina» de Daddy Yankee y «Dale, Don, dale» de Don Omar, que lanzaron el reguetón a la fama mundial. La carrera de Glory nunca despegó. Según el crítico cultural Félix Jiménez, esto se debió en parte a que nunca la tomaron en serio como intérprete por derecho propio, pues su rol parecía ser el de una mujer sexy disponible para los hombres.[65] Otra reguetonera que no ha recibido crédito es Jenny la Sexy Voz, quien ha cantado en éxitos de reguetoneros famosos —Wisin y Yandel, Héctor el Father, Alexis y Fido y Daddy Yankee, entre otros—, pero nunca ha logrado hacer una carrera en solitario.[66] El crédito no solo legitimaría y reconocería la participación de las mujeres en el género dándoles más visibilidad, sino que también conllevaría el pago de regalías.[67] Algunos hombres experimentan la misma situación. Bad Bunny no dio le crédito a Ricky Martin en «Caro» y tampoco recibió crédito por su cantar en «Provenza» de Karol G. Sin embargo, lo que pierden los músicos masculinos consagrados, como Bad Bunny y Ricky Martin, es mucho menos que lo que arriesgan Nesi, Glory y Jenny la Sexy Voz, quienes intentan triunfar en una industria y un género que marginan de forma sistemática a las mujeres.

Otros críticos han sugerido que «Yo perreo sola» se apropia de un tema grabado por una mujer: el clásico de 2004 «Quiero bailar» de Ivy Queen, donde declara que el hecho de que una mujer perree no significa que esté disponible para el sexo. Al final del video de «Yo perreo sola» aparecen en rojo sobre fondo negro las palabras «si no quiere perrear contigo, respeta, ella perrea sola», un mensaje muy similar al de «Quiero bailar». Algunos pensaban que estas controversias hacen que el mensaje de la inclusividad fracase; otros se preguntaban si el video merecía los elogios que recibió. Tiempo después, Bad Bunny grabó una remezcla que incluía a Ivy Queen y a Nesi, esta vez con créditos. Pero para algunos críticos, el daño ya estaba hecho.

Otros, sin embargo, alabaron «Yo perreo sola» como un antídoto importante y necesario contra el machismo y la heteronormatividad que dominan la escena del reguetón y la música latina. El historiador Julio Capó Jr. respondió a la aseveración de Wheeler de que Bad Bunny no merecía ser considerado un ícono *queer* con un ensayo titulado «Bad Bunny Is Queer to Me [Bad Bunny es *queer* para mí]».[68] Capó argumenta que Wheeler, se centró solo en el *mainstream* estadounidense. «Sin embargo, ¿con quién se ha aliado [Bad Bunny] recientemente? Con el *mainstream*, quizás, pero no con muchas audiencias latinx, latinoamericanas y caribeñas». En otras palabras, si los críticos del *mainstream* presumieron que Bad Bunny empezó a defender a las comunidades LGBTQ+ cuando se puso de moda hacerlo, es porque no están familiarizados con sus trabajos anteriores como «Caro» o

«Ignorantes». La solidaridad de Bad Bunny debe entenderse en el contexto de la larga historia de activismo y representatividad *queer* en Puerto Rico. Capó pide que la obra de Bad Bunny se entienda en su contexto cultural y con una comprensión más amplia de lo *queer*.

Los debates sobre si Bad Bunny había hecho o no *queerbaiting* resurgieron a raíz de los MTV Video Music Awards (VMA) de 2022. Durante su interpretación de «Tití me preguntó», televisada en directo desde el Yankee Stadium, Bad Bunny besó a dos de sus bailarines: una mujer y un hombre. Una vez más, la internet se llenó de críticas que afirmaban que solo lo hacía para aparentar. En la revista *Out*, Bernardo Sim amonestó a dichos críticos afirmando que el beso de Bad Bunny era su consabido intento de combatir el estereotipo del hombre latino machista y homofóbico y de «decirles y mostrarles a los hombres cómo relajarse y sentirse cómodos consigo mismos o al menos cómo dejar de ser machistas prejuiciosos, lo que parece una intención y un contexto muy diferentes del *queerbaiting*».[69]

Aunque la observación de Sim es importante, también ignora algunas referencias culturales clave en esa actuación. Por ejemplo, Bad Bunny había besado a una mujer y a un hombre años antes en «Caro», algo que los críticos del *mainstream* pudieron haber obviado, pero no así los fans de toda la vida de Bad Bunny. Además, el beso en los VMA respondía a una polémica que se había producido en Puerto Rico una semana antes cuando el rapero puertorriqueño trans Villano Antillano (alias la Villana) besó al artista dominicano Tokischa, un rapero bisexual, durante una actuación en una discoteca. El beso provocó un revuelo entre los artistas y el público general. NPR informó que la reacción «fue tan despiadada que hasta hubo amenazas de muerte».[70] Villano Antillano describió la respuesta en Twitter: «quiero también hacer constar, con mucho respeto y un sentido de responsabilidad increíble, la cantidad de mensajes que he recibido diciéndome que me van a matar como a Kevin Fret; por ser una bocona, por puta y por alzá' [desobediente]... solo por haberle contestado a unos macharranes presenta'os».[71] Kevin Fret fue el primer artista de trap abiertamente gay en Puerto Rico. Fue asesinado mientras conducía su motocicleta por San Juan en 2019. Su asesinato aún sigue sin resolverse.[72] Para algunos fans, el beso de Bad Bunny en los VMA fue una expresión de apoyo a la Villana y Tokischa, algo a lo que volvió a hacer referencia en la letra de su canción «Baticano» de su álbum de 2023 *Nadie sabe lo que va a pasar mañana*: «*Me beso con Villana, me beso con Tokischa / Y al que no le guste / es porque no chicha* [porque no tiene sexo]».

Como ha declarado Villano Antillano en múltiples entrevistas, la transfobia de la industria musical le ha dificultado mucho el acceso a oportunidades y recursos de los que podría disfrutar si no fuera una mujer trans.[73] Sin embargo, Bad Bunny la apoya desde hace tiempo. La invitó a compartir el escenario con él en los históricos conciertos de El Choli en agosto de 2022. En 2023, la lista Future 25 de la revista *Rolling Stone*, una lista de artistas prometedores, que Bad Bunny ayudó a confeccionar como estrella de portada del Future of Music de ese año, el artista incluyó un perfil destacado de Villano Antillano. Bad Bunny declaró a *Rolling Stone*: «Me gustan mucho las letras de Villano. Llevo mucho tiempo escuchando a Villano… Yo les decía a los muchachos: "Esto es muy fuerte"».[74]

Villano Antillano no es el único artista *queer* al que Bad Bunny ha apoyado. Invitó a Young Miko, una rapera lesbiana de Puerto Rico, a compartir el escenario con él en El Choli y también la incluyó en la lista Future of Music de *Rolling Stone* en 2023 como artista prometedora. Bad Bunny actuó como animador para ambos artistas mientras cantaban sus éxitos en el escenario, dándoles así la oportunidad de mostrar su propio talento. En 2024, durante el concierto de clausura de la gira *Most Wanted Tour* de Bad Bunny en San Juan, Young Miko le dijo que, apenas dos años antes, él le había cambiado la vida cuando compartió la tarima con ella en El Choli. Los artistas se fundieron en un cálido abrazo.[75]

El respaldo de una de las mayores estrellas del mundo ha contribuido sin duda a impulsar las carreras de artistas *queer* como Young Miko y Villano Antillano. Jerry Pullés, de Apple Music, señaló que en el nivel más básico, «es obvio que ayuda [a estos artistas] que [Bad Bunny] apoye su música en sus plataformas, ya sea reproduciendo sus canciones o invitándolos a colaborar en alguna canción suya». Del mismo modo, Eddie Santiago, exjefe de US Latin en Spotify, señaló que Spotify comenzó a prestar más atención a Young Miko y a Villano Antillano después de que aparecieron en los conciertos de Bad Bunny de *Un verano sin ti* en Puerto Rico. Eddie nos contó que después de que Villano Antillano y Young Miko actuaron junto a Bad Bunny, las reproducciones de su música en Spotify se dispararon. «El endoso de Bad Bunny fue muy valioso», explicó. Gracias a él, ya no era posible ignorar a estos artistas: «Eso influyó en las tendencias e hizo que, como plataforma, prestáramos atención a esos momentos y reaccionáramos en consecuencia», recordó Eddie en nuestra conversación.

En el meollo del debate sobre el *queerbaiting* está la cuestión de si los artistas abordan lo *queer* solo para su propio beneficio. Bad Bunny les ha abierto las puertas a artistas como Young Miko y Villano Antillano a un género, una industria y una sociedad que se caracterizan por su homofobia y transfobia extremas. Eso forma parte de su expansión de la política de género del reguetón. Tanto en la moda que elige, como en sus actuaciones y sus endosos a otros artistas, Bad Bunny crea de forma rutinaria un espacio de reconocimiento y celebración de la homosexualidad. Su postura inequívoca dista mucho de la ansiedad que Ricky Martin sentía veinte años atrás. Algunos cambios son el resultado directo de las victorias legales que les han otorgado más derechos a las personas LGBTQ+ en Puerto Rico y en otros lugares. Eddie Santiago también da crédito a las actitudes de la Generación Z, que es «mucho más inclusiva que todas las generaciones anteriores». No obstante, los artistas LGBTQ+ siguen estando infrarrepresentados en el reguetón, la música latina y la música popular en su conjunto. Por lo tanto, las posturas de Bad Bunny, en tanto que desafían los roles de género y reivindican a los homosexuales, constituyen una declaración poderosa que reta la misoginia, la homofobia, la transfobia y la masculinidad tóxica.

Uno de los momentos más memorables de la conversación de Petra con Bad Bunny en Harvard fue cuando los organizadores le hicieron a Bad Bunny una pregunta sobre la masculinidad y le pidieron que explicara cómo ser un mejor hombre. La reacción de Bad Bunny fue inmediata: «Eso es imposible, no puedo decirle a nadie cómo tiene que ser». La ética de Bad Bunny se fundamenta en que todo el mundo debe ser libre de ser como es, y por eso se esfuerza en crear un ambiente acogedor e integrador en sus conciertos, en el género del reguetón y en la industria de la música en general. Al reflexionar sobre su carrera en una entrevista para *Vanity Fair* en 2023, Bad Bunny señaló que, no importa cómo haya evolucionado artísticamente, siempre ha querido «transmitir un sentimiento claro de abrazar a todo el mundo y que todo el mundo se sienta cómodo en mi espacio, en mis conciertos, cuando escucha mi música».[76]

A lo largo de su carrera, Bad Bunny ha creado narrativas y representaciones que abordan el género y la sexualidad como parte de su labor de justicia social, ya sea en sus videos musicales, en la forma en que viste, en sus actuaciones, en la letra de sus canciones o en su endoso y apoyo a nuevos artistas *queer*. Al mismo tiempo, como cualquier otro artista, está lleno de contradicciones. Ha reproducido letras misóginas que cosifican a las mujeres de formas que a veces destacan la política de respetabilidad y los estereotipos clasistas de las mujeres de la clase trabajadora.[77] También el hecho de que no les haya dado crédito artístico a mujeres como Nesi reproduce algunas de las desigualdades de género que permanecen arraigadas en la industria de la música latina. Hay quienes han argumentado que su apuesta por otro tipo de política de género se ve limitada, ya sea por las expectativas de la sociedad mayoritaria, por sus propios prejuicios o quizás por ambas cosas.[78]

A pesar de esas contradicciones, algunos han visto un cambio importante en la forma en que los artistas masculinos contemporáneos, en especial los artistas del reguetón, representan su propia masculinidad. Por lo general, los artistas masculinos del reguetón no suelen expresar su vulnerabilidad emocional, mucho menos llevar falda o pintarse las uñas. Eddie describió esas elecciones de Bad Bunny como «un primer paso para hacer aceptable la cultura *queer* en el espacio heteronormativo tradicional [de la música latina]». Ese cambio forma parte del legado de Bad Bunny, quien no solo apoya a artistas como Young Miko y Villano Antillano, sino que también ha alterado las normas culturales para permitir que otros artistas *queer* entren en la escena musical. Un ejemplo es el prometedor artista de Venezuela, La Cruz, un reguetonero abiertamente gay, de quien ahora Eddie es mánager. Eddie ve una relación directa entre la política de género «sin ambages» de Bad Bunny y el éxito de La Cruz, que describe como «más propio de un típico hombre heterosexual con apariencia masculina. Comparado con otros reguetoneros, La Cruz encaja en lo que la sociedad espera que sea». Sin embargo, las letras de La Cruz hablan de hombres del mismo sexo y en sus videos musicales aparecen bailarines masculinos perreando. Eddie atribuye el éxito de La Cruz a la obra de Bad Bunny, que expandió las nociones sobre la masculinidad en el reguetón. «Se trata de una cultura dominada por el machismo. En cierto sentido, la homosexualidad se considera una debilidad. Bad Bunny le dio un giro a esa narrativa planteando: "Bueno, ¿quién eres tú para decir lo que es *cool* y lo que no lo es? Voy a hacer lo que me parezca bien sin vergüenza", como vimos en *Yo Hago Lo Que Me Da La Gana*. Ese proyecto cimentó su postura y Bad Bunny nunca se doblegó ni sucumbió a las críticas. Su enfoque anima a artistas como La Cruz a no pedir disculpas por ser fieles a lo que son y a su propio arte». Los nuevos artistas como La Cruz, añade Eddie, reflejan el «efecto dominó de lo que Benito puso en marcha».

Desde luego que Bad Bunny no es perfecto, y su arte de por sí no librará a la sociedad de la homofobia, la transfobia y la misoginia. Sin embargo, su trabajo ha desempeñado un papel fundamental en la denuncia de la violencia y la misoginia en Puerto Rico y en otras culturas latinas. Esa es una de las razones principales de que su música y su arte hayan formado parte de una política de resistencia desde los inicios de su carrera. De hecho, el efecto social de Bad Bunny y su poder artístico provienen de esa misma resistencia, que a menudo se expresa a través de su renuencia a complacer al público del *mainstream*, blanco, heteronormativo y anglófono o al público latino conservador. A pesar de las contradicciones de su obra, Bad Bunny ha abierto un espacio más inclusivo dentro de un género musical y una sociedad que durante mucho tiempo han marginado a las mujeres y a la comunidad LGBTQ+, entre otros grupos. Ya sea cuando dos hombres perrean juntos en su cuerpo de baile, cuando usa su plataforma para apoyar a artistas como Villano Antillano o cuando escribe letras con personajes femeninos complejos, el compromiso de Bad Bunny con las cuestiones de género es instrínseco a su política general de resistencia.

5

«EL MUNDO ES MÍO»: BAD BUNNY MÁS ALLÁ DE BORINQUEN

El álbum YHLQMDLG no tuvo una gira como es debido porque el mundo se cerró por la pandemia de covid-19 en marzo de 2020, apenas dos semanas después de su lanzamiento. Como todos, Bad Bunny estaba atrapado en casa. Refugiado en un Airbnb en San Juan con su entonces novia, Gabriela Berlingeri, pasaba gran parte del día jugando videojuegos, haciéndose *selfies* y chateando con amigos por WhatsApp. También empleó parte del tiempo a trabajar en el álbum sorpresa *Las que no iban a salir* durante el mes de mayo.[1] Eran canciones que, literalmente, nunca iban a salir. Las había considerado para YHLQMDLG, pero como no se iban a usar, no había grabado las voces. Bad Bunny le explicó al *podcaster* puertorriqueño Chente Ydrach que se limitó a tocar algunas de las canciones en un *live* de Instagram, como había hecho para promocionar YHLQMDLG; luego la gente empezó a pedirle que las publicara. Bad Bunny se fue a casa de su ingeniero, grabó sus propias voces y publicó el disco dos días después.[2]

A más de cinco mil kilómetros de distancia, en Los Ángeles, Marcos Borrero también estaba atrapado en casa. Marcos se había hecho un nombre como productor, MAG. A MAG lo había fichado Max Martin, uno de los productores pop más legendarios del mundo. Como productor, MAG participaba en sesiones con otros escritores y productores, creando maquetas y presentándolas a artistas en clips muy cortos. Sin nadie en el estudio debido a la pandemia, MAG disponía de tiempo para hacer su propia música por primera vez en años. En una videollamada desde su estudio de Miami en junio de 2024, MAG nos contó: «Regresé a mi punto de partida. Empecé a hacer ritmos y a desahogarme. Hubo una libertad creativa cuando el mundo se apagó». Algunas de las canciones que escribió reflejan la ansiedad de aquellos primeros tiempos de la pandemia. «Todo parecía muy oscuro, sombrío y triste», nos dijo. Estaba trabajando en algunos *riffs* de guitarra para su buen amigo Mick Coogan y empezó a «fusionarlos con nuevos géneros y sonidos».

MAG nos contó que un día estaba en la ducha, pensando qué haría después: «Tenía toda la música que estaba haciendo y pensé: ¿qué voy a hacer con todo esto?». Tenía carpetas en el ordenador dedicadas a artistas con los que esperaba trabajar algún día, y cada carpeta contenía nuevos *beats* y canciones que pensaba que podrían encajar con ellos. El nombre de Bad Bunny estaba en una de las carpetas. «Benito era uno de mis artistas favoritos», nos explicó MAG. «Me inspiraba mucho la música que hacía. Así que, en algún lugar de mi cerebro, pensé: déjame trabajar en estas ideas porque, si algún día se presenta la oportunidad, creo que podríamos complementarnos musicalmente».

MAG conocía desde hacía años a Noah Assad, el mánager de Bad Bunny, y se habían cruzado en eventos de la industria en Los Ángeles. MAG se dio cuenta de que la pandemia podía ser su oportunidad de hacerle llegar los ritmos de la carpeta «Bad Bunny» al propio artista. Nos dijo: «Algo hizo clic y me dije a mí mismo: "puedo comunicarme con Noah ahora mismo y, al menos, preguntarle". No conocía el proceso de Benito, no sabía qué estaba haciendo, pero lo que sí sabía era que ningún artista estaba de gira, que todos los artistas estaban atrapados en casa en algún lugar. Así que pensé, bueno, déjame ponerme en contacto con Noah y preguntarle si Benito estaría abierto a recibir ideas de temas, pistas instrumentales y esas cosas».

MAG le envió a Noah más de veinte ideas, que este le pasó a Bad Bunny, y se quedó pasmado cuando Noah le respondió: «guárdalo todo», o sea, no compartas esas pistas con nadie más porque a Bad Bunny le pueden interesar. «Me dije a mí mismo, no hay manera de que lo guarde todo, ¿qué es esto? ¿Me están estafando? No van a usarlo todo». Pero era verdad. Según nos contó MAG, «resulta que [Noah] le tocó todo a Benito y a Benito le encantó, y lo pidió todo. Quería trabajar en todas las ideas que le había enviado».

Al principio, MAG le enviaba a Noah las pistas instrumentales terminadas y él se las pasaba a Bad Bunny. Luego Bad Bunny grababa las voces en los temas de MAG. Poco después, Noah y Bad Bunny invitaron a MAG a viajar a Puerto Rico y trabajar juntos en otros temas. Como nos explicó MAG: «Recuerdo que Noah me llamó y me dijo que [Bad Bunny] estaba intentando encontrar un productor con el que pudiera trabajar estrechamente en persona. Por supuesto, él ya tenía una trayectoria increíble. Había hecho una música increíble con Tainy y otros. Pero buscaba un productor con quien sentarse y crear cosas desde cero que pudieran dar vida a sus ideas». Aunque Noah había conocido a MAG, no tenía idea de que era un productor consumado cuando le pasó su material a Bad Bunny. Pero a esas alturas era obvio que MAG y Bad Bunny tenían que conocerse en persona.

En julio de 2020, MAG y su esposa hicieron las maletas y tomaron un angustioso vuelo de Los Ángeles a Puerto Rico en plena pandemia de covid-19. MAG se rio cuando nos contó del vuelo: «¡Terrorífico! Había como seis personas en ese avión enorme, y yo estoy sentado ahí, mirando hacia atrás, y solo veo filas vacías, como veinte filas vacías detrás de mí. Hay un tipo con la mascarilla puesta, que también me mira asustado». Al principio, los toques de queda y las normas de distanciamiento social en Puerto Rico fueron de los más estrictos de Estados Unidos y sus territorios. MAG recuerda: «Cuando llegamos a San Juan, un montón de personas vestidas con trajes de astronauta se acercaron para hacerme la prueba. Había que hacerse la prueba de covid. Era todo un evento». Por suerte, MAG logró salir del aeropuerto y atravesar la isla hasta Rincón, donde él, Bad Bunny y algunos amigos de Bad Bunny crearon una burbuja. Acuartelados en Rincón, a salvo del virus, MAG y Bad Bunny produjeron lo que se convirtió en el primer álbum en español en debutar en el primer puesto en la lista Billboard 200: *El último tour del mundo*.[3]

Bad Bunny le dijo a Chente que lo tituló *El último tour del mundo* porque «tú veías las noticias y parecía que era el fin del mundo. Entonces le pongo *El último tour del mundo* no porque sea mi último tour, es el último tour en general, después de ese tour nadie va a [hacer giras]».[4] Sin embargo, el álbum marcó el inicio de un cambio importante en la carrera de Bad Bunny. Rompió numerosos récords que no volverían a batirse hasta que Bad Bunny publicara su quinto álbum de estudio en solitario, *Un verano sin ti*, en 2022. El último tour del mundo catapultó a Bad Bunny a la escena de la música mundial y le permitió alcanzar lo que ningún artista latino había logrado. También fue el inicio de una asociación creativa entre MAG y Bad Bunny, que tendría un efecto indeleble en la vida de ambos.

El tiempo que MAG y Bad Bunny pasaron juntos en Puerto Rico fue muy fructífero. La primera idea en la que trabajaron juntos fue una progresión de acordes de guitarra que Bad Bunny había creado utilizando una aplicación en su teléfono que Residente le había enviado. MAG recuerda que Bad Bunny le dijo que quería hacer una canción basada en esos acordes y sacó la aplicación: «Y yo le dije: "¿Qué diablos es eso? ¡Es maravilloso!". Entonces agarré mi grabadora digital y grabé su voz cantando los acordes uno a uno, y luego lo importé a mi ordenador. Y ya teníamos una progresión de acordes a partir de la cual escribir».

La canción que surgió de esos acordes fue «Trellas», una balada *rock-pop* triste de temática de ciencia ficción. La canción de 2:37 minutos de duración comienza con acordes de guitarra lentos y un sintetizador con eco. La voz de Bad Bunny suena como si viniera de muy lejos. Canta sobre mirar a las estrellas, desear a su amante perdida y luego viajar por el universo, a Marte y a la Luna, en busca de alguien como su ex. Los sonidos etéreos y espaciales encajan con el timbre lastimero de su voz. Como señaló MAG, «Trellas» es «una canción más triste y sombría».

A partir de ese momento, *El último tour del mundo* tomó forma como un álbum más suave y triste, que refleja el «periodo sombrío» que MAG y Bad Bunny vivieron durante la pandemia. Ese ambiente impregna incluso las canciones que podrían considerarse de fiesta, como el sencillo principal del álbum, y su mayor éxito, «Dákiti», que se convirtió en la primera canción latina en ocupar el primer puesto tanto en la lista Billboard Global 200 como en la Billboard Global Excl. US (y se mantuvo en ambas listas durante dos semanas).[5] En palabras de MAG: «Incluso "Dákiti" es una canción oscura, es como un himno de fiesta, pero... [con] acordes menores y más sombría». Los acordes menores suelen asociarse a las canciones tristes, mientras que los acordes mayores se utilizan casi siempre en las canciones festivas, sobre todo en las tradiciones musicales en las Américas y Europa. De igual modo, «Yo visto así» expresa líricamente la misma actitud que inspira el amor propio de YHLQMDLG, pero en un tono menor, que conecta con lo que sucedía en ese momento: todo el mundo debía amarse a sí mismo y hacer lo que le diera la gana, porque parecía que el mundo se iba a acabar.

MAG nos contó que esa vibra y ese sonido más orientados al *rock* suponían un riesgo para Bad Bunny, quien había pasado casi toda su carrera haciendo discos bailables de club: «Fue una locura porque el mundo se cerró, y la música de Benito hasta entonces estaba hecha para los clubes y las fiestas, pero eso no estaba ocurriendo». Incluso el primer álbum de Bad Bunny en la era pandémica, *Las que no iban a salir*, es un disco de fiesta. Gary Suarez le concedió cuatro estrellas en *Rolling Stone*, y lo elogió señalando que era como «zambullirse en 10 temas del disco duro de Bad Bunny, donde almacenaba las canciones apartadas, descartadas previamente o inéditas».[6] Los críticos celebraron no solo su excelencia, sino también el acierto de proporcionar un momento de frivolidad en medio del horror de la pandemia. Bad Bunny le dijo a la crítico musical Suzy Exposito en 2020 que el álbum no tenía ningún significado en sí y que él solo pensaba que la gente necesitaba divertirse.[7] Meses después, cuando se publicó *El último tour del mundo*, Bad Bunny le dijo a Leila Cobo de *Billboard* que se trataba de un álbum más «sentimental», que reflejaba la época de la pandemia: «Me río porque la gente me decía que seguía soltando perreo en un momento en que la gente no podía salir de fiesta, y yo les decía: "Okey, ahora no se pueden quejar". Este es un álbum para quedarse en casa, relajarse, tomarse una cerveza, una copa de vino, y escuchar las letras. Es un poco más *rock 'n' roll*, tiene mucha guitarra. Hay una canción que solo tiene guitarra. Es más melódico, tiene más fusión, y también reguetón y *rap*».[8] La fusión de *rock* y reguetón creó un nuevo sonido en la música urbana que catapultó *El último tour del mundo* en las listas de éxitos y le ganó el Grammy al mejor álbum de música urbana en 2022. El premio era un reconocimiento apropiado para la relevancia histórica de sus innovaciones sonoras, dado que se trataba de una categoría nueva en los Grammy.

Además de inaugurar una categoría en los Grammy, *El último tour del mundo* significó el inicio de la asociación musical entre MAG y Bad Bunny. A MAG le encantaba la disposición de Bad Bunny a experimentar con nuevos sonidos e ideas y disfrutaba de trabajar con un artista que también tenía experiencia en la producción de canciones. MAG nos dijo que, a pesar de los años que lleva produciendo éxitos, cree que ha crecido mucho como productor trabajando con Bad Bunny. También recordó que tenía una afinidad especial con Bad Bunny a la hora de componer y producir: «Con Benito hubo una química creativa casi instantánea. Podíamos estar trabajando juntos en algo en la sala, y él empezaba a decir: "Yo creo que en esta parte deberíamos cambiar esto y meter"... Y yo le terminaba la frase: "¿Esto es lo que querías añadir?". Y él decía: "¡Sí!". Y viceversa». MAG dijo que esa química funciona incluso a distancia. Cuando no están en la misma ciudad, intercambian notas de voz. «A veces él me envía una nota de voz y me dice: "Mira, MAG, pon esto en esta parte del tema". Luego me envía un clip o me dice que busque un *sample* que quiere añadir, y yo lo hago».

5.1 Bad Bunny y el productor MAG conversan en medio de un mar de equipos de producción musical mientras trabajan en un álbum. La imagen fue publicada en la cuenta de Instagram de MAG el mismo día en que *DeBÍ TiRAR MáS FOToS* salió a la venta, el 5 de enero de 2025. (Foto de Robinson Florian vía Instagram @itz_mag).

En otras ocasiones, Bad Bunny le presenta una idea totalmente inesperada, pero que funciona a la perfección: «Siempre quiere sobrepasar los límites e intentar algo diferente, algo que no se haya hecho antes. Ha habido varias canciones en las que tenemos algo y él dice: "Okey, ahora vamos a agarrar esta sección y vamos a hacerla así". Y yo me quedo como "¿qué diablos dices?". Y luego sale un éxito».

El último tour del mundo es también un testimonio de cómo MAG ha contribuido al desarrollo artístico de Bad Bunny. Lo que hizo que el álbum fuera una sorpresa en parte fue que el propio Bad Bunny no tenía previsto publicar otro álbum pandémico. Se inspiró en las pistas que MAG le había enviado. Esa inspiración continúa. MAG dijo que de vez en cuando le envía a Bad Bunny ideas sobre las que no han hablado, pero con las que cree que Bad Bunny sonaría bien. Un ejemplo es la semilla que luego se convirtió en una canción sorpresa titulada «WHERE SHE GOES [donde ella va]», que se lanzó en mayo de 2023. Cuando más tarde, ese mismo año, apareció en el álbum *Nadie sabe lo que va a pasar mañana*, muchos críticos comentaron el inesperado ritmo Jersey Club de la canción.[9] De hecho, *Vibe* incluyó «WHERE SHE GOES» en la lista de canciones Jersey Club «más influyentes» de todos los tiempos. En su reseña, las periodistas Amber Corinne y Regina Cho se preguntan: «¿Quién iba a decir que una letra en español podía encajar tan bien en el ritmo de Jersey Club?».[10]

MAG lo sabía, como nos explicó: «El Jersey Club forma parte de la cultura del noreste —Nueva Jersey y Nueva York— desde hace años. Era un género mucho antes de convertirse en algo del *mainstream*, así que pensé: "¡Wow!, sería increíble escuchar una canción Jersey Club en español". Nunca se había hecho». Creó la pista, se la envió a Bad Bunny, y él grabó las voces. Esa fusión única debutó en el primer lugar en la lista Billboard Global 200.[11]

Su proceso de creación colaborativa y su respeto mutuo hacen que la asociación entre Bad Bunny y MAG sea tan fructífera. En definitiva, como nos explicó MAG: «hay mucha confianza entre Benito y yo». Esa confianza les permite asumir nuevos riesgos musicales. Los comentarios tanto de Tainy como de MAG sobre su química creativa con Bad Bunny demuestran la magia de sus procesos de creación musical. Sin duda, la relación de Bad Bunny con sus dos productores principales ha sido clave en el éxito impactante de su música, y la armonía en la que ha trabajado con ellos en muchos proyectos ha expandido el sonido y el alcance de la música urbana.

Conocimos a MAG en persona una húmeda noche de junio en un restaurante mexicano de Miami. Entre tacos y chistes nos contó que una de las primeras preguntas que hizo Bad Bunny tras escuchar su demo fue: «¿Este productor es puertorriqueño?». No era de sorprender, porque Bad Bunny colabora a menudo con puertorriqueños del archipiélago, como Tainy. Pero MAG había crecido en Nueva York. Su padre es del oeste, de Mayagüez, cerca de donde él y Bad Bunny establecieron su burbuja durante la pandemia del covid-19 para hacer *El último tour del mundo*.

Por lo tanto, MAG es *nuyorican*: neoyorquino y puertorriqueño a la vez. Creció en Brooklyn, no en Puerto Rico y, al igual que Tainy, es hijo de una dominicana. Ese bagaje influye en la perspectiva única que MAG aporta al sonido de Bad Bunny. Su canción «NUEVAYoL» del álbum *DeBÍ TiRAR MáS FOToS* de 2025 ejemplifica esa mezcla.

La canción empieza con la introducción del éxito de 1975 «Un verano en Nueva York» de El Gran Combo de Puerto Rico, una de las orquestas de salsa más importantes en la historia del archipiélago.¹² Después de la melodía inicial tomada de ese clásico de la salsa, el ritmo desacelera y la canción se convierte en una mezcla de salsa puertorriqueña y *dembow* dominicano. MAG y Bad Bunny compusieron «NUEVAYoL» en enero de 2023, dos años antes del lanzamiento de *DeBÍ TiRAR MáS FOToS*. Al enfocarse en Nueva York y aunar los sonidos de sus orígenes dominicano y puertorriqueño, MAG convirtió la canción en una «carta de amor a mi ciudad natal». De hecho, MAG nos dijo que «hay un poco de Nueva York en cada cosa que hago». Otro ejemplo es «Tití me preguntó» de *Un verano sin ti* (2022), uno de los mayores éxitos de las carreras de MAG y Bad Bunny. Críticos y fans alabaron la canción porque mezcla *dembow* y hiphop y hasta un poco de bachata de la vieja escuela de Antony Santos. MAG describió esa fusión como un reflejo natural de su experiencia de vivir en Nueva York: «Como yo visualizo a "Tití me preguntó" es como si estuvieras caminando por siete calles de Nueva York y pudieras meter todos esos sonidos en una licuadora... lo que escuchan todos esos automóviles que pasan».

MAG creció rodeado de sonidos, escuchando la música de su padre puertorriqueño y de su madre dominicana. Su padre era guitarrista. Sus hermanas mayores lo introdujeron en el pop de finales de la década de 1990: Backstreet Boys, Celine Dion, 'N Sync y Britney Spears. De joven, Marcos tocaba la batería en la banda de su iglesia y escuchaba «los autos bajar por la calle con hiphop, bachata y *dancehall* a todo volumen».

Todos esos sonidos se convirtieron en una obsesión para el productor en ciernes, que pasaba las tardes componiendo música. Al igual que Tainy y Bad Bunny, MAG nos explicó que aprendió a producir canciones en su casa, utilizando una copia pirata del *software* Fruity Loops: «Me convertí en un productor de dormitorio haciendo esas pistas completas». Llegaba a casa de la escuela, instalaba su portátil en la habitación abuhardillada del apartamento de sus padres en Brooklyn y utilizaba lo que había aprendido sobre estructura rítmica como baterista para componer algunos temas. Con el tiempo, MAG también se hizo con un teclado y aprendió, él solo, a tocar acordes que completaran sus ritmos. Al salir de la escuela superior, empezó a tomar clases en una escuela de producción musical, donde se especializó en ingeniería de sonido. Pero le interesaba más crear música que los aspectos técnicos de la producción que aprendía en clase. MAG empezó a cultivar amistades en la escuela, amigos que luego harían pasantías con importantes ejecutivos de la industria musical de todo el país. Aunque muchos de sus amigos se limitaban a «llevarle café a algún cazatalentos que ni siquiera sabía su nombre», muchos le pedían a MAG que les pasara sus temas para mostrárselos a sus jefes. Aunque le daba un poco de miedo, lo hizo y llegó a reunirse con algunos ejecutivos. Uno de ellos, Andrew Luftman, se interesó por su trabajo. MAG nos contó que Luftman «empezó a evaluar [mis canciones]... Yo le mostraba algo y él ponía el audio en su despacho y luego me decía: "Ve a casa, arregla esto y vuelve, que yo intentaré escucharlo otra vez"».

Luftman venía del mundo del pop y colaboraba estrechamente con Benny Blanco, un productor de primera, que trabajaba con grandes figuras del pop como Britney Spears, Maroon 5 y Justin Bieber. MAG había seguido de cerca su carrera. Blanco conoció el trabajo de MAG a través de Luftman, y le encantó. Esa conexión dio lugar a más reuniones con otros cazatalentos, incluso con algunos grandes de Los Ángeles. Por fin, los temas de MAG llegaron a Savan Kotecha, un compositor que acababa de asociarse con Max Martin. Martin es uno de los productores de pop más prolíficos de nuestro tiempo, con más éxitos # 1 en la lista Hot 100 de Billboard que ningún otro productor de la historia.[13] A Martin le encantó el trabajo de MAG y lo invitó a ir a Los Ángeles, adonde el neoyorquino se trasladó a sus veintidós años para triunfar en el mundo de la música. MAG dijo que era una «esponja» bajo la tutela de Martin, dispuesto a «aprender sobre la estructura de las canciones, las melodías, la producción, lo que hace que algo sea pegadizo». Trabajaba en un equipo que producía éxitos pop. Un día, Max Martin le dio una demo para que trabajara en una canción. Esa canción fue el éxito de 2015 del rapero Flo Rida, «My House», una canción *dance-pop* minimalista que se difundió ampliamente cuando varios estadios y equipos deportivos la adoptaron como himno. Eso supuso un avance importante en la carrera de MAG, quien nos contó que su experiencia en los Top 40: «me dio un enfoque diferente cuando empecé a trabajar en la música latina». Esa es una de las razones por las cuales *El último tour del mundo* tuvo tanto éxito y los críticos aplaudieron la mezcla de *rock* y pop con reguetón y trap.

Los latinos que viven en Estados Unidos siempre han contribuido al desarrollo de la música latina. Sin embargo, también se habla de la música latina como algo que proviene directamente de América Latina, sin influencias de otros lugares.[14] Estudiosos como Iván A. Ramos, Ignacio Corona y Deborah Pacini Hernandez plantean que esas narrativas borran los numerosos circuitos de intercambio e influencia musical que se extienden más allá de las fronteras nacionales y lingüísticas.[15] La música latina y los géneros musicales populares estadounidenses, como el pop, el hiphop y el *rock*, influyen entre sí desde hace mucho tiempo. La experiencia de

MAG como latino estadounidense en el mundo del pop no es una anomalía, como tampoco lo es la incorporación de elementos pop en sus producciones latinas. De hecho, el reguetón surge de varias corrientes de migración e intercambio cultural a través de la cuenca del Caribe. Muchos reguetoneros también tienen una conexión estrecha con la diáspora puertorriqueña. Artistas como De La Ghetto, Arcángel y el pionero del *underground* Vico C nacieron en Nueva York; otros, como Ivy Queen, vivieron allí de jóvenes. El icónico dúo de productores de reguetón Luny Tunes se conoció mientras ambos trabajaban en un comedor de la Universidad de Harvard, en Massachusetts, el estado donde también nacieron los pioneros del reguetón Nicky Jam y Jowell, del dúo Jowell y Randy. Tego Calderón y Rauw Alejandro pasaron algunos de sus años formativos en Florida. La familia de Bad Bunny también forma parte de la diáspora. Aunque Bad Bunny nació y creció en Puerto Rico, la primera vez que viajó en avión fue para visitar a sus abuelos en Estados Unidos.[16] El cantante de trap De La Ghetto nos explicó en una entrevista que sus conexiones con Nueva York siempre influyeron en su forma de hacer música en Puerto Rico: «Estaba dos pasos más adelante que mucha gente en Puerto Rico, musicalmente… *because I know both languages* [porque sé los dos idiomas]. [Escuchaba] hiphop, música americana, música en español también, pero yo escuchaba más música americana». De La Ghetto considera que el desarrollo musical de Puerto Rico está íntimamente ligado a elementos y tradiciones musicales estadounidenses. «Puerto Rico es bien americanizado. Tenemos una cultura de Nueva York desde 1930. Puerto Rico sigue siendo una isla que siempre absorbe la música americana». Obviamente, eso se debe en buena medida a su estatus de colonia estadounidense. Pero los puertorriqueños que van y vienen entre Estados Unidos y el archipiélago, como De La Ghetto, así como los puertorriqueños de la diáspora, como MAG, han desempeñado un papel fundamental en el desarrollo musical de Puerto Rico, incluido el reguetón y el trap latino.

Gracias al éxito mundial de *El último tour del mundo* Bad Bunny se estableció como uno de los íconos musicales puertorriqueños más conocidos de las últimas décadas, tanto en el mercado del *mainstream* estadounidense como en el latino. MAG recuerda que uno de los primeros sencillos, «Yo visto así», le hizo ver a Bad Bunny el alcance del álbum. Nos contó que, a pesar de que Bad Bunny seguía grabando solo en español, por primera vez «la gente blanca que yo conocía decía: "Mano, ese Bad Bunny es bien *cool*", y empezaban a escucharlo. Y eso me abrió los ojos. Fue como: "¡No jodas, hemos llegado a un público totalmente distinto!"».

La influencia de MAG en la música de Bad Bunny es significativa no solo por las singulares mezclas del pop que aporta a sus proyectos, sino también por su perspectiva como nuyorican. Eso es importante porque la diáspora puertorriqueña no siempre se ha integrado de forma fluida en las percepciones de la cultura nacional puertorriqueña. El nacionalismo cultural puertorriqueño a menudo ha reproducido nociones muy rígidas de lo que es ser auténticamente puertorriqueño, excluyendo prácticas culturales o expresiones de identidad de la diáspora estadounidense.[17] Los estereotipos raciales y de clase de los nuyoricans son comunes en Puerto Rico.[18] En su estudio sobre los nuyoricans que regresaron a la isla, Juan Flores describe su experiencia: «Son extranjeros y "otros", cuya presencia con demasiada frecuencia provoca resentimiento, burla, miedo y hasta desdén y discriminación social con claras connotaciones raciales y de clase. Pero, al mismo tiempo, su presencia también provoca fascinación, interés y cambio».[19] Una de las críticas que se le hace a la diáspora puertorriqueña es que sus miembros no son «auténticamente» puertorriqueños por no haberse criado en el archipiélago.

Las autoras de este libro somos puertorriqueñas nacidas en la diáspora y hemos vivido lo que describe Flores. Nuestros padres llegaron a Estados Unidos con nuestros abuelos de Puerto Rico cuando eran bebés en 1948. Como parte de la migración patrocinada por el Estado, conocida como Operación Manos a la Obra, la familia de Petra se trasladó a Lorain, Ohio, y la de Vanessa a East Harlem, o «El Barrio», en la ciudad de Nueva York.[20] La Operación Manos a la Obra prometía exenciones fiscales y mano de obra barata a las industrias estadounidenses que se trasladaran a Puerto Rico. Además pretendía aumentar la emigración en Puerto Rico, lo que dio lugar a la mayor inmigración de la historia de Estados Unidos. Dicha política respondía a la supuesta «superpoblación» de Puerto Rico. Desde los inicios de la dominación colonial, los funcionarios estadounidenses lamentaron la alegada superpoblación de puertorriqueños pobres y vieron en la emigración una estrategia clave para resolver el problema.[21] Como resultado, la Operación Manos a la Obra se llevó a muchos puertorriqueños de su tierra natal.[22] Los reclutadores estadounidenses iban a Puerto Rico en busca de obreros que fueran a trabajar a Estados Unidos. En 1947, el gobierno puertorriqueño creó la Oficina de Empleo y Migración en Puerto Rico, que junto con la División de Migración de Estados Unidos ayudó a facilitar la emigración de puertorriqueños a Estados Unidos, asegurándoles contratos laborales con empresas estadounidenses. De hecho, el abuelo de Petra llegó a Estados Unidos desde Ponce reclutado por la S. G. Friedman Labor Agency para trabajar en la fábrica de acero de la National Tube Company en

Lorain, Ohio.[23] Aunque la División de Migración ofrecía clases de inglés y cultura a los inmigrantes para facilitar su transición, muchos puertorriqueños tuvieron que enfrentar racismo, discriminación lingüística, pobreza y, en muchos casos, condiciones de trabajo deficientes.[24]

Nuestras dos familias viajaron muchas veces entre el territorio continental de Estados Unidos y Puerto Rico porque sufrían problemas económicos, de vivienda y de recursos. La migración, que también comprende el movimiento de ida y vuelta entre Puerto Rico y Estados Unidos, es un aspecto central de la experiencia puertorriqueña, que ha dejado una huella persistente en la cultura, la lengua, la música y la literatura del archipiélago o en lo que Juan Flores llama las «remesas culturales», es decir, las innovaciones culturales de la diáspora que regresa a la patria.[25] Por ese motivo, estudiosos como Jorge Duany afirman que la diáspora constituye una parte fundamental de la nación puertorriqueña.[26] Es más, en Estados Unidos viven más puertorriqueños que en Puerto Rico. Un estudio realizado en 2022 por la Universidad de Connecticut reveló que cerca de dos terceras partes de todos los puertorriqueños viven en uno de los cincuenta estados o en el Distrito de Columbia.[27] Desde esa perspectiva, es aún más significativo que el artista puertorriqueño más icónico de las últimas décadas —si no de todos los tiempos— se desempeñe en un género musical que le debe mucho a la diáspora puertorriqueña, y que su sonido esté moldeado e influido por un puertorriqueño-dominicano de Brooklyn.

MAG nos describió lo que sintió al regresar a su casa después de pasar un mes en cuarentena con Bad Bunny: «Quizás dos personas en mi vida sabían que estaba trabajando en un álbum con él. No podía hablar de ello. No poder hablar de ello con mis amigos antes [de que saliera el álbum] fue muy duro». Bad Bunny quería que fuera otro álbum sorpresa. A veces daba pequeñas pistas sobre el lanzamiento de *El último tour del mundo*, pautada para el 27 de noviembre de 2020, pero eran muy sutiles, quizás reconocibles solo para sus mayores fans; no decía nada de forma explícita. MAG sabía muy poco de los planes de Bad Bunny para promocionar el álbum, solo que usarían unas imágenes en particular y que MAG debía mantenerlo en secreto.

La pandemia hizo que el lanzamiento del álbum requiriera tácticas innovadoras en casi todos los sentidos. Eddie Santiago, antiguo responsable de la sección latina de Spotify en Estados Unidos, hizo la campaña

5.2 Portada de *El último tour del mundo*. En la parte de enfrente del camión hay una chapa diminuta con el título del álbum, y en la tablilla o matrícula dice «San Juan» sobre las letras «YHLQMDLG». El camión se convirtió en el símbolo de YHLQMDLG, y Bad Bunny lo incorporó a sus icónicas actuaciones para promocionar el álbum, entre ellas todo un concierto encima de un camión que circuló por la ciudad de Nueva York antes de su lanzamiento. En los conciertos de P FKN R en San Juan también colocó un camión de verdad en el escenario. (Portada del álbum diseñada por Stillz).

de promoción del álbum en el servicio de *streaming*. En una entrevista nos dijo: «Todavía estábamos en el encierro de la pandemia, siguiendo las restricciones [por lo cual] no hicimos clips de contenido». En su lugar, crearon «letreros ingeniosos» para promocionar el disco. Cada uno de los álbumes de Bad Bunny lleva asociado un tema visual, como el ojo de *X 100PRE* y el niño con la bicicleta de YHLQMDLG. La alineación de cada álbum con un ícono visual específico contribuye a su recepción general. La imagen visual de *El último tour del mundo* sería un camión con una tablilla o matrícula con las letras YHLQMDLG. MAG se enteró de la elección durante la producción del álbum. Nos dijo que cuando está trabajando en un álbum se inspira en sus visuales.

El primer sencillo del álbum fue el gran éxito de reguetón «Dákiti», producido por Tainy en colaboración con Jhayco, que salió a la venta en octubre de 2020. El final del video musical muestra un camión que viaja a toda velocidad por una carretera desierta, seguido del texto «El último tour del mundo», un huevo de pascua (o mensaje oculto) del álbum. Spotify tomó esas imágenes y las utilizó en la campaña antes del lanzamiento del álbum. «Cuando escuchas una canción [en Spotify], hay un videoclip que se conoce como *canvas*», nos explicó Eddie. En aquel momento, «la función era nueva. Nos asociamos con su equipo para publicar esos pocos segundos [del video musical] como *canvas* de la canción... [eso] inició conversaciones en las que los fans se preguntaban: "¿Qué significa esto? ¿Qué es "El último tour del mundo?"».

El 20 de septiembre de 2020, en el tercer aniversario del paso del huracán María por Puerto Rico, Bad Bunny ofreció su primer concierto desde que se declaró la pandemia del covid-19 encima de un camión de dieciocho ruedas, que circuló por el Bronx y el norte de Manhattan. Los fans de Nueva York pudieron verlo mientras paseaba por los barrios en el camión. Quienes no estábamos en Nueva York vimos una retransmisión en vivo auspiciada por Verizon y Uforia/Univision como parte de su programación del Mes de la Herencia Hispana.

El evento reunió a la comunidad en esa fecha tan significativa de la historia de Puerto Rico, que se asocia al crecimiento continuo de la diáspora puertorriqueña en el territorio continental de Estados Unidos. En el primer año después del paso del huracán María, la respuesta inhumana e incompetente del gobierno obligó a unos 160,000 puertorriqueños a huir de la devastación para sobrevivir.[28] Como explicó Bad Bunny en una entrevista grabada antes del concierto que se emitió como parte de la retransmisión en vivo del concierto, «nadie que tenga sangre boricua olvidará esa fecha... pero es bueno no olvidar esa fecha y saber que nos marcó para que la gente también recuerde y no haga lo mismo... [decirle] al gobierno en las próximas elecciones, esto [los] ha marcado a ellos».[29] Que el concierto en Nueva York tuviera lugar en el aniversario del huracán María, y que Bad Bunny hablara del significado de la fecha, subraya la profunda conexión entre la diáspora y el archipiélago. Su franqueza al hablar sobre las luchas en su tierra natal en la entrevista para el concierto fue otro recordatorio del continuo compromiso de Bad Bunny con Puerto Rico, aun cuando su fama mundial alcanzaba nuevas alturas.

El público todavía no conocía *El último tour del mundo* ni sabía que se asociaría a la imagen del camión. El concierto puso de manifiesto hasta qué punto Bad Bunny reconoce la importancia de la diáspora puertorriqueña como constituyente no solo de su fanaticada, sino también como parte integral de la nación puertorriqueña.[30] MAG nos dijo que el concierto del camión fue «en cierto modo... una de las mayores actuaciones que hemos visto nunca en Nueva York, y [eso que Bad Bunny] ha cantado en el Yankee Stadium. Pero iba de barrio en barrio... actuando, y se las arreglaba para no golpearse con las farolas». De hecho, la producción supuso un enorme esfuerzo. Univision le propuso la idea del concierto al equipo de Bad Bunny y Noah Assad pensó que la propuesta parecía «demasiado buena para ser verdad». Univision ya había hecho la mayor parte del trabajo preliminar, y Bad Bunny y su equipo aportaron su visión creativa al proyecto.[31] El camión se confeccionó especialmente para que imitara el color plateado de los vagones del metro de Nueva York. Los presentadores de la retransmisión en vivo, Brea Frank, Damaris Díaz y El Shino Aguakate, elogiaron la hazaña logística que hizo posible el concierto: cámaras en todas las esquinas; motocicletas que lo seguían para captar imágenes desde la calle; y un helicóptero que sobrevolaba las calles para hacer tomas aéreas. En la retransmisión en vivo observamos a grupos de personas perseguir el camión por las calles para ver a la estrella. En lo alto del camión, Bad Bunny cantó sus éxitos de *X 100PRE* y *YHLQMDLG*, además de algunos de sus primeros sencillos. Varios de sus colaboradores se le unieron de forma virtual. Los espectadores de la retransmisión vieron a Bad Bunny cantar a dúo con sus colaboradores, entre los que figuraban Sech desde Ciudad de Panamá, Mora desde San Juan de Puerto Rico y J Balvin desde Medellín, Colombia, a quienes podían ver en videos en vivo.

Muchos artistas realizaron conciertos virtuales durante el cierre por la pandemia. Bad Bunny hizo varias transmisiones en vivo por Instagram en las que cantaba sus éxitos pregrabados, pero no tenía interés en hacer un concierto virtual. «A mí se me hacía tan difícil imaginarme hacer un concierto sin el público», dijo en la entrevista pregrabada para el especial del concierto del camión, «pero en ese momento... quizás aceptando la nueva realidad... La idea es poder, no sé, unir a la gente, a las familias dentro de lo que se pueda. Y yo creo que puede ser *cool* de una manera u otra, espero que la energía y esa euforia de la gente se pueda sentir aunque sea lejos».[32] Uno de los factores que han contribuido a que Bad Bunny suene tan auténtico son sus expresiones genuinas de gratitud hacia sus fans durante sus actuaciones. El concierto en el camión fue un modo de expresar esa gratitud y fomentar interacciones humanas en medio de las restricciones impuestas por la pandemia.

En lugar de montar un espectáculo frente a algún lugar emblemático de Nueva York, como Times Square o el Rockefeller Center, Bad Bunny actuó sobre un camión mientras recorría los barrios que constituyen un segmento importante de las diásporas puertorriqueña y dominicana de la ciudad. Comenzó cerca del Yankee Stadium, entre los barrios de Highbridge y Concourse en el Bronx, donde vive la mayor concentración de puertorriqueños y dominicanos en la ciudad de Nueva York.[33] Luego continuó por el barrio históricamente dominicano de Washington Heights y terminó en las afueras del hospital de Harlem en la calle 135. Allí interpretó «Yo perreo sola» ante una multitud que lo adoraba. Pero antes dio las gracias a los rescatistas, quienes habían sacrificado sus vidas dándolo todo por la salud de la ciudad.[34]

El concierto del camión de Bad Bunny celebró a las comunidades puertorriqueñas y dominicanas, que a menudo son invisibilizadas, excepto por los estereotipos que las representan como poblaciones «problemáticas». Aunque los puertorriqueños se asentaron en todo el país, a mediados del siglo XX la ciudad de Nueva York se convirtió en el hogar principal de la diáspora puertorriqueña en Estados Unidos, y así permaneció hasta hace poco.[35]

Los puertorriqueños que viven en Nueva York han sido tildados de «problema» que amenaza la seguridad, la estabilidad y el bolsillo de los neoyorquinos por las personas que controlan la ciudad. Ya sea en las propuestas políticas o en la cultura popular, los puertorriqueños de Nueva York con frecuencia han sido y siguen siendo representados como hipersexuales, violentos, extranjeros o vagos.[36] Esos estereotipos racistas ocultan cómo el racismo estructural y la desigualdad le han impuesto a esta comunidad viviendas precarias, atención sanitaria inadecuada, altas tasas de desempleo y escuelas deficientes. Otro ejemplo de dicha desigualdad estructural son algunos barrios del Bronx, como Highbridge y Concourse, que registraron las tasas más altas de contagios, hospitalizaciones y muertes por covid en Nueva York durante la pandemia.[37] El estado en que se encuentran esos barrios refleja la historia de discriminación racial y de clase que los puertorriqueños de Nueva York han soportado durante más de cien años.

Bad Bunny dice que las comunidades puertorriqueña y dominicana de Nueva York lo hacen sentir como si estuviera en casa, en Puerto Rico.[38] Su recorrido por estas comunidades destacó la importancia de la diáspora para entender la identidad, la cultura y la política puertorriqueñas.

El hecho de que el concierto se celebrara tres años después del paso del huracán María por Puerto Rico evidenció la profunda conexión entre la diáspora y el archipiélago. Que Bad Bunny pudiera llevar a cabo semejante espectáculo también demostró que, como estrella, disponía los mismos recursos e influencia que cualquier cantante de habla inglesa. Aun así, optó por dirigirse a las comunidades que siempre lo habían apoyado, lo cual fue un recordatorio más del continuo compromiso de Bad Bunny con Puerto Rico, aun cuando su fama mundial alcanzaba niveles insospechados.

MAG nos dijo que sintió un cosquilleo de emoción después del concierto del camión: «Yo estaba emocionado, ansioso y nervioso pensando en lo que estaba por venir». El concierto del camión permitió a Bad Bunny interactuar con los fans por primera vez desde que había terminado *YHLQMDLG*, pero con el inminente lanzamiento de *El último tour del mundo*, ya estaba deseoso de hacer una gira convencional. En una entrevista para *ET* en noviembre de 2020, expresó: «Para 2021, creo que ahora mismo mi mayor sueño es dar un concierto con mucha gente. Es lo único que quiero. Sé que es difícil, pero ese es mi único objetivo ahora mismo, de verdad».[39]

Y lo logró. En agosto de 2021, el artista anunció una serie de conciertos ese mismo año en el Hiram Bithorn, un estadio de béisbol construido en la década de 1960, que lleva el nombre del primer jugador puertorriqueño de las Grandes Ligas. Las entradas se agotaron en menos de treinta minutos,[40] por lo que Bad Bunny y su equipo decidieron vender entradas para que sus fans pudieran ver los espectáculos desde otro gran recinto, el Coliseo de Puerto Rico José Miguel Agrelot («El Choli») con un aforo de 18,000 personas, que también se llenó a capacidad.[41] La histórica serie de conciertos, que Bad Bunny llamó P FKN R, tuvo lugar los días 10 y 11 de diciembre de 2021. Bad Bunny le dijo al *podcaster* Chente Ydrach que había sido el concierto más importante de su carrera: «Nadie sabe la cantidad exacta de personas [que asistieron] porque eso tiene una capacidad y se colaron el doble. O sea, una locura… así que el número exacto de gente que entró no se sabe».[42] *Rolling Stone* y *Billboard* informaron que 40,000 personas asistieron al concierto cada noche, mientras que otros medios como *The New York Times* y *Vox* calcularon que fueron 60,000.[43] Esas cifras no incluyen a las 18,000 personas que vieron la retransmisión en vivo desde El Choli.[44]

Bad Bunny le comentó a Chente Ydrach: «Suena fuerte decir esto, pero ni el Hiram Bithorn ni ningún lugar en Puerto Rico estaban preparados para un evento de esa magnitud».[45] Los medios de comunicación reportaron que hubo largas filas de gente que esperó hasta cuatro horas para entrar en el estadio, fans deshidratados que se desmayaron y hasta un pequeño incendio, que se produjo en el escenario la primera noche.[46] Bad Bunny comentó que se enfermó los días justo antes del concierto —quizás por el estrés—, y que por eso no pudo hacer un ensayo general antes del espectáculo.[47]

A pesar de que a los asistentes al concierto se les requirió mostrar su tarjeta de vacunación, el concierto se convirtió en uno de los primeros grandes focos de propagación del covid-19 en el archipiélago. Puerto Rico tenía uno de los protocolos de covid-19 más estrictos de cualquier estado o territorio de Estados Unidos. Y tuvo una de las campañas de vacunación más exitosas (cuando se realizó el concierto, el 85 % de los puertorriqueños se había vacunado).[48] Sin embargo, después se reportó que unas 2,000 personas se habían contagiado en el evento, lo cual sirvió de advertencia de que las vacunas no protegían contra la variante emergente, el Omicron.[49]

A pesar de esos contratiempos, el concierto P FKN R fue uno de los más memorables que Puerto Rico hubiera visto hasta entonces. La producción costó $10 millones de dólares.[50] En una rueda de prensa previa al espectáculo, Noah Assad, mánager de Bad Bunny y productor del evento, declaró: «Estamos haciendo esto sin ningún beneficio económico. Lo hacemos para devolverle a Puerto Rico todo lo que ha hecho por nosotros».[51] Más adelante, Noah les dijo a los estudiantes de la Universidad de Puerto Rico que los conciertos de P FKN R habían resultado en pérdidas de más de $3 millones de dólares, pero habían merecido la pena.[52] El precio de las entradas era económico para que el concierto fuera accesible: las más baratas se vendieron por $30 dólares y las más caras por $125.[53] Travis Shirley, responsable de la producción y la iluminación de los espectáculos, dijo: «Tomó cuatro semanas montar el equipo para un espectáculo de dos noches, que fue [declarado] el más grande de la historia de Puerto Rico.[54] Querían que fuera el Super Bowl de Puerto Rico y así fue en magnitud y alcance».[55] Nada más construir el andamiaje alrededor del escenario tomó un mes.[56] El decorado incluía un enorme camión, que apareció en el escenario durante las últimas canciones y luego se elevó casi cinco metros en el aire. Bad Bunny actuó encima del camión junto con varios invitados, entre ellos Myke Towers, Romeo Santos y Arcángel.[57] Al final del concierto, las calles de San Juan se cerraron para que Bad Bunny pudiera llegar a El Choli y saludar a sus fans.[58]

Jessica Roiz, de *Billboard*, le puso al evento «Badchella» por su estética inspirada en Coachella, el emblemático festival de música y arte del

Valle de Coachella que se celebra todos los años en Indio, California. Los alrededores del Hiram Bithorn eran una extravagancia. En el Coliseo Roberto Clemente, contiguo al Hiram Bithorn, se construyó un museo donde se expusieron objetos tales como los premios que Bad Bunny había ganado, su Bugatti, la ropa que había llevado en videos musicales y eventos de la industria, y enormes reproducciones de portadas de revistas en las que aparecía el artista.[59] En su reseña para *Rolling Stone*, Jhoni Jackson lo describió como un «magnífico jardín de juegos para cualquier amante de Bad Bunny». Jackson señaló que también había «dos hinchables gigantes: uno, asombrosamente hiperrealista de su rostro, y otro, más caricaturesco, en el que la lengua de Bad Bunny era un tobogán por el cual la gente podía deslizarse y salir rebotando. Este último era más parecido a las ilustraciones que Sergio Vázquez había realizado para el innovador primer álbum de Bad Bunny, *X 100PRE*, de 2018».[60] Roiz señaló que el «ambiente de carnaval» se extendía fuera del estadio «con varios camiones de comida, un DJ en vivo, un carrusel, un puesto de mercancía y diferentes estaciones para hacerse fotos bonitas».[61] Chente dijo que el evento había sido «un jangueo de proporciones bíblicas».[62] Los medios de comunicación animaron a los fans a llegar temprano y a llevar ropa cómoda. El periódico puertorriqueño *El Nuevo Día* incluso animó a los asistentes a llevar zapatillas deportivas para poder disfrutar del largo evento.[63] MAG presenció el concierto desde las butacas en el centro del estadio. Quería vivirlo con los fans. Nunca antes había visto una multitud tan grande cantar sus canciones. Fue algo conmovedor. MAG nos contó que había sido muy especial «estar en la isla... y la experiencia de ver a la gente cantar esas canciones que no eran de reguetón, como "Yo visto así" y "Maldita pobreza". Una parte del concierto parecía casi un concierto de *rock*». Los riesgos musicales que él y Bad Bunny asumieron bien habían merecido la pena. MAG pudo verlo no solo en el éxito del álbum, que batió récords, sino también en la reacción de los fans de Puerto Rico. «Ver que Puerto Rico lo acogía y que le encantaba, aunque no fuera solo perreo, era especial y nos confirmó que habíamos creado algo especial, aunque lo que hicimos no fuera fácil y seguro. Fue muy gratificante», afirmó. También nos dijo que la producción había sido impresionante: «Recuerdo que llegó el camión, apareció Arcángel y fue una locura. ¡Wow!».

El concierto comenzó con un video introductorio de casi siete minutos, una carta de amor al archipiélago, que reflejaba el intenso afecto de Bad Bunny por sus fans isleños y por el propio Puerto Rico. MAG se situó en medio de la multitud que abarrotaba la entrada general, desde donde

5.3 Bad Bunny en el concierto P FKN R en diciembre de 2021 en el estadio Hiram Bithorn de San Juan. (Foto cortesía de Thais Llorca).

vio el video, que comenzó a la medianoche. «Se me puso la piel de gallina, sentí escalofríos y se me saltaron las lágrimas», nos dijo. «Recuerdo sentir la sangre correr por mi cuerpo. Fue hermoso y conmovedor. Hubo muchas lágrimas». En la conversación con Bad Bunny sobre el concierto en su programa de YouTube, Chente compartió un sentimiento similar cuando dijo que el video «era de llorar».[64]

Bad Bunny le explicó a Chente que el video introductorio «se hizo con mucho amor, con mucho orgullo». Narrado por Benicio del Toro, actor puertorriqueño galardonado con un Oscar, el video celebra la historia, la cultura y el orgullo de los puertorriqueños en todo el mundo. Comienza así: «Esta es la crónica de una estrella que saltó del fondo de un gran volcán debajo del mar hacia otra galaxia. Es la crónica de una leyenda que representa lo que late en estas latitudes. Desde allá arriba, gentes celestes pintaron un archipiélago acá abajo». Mientras Benicio del Toro dice estas palabras, se muestran imágenes de la flora y la fauna puertorriqueñas y del símbolo patrio del coquí, una diminuta rana arborícola que tiene un canto característico, «co-quí», y es autóctona de Puerto Rico.[65] «Nació una raza recia», prosigue del Toro, mientras se proyectan imágenes de una larga lista de figuras legendarias del archipiélago y la diáspora: deportistas (como los jugadores de béisbol Roberto Clemente e Hiram Bithorn; boxeadores (Tito Trinidad y Miguel Cotto); atletas olímpicos (Mónica Puig, Carlos Arroyo,

Adriana Díaz y Jasmine Camacho-Quinn); músicos (Ismael Rivera, Ruth Fernández, Ednita Nazario, Héctor Lavoe, Daddy Yankee, Lucecita Benitez, Tito Puente, Rafael Cepeda, Ricky Martin e iLe); actores (Miriam Colón, Raúl Juliá y Benicio del Toro); y escritores (Mayra Santos Febres y Pedro Pietri). En el video introductorio también se destacan importantes figuras políticas, como la jueza del Tribunal Supremo de Estados Unidos, Sonia Sotomayor, y la activista Antonia Pantoja, y personas clave de la resistencia, desde Agüeybaná, el cacique del pueblo taíno que luchó contra los españoles, hasta los líderes del siglo XX que lucharon por la independencia de Puerto Rico, entre los que figuran Pedro Albizu Campos, Lolita Lebrón y Blanca Canales.[66] Con las imágenes de estos íconos puertorriqueños se alternan imágenes de puertorriqueños comunes y corrientes llevando a sus hijos a la escuela o vendiendo pastelillos en un quiosco, así como imágenes históricas de trabajadores cortando la caña de azúcar y niños jugando en el campo. El video también muestra la larga historia de protestas políticas en Puerto Rico: las protestas para expulsar a la Marina estadounidense de la isla de Vieques, las protestas para salvar a la Universidad de Puerto Rico de la privatización y, por supuesto, las protestas de 2019 del Verano Boricua. Los últimos treinta segundos sitúan a Bad Bunny como la última luminaria salida de Puerto Rico. El video culmina con una imagen de Bad Bunny y Jennifer Lopez (tal vez la nuyorican más famosa de nuestros tiempos) delante de la capa con la bandera de Puerto Rico hecha de plumas, que Lopez lució durante su actuación en el Super Bowl de 2020. La pantalla pasa a negro, el público aplaude y Benicio del Toro reaparece diciendo: «A nosotros nos sale natural ser leyenda porque al final, no hay orgullo más grande en cada logro que el de decir "Yo soy de P FKN R"».[67]

El video introductorio es un homenaje a la belleza, el genio y la resistencia de los puertorriqueños. Estos atributos quedan consignados en la frase P FKN R, que da su nombre no solo a la serie de conciertos, sino a uno de los himnos de Bad Bunny a Puerto Rico. En la canción «P FKN R» participan Arcángel y Kendo Kaponi. Es una oda a Puerto Rico, en especial a los barrios y caseríos [complejos de residencias públicas] de bajos ingresos, que fueron la cuna del reguetón. La letra hace referencia a lugares como Juana Matos, un caserío de San Juan, y Villa Palmeras, un barrio de bajos ingresos de Santurce. También hace referencia a íconos puertorriqueños, como la estrella de la NBA J. J. Barea, el salsero Ismael Rivera y el rapero Vico C. La letra contiene mucho de la fanfarronería y la fachada hipermasculina típicas del trap y el reguetón latinos, en los que los artistas hacen alarde de sus joyas, su ropa de diseñador, sus automóviles y su dinero, y también rapean sobre las drogas, las armas, la delincuencia o, en el caso de Kendo Kaponi, sobre su estancia en prisión. Las letras celebran a figuras de los barrios: maleantes, prostitutas, adictos al crack y traficantes de drogas, entre otras.

A primera vista, «P FKN R» reproduce muchos estereotipos asociados al reguetón y el trap latino en sus inicios. Pero en el fondo, «P FKN R» es una canción de desafío. Bad Bunny empieza cantando: «*Si no sabes de donde soy, no me ronque, no*». Luego declara: «*Yo soy de P FKN R*». Aunque algunos consideran que esa actitud agresiva es grosera y hasta violenta, también puede verse como una expresión de orgullo, una advertencia a los que quieren «roncar» a Puerto Rico porque Puerto Rico está preparado para defenderse. En el reguetón, «roncar» significa declarar la superioridad propia alardeando o menospreciando a un rival.[68] En ese verso, Bad Bunny desafía el estereotipo del puertorriqueño dócil, que se ha utilizado para desestimar la larga historia de resistencia de los puertorriqueños al colonialismo. En «P FKN R», Bad Bunny, Arcángel y Kendo Kaponi se representan a sí mismos y a sus comunidades como siempre dispuestos a defender su territorio. Además, la canción rinde homenaje a la gente de los barrios y los caseríos, y a la clase trabajadora, que son las más afectadas por las medidas de austeridad y las políticas coloniales impuestas por La Junta y por funcionarios del gobierno puertorriqueño, como Ricardo Rosselló y Pedro Pierluisi. «P FKN R» es, por lo tanto, una canción de desafío de una comunidad que celebra la capacidad de acción, la resistencia y el poder de Puerto Rico. Al referirse a *YHLQMDLG*, en mayo de 2020, Bad Bunny proclamó en Instagram: «Si tú estás por allá, por donde cae nieve, no me ronques, cabrón, que aquí [Puerto Rico] hace calor de verdad». Y mientras tocaba la canción, gritaba: «¡Yo soy de P Fuckin' R!».[69]

Tal fue el sentimiento que impregnó los conciertos de P FKN R. Chente grabó un video de treinta y cinco minutos sobre la experiencia de asistir al espectáculo. Cuando comienza el video introductorio del concierto, escuchamos a Chente reaccionar en su video: «¡Esto es un homenaje a los boricuas, un homenaje a PR, a P Fuckin' R!».[70] Y el concierto fue exactamente eso. Bad Bunny quiso crear un espectáculo para subirle el ánimo a la gente y demostrarles a sus fans puertorriqueños su gratitud por haberlo apoyado todos esos años.

P FKN R consolidó la posición de Bad Bunny como representante mundial de Puerto Rico. Ya era uno de los músicos puertorriqueños más exitosos de todos los tiempos, y la incorporación de MAG a su equipo lo ayudó a llevar al reguetón a nuevas alturas y en direcciones inesperadas. No es casualidad que en 2020 Bad Bunny se convirtiera en el artista con más *streaming* en Spotify. Ese año publicó tres discos diferentes, y con *El último tour del mundo* rompió una nueva barrera para la música en español. Pero aun con su nuevo estatus de estrella mundial puertorriqueña, mantuvo su compromiso de crear música para Puerto Rico y los puertorriqueños. El paseo en camión por algunos epicentros históricos de la vida puertorriqueña en Nueva York y la extravagancia sin precedentes en la producción de los conciertos P FKN R en San Juan así lo demostraron.

En muchos sentidos, esa dedicación —más que sus raíces puertorriqueñas— lo hace una anomalía en el mercado cultural mundial. No es fácil mantener los vínculos con la comunidad de origen mientras se asciende en las listas de éxitos, sobre todo si esa comunidad está lejos de los espacios del poder o de los epicentros del estrellato mundial. Pero, al parecer, el éxito mundial de Bad Bunny no ha hecho sino aumentar su compromiso con Puerto Rico y con los puertorriqueños de todo el mundo.

En 2021 nadie podía imaginar que Bad Bunny sería capaz de superar el éxito de *El último tour del mundo* o de los conciertos de P FKN R, pero pronto descubriríamos que, mientras celebraba a Puerto Rico y les mostraba su agradecimiento a sus fans del archipiélago y la diáspora, estaba planificando lo que sería una de sus mayores tomas de poder en la historia de la música mundial.

6

«PUERTO RICO ESTÁ BIEN CABRÓN»: LA FIESTA ES LA PROTESTA

El quinto álbum de estudio en solitario de Bad Bunny, *Un verano sin ti*, salió a la venta el 6 de mayo de 2022.[1] El álbum es la banda sonora de un día de verano en el Caribe. Comienza con los sonidos del murmullo del mar y el graznido de las gaviotas acompañados por un tambor de acero con sintetizador, justo antes de que Bad Bunny empiece a cantar suavemente y nos dé la bienvenida a la obra maestra discográfica que es ese álbum con la canción «Moscow Mule». Aunque la canción nunca pierde su aire playero y caribeño, el tema se convierte en un reguetón discreto con el *beat* clásico: bum-ch-bum-chic. El álbum luego pasa de las suaves vibraciones de perreo de «Moscow Mule» a la misteriosa apertura de «Después de la playa» con su sonido psicodélico, fascinante y experimental. La letra de Bad Bunny es una reflexión sobre lo que él y su acompañante deberían hacer al salir de la playa. Mientras montan en su tabla de surf, él le sugiere que vuelvan a empaparse, pero esta vez en su cama. La canción pausa de repente y Bad Bunny pregunta: «*Dime, ¿vamo' pa'l mambo o no vamo' pa'l mambo? Tú me dice', mami. ¡Zumba!*». En ese momento, la canción cambia a un explosivo mambo-merengue instrumental, distinto de todo lo que le habíamos escuchado antes al artista. El álbum se basa en un amplio abanico de sonidos caribeños, pero esa canción nos lleva directamente a la República Dominicana, y con razón.

«Dondequiera que nos encontremos, cuando estamos juntos, capturamos la magia de ese lugar y la energía que hay allí, y nos alimentamos unos de otros creativamente», nos explicó MAG, quien produjo la mayor parte de *Un verano sin ti*, incluidos los dos temas iniciales. «Hay algo especial en agarrar eso y ponerlo en una canción». MAG y Bad Bunny pasaron casi un mes en la República Dominicana mientras creaban el álbum. Al principio, «Después de la playa» sería una versión más extensa del sintetizador de la introducción. Pero a Bad Bunny se le ocurrió la idea de cambiar el enfoque y le dijo: «Okey, esto va a empezar con sintetizadores y música electrónica, pero después vamos a convertirla en un mambo». MAG recuerda: «Fuimos a Santiago [de los Caballeros], un estudio bastante pequeño en el centro de la ciudad». Allí se reunieron con el compositor dominicano de merengue, Luis Daniel Frías Félix, mejor conocido por su nombre artístico Dahian, «El Apechao», quien, según nos contó MAG, había realizado algunos proyectos que les habían llamado la atención. El Apechao convocó a un equipo de músicos y MAG nos describió lo que ocurrió cuando se reunieron todos en el pequeño estudio con Bad Bunny: «Metieron a todo el mundo allí y grabamos a una orquesta de mambo completa». Cuando la orquesta escuchó la canción por primera vez con Bad Bunny en el estudio, MAG nos contó que los músicos «se miraban unos a otros como diciendo: "¿[Bad Bunny] está de verdad aquí?" Porque tenía la cara cubierta. Entonces se la quitó [la mascarilla] y se presentó». Después, Bad Bunny les explicó a todos que se le había ocurrido una idea con la que había empezado a trabajar y quería que jugaran con ella. MAG recordó: «Así que les toca la canción. Y les dice: "Y aquí es donde quiero que entren ustedes". Entonces volvió a tocar la canción y ellos dijeron: "¡Okey!". Así que solo escucharon la canción dos veces. Llevábamos diez minutos y nos dijeron: "¡Ponla otra vez!". Y esa vez, quizás la tercera, empezaron a improvisar. Y empezaron a tocar justo lo que era... Logramos lo que necesitábamos en el tercer intento. Fue increíble». El resultado fue una fusión de merengue y mambo que parece una fiesta dominicana en vivo. Ese momento de improvisación, que dio lugar a uno de los mayores éxitos del álbum, es representativo de la espontaneidad, el espíritu lúdico, el carácter comunitario y la vibra caribeña de *Un verano sin ti*.

El éxito monumental «Tití me preguntó» también se gestó en la República Dominicana. La icónica voz de la tití (término coloquial puertorriqueño para referirse a una tía) es la voz de la verdadera tití de uno de sus amigos, el músico dominicano Tito Flow.² Bad Bunny escribió un guion para que ella lo grabara en su teléfono móvil en una nota de voz, que MAG incorporaría después a la canción. MAG nos dijo que, aunque la canción mezcla los sonidos de su barrio neoyorquino, no deja de ser una canción playera de verano. «Puede que haya un par [de canciones en el álbum] que no parezcan playeras, pero sí suenan al verano. Se sienten como una fiesta de barrio en Nueva York en el verano. No importa lo que el ambiente de verano signifique para ti, [el álbum] lo capta de alguna manera, no importa en qué parte del mundo te encuentres. Pero la raíz [de la canción] es una playa puertorriqueña».

Bad Bunny tenía una visión clara para el álbum: vibra veraniega total, sentarse en la playa con los amigos y beber cerveza. MAG nos dijo: «Benito hablaba de eso mientras hacíamos el disco. Es algo que empieza en la playa... después de un día de playa, te vas al club, o viceversa, como cuando sales del club y quieres acabar en la playa viendo el amanecer... cuando piensas en eso, en ese equilibrio de mucha energía, pero también de elementos más bellos, más melódicos y emotivos, creo que sale un álbum perfecto para el verano». Esas cualidades son palpables desde la primera vez que se escucha. Sin duda, el álbum parece una fiesta comunal en una playa puertorriqueña, pero también está cargado de protesta y resistencia, amor y desamor, esperanzas, sueños y decepciones. Y las canciones cuentan esas historias de un modo que es único de la experiencia puertorriqueña. Desde los géneros e instrumentos usados para contar las historias, hasta las canciones como «El apagón», que hablan de la lucha diaria por el acceso al servicio eléctrico en Puerto Rico, el álbum capta los altibajos de la vida en el archipiélago, que siempre ha recibido una importante influencia no solo de Estados Unidos, sino también de la República Dominicana. No es solo que MAG y Tainy, los dos productores principales de *Un verano sin ti*, sean mitad dominicanos, es que la música dominicana ha ejercido una influencia importante en el desarrollo musical de Bad Bunny, así como en el del reguetón en general.³

Aunque *El último tour del mundo* batió muchos récords, nadie podía imaginar la popularidad y trascendencia cultural que obtendría *Un verano sin ti*. Apenas tres días después de su lanzamiento, *Un verano sin ti* batió el récord de *streaming* en un solo día —con 183 millones de reproducciones— y debutó en el primer puesto de Apple Music.⁴ Tan solo dos semanas después, *Un verano sin ti* debutó en el primer lugar de la lista Billboard 200, donde permaneció por trece semanas no consecutivas. Fue el segundo álbum de cualquier género en estar tantas semanas en el primer puesto.⁵

Además, cada uno de los veintidós temas nuevos del álbum se posicionaron a la vez en la lista Billboard Hot 100; cuatro de ellos en los primeros diez puestos. La excepción fue «Callaíta», que se había lanzado como sencillo en 2019.[6] Esas cifras son aún más admirables si se toma en cuenta que todas las canciones son en español. De hecho, *Un verano sin ti* fue el segundo álbum totalmente en español que alcanzó el primer lugar en la sexagenaria lista; el primero fue *El último tour del mundo*.[7] En noviembre de 2022, se anunció que *Un verano sin ti* era el primer álbum en español de la historia en ser nominado al Grammy al Álbum del Año.[8] En 2023, fue el álbum con más reproducciones en la historia de Spotify.[9] Y al cabo de dos años, mientras escribimos este libro, aún mantiene ese récord.

«Yo no tenía idea de que, desde el punto de vista de las estadísticas y de las listas de éxitos, iba a ser algo tan grande», nos dijo MAG mientras hablábamos del éxito masivo de *Un verano sin ti*.

> Lo que sí sabía era cómo se sentía el álbum. Trabajé en muchas de esas canciones durante meses... Ya tenía una o dos [canciones] quizás un año antes de que saliera el álbum. Mientras trabajo en un álbum, me la paso escuchando nuestras referencias o nuestras demos. Las escucho para ver qué se puede mejorar. Mientras creábamos [las canciones] estaba [por un lado] la sensación que teníamos y [por otro] la sensación que yo percibía. Sabía que lo habíamos dado todo en ese álbum. Lo sentíamos cuando volvíamos a escuchar las canciones. Y eso nada más ya era satisfactorio. ¿Que sería el álbum más reproducido de todos los tiempos a menos de dos años de su lanzamiento? No, creo que ninguno de nosotros predijo eso. Pero sabíamos que habíamos creado algo especial por el amor que habíamos puesto en cada canción.

Que un álbum en español de un trapero y reguetonero latino, producido por un sello puertorriqueño independiente, pudiera romper esos récords, parecía impensable. Hasta entonces, la música latina, y el reguetón en particular, habían sufrido el desprecio sistemático de la industria de la música estadounidense.

A todas luces, *Un verano sin ti* es una obra maestra musical. La crítica se refirió al álbum como una «carta de amor» a Puerto Rico en particular, y al Caribe en general. En el álbum se mezclan varios géneros musicales, lo que demuestra las amplias posibilidades de innovación musical de Bad Bunny.[10] La periodista musical Suzy Exposito le dijo a Vanessa: «Con cada canción se centra más en la isla, de modo que no solo pinta una imagen visual, una imagen sonora, sino que también nos da mucho contexto de la isla que habita».[11] No hay más que prestar atención a las letras para darse cuenta de que esa apreciación es correcta. Aunque el tema central es la fiesta playera, *Un verano sin ti* también incluye mordaces críticas políticas a las innumerables crisis de Puerto Rico. El álbum aborda temas como el aburguesamiento, la austeridad y las infraestructuras deficientes. El álbum ejemplifica la esencia de P FKN R: es una oda a la belleza de Puerto Rico y un comentario sobre los efectos del colonialismo en el archipiélago.

Un factor crucial que contribuyó a que *Un verano sin ti* sea un álbum único es que se creó a partir de las sinergias creativas de Bad Bunny con Tainy y con MAG. Según este último: «Benito lo dijo mejor: *Un Verano [sin ti]* es como "un granito de Tainy y un granito de MAG" y de nuestros mundos. Tenemos estilos diferentes. Creo que muchas de las cosas de Tainy en el álbum tienen más emoción, como… "Ojitos lindos" o "Yo no soy celoso", pero eso se balancea con mis temas de alta energía, como "Efecto" o "Tití me preguntó". Así se consigue un balance hermoso». Juntos, Bad Bunny, MAG y Tainy crearon un álbum muy imaginativo y muy caribeño, con fusiones y muestras de reguetón, cumbia, bomba, bachata, mambo, merengue, *reggae*, *soca*, *dembow* y mucho más.

Bad Bunny y su equipo ya habían fusionado géneros de maneras únicas, pero *Un verano sin ti* aportó sonidos realmente inesperados. Si bien Bad Bunny había incursionado en la *bossa nova* con «Si yo veo a tu mamá» en YHLQMDLG, en *Un verano sin ti* incluyó una *bossa nova* completa y original titulada «Yo no soy celoso». El tema se destaca por el uso de la guitarra, por sus elementos melódicos, su estribillo silbado y porque no tiene el *beat* estándar del reguetón. Tainy nos comentó que el *beat* fue «algo que hice específicamente para él [Bad Bunny]», pero al principio estaba reacio a mostrárselo. Tainy viajó a Puerto Rico para mostrarle a Bad Bunny algunas ideas, entre ellas, el *beat* de «Yo no soy celoso». Pensaba que el *beat* tenía «algo *cool*», pero aún dudaba, sobre todo porque nunca antes había hecho una *bossa nova* y ni siquiera estaba seguro de que a Bad Bunny le interesara. De hecho, en un principio no tenía intención de mostrarle el *beat* a Bad Bunny. Sentado en el estudio, Tainy explicó:

> Siempre como que bajo [el volumen] cuando no estoy seguro de qué es lo que tengo en el *folder* [la carpeta] o lo que quiero compartir. Bajo un chin

el volumen, que solamente yo lo pueda escuchar. Empiezo como que a darle *scroll* a ver cuál es cuál, pues todas terminan llamándose igual… Entonces sonó un chin de esa canción y yo le di [*stop*] rápido. Y él [dijo]: «Ey, ey, ey, ¿qué es eso?». Y le pongo esa idea y me dice que la deje ahí en *loop* [bucle]. Ahí lo veo… no contento, pero motivado, porque tal vez tiene una idea que conecta perfecto moviéndose por ahí. *So*, para mí eso fue otro momento *cool*, porque como que me reafirma como que estamos conectados de cierta manera.

Al final, la canción se convirtió en una de las favoritas de Tainy.

La historia de Tainy es parecida a la de MAG cuando se creó «Andrea». MAG estaba escuchando una canción en sus audífonos con el volumen bajo, sin intención de que Bad Bunny la escuchara, pero a Bad Bunny la canción le dijo algo. Esas historias demuestran el cuidado con el que MAG y Tainy tratan su arte y lo mucho que respetan a Bad Bunny. A pesar de ser productores consumados, MAG y Tainy son humildes. Se preocupan por lo que piensan sus artistas, y a veces hasta dudan de sí mismos. Esa cualidad hace que el vínculo entre Bad Bunny y sus productores tenga aún más sentido. A pesar de su actitud de «yo hago lo que me da la gana», Bad Bunny siempre ha demostrado que le importa lo que piensen los demás y que se preocupa por las repercusiones culturales y políticas de su música. El hecho de que se mantenga cerca de personas creativas tan cuidadosas y humildes como él nos hace pensar que, a pesar de su historial de logros musicales, esas cualidades son un factor clave de su éxito. Algo está claro: los sonidos característicos de MAG y Tainy que se escuchan en *Un verano sin ti* aportaron a la grandeza cultural del álbum. Y con la astronómica popularidad que alcanzó, se imponía una gira.

World's Hottest Tour, la gira para promocionar *Un verano sin ti*, comenzó el 5 de agosto de 2022 en Orlando, Florida, y terminó el 10 de diciembre de 2022 en la Ciudad de México. Bad Bunny viajó por todo el continente americano y actuó en varios de los recintos más grandes y prestigiosos, desde el Fenway Park de Boston hasta el Yankee Stadium de Nueva York y el Estadio Azteca de la Ciudad de México. Bad Bunny había finalizado *El último tour del mundo* apenas unos meses antes, el 3 de abril de 2022, en Miami, Florida. Ambas giras comparten historias paralelas con sus respectivos álbumes. *El último tour del mundo*, que consistió de treinta y cinco

6.1 Bad Bunny y Li Saumet de Bomba Estéreo en el concierto para promocionar *Un verano sin ti* en El Choli el 28 de julio de 2022. (Foto cortesía de Gabi Pérez-Silver).

conciertos vendidos en su totalidad en Estados Unidos y América Latina, recaudó $116,800 millones de dólares, convirtiéndose en la gira más taquillera de cualquier artista latino en la historia hasta ese momento.[12] *World's Hottest Tour*, que consistió de cuarenta y tres conciertos, recaudó $435,800 millones de dólares y, hasta la fecha, ha sido la gira más taquillera que se haya registrado en un año natural.[13]

Sin embargo, justo antes de que empezara *World's Hottest Tour*, Bad Bunny hizo algo especial para Puerto Rico: actuó tres noches (del 28 al 30 de julio) en El Choli. Mientras que las entradas para *World's Hottest Tour* se vendían entre los cientos y miles de dólares,[14] las entradas para los espectáculos de Puerto Rico oscilaban entre $15 y $150 dólares, con lo cual eran mucho más accesibles.[15] Al igual que los conciertos de P FKN R del año anterior, los espectáculos de *Un verano sin ti* fueron un acontecimiento cultural de gran envergadura en el archipiélago. Para quienes no pudieron asistir en persona, la primera noche se transmitió en vivo por Telemundo. En las plazas de todo Puerto Rico —desde Santurce hasta Aguadilla, Ponce y Fajardo— se celebraron fiestas para ver el concierto.[16] Esas tres noches, varios artistas que colaboraron en el álbum se unieron a Bad Bunny en el escenario. Nada más en la primera noche, a la que asistieron 18,749 personas —batiendo el récord de asistencia que ostentaba un concierto de

Metallica en 2010—, participaron Chencho Corleone, María Zardoya de The Marías, Tony Dize, Jhayco (antes Jhay Cortez), Buscabulla y Bomba Estéreo.[17] Bad Bunny también invitó a otros artistas con los que había colaborado antes, como Arcángel y Jowell y Randy, y a artistas nuevos como Villano Antillano y Young Miko.[18]

Para los que asistieron al concierto, el acontecimiento fue una experiencia especial. Como nos dijo MAG en una entrevista: «Había algo en el ambiente. Estábamos en el escenario con él. Invitó a todos sus amigos y parientes, y a sus bailarines. Estábamos todos en el escenario, nos invitó a vivir esa experiencia con él. Así que durante el concierto fuimos asimilando todo desde su perspectiva».

Sin embargo, no solo los que estaban con él en el escenario sintieron la fuerza del evento. Una fan, Alysa M. Alejandro Soto, comentó para *Vox*: «Éramos solo nosotros y él. Siento que eso es algo que él quería lograr: un momento especial e íntimo con Puerto Rico».[19] Los medios de comunicación puertorriqueños cubrieron los conciertos en detalle, desde la asistencia hasta el efecto de los espectáculos en la economía en general. El público era diverso y procedía de todo el archipiélago; había incluso grupos multigeneracionales. Gladys Pacheco, de sesenta y siete años, quien llevó al espectáculo a su sobrino de trece años y a su madre de noventa, comentó para *El Vocero*: «Bad Bunny representa un cambio en la sociedad. Es la persona que se atreve a hacer algo diferente y a influir en nuestra juventud de una manera que representa a Puerto Rico en todo el mundo y que eleva nuestra música».[20] Las fotos de los eventos en las plazas mostraban no solo pancartas y camisetas que celebraban al artista, sino también artefactos que utilizaban el concierto como pretexto para protestar contra las crisis que afectan al archipiélago. Una imagen bastante curiosa captura a un hombre en una plaza sosteniendo un letrero con el corazón tuerto que se convirtió en la imagen asociada a *Un verano sin ti*. Encima, tenía escrito: «Tití me preguntó, ¿cuándo sacamos a Pierluisi? ¡Pedimos la Justicia!». Se refería al entonces gobernador, que en su día había formado parte del gabinete de Rosselló.[21] De hecho, muchos fans explicaron que, aunque no siempre estaban de acuerdo con Bad Bunny, en especial con su uso del lenguaje vulgar, lo veían como un gran representante de Puerto Rico. Zaira de la Rosa, de Toa Baja, le dijo a *El Nuevo Día*: «Esta doñita de 41 años, que podría ser tu tití, lo está apoyando. Él ha aportado mucho a Puerto Rico porque gracias a él hemos conocido [*sic*] internacionalmente. Hay unas personas que no lo apoyan porque él habla malo, pero yo tengo hijos de su edad y ellos son jóvenes y hay que apoyarlos».[22] Otra madre, Ivelisse

Fanatusi, llevó a su hija de trece años al concierto porque, aunque «como mamá, hay cosas [con las] que no estoy de acuerdo... Bad Bunny [e]s arte, un movimiento social», y quería que su hija participara en ese momento histórico.[23]

En esta ocasión, Bad Bunny tampoco se privó de usar su plataforma para articular sus propias críticas a la situación de Puerto Rico. La noche de la primera función, que gran parte del archipiélago vio desde sus hogares, las plazas o El Choli (por no mencionar a los puertorriqueños de la diáspora como nosotras, que lo vimos en vivo por Internet en transmisiones ilegales), Bad Bunny se dirigió a la multitud: «Tenemos todos los obstáculos encima. Tenemos un gobierno encima jodiéndonos la vida día tras día, el peor sistema eléctrico, se lo digo yo. Está cabrón que yo haga una gira en el mundo entero y lo que les voy a decir ahora no es un chiste. El único lugar donde, cuando me voy a presentar, tengo que poner como quince plantas eléctricas industriales es aquí, porque no puedo confiar en el sistema eléctrico de Puerto Rico». Continuó criticando al gobierno y a la compañía eléctrica privada con sede en Canadá y Estados Unidos llamada LUMA Energy, que comenzó a operar en Puerto Rico en 2021. «¡LUMA pa'l carajo!», gritó Bad Bunny mientras el público ovacionaba. «Pierluisi y todos los mamabichos que se creen dueños del país, pa'l carajo también.[24] El país es de nosotros y nosotros somos los que tenemos el control. Nosotros somos los que tenemos que tomar el control. Yo creo en esta generación. Yo creo en este Puerto Rico. Yo quiero vivir aquí por siempre con ustedes. Gracias, Puerto Rico».[25] Aunque solo duró unos minutos, el discurso marcó un momento de inflexión en el concierto, que resonó en todo Puerto Rico y su diáspora. Algunos interpretaron las palabras de Bad Bunny más que como un desahogo de sus frustraciones con LUMA, como una acusación a la propia condición colonial de Puerto Rico. La escritora Carina del Valle Schorske habló con Vanessa sobre el discurso en el concierto: «Era de esperar que criticara a LUMA, pero básicamente estaba allí diciendo "¡Puerto Rico Libre!". Eso fue lo más sorprendente para mí: lo explícita y beligerantemente político que está dispuesto a ser en un contexto puertorriqueño».[26]

Tras su apasionado discurso, Bad Bunny cerró la primera noche del histórico ciclo de conciertos con su canción «El apagón». La canción hace referencia a los frecuentes apagones en Puerto Rico por fallas en la red eléctrica y las infraestructuras defectuosas del archipiélago, y constituye la declaración política más impactante del álbum. Según nos contó MAG: «"El apagón" se convirtió en un himno para Puerto Rico. Así que creo que

[Bad Bunny] planeó estratégicamente cerrar con [esa canción] en casa, en Puerto Rico». Pocos meses después, el artista usaría otra gran plataforma —el video musical— para presentar una crítica aún más virulenta contra LUMA y la administración de Pierluisi.

El 16 de septiembre de 2022, Bad Bunny estrenó el video musical de «El apagón», tal vez su himno político más explícito hasta el momento. «El apagón» celebra al pueblo puertorriqueño y su cultura, pero también expone las críticas que Bad Bunny había dirigido contra LUMA y el gobierno durante sus conciertos del verano. El debate de Bad Bunny sobre esas realidades en apariencia contradictorias se resume en el primer verso de la canción: «*Puerto Rico está bien cabrón*». La frase tiene dos significados que se contradicen: (1) Puerto Rico está jodido; y (2) Puerto Rico es maravilloso. Todos los versos comienzan con esa frase, que después se repite en el puente. Al igual que la frase P FKN R, el verso «*Puerto Rico está bien cabrón*» refleja el orgullo, pero a la vez la frustración de los puertorriqueños. De hecho, no es casualidad que, antes de que el ritmo se vuelva más lento, se escuchen las últimas palabras que Benicio del Toro pronuncia en el video introductorio de los conciertos P FKN R: «Yo soy de P FKN R». Esas palabras acompañan las tomas aéreas del público que asistió al concierto y la silueta de Bad Bunny cuando sube al escenario.

El video fue dirigido por el renombrado director de videos musicales Kacho López Mari, quien trabajó con Bad Bunny por primera vez en los videos musicales de «Callaíta» y «Volví», una colaboración de Bad Bunny con el grupo de bachata Aventura. Todos los videos musicales de Kacho López Mari tienen un estilo propio y se basan en las imágenes y los paisajes de las comunidades donde filma. Antes de conocer a Bad Bunny, Kacho había producido videos de muchos artistas que influyeron en el artista, así como de los reguetoneros más directos en sus expresiones políticas, como Tego Calderón y Calle 13.

Sentado en su despacho en San Juan, Kacho nos habló de la visión de «El apagón» que le transmitió el equipo de Bad Bunny. El artista había dicho que quería hacer «un video que sea una fiesta. Que va a empezar en Villa Palmeras, una fiesta que termina en la playa». Villa Palmeras es una comunidad con una historia muy rica por ser hogar de muchas figuras culturales importantes de Puerto Rico, como el querido compositor y cantante de salsa puertorriqueño Ismael «Maelo» Rivera, cuya canción

«Controversia» de 1969 se usó en «El apagón». El tema abre con la percusión de «Controversia» antes de que se escuche la voz de Maelo en un concierto en vivo dedicándole la canción «con mucho cariño» al público. Luego entra la voz de Bad Bunny, que dice: «Maelo, dime», antes de empezar a rapear sobre la percusión. Bad Bunny se inspiró en un *sample* —un fragmento de una grabación existente que se reutiliza en una composición nueva— de «Controversia» para escribir la letra de «El apagón». MAG nos contó que Bad Bunny estaba «flotando por ahí» en el estudio improvisado que montaron en el salón de la casa que habían alquilado «escribiendo la letra sobre un *sample* de esa canción, que conocía muy bien. Pero no tenía las voces. Era solo ese *beat*, así que, sí... él escribió toda la letra». «El apagón» expresa el mismo sentir de P FKN R en tanto que elogia la belleza de las playas, pero también expresa su frustración con el gobierno de Puerto Rico. En un momento dado, Bad Bunny dice que le dará una bofetada a Pipo, que es el mote que le pusieron al entonces gobernador, Pedro Pierluisi.

En varios momentos del video de «El apagón», Bad Bunny aparece sentado en el balcón de la casita azul de Maelo, que ahora es un espacio histórico-cultural y un museo. Otras veces, está sentado sobre el muro blanco que bordea la casa con una bandera puertorriqueña hecha jirones detrás de él. La cámara muestra a los vecinos de ese barrio histórico mientras cantan la letra de «El apagón». Luego aparecen imágenes de puertorriqueños célebres, como el rapero y estrella del reguetón, Tego Calderón, el actor Raúl Juliá, la cantante y bailarina Iris Chacón, el jugador de baloncesto J. J. Barea, y el líder independentista Pedro Albizu Campos, así como clips de las protestas del Verano Boricua de 2019, en los que aparece el propio Bad Bunny.

A mitad de la canción, la percusión del tema de Ismael Rivera cesa para dar paso a un ritmo de *house* latino. Como nos contó MAG: «Decidimos hacerlo como una especie de *house* improvisado, algo muy boricua, tipo *latin house*, como las cosas que yo oía en Nueva York. Así que aceleré el tempo cuando desaparece la percusión [de Maelo], y entonces se oye el sintetizador. El tempo de la canción se vuelve más rápido, porque cuando entran los tambores *house*, ya estamos en ritmo *house*». El tempo sigue acelerando y escuchamos al célebre DJ Joe Line repetir «*Me gusta la chocha de Puerto Rico*» hasta que el público entra junto con Bad Bunny cantando «*¡Puerto Rico está bien cabrón!*».

El cambio de sonido da paso a una nueva escena: un grupo de motocicletas y todoterrenos aceleran los motores y conducen de noche por calles oscuras y llenas de boquetes hasta que aparcan junto a unos arbustos. Su destino es El Túnel de Guajataca en Isabela, situado en la costa oeste de Puerto Rico, donde Bad Bunny dirige una fiesta multitudinaria durante un apagón. La fiesta solo está iluminada por linternas. La multitud perrea toda la noche, ondea banderas del Orgullo, banderas de Puerto Rico y banderas puertorriqueñas de protesta, blancas y negras, hasta que amanece y salimos del túnel sobrevolando la costa de Puerto Rico.[27]

Todos esos elementos visuales son intencionados y fueron escogidos para amplificar el mensaje político de la canción. Mientras que Kacho le dio vida visual a este himno para Puerto Rico, MAG le dio a «El apagón» su sonido. MAG nos explicó que, desde el principio, Bad Bunny quiso que «El apagón» fuera un himno para Puerto Rico, para todo el mundo: «Lo gracioso de todo esto es que, cuando estábamos haciendo esa canción, en nuestra sesión, Benito me dice que la última canción que había hecho para Puerto Rico, "P FKN R", tenía muchas malas palabras y no quería que esta fuera así. Entonces la hicimos y... empieza con la pista de Ismael Rivera. Sin malas palabras. Pero después, a mitad de camino, añadimos *"Me gusta la chocha de Puerto Rico"* y nos miramos y dijimos: "¡Diablos! Esto está cabrón, pero ¿no íbamos a hacer un himno puro y sin malas palabras?"».

La letra es un préstamo de la canción «Vamos a joder» de DJ Joe y Great Kilo, que apareció en el álbum *Fatal Fantassy* de DJ Joe en el 2000, pero no se le extrajo un *sample*.[28] MAG nos explicó cómo se produjo la canción: «Mucha gente no sabe que esa es la voz de Benito. Le dije a Benito: "¿Por qué no la cantas tú?". Él hace tan bien las voces. Así que le dije: "¿Por qué no intentas sonar como el *sample*? Será más fácil"». Luego sacó el teléfono y nos dijo: «A ver si la tengo», y buscó entre sus notas de voz hasta encontrar la grabación. Nos hizo escuchar un verso inconfundible por una voz inconfundible, y nos dijo: «Esa es la voz de Benito... Le pedí que grabara dos pruebas en mi teléfono, en notas de voz... Y lo puse en Ableton e hice que sonara como el *sample*. Pero en realidad es una interpolación con la voz de Benito».[29]

DJ Joe fue uno de los primeros DJ del reguetón y el *underground* conocido por sus letras sexualmente explícitas. El lenguaje de esas letras, por no hablar del título, «Vamos a joder», alimentó el pánico moral sobre el efecto de ese tipo de música en la juventud durante el apogeo de DJ Joe.[30] Pero para Bad Bunny, la canción representaba mucho más que una simple referencia a la anatomía de la mujer. Según nos explicó MAG: «Para [Bad Bunny], la chocha es más que una chocha. Lo que está diciendo es: "Me gusta todo de Puerto Rico. Me gusta el corazón de Puerto Rico. Me

6.2 Fotograma de video de «El apagón», donde se aprecia la fiesta en el histórico Túnel de Guajataca. La bailarina que aparece en la imagen es una de las artistas de la organización-salón de baile Laboratoria Boricua de Vogue o LaBoriVogue. La escena de la fiesta se destaca por su simbolismo, como se comenta en el texto principal, pero también por su inclusividad y por centrarse en la comunidad *queer* y en la bandera del Orgullo. Las linternas que iluminan el fondo son una decisión artística simbólica importante para desarrollar el tema de la canción: los apagones en Puerto Rico. (Video dirigido por Kacho López Mari).

gusta todo de mi cultura... todo sobre Puerto Rico". Eso es lo que significa aquí la chocha». El propio Bad Bunny habló sobre el tema en una entrevista con Chente. «Las mujeres de Puerto Rico son las que me hacen sentir débil... pero yo lo veo más allá de la chocha literal... La mujer, la raíz de Puerto Rico...».[31]

Esto también se refleja en la escena de la fiesta en el Túnel de Guajataca. Kacho comprendió el significado más profundo de «chocha» en la canción. Nos dijo que Bad Bunny «está hablando... de una metáfora del cuerpo puertorriqueño que [también] es la chocha. Es la vagina. Es de donde nacimos. Es, quizás, ese portal que trae la vida. Y de alguna manera, ese túnel se convierte también en eso, ese túnel [por] donde sales, como naciendo de nuevo».[32] Kacho decidió que no había «un lugar más perfecto que el Túnel de Guajataca para hacer esa fiesta... [porque] ahí se han hecho fiestas legendarias de música electrónica y otras cosas, pero, además, ese es el paso del tren. Por ese túnel pasaba el tren, ese que le daba la vuelta a Puerto Rico, distribuyendo caña y... también pasajeros, pero además es al lado de la playa».[33]

Una vez que se instalaron en el histórico túnel junto a la playa y se prepararon para rodar el video, Kacho explicó lo que decidieron: «Vamos a llevar a 200 [personas] y vamos a llevar a la gente del perreo combativo, a las de LaBoriVogue». LaBoriVogue es una organización y salón de baile que ofrece un espacio para la performance *queer* puertorriqueña como herramienta para la liberación y la justicia social.[34] En el contexto de la crítica al gobierno puertorriqueño en «El apagón», la selección de artistas *queer* es fundamental, pues remite, como señala Kacho, al perreo combativo que representó la resistencia de las personas *queer* y otras comunidades marginadas contra la administración de Ricky Rosselló. Aunque contrataron a artistas profesionales, la fiesta del video musical fue, en palabras de Kacho, «una fiesta de verdad, la gente está reaccionando a que quien los invita es Bad Bunny y [él] está allí. Y Bad Bunny cogió el micrófono par de veces y les hizo un cabrón show. La gente que fue a ese video tuvo un show [de] Bad Bunny en el túnel de *fucking* Guajataca... fue un mini show de Bad Bunny».

Cabe destacar que la iluminación principal de la escena en el túnel se hizo con linternas. Como explicó Kacho: «La discusión en principio era, "bueno, en este país se va la luz... el apagón. Y mi idea fue... lo que se me ocurrió desde el día uno y se lo presenté temprano fue: se nos va la luz, pero no acabamos el *party*, estamos tan cabrones que prendemos el *party* nosotros. En principio era con los celulares, no, pues ahora es con *flashlights* [linternas]».

De hecho, todo lo que aparece en el video, incluso detalles aparentemente insignificantes, como el uso de teléfonos móviles o linternas, fueron tan intencionados como las decisiones sonoras que MAG y Bad Bunny tomaron al crear la canción. Por ejemplo, una de las imágenes más icónicas del video es la de Bad Bunny sentado sobre el muro blanco frente a la casa de Maelo con una bandera puertorriqueña hecha jirones que ondea sujetada a la reja blanca de una ventana. Pero no se trata de una bandera cualquiera. Kacho nos contó que la bandera procedía de la tumba de su tío, Santiago Mari Pesquera, cuyo padre, el abuelo de Kacho, fue Juan Mari Bras, activista por la independencia y líder del Partido Socialista Puertorriqueño (PSP). Kacho recuerda que las posturas políticas de su abuelo «lo metieron en líos con el FBI... En aquel momento, había mucha persecución política hacia la gente que se identificaba como socialista. Mi abuelo en ese momento era candidato a gobernador de Puerto Rico por el PSP, que también era perseguido... Así que en ese momento, en 1976, había una orden de matar a mi abuelo, de asesinarlo, pero en vez de matar a mi abuelo, mataron a mi tío».

6.3 Fotograma del video de «El apagón», que muestra a Bad Bunny sentado sobre el muro que bordea la histórica casa del salsero puertorriqueño Ismael Rivera. En una ventana de la casa cuelga la bandera puertorriqueña deshilachada que pasó un año frente al mar sobre la tumba del tío de Kacho López Mari, Santiago Mari Pesquera, asesinado por el compromiso político de su familia. (Video dirigido por Kacho López Mari).

El tío de Kacho está enterrado en el cementerio de Santa María Magdalena de Pazzis junto a muchos puertorriqueños prominentes, entre ellos, el líder independentista Pedro Albizu Campos. El cementerio está en La Perla, al otro lado de las murallas antiguas de la ciudad, con El Morro a un lado y el océano al otro. Como señaló Kacho: «Por eso la bandera está hecha jirones, por la brutalidad del mar que tiene enfrente, que la golpea, y por el viento, que es muy fuerte». Todos los años, la familia de Kacho sustituye la bandera puertorriqueña de la tumba de Santiago por una nueva. Un año, Kacho decidió conservar la bandera. Kacho nos describió lo que pensaba cuando decidió incluir la bandera en el video musical: «Cuando estaba buscando las localizaciones [para el video], me pregunté: ¿qué tal si traigo la bandera de mi tío y la pongo detrás [de Bad Bunny]? Y creo que es una metáfora de Puerto Rico... Estamos un poco desgarrados... Estamos orgullosos. Y cuando [Bad Bunny] dice: "Puerto Rico está bien cabrón"... "Bien cabrón" en Puerto Rico tiene dos significados: es genial, pero también, es difícil. La bandera es un símbolo de orgullo para nosotros los puertorriqueños. Pero una bandera hecha jirones es un mensaje. Es un mensaje oculto de la situación de Puerto Rico sobre la que [Bad Bunny] está hablando».[35] Que la bandera de Puerto Rico figure de forma tan prominente en el video musical no es sorprendente, dado el mensaje político de «El apagón». Sin embargo, la elección deliberada de usar una bandera que pasó un año ondeando sobre la tumba del hijo asesinado de un líder independentista en un video musical filmado por el nieto de ese mismo líder independentista, hace que ese mensaje sea aún más poderoso.

Tras la fiesta en el túnel de Guajataca, mientras amanece, la cámara se desplaza por la abertura del túnel hacia la playa y recorre la costa. La música vuelve a cambiar, el ritmo acelerado y contundente se disuelve para dar paso a unos acordes de sintetizador más suaves. Escuchamos la voz de Gabriela Berlingeri, entonces novia de Bad Bunny:

Yo no me quiero ir de aquí
Que se vayan ellos
Lo que me pertenece a mí
Se lo quedan ellos
Que se vayan ellos
Esta es mi playa
Este es mi sol
Esta es mi tierra
Esta soy yo

Escrita por Bad Bunny, la letra es una referencia directa a otra crisis de Puerto Rico: el desplazamiento de los puertorriqueños no solo a causa de las infraestructuras deficientes y la falta de recursos que se abordan en la primera mitad de la canción, sino también del aburguesamiento provocado por la afluencia masiva de estadounidenses ricos del continente a Puerto Rico. El tono inquietante de la voz de Gabriela realza la emotividad de la letra. MAG nos dijo: «Se me humedecieron los ojos la primera vez que la oí, y todavía... esa parte me llega al alma».

Kacho cree que «El apagón» es una de las mejores canciones de protesta puertorriqueñas de las últimas décadas porque aborda problemas urgentes como el aburguesamiento que enfrenta Puerto Rico. Recordó: «La verdad es que cuando la escuché por primera vez, sin haber hablado con ellos, sin tener el video ni nada de frente, yo la percibí como una canción de protesta... Hay un *call to action* [llamado a la acción]: "esta es mi isla". Hay una reafirmación: "esto es mío"». En ese sentido, Bad Bunny le comentó a Chente:

Esa canción es demasiado especial para mí. Cuando yo la hice, yo estaba en una playa con Jan y con Jomo... Yo estaba en una playita en Manatí, escuchando a Ismael Rivera... y de momento veo las notas [que había escrito], y empiezo a decir, wow, Puerto Rico está bien cabrón... Miren este paisaje... Hay gente que paga miles de dólares para viajar pa'cá y nosotros tenemos esto de gratis, cabrón... Tú tienes la playa al lado, tú tienes los atardeceres más cabrones, tú tienes las aguas más lindas, las costas más bellas a tu disposición. Y son tuyas, cabrón. Nos las quieren quitar, pero son de nosotros. Y de eso trata la canción, cabrón. Y yo decía, yo quiero hacer una canción linda para Puerto Rico... celebrarnos... [cuando la canto] me siento patriota, me siento cabrón de mi isla. Me siento orgulloso de mi isla.[36]

MAG opina lo mismo: «"El apagón" es la canción más significativa de mi carrera por muchas razones. Estoy muy orgulloso de esa canción. Y sigue siendo curioso que creáramos una canción de protesta que se convirtió en una canción de fiesta. Engañamos a todo el mundo. La canción es una montaña rusa emocional... Es un himno tipo montaña rusa para nuestra gente».

El truco —convertir una fiesta en una protesta— es una forma de usar la música como resistencia en Puerto Rico. Sobre la escena de la fiesta, Kacho nos dijo: «Es una fiesta, pero es una protesta. Es una expresión política también y eso siempre fue la propuesta nuestra. Esto no deja de ser una forma de resistencia. Estamos aquí... hacemos la luz para nuestro *party* y ¿qué tú vas a hacer? Y nosotros no vamos a dejar de ser felices porque estamos en *hardship* [pasando apuros]. Nosotros le vamos a meter mano, lo vamos a pelear, lo vamos a ganar y vamos a fiestar, también vamos a joder y vamos a perrear y a joder como nos dé la gana, ¿no? Y esa es como la mentalidad [de] Benito». En ese sentido, «El apagón» refleja el mismo ethos de P FKN R. La canción termina, como dijo Kacho, con un llamado a la acción y, en última instancia, con un mensaje de esperanza.

De primera intención, tanto la canción como el video musical de «El apagón» son típicos de la forma en que Bad Bunny usa su plataforma para promocionar a Puerto Rico, aunque esta canción es más abiertamente política que otras. Pero no se trata de un video musical cualquiera. A los pocos minutos del video, la canción se detiene justo antes de que Bad Bunny diga: «Maldita sea, otro apagón», y los espectadores vean una explosión. La periodista independiente puertorriqueña Bianca Graulau explica que esas explosiones periódicas dejan sin electricidad a decenas de miles de residentes, y que la explosión de abril de 2022 dejó a oscuras a toda la isla, incluido uno de los hospitales más importantes de Puerto Rico. El video se reanuda, pero esa interrupción no es aislada. Cuando termina la canción, la cámara se desplaza sobre San Juan, donde vemos a Graulau hablar sobre el aburguesamiento con un pequeño grupo de personas, entre ellas Maricusa, una mujer que explica el modo en que el aburguesamiento amenaza su hogar. El grupo se sienta a comer y escuchamos la percusión de «Controversia». Así comienza un documental de casi veinte minutos titulado *Aquí vive gente*. Después de que Kacho le entregó a Bad Bunny el video musical terminado, se enteró de que este había cambiado de planes: «Recibí una llamada: "Oye, Benito quiere hacer algo [más] con este video. Quiere hacer un documental de quince a veinte minutos. Y quiere conectarlo al video para que la gente que vea el video también vea un documental". Y me voló la cabeza otra vez».[37] Kacho estaba encantado de participar en un proyecto que llegaría a un público más amplio, dada la popularidad de Bad Bunny y su estatus de superestrella internacional.

Al principio, Bad Bunny quería un documental sobre la red eléctrica, puesto que «El apagón» trata sobre los apagones. Pero luego quiso ampliar el enfoque para incluir historias sobre el desplazamiento y el aburguesamiento, y después quiso añadir «lo que está pasando en las costas», refiriéndose a las polémicas actuales sobre el desarrollo en las playas públicas de Puerto Rico.

Bad Bunny seleccionó a Bianca Graulau para realizar el reportaje que aparece en el documental. Graulau había acumulado un impresionante número de seguidores en las redes sociales gracias a sus reportajes sobre cuestiones sociales y políticas en Puerto Rico y otros lugares, como Hawái y México, que luchan de forma similar contra los efectos del colonialismo, el aburguesamiento y el turismo. «Benito así lo quiso y la reconoció... por el trabajo que venía haciendo y [le dio] total libertad de decir lo que ella quisiera desde su punto de vista», nos explicó Kacho, quien colaboró con Graulau, prestándole apoyo en la producción y, al final, fusionando ambos proyectos, el video musical y el documental, en uno solo.[38]

Aquí vive gente es una crítica implacable a la crisis económica que atraviesa Puerto Rico. El documental ataca el aburguesamiento y el desplazamiento, desde el aumento de los precios de la vivienda hasta el acceso limitado a las playas que inspiraron *Un verano sin ti*. Relaciona la crisis actual con la historia más amplia del colonialismo en Puerto Rico. También sitúa el aburguesamiento en el contexto de la aprobación de leyes como la Ley 60, que ofrece a los estadounidenses del territorio continental incentivos para establecerse en el archipiélago. Muestra los efectos más amplios de las historias y políticas coloniales en el diario vivir de personas que se enfrentan a desahucios, a un costo de la vida insostenible y a las peligrosas consecuencias del cambio climático.[39]

El primer problema, y el más obvio, que aborda *Aquí vive gente* es la deficiente red eléctrica de Puerto Rico. Graulau explica la transición del control de la antigua compañía eléctrica pública de Puerto Rico, la AEE (Autoridad de Energía Eléctrica de Puerto Rico), a la empresa privada estadounidense-canadiense LUMA Energy. Esta transición se produjo bajo la promesa de una red eléctrica más fiable. La AEE fue una empresa de servicios públicos creada en 1941, y se considera que contribuyó a la industrialización de Puerto Rico hasta la década de 1970.[40] Sin embargo, las crisis financieras de las décadas recientes hicieron mella en los servicios públicos y las infraestructuras del archipiélago. La AEE se declaró en quiebra en julio de 2017.[41] La Junta presionó a Puerto Rico para que vendiera sus activos, «pero como la AEE no podía venderse mientras se sometía a una reestructuración de la deuda, el gobierno optó por un modelo de asociación público-privada en el cual conservaba la propiedad de los activos, y la deuda, mientras subcontrataba las operaciones».[42] Cuando los huracanes María e Irma destruyeron la ya de por sí deficiente red eléctrica en septiembre de ese año, el gobernador Ricardo Rosselló vio la oportunidad para lograr el objetivo deseado por mucho tiempo de privatizar la empresa eléctrica. Como sostiene la académica Catalina de Onís, Rosselló presentó a Puerto Rico como un «lienzo en blanco» para la reconstrucción y la renovación, lo que la periodista Naomi Klein ha calificado de «capitalismo del desastre».[43]

Tras los huracanes, se firmaron contratos de emergencia con la compañía Cobra Acquisitions, con sede en Oklahoma (por $900 millones de dólares), y con Whitefish Energy Holdings, con sede en Montana (por $300 millones de dólares), para mejorar la red. El contrato de Whitefish Energy se canceló al cabo de un mes, pero el propietario de la empresa insistió en que la AEE aún le debía $130 millones de dólares.[44] En el momento en que Whitefish obtuvo el contrato, la compañía apenas llevaba dos años operando y tenía solo dos empleados a tiempo completo. Y lo que es peor, le cobró a Puerto Rico precios exorbitantes por el servicio eléctrico.[45] Como concluye De Onís, «esos contratos privados demostraron una dependencia de soluciones rápidas e intervenciones externas que beneficiaron a los contratistas estadounidenses. Un periodista describió los acuerdos como "saqueo al estilo colonial", ya que prohibían cualquier tipo de auditoría de las compañías y otras medidas de rendición de cuentas».[46]

El 1 de junio de 2021, LUMA Energy, una empresa con sede en Canadá y Houston, Texas, asumió el control.[47] Como señala Graulau en *Aquí vive gente*, aunque LUMA y el gobierno de Puerto Rico prometieron mejoras, los apagones se volvieron cada vez más frecuentes y prolongados, con consecuencias devastadoras; ello a pesar del constante aumento del costo de la electricidad para los residentes.[48] Además, a los puertorriqueños que habían trabajado en la AEE, LUMA les ofreció puestos de trabajo con menos beneficios y salarios reducidos. Algunos tuvieron que buscar otro empleo.[49] Mientras tanto, los ejecutivos de LUMA Energy ganaban salarios que superaban con creces los que se pagaban en la AEE.[50] El servicio eléctrico de Puerto Rico bajo LUMA no solo ha empeorado y les cuesta más a los puertorriqueños, sino que la empresa misma se ha visto implicada en escándalos. Apenas cinco meses después de que LUMA asumiera el control, un juez de Puerto Rico dictó una orden de detención contra Wayne Stensby, director ejecutivo de la empresa, por incumplir una orden judicial de facilitar documentos sobre las finanzas de la empresa a los legisladores que intentaban comprender cómo era posible que los puertorriqueños pagaran tanto por un servicio eléctrico que a menudo no funcionaba.[51] Aun así, la administración del entonces gobernador Pedro Pierluisi redobló su apoyo a LUMA, una cuestión puramente académica, pues al fin y al cabo La Junta es la que determina si se puede cancelar o no el contrato de LUMA.[52] Las consecuencias de la degradada red eléctrica de Puerto Rico para la población son mucho peores que el inconveniente de quedarse sin servicio eléctrico. Las historias de los puertorriqueños que sufren estrecheces económicas a causa de los apagones constantes describen «el olor rancio de la comida podrida que inunda las escaleras y los pasillos» de los edificios de apartamentos, donde los alimentos perecederos no pueden mantenerse fríos ni desecharse, pues los residentes a menudo están atrapados en los pisos altos.[53] En las noticias, de vez en cuando figuran historias desgarradoras de personas mayores que no pueden comer por culpa de los apagones. Un artículo sobre uno de estos apagones, publicado en *The New York Times*, cuenta que «una vecina de unos ochenta años, que vive sola en el piso 13, lloró cuando la Sra. Rivera le llevó un plato de comida caliente. "Creo que hacía tiempo que no comía, porque empezó a llorar", dijo la Sra. Rivera sentada en su oscura y calurosa sala de estar. "Yo le dije: 'No llores, estate tranquila. Mañana te traigo más'"».[54] LUMA se ha convertido en el símbolo de las muchas crisis que afectan a Puerto Rico, porque no tener un acceso fiable a servicios tan básicos como la electricidad está haciendo que el archipiélago se vuelva invisible. La crisis va mucho más allá de la falta de electricidad. En última instancia, como argumenta De Onís, es una crisis del estatus colonial, que hace la vida en Puerto Rico muy difícil para muchos puertorriqueños.[55]

Este asunto se relaciona con el segundo tema clave de *Aquí vive gente*: los desplazamientos y el aburguesamiento. El documental cuenta la historia de Maricusa Hernández, quien llevaba veintiséis años alquilando el mismo apartamento en Santurce, un barrio de San Juan. El edificio se vendió y, con el nuevo propietario, el alquiler de los apartamentos se disparó, así que no había forma de que pudiera quedarse. Un tiempo después, Hernández recibió una notificación de desalojo en un plazo de treinta días. Graulau explica que esos escenarios desgarradores son el resultado de las leyes puestas en marcha por el gobierno de Puerto Rico para atraer a extranjeros y empresas con dinero, que se benefician de las exenciones fiscales. También demuestran el modo en que esas políticas destruyen la vida y los medios de subsistencia de la población local.[56] «Están desplazando al boricua para hacerse ellos ricos», explica Hernández en el documental.[57]

Aquí vive gente también cuenta la historia de los residentes del histórico barrio obrero de Puerta de Tierra, situado entre el Viejo San Juan y la próspera zona turística del Condado. Jorge Luis González y Laura Mía González, vecinos de Puerta de Tierra, dicen que su barrio se ha vuelto irreconocible porque han sustituido las escuelas y viviendas públicas por condominios de lujo para extranjeros adinerados. Las palabras de Jorge Luis resuenan en los versos finales de «El apagón»: «No es justo ser desplazado por los grandes intereses [económicos]... A ellos les interesa que nosotros nos vayamos... No, no, si nosotros nacimos aquí, que se vayan ellos», dice citando la letra la canción.

Entre las historias de los residentes, Graulau intercala explicaciones detalladas de las leyes, que ofrecen generosas exenciones fiscales a los estadounidenses ricos y, en última instancia, han causado estragos entre los puertorriqueños. Durante su breve mandato, el exgobernador Luis Fortuño, responsable de miles de millones de dólares de la deuda actual de Puerto Rico, firmó las Leyes 20 y 22, alegando que estimularían la inversión en la economía del archipiélago. La Ley 20 ofrece incentivos fiscales a los extranjeros para que establezcan y desarrollen negocios de exportación en Puerto Rico y les exige a sus compañías que tengan cinco empleados, que sean residentes puertorriqueños, a tiempo completo. La Ley 22 eliminó los impuestos sobre los ingresos individuales a los extranjeros, incluidos los estadounidenses del territorio continental que mantuvieran su residencia en Puerto Rico. En 2019, el gobernador Ricardo Rosselló combinó las dos leyes en una única pieza legislativa llamada la Ley 60, que elimina el requisito mínimo de cinco empleados, a menos que el negocio recaude más de $3 millones de dólares, en cuyo caso el beneficiario del impuesto deberá contratar a un residente local.[58] La ley ofrece las mismas exenciones a otros tipos de inversores, como los de la criptomoneda, lo cual ha atraído a más estadounidenses ricos a trasladarse a Puerto Rico.[59]

Los defensores de la Ley 60 y las leyes que la precedieron (Leyes 20 y 22) argumentaron que la legislación atraería a inversores cuya presencia beneficiaría la economía de Puerto Rico. Pero los puertorriqueños no han visto esos beneficios. En cambio, como señala Graulau en el documental, la reubicación de inversores en el archipiélago ha elevado drásticamente los precios de los alquileres en los últimos años. Muchos puertorriqueños están siendo desplazados de los hogares en los que han vivido por décadas. La creciente afluencia de extranjeros ha hecho que las propiedades próximas a la costa se hayan vuelto inaccesibles para los puertorriqueños de clase trabajadora.

Graulau revela que los verdaderos beneficiarios de la Ley 60 son las personas adineradas que engullen los bienes inmuebles del archipiélago y desplazan a los puertorriqueños. Menciona que, desde 2018, ocho extranjeros han comprado al menos veintiocho propiedades en Puerta de Tierra, incluida una escuela pública, que se convertirá en un edificio de apartamentos de lujo con vistas al mar. Laura, residente de Puerta de Tierra, llama a esos desarrolladores depredadores «invasores colonizadores porque así es como se comportan».

Graulau explica que gran parte de las propiedades adquiridas por esos estadounidenses se destinan al turismo. Compara la economía turística actual con la economía de la plantación en Puerto Rico y señala que, en ambos casos, son los estadounidenses ricos los que se han enriquecido mientras que los trabajadores y residentes puertorriqueños se empobrecen y son explotados. También aborda el modo en que los estadounidenses se esfuerzan por garantizar que los puertorriqueños tengan cada vez menos acceso a los recursos naturales de su país. El último tema que toca *Aquí vive gente* es la privatización informal de las playas puertorriqueñas. Según las leyes puertorriqueñas, todas las playas del archipiélago son propiedad pública. Sin embargo, eso no ha detenido los esfuerzos de los desarrolladores por cerrar el acceso público a las playas. Uno de los lugares que presenta el documental es el municipio de Dorado, situado en la costa norte, unos veinticuatro kilómetros al oeste de San Juan. Nos explica que las playas deben tener múltiples puntos de entrada para el acceso del público. Sin embargo, dado que la Ley 60 ha motivado a los inversores ricos a trasladarse a Puerto Rico, los propietarios y desarrolladores de mansiones frente al mar limitan a propósito el acceso público cerrando los puntos de entrada. Graulau conversa con Rosa Rivera Martínez, quien limpia casas en Dorado. Las dos mujeres caminan más de un kilómetro y medio hasta llegar a un montón de rocas irregulares y resbaladizas, y determinan que el camino es demasiado peligroso para continuar. Esa es la ruta que cualquier puertorriqueño común debe tomar si quiere acceder a la codiciada playa West Beach, que se ha vuelto prácticamente inaccesible a cualquiera que no pueda comprar una de las casas multimillonarias construidas a lo largo la costa. La historia refleja el sentimiento de la letra que Bad Bunny escribió para Berlingeri: «*Esta es mi playa, este es mi sol*».

Si bien el documental relata todas esas injusticias, también destaca la resistencia puertorriqueña. La última historia detalla una serie de protestas contra la construcción de una piscina en la playa frente a un complejo de condominios privados en Rincón llamado Sol y Playa, donde el primo de Pierluisi y exdirector de su campaña, Walter Pierluisi, poseía una unidad.[60] No es la primera vez que un político de alto nivel se ha visto implicado en este tipo de conflictos de interés. En 2023, el exgobernador de Puerto Rico, Alejandro García Padilla, se unió al equipo de abogados que defendió a una controvertida urbanización costera en Aguadilla, después de que los guardias de seguridad del desarrollador dispararan contra los manifestantes que protestaban por la proximidad de la urbanización a la playa.[61] Los manifestantes siguen preocupados no solo por el acceso legal a las playas públicas, sino también por las graves consecuencias medioambientales de la construcción. El proyecto de construcción de Rincón amenazaba el hábitat de tortugas marinas en peligro de extinción; de hecho, una tortuga marina, tras poner 180 huevos en la arena, quedó atrapada en la valla metálica de la obra. A la larga, un juez determinó que la construcción era ilegal y ordenó la demolición de todas las estructuras existentes relacionadas con la piscina. Cuando los dueños no cumplieron, los manifestantes lo hicieron. *Aquí vive gente* concluye con unas imágenes conmovedoras de los manifestantes cuando derriban el muro, símbolo de la lucha anticolonial colectiva y comunitaria en la que los puertorriqueños se hallan constantemente inmersos.[62] Hacia el final del documental, una residente de Puerta de Tierra dice: «Aquí la resistencia va a durar hasta que el corazón aguante». Las escenas finales muestran imágenes aéreas de protestas, así como de playas y lugares emblemáticos de Puerto Rico mientras Berlingeri vuelve a cantar los últimos versos de «El apagón».

Cuando Kacho terminó «El apagón» / *Aquí vive gente* en 2022, se enteró de que Bad Bunny y su equipo aún no tenían un plan para lanzar el video. Entonces apareció la noticia de que el huracán Fiona se dirigía hacia Puerto Rico. Kacho oyó decir al equipo de Bad Bunny que ese era el momento de lanzar el video porque: «"Si ese huracán azota, vamos a tener un apagón de verdad". Y eso fue lo que sucedió exactamente. El día después de que se publicó el video, tuvimos un apagón del 100 % [en Puerto Rico]».[63] En un sorprendente giro del destino, Fiona golpeó a Puerto Rico el 18 de septiembre de 2022, casi cinco años después de que el huracán María devastara el archipiélago, el 16 de septiembre de 2017. Kacho recordó: «Antes de María, nunca habíamos visto el 100 % de Puerto Rico sin luz. Sin electricidad en el 100 % de la isla. Así que, sí, ese era el momento... la decisión de publicarlo en ese momento, y lo que ocurrió justo después fue importante».

Una semana después del paso de Fiona, los puertorriqueños seguían sumidos en la oscuridad mientras lidiaban con las secuelas de la tormenta. Una vez más, Bad Bunny estaba de gira, realizando dos conciertos de *World's Hottest Tour* en Las Vegas, Nevada, el 23 y 24 de septiembre de 2022. En la primera noche de su residencia de dos noches en Las Vegas, Bad Bunny pronunció un discurso apasionado, usando una vez más su plataforma para dar a conocer el problema inmediato al que se enfrentaba Puerto Rico. Centró sus comentarios en el significado del estribillo «Puerto Rico está bien cabrón» de «El apagón». Bad Bunny empezó afirmando que Puerto Rico está bien cabrón por su belleza, su cultura y su gente. Pero a continuación explicó el doble significado de «estar cabrón» refiriéndose también a los problemas a los que se enfrenta Puerto Rico. «Cada vez se hace más difícil quedarse, cada vez son menos los recursos que tienen los puertorriqueños para vivir en la isla». Criticó al gobierno llamándolo «prácticamente un gobierno enemigo, que se enriquece cada día más y más, y trabaja para su [propio] beneficio, poniendo al pueblo como último en la lista de prioridades». A continuación, estableció una conexión directa entre Fiona y María. Bad Bunny le contó al público que Puerto Rico se había quedado sin servicio eléctrico incluso antes de que llegara Fiona y, seis días después del huracán, casi todo el archipiélago permanecía sumido en un apagón. Acto seguido, hizo un llamado directo a la acción: «Puerto Rico ya no quiere mensajes lindos, mensajes como "Puerto Rico se levanta".[64] Puerto Rico quiere acción, Puerto Rico necesita y se merece algo mejor... Yo amo a Puerto Rico más que a cualquier otra cosa en el mundo. Me siento orgulloso de mi bandera, me siento orgulloso de mi país. El mundo entero conoce a Bad Bunny, y el mundo entero sabe que Bad Bunny es de Puerto Rico, y sabe que Puerto Rico está bien cabrón».[65] Después de pedir ayuda para su país interpretó «El apagón». El discurso de Bad Bunny añadía contexto y profundidad a una canción ya de por sí emotiva y política. Se trata de un himno para los puertorriqueños que nos hace sentir al mismo tiempo alegres, enfadados, eufóricos, nostálgicos, muy tristes y muy orgullosos.

Para Kacho, la posibilidad de colaborar en un proyecto con un mensaje tan poderoso marcó un hito en su carrera. Se sentía honrado de trabajar con un artista dispuesto a usar su plataforma para hablar de esas causas ante un público tan grande. Millones de personas han visto el video en YouTube. Según Kacho, «empezaban viendo un video de Bad Bunny y acababan aprendiendo y viendo un documental sobre el aburguesamiento y las luchas puertorriqueñas».[66] Como observa Juan Arroyo en un artículo para *Rolling Stone*, el hecho de que Bad Bunny usara esa canción y su plataforma para desarrollar un amplio contenido educativo sobre las crisis actuales en Puerto Rico tiene un significado especial, dado el éxito masivo de *Un verano sin ti*. El video musical y el documental proveyeron una oportunidad para «informar a los fans que no estaban al tanto y conseguir apoyo para empujar a Puerto Rico hacia el futuro que él y sus ciudadanos han estado imaginando. La canción y el video son más que un mensaje, son un llamado a la acción».[67]

El 5 de febrero de 2023, Bad Bunny llevó su mensaje al escenario musical más grande del mundo: los Premios Grammy, donde abrió la gala de premiación con «El apagón». Empezar la 65.ª edición de los Grammy con esa canción de protesta puertorriqueña representó un momento significativo para nuestra cultura. Bad Bunny, vestido de un modo informal con una camiseta blanca, *jeans* azul claro, zapatillas deportivas blancas y una gorra negra de la Serie Mundial de béisbol con las letras «PR» bordadas, entró en el abarrotado Crypto Arena de Los Ángeles con un grupo de percusionistas, trompetistas, bailarinas de plena vestidas con faldas de colores brillantes, y una tropa de teatreros con cabezudos (cabezas gigantes de papel maché) características de una de las fiestas más importantes de Puerto Rico, Las Fiestas de la calle San Sebastián. Los cabezudos creados para la actuación de Bad Bunny por el renombrado grupo teatral puertorriqueño,

6.4 Los bailarines y cabezudos que participaron en la histórica actuación de Bad Bunny en los Premios Grammy de 2023 se reúnen en torno a una bandera de Puerto Rico para inmortalizar el momento. Entre los cabezudos figuran importantes representaciones de la cultura puertorriqueña como Ismael Rivera, Roberto Clemente, Julia de Burgos, Andy Montañez y Tego Calderón, entre otros. (Foto cortesía de Jade Power-Sotomayor).

Agua, Sol y Sereno, representaban toda una gama de figuras de la historia y la cultura de Puerto Rico, entre ellas algunas relevantes para «El apagón», como Ismael Rivera y Tego Calderón. Otros cabezudos representaban a la poeta, abolicionista y luchadora independentista Lola Rodríguez de Tío; la exalcaldesa de San Juan y primera mujer en ocupar la alcaldía de una capital de América, Felisa Rincón de Gautier (conocida en Puerto Rico como «Doña Fela»); la poeta Julia de Burgos; el legendario jugador de béisbol y activista humanitario Roberto Clemente; el cantante y compositor de El Gran Combo de Puerto Rico Andy Montañez; y el compositor Tite Curet Alonso.[68]

Acompañado por esa multitud de artistas, Bad Bunny comenzó su actuación diciendo: «Puerto Rico está bien cabrón, está bien cabrón». Pero el público solo llega a oírle decir «Puerto Rico está bien...» antes de que aparte el micrófono y gesticule con la boca el resto de la frase. Como la palabra «cabrón» es, para todos los efectos, una mala palabra, los medios de comunicación no pueden difundirla. Aun así, resulta muy satisfactorio

6.5 Bad Bunny interpreta «Después de la playa» en los Grammy de 2023. La canción ejemplifica la cultura de las fiestas caribeñas. (Foto de JC Olivera/WireImage vía Getty Images).

ver a Bad Bunny gesticulando la palabra «cabrón» sin emitir sonido. Solo los que la conozcan, lo sabrán. Muchas partes de «El apagón» tienen un significado especial para los puertorriqueños, incluida esa frase. De igual modo, Bad Bunny no podía decir la palabra «chocha» en televisión en vivo. Aunque la frase «me gusta la chocha de Puerto Rico» no se transmitió, el sentimiento estaba ahí. Al referirse a esa parte de la canción, la académica y bailarina Jade Power-Sotomayor, quien bailó plena junto con Bad Bunny en los Grammy de 2023, señala que el «canto rítmico... invoca una patria y una entrega sexual a las chochas puertorriqueñas, pero también nombra los tipos de extracción realizados por inversores y aburguesadores que ven a Puerto Rico como un puerto de riquezas explotables». Por eso, abrir el espectáculo con «El apagón», una canción que denuncia sin ambages el colonialismo en Puerto Rico, fue algo tan poderoso.[69]

Tras interpretar un fragmento de «El apagón», Bad Bunny cantó «Después de la playa» y Dahian El Apechao y su grupo aparecieron en el escenario, junto con decenas de bailarines, entre ellos, algunos que habían participado en la gira *World's Hottest Tour*.[70] A lo largo de la actuación, Bad Bunny estuvo acompañado por una pléyade de artistas y bailarines caribeños con todo tipo de cuerpos, tonos de piel y expresiones de género.

Los bailarines bailaban solos, cambiaban de pareja y se relacionaban con el público, mientras los cabezudos se paseaban entre el público e invitaban a la gente a levantarse y bailar. Como explica Power-Sotomayor, tanto la puesta en escena de Bad Bunny en los Grammy, como la de la gira *World's Hottest Tour*, reproducen la naturaleza comunitaria de la cultura de las fiestas de baile caribeñas, en las que la música y la alegría de moverse y soltarse en comunidad son la clave de la resistencia.[71]

La fiesta de cinco minutos que Bad Bunny montó en los Grammy fue una pequeña muestra de la fiesta de protesta que Kacho nos describió mientras rodaba «El apagón» en el Túnel de Guajataca. Su actuación en los Grammy fue una afirmación de la música como resistencia, que infundió orgullo a los puertorriqueños de todo el mundo. Su audaz decisión de abrir con la canción de protesta e himno puertorriqueño, «El apagón», consolidó aún más su autenticidad como una persona dedicada a su país y dispuesta a usar su plataforma para pronunciarse de un modo contrario a lo que se espera de los famosos, quienes a menudo prefieren evitar asumir posturas políticas en vez de abrazarlas. Además, hacerlo en la entrega de premios musicales más prestigiosa de Estados Unidos sugería que tal vez había logrado lo imposible: alcanzar el éxito mundial cantando en español sobre temas puertorriqueños. Y, sin embargo, a pesar de hallarse en el epicentro de la música popular actual, de algún modo aún lo siguen tratando como alguien que no pertenece la cultura del *mainstream*.

7

«CANTANDO EN *NON-ENGLISH*»: BAD BUNNY SE PIERDE EN LA TRADUCCIÓN

El 28 de agosto de 2022 Bad Bunny hizo historia en la premiación de los MTV Video Music Awards al ser el primer cantante de música latina en ganar el premio al Artista del Año. En su discurso de aceptación, pronunciado íntegramente en español, dijo: «De corazón, no tengo palabras para describir lo que siento, el orgullo que siento de estar aquí esta noche en el Yankee Stadium recibiendo este premio. Lo llevo diciendo y siempre creí desde el principio que yo podía llegar a ser grande, que yo podía llegar a ser una de las estrellas más grandes del mundo sin tener que cambiar mi cultura, mi lengua, mi idioma, mi jerga. Yo soy Benito Antonio Martínez Ocasio, de Puerto Rico pa'l mundo entero. ¡Gracias!».[1] La determinación de Bad Bunny de dirigirse al público en español puertorriqueño, con jerga puertorriqueña, ha sido fundamental en su carrera, y le ha ganado el cariño de los fans como artista auténtico, sin comprometer su capacidad para conquistar al gran público estadounidense.

Sin embargo, a pesar de su éxito sin precedentes como artista del reguetón en español, los medios y las instituciones que le otorgan esos reconocimientos siguen apuntando a la otredad de Bad Bunny. Por ejemplo, cuando en 2023 Bad Bunny abrió la ceremonia de premiación de los Grammy interpretando el «El apagón» y «Después de la playa» en español, los espectadores desde sus hogares leyeron «*Singing in Non-English* [santando en un idioma que no es el inglés]» en los subtítulos, en lugar de la letra de la canción en español o su traducción al inglés. Más adelante, los subtítulos decían que Bad Bunny estaba «Speaking in *Non-English* [Hablando en un idioma que no es el inglés] cuando recogió el premio al Mejor Álbum de Música Urbana. Los fans en las redes sociales, los medios de comunicación como *The New York Times*, el *Today Show* y hasta el congresista Robert García (representante del distrito 42 del Congreso de California) criticaron de inmediato a la cadena CBS por promover la percepción del español como un idioma extranjero e ininteligible.[2] Bad Bunny, por su parte, publicó capturas de pantalla de los subtítulos en su cuenta de Instagram, sugiriendo que estaba orgulloso de hablar en «*Non-English*».[3]

Lo que ocurrió en los Grammy puso de manifiesto el desconcierto de la industria ante el éxito de Bad Bunny. También recordó otro gran momento de los Grammy: la interpretación de Ricky Martin en 1999 de su éxito «La copa de la vida», a menudo considerado un hito en la música latina que marcó el inicio del llamado *boom* latino de finales de la década de 1990 y principios del 2000. El *boom* latino es el momento concreto de la cultura pop cuando Martin y otras estrellas de la música en español hicieron el *crossover* (cruzaron la frontera) al mercado del *mainstream* estadounidense lanzando álbumes en inglés. Aun cuando su éxito en el mercado crecía, estos artistas eran representados como un otro exótico e hipersexual; solo se les concedía tiempo de emisión si encarnaban los estereotipos de amante latino y eran recompensados por usar el español de formas que a menudo reforzaban su condición de extranjeros mediante estereotipos problemáticos y racistas.[4] Durante la actuación de Martin en 1999, el ídolo puertorriqueño movió las caderas en unos pantalones de cuero ajustados sobre un fondo de imágenes y ritmos latinos genéricos, tales como una línea de conga y bailarines carnavalescos. Al interpretar esos estereotipos, los artistas del *boom* latino como Martin satisfacían los deseos y expectativas de un público estadounidense del *mainstream*. En contraste, Bad Bunny se convirtió en el número uno, a pesar de su negativa a complacer al mercado estadounidense dominado por el inglés, lo cual supone un cambio importante.[5]

Varios meses después, en octubre de 2023, Bad Bunny se burló abiertamente de la incapacidad de CBS para dar cabida a una actuación en español cuando actuó como presentador en *Saturday Night Live*. Era el primer artista de habla hispana en actuar en el programa.[6] Durante su monólogo de apertura, Bad Bunny dijo en inglés: «La gente se pregunta si podré presentar este programa, ya que el inglés no es mi lengua materna. Yo hago lo que me da la gana. Puedo presentar este programa en inglés, puedo ordenar en McDonald's en inglés, puedo tener sexo en inglés, pero prefiero el sexo en español, porque es mejor. Prefiero el español. ¿Saben qué?». Entonces empezó a hablar en español. «Vamos a aprender eso aquí un momento. Primero que todo, quiero mandar un saludo a todos los latinos del mundo entero. En especial a los que me están viendo *"live"* en Puerto Rico».[7]

En la parte inferior de la pantalla decía: «[Speaking in *Non-English*]». Bad Bunny protestó: «*Not again, please* [Otra vez no, por favor]. Cámbiame eso, cámbiame eso.[8] *Excuse me, can we change that? Can we do it right?* [Con el permiso, ¿podemos cambiar eso? ¿Podemos hacerlo bien?]». Los subtítulos cambiaron a: «[*Speaking a sexier language*]» (que se traduce a: «Hablando en un idioma más *sexy*)». El público aplaudió y Bad Bunny levantó el pulgar en señal de aprobación.

Aunque el monólogo se burla de la no-traducción que hizo CBS de sus palabras en los Grammy en 2023, reforzó la disonancia entre el estatus de Bad Bunny como ícono musical mundial y el modo en que los medios de comunicación estadounidenses lo (mal)entendían tanto en el sentido literal como el figurado. Las bromas a lo largo de su monólogo se centraron en ese tipo de malentendidos. En un momento dado, Bad Bunny dijo que no confiaba en los subtítulos e invitó al actor chileno-estadounidense Pedro Pascal a hacer de intérprete. En broma, Pascal interpretó mal las palabras de Bad Bunny reduciendo lo que este había dicho a una oración en la que se proclamó el actor favorito de Bad Bunny. El chiste iba dirigido en cierto modo a los medios de comunicación estadounidenses para demostrar que el *mainstream* no puede bregar con un latino hispanohablante.

Sin embargo, el monólogo también fue problemático porque se basó en los estereotipos arraigados del amante latino hipersexualizado, aludiendo a las proezas sexuales de Bad Bunny. En un momento dado, Pascal le aconseja a Bad Bunny que se burle de sí mismo mostrando una foto embarazosa. En la pantalla aparece una foto del cantante casi desnudo tomando el sol.

—¿Por qué esto es embarazoso? —le pregunta Pascal, sugiriendo que no había nada vergonzoso en el cuerpo de la estrella.

—¡Porque olvidé ponerme ropa! —exclamó Bad Bunny.

Con ese énfasis en la sexualidad de Bad Bunny, *Saturday Night Live* repitió viejos estereotipos, aunque su presentador estuviera abriendo nuevos caminos.

Como expertas en música latina y representación mediática, a menudo nos contactan periodistas que trabajan en reportajes sobre estos temas para preguntarnos cómo y por qué Bad Bunny ha alcanzado tanta fama mundial. ¿Por qué Bad Bunny? ¿Por qué ahora? Nos han preguntado si su éxito en el *mainstream* estadounidense significa que Estados Unidos ha evolucionado tanto en el plano cultural, que hablar español y ser latino han dejado de ser un impedimento para alcanzar popularidad entre los fans de la música en inglés. En ese sentido, los periodistas nos preguntan si Estados Unidos estará «por fin listo» para acoger a una estrella latina de habla hispana. Sin embargo, la reproducción de los consabidos estereotipos de los latinos como extranjeros, inasimilables o *Latin lovers* [amantes latinos], sugiere que instituciones como *Saturday Night Live* no están mejor preparadas que CBS, al no contar con un personal de subtitulado hispanohablante.

Sin duda, el éxito de los artistas hispanohablantes en Estados Unidos es motivo de celebración. Sin embargo, la autenticidad que ha convertido a Bad Bunny en una estrella a menudo es obviada cuando los medios de comunicación estadounidenses cubren su éxito, pero malinterpretan y hasta pasan por alto las referencias a la cultura y la política puertorriqueñas en su arte o en sus entrevistas. Algunos medios aún se resisten a cubrirlo en las noticias, a pesar de su impresionante desempeño en las listas de éxitos y la cantidad de récords que ha batido. Desde los periodistas hasta los *paparazzi*, las personas que conocemos que trabajan medios de comunicación nos cuentan lo difícil que les resulta convencer a sus editores para que publiquen artículos sobre Bad Bunny, porque estos medios lo ven en un nicho muy limitado o lo encuentran demasiado irreconocible para el *mainstream*. Aunque en la opinión pública se ha producido un ligero cambio desde su éxito mundial sin precedentes en 2022, la condición de Bad Bunny como artista latino que habla y actúa en español sigue siendo un obstáculo para su plena aceptación en el *mainstream* estadounidense.

El invierno de 2022-2023 fue uno de los más fríos y largos de la historia de Los Ángeles. Cuando llega el mes de marzo, los habitantes de Los Ángeles esperan días más cálidos y un tiempo primaveral, pero aquel era un día gélido y lluvioso. En enero de 2023, Bad Bunny se había instalado en una casa de $8.8 millones de dólares muy cerca de la emblemática franja Sunset, en Hollywood Hills. En un momento en que los fans se preguntaban el efecto que tendría ese cambio en su arte y su atractivo autóctono, Bad Bunny fue fotografiado con la estrella de *reality* convertida en modelo, Kendall Jenner.

Las habladurías sugerían que eran pareja. Jenner pertenece a la familia Kardashian, que ha construido un imperio mediante su programa de televisión, *Los Kardashian*, sus muchos productos de belleza, y lo que algunos han criticado como una fuerte dosis de apropiación de las culturas negra y latina.[9] Uno de los colaboradores habituales de Vanessa en su investigación sobre los medios de comunicación de los famosos, el *paparazzi* Jeff, capturó las primeras imágenes de la pareja.[10] Jeff es conocido como un fotógrafo de talento indiscutible entre sus colegas, aunque como todos los *paparazzi*, no es respetado por los medios de comunicación que se valen de su trabajo.[11] En este caso, su foto capta a Bad Bunny, Jenner y Kylie, la hermana de Jenner, cuando salen de un famoso pero discreto restaurante de sushi, situado en la segunda planta de un centro comercial de Hollywood. Fue poco después de que Deuxmoi —una cuenta en las redes sociales que cubre a la farándula— informara que habían sido vistos besándose en un club.[12] Tres días después, Jeff le dijo a Vanessa que su agencia de fotos había ganado decenas de miles de dólares solo por las fotos que se publicaron en línea. «Los blogs pagan cinco, seis, siete u ocho mil dólares», afirmó Jeff, quien anticipaba que los medios impresos pagarían aún más. Aunque los *paparazzi* solo ganan un pequeño porcentaje de las ventas de sus fotografías, pues las agencias de fotos que las venden se quedan con la mayor parte de las ganancias, aquel había sido un buen día para Jeff, y esperaba repetirlo.[13]

La noche del 10 de marzo de 2023 —el día en que Bad Bunny cumplía 29 años— Vanessa se unió a Jeff, quien quería hacer más fotos de la pareja. La temperatura rondaba los 10 grados; el día estaba lluvioso y más frío de lo habitual en Los Ángeles. Se encontraron cerca de la casa de Bad Bunny en Hollywood Hills. Que Jeff supiera dónde vivía Bad Bunny no es sorprendente, pues el andamiaje de la fama implica que la mayoría de los famosos tiene gente en sus propios equipos que les proveen pistas a los *paparazzi*, aunque luego los insulten en público.[14] En la industria del entretenimiento, la relación de cooperación entre la familia Kardashian-Jenner y los *paparazzi* es conocida. También se sabe que, en el proceso de consolidación del imperio Kardashian-Jenner, las agencias de fotografías les han pagado por permitir que ciertos *paparazzi* fotografíen en exclusiva las vacaciones familiares y otras ocasiones.[15]

Mientras Vanessa y Jeff aguardaban por alguna señal de la pareja, hablaron sobre cómo Jeff había conseguido las primeras fotos de Bad Bunny con

Kendall Jenner. Jeff le explicó que el interés y valor potencial de las fotos para los principales medios de comunicación estadounidenses era la presencia de Jenner, lo cual hacía que mereciera la pena fotografiar a Bad Bunny. «A pesar de su estatus [el de Bad Bunny], la historia es Kendall. Ella es el gancho. Bad Bunny por sí solo, en realidad, no nos interesa. No me voy a molestar si me pierdo a Bad Bunny solo», explicó Jeff. Bad Bunny era el músico más popular del mundo. Sin embargo, las celebridades no blancas tienen poco valor en el mercado de fotos de los famosos, sobre todo si se comparan con las blancas, cuyas imágenes suelen ser las más codiciadas y, por lo tanto, las más lucrativas para los fotógrafos.[16] Aun si se trata de la estrella musical más grande del mundo, no es suficiente si es un puertorriqueño que habla español. A los medios de comunicación del *mainstream* estadounidense no suelen interesarles esos artistas, a menos que estén vinculados a una familia blanca, la familia blanca estadounidense.[17] De hecho, Jeff dijo que las fotos de Bad Bunny y su antigua novia, la diseñadora de joyas puertorriqueña Gabriela Berlingeri, no se vendieron bien.

Los principales medios de comunicación estadounidenses nos recuerdan siempre quién es y quién no es estadounidense o, al menos, quién es lo bastante estadounidense. Los primeros periódicos y revistas estadounidenses a menudo fueron instrumentos de propaganda racista. Entre las caricaturas más emblemáticas está la del Tío Sam ridiculizando a sus súbditos coloniales inferiores, incluidos los puertorriqueños, a quienes representaban mediante caricaturas racistas.[18] Los medios de comunicación de Hollywood han hecho lo mismo. En su innovador libro, *Hollywood, the Dream Factory* [*Hollywood, la fábrica de sueños*], la antropóloga Hortense Powdermaker escribe: «La gente de Hollywood lleva una vida familiar más o menos normal, y la política actual de los estudios es hacer todo lo posible por que se sepa. La publicidad y las revistas de fans se han concentrado en las imágenes de vidas familiares "normales"».[19] Nótese el énfasis en la palabra «normal», que combinada con el concepto de vida familiar, tiende a referirse al típico núcleo familiar blanco estadounidense. A los latinos siempre se les ha excluido de la narrativa de la «americanidad» [entiéndase americano como estadounidense], lo cual se refuerza cada vez que un latino triunfa en la industria musical. El caso de Bad Bunny no es diferente.

Como interés amoroso de una verdadera estrella de *reality* estadounidense, como Jenner, Bad Bunny atraía por su proximidad con la blanqueza y porque contribuía a la representación del amor heteronormativo en los medios de comunicación. En la década de 1950, la serie televisiva *Yo amo a*

Lucy convirtió a Desi Arnaz en la primera estrella latina y la primera persona que habló en español en la televisión en Estados Unidos; también hizo de Arnaz y Lucille Ball la primera pareja interracial de la televisión estadounidense (entre otras muchas novedades). Es indudable que la aceptación y la popularidad de Arnaz se debieron en gran parte a su relación con una querida actriz blanca estadounidense y a que el programa se basaba en tropos extremadamente racistas sobre los latinos.[20] Décadas después, el trabajo de Jeff consistiría en fotografiar a Jenner con su nuevo novio latino.

Mientras Jeff y Vanessa esperaban a que el todoterreno de Bad Bunny doblara la esquina, Jeff le contó a Vanessa cómo se había enterado de que Kylie y Kendall Jenner irían a comer sushi antes de saber que Bad Bunny se les uniría. La primera pista fue el guardaespaldas de Kylie, quien conocía a Jeff. «Le hago la señal de paz porque nos reconocimos», dijo Jeff. «Luego pienso, mierda, ¿debí haberlo hecho? Tal vez no se habría percatado de mi presencia». Jeff esperó a que el grupo subiera al restaurante sabiendo que no había una entrada al establecimiento desde el aparcamiento subterráneo. Recordó: «Kylie se detiene en su Navigator, que es como un Navigator alargado. Es único. No hay otro así en Hollywood, así que es obvio».

Como sugiere el ostentoso Navigator, los famosos suelen tomar decisiones que los hacen más visibles. Saben que los vehículos llamativos y fácilmente identificables (como los automóviles deportivos raros y coloridos de Justin Bieber) llaman la atención de los *paparazzi* y, por lo tanto, se les hace más fácil seguirlos. Aun así, se muestran irritados cuando son captados por las cámaras. Esas elecciones amplifican su marca y garantizan que sus imágenes permanezcan en circulación. A pesar de la percepción popular de que los famosos se oponen a que los *paparazzi* invadan su espacio personal y su intimidad, a menudo cooperan con los *paparazzi*; a los famosos parece importarles más la monetización de sus imágenes que las personas que les hacen fotos.[21] La familia Kardashian-Jenner empezó así. Inicialmente, el interés por la familia surgió a raíz de la publicación en 2007 del video sexual de Kim Kardashian con su exnovio, el cantante Ray J. De hecho, la popularidad de *Los Kardashian* se basa en la afirmación del *reality show* de que los espectadores tienen acceso pleno a todos los aspectos de la vida privada de la familia.[22] Sin embargo, en cualquier momento pueden decidir demostrar que les preocupa su intimidad. Por tal razón, Jeff pensó que habría sido mejor que el guardaespaldas de Kylie no lo hubiera visto. Incluso una familia que ha establecido un imperio a base de renunciar a su vida privada decide de vez en cuando revocar el acuerdo informal que les da acceso a los *paparazzi*.

Jeff le contó a Vanessa que esperó fuera del restaurante para ver quiénes aparecían. Se emocionó al ver que Kendall llegó primero porque, según Jeff, «Kylie siempre es fácil de retratar, pero Kendall forma un poco más de revuelo». Después de dirigirse al auto para buscar su cámara, Jeff vio el Escalade de Bad Bunny entrar en el aparcamiento subterráneo. En ese momento se dio cuenta de que podría ser él quien confirmara los rumores de la relación entre Jenner y Bad Bunny. Vio a Bad Bunny entrar en el restaurante con un pañuelo en la cara y esperó a que el grupo saliera después de cenar para sacar una foto de Jenner y Bad Bunny juntos. «Las probabilidades eran escasas... Al final todo dependía de [Bad Bunny] porque a Kylie y a Kendall les encanta la cobertura mediática. Él es un poco más reservado... no parece que le interese mucho la atención de los medios». Para sorpresa de Jeff, salieron juntos del restaurante y se dirigieron a sus autos. «Habían aparcado tan cerca de la pared, que él [Bad Bunny] habría podido subir [a su auto] sin que yo lo viera. Pero corrí hacia el aparcamiento, luego corrí detrás de los autos y entonces pude tomar las fotos».

A pesar de que Bad Bunny tenía cierto interés porque estaba con las hermanas Jenner en aquel momento (y salía con una de ellas), los *paparazzi* afirmaban que en realidad dependía de él que pudieran hacer la foto. El propio Bad Bunny ha dejado claro que protege ferozmente su vida personal. Se lo dijo a Chente Ydrach en 2018: «Hay mucha gente que sueña con ser artista. Hay gente que sueña con ser famosa. Yo no soñaba con ser famoso, yo soñaba con ser artista. Y son dos cosas diferentes. Artista es el que hace arte, el que hace algo que la gente pueda apreciar. Famoso es un tipo [al] que todo el mundo conoce».[23] Esto plantea una diferencia interesante entre la marca de celebridad que cultivan los Kardashian-Jenner y la que mantiene Bad Bunny. También subraya la diferencia en cómo se relacionan con los medios de comunicación. Aunque su fama ha crecido de un modo exponencial desde que Chente lo entrevistó en 2018, Bad Bunny sigue repitiéndoles a los reporteros que está centrado en su arte y que quiere mantener su vida personal lo más privada posible.[24] Respecto a mudarse a Los Ángeles —el centro de la maquinaria mediática—, Bad Bunny le dijo a Julyssa Lopez de *Rolling Stone* que se le hace más fácil permanecer «debajo del radar» en Los Ángeles que en Puerto Rico. Esto podría resultar sorprendente, dada la centralidad de Los Ángeles en el mundo del espectáculo, la gran cantidad de famosos que viven allí y la omnipresente cultura mediática de los famosos en esa ciudad. Pero Julyssa nos explicó que Puerto Rico es «más pequeño, y por eso se corre la voz más rápido. La gente sabe dónde está [Bad Bunny] y se convierte en un circo». En Los

Ángeles, Bad Bunny dijo que puede «comer en un restaurante con tranquilidad, ir al cine, relajarse, dar un paseo».[25] Es difícil ignorar que su condición de artista puertorriqueño de habla hispana, cuya imagen vale, literalmente, menos que la de sus homólogos blancos, sea lo que lo ayude a mantener su privacidad.

Jeff dijo que pocos *paparazzi* buscan a Bad Bunny cuando está solo; él fue el único fotógrafo que cubrió a Bad Bunny la noche en que Vanessa lo acompañó. Todo se reduce a una simple cuestión matemática y económica: cuáles son las fotos, los rostros y los cuerpos que les harán ganar más dinero. Se ha demostrado que los *paparazzi* ganan menos con las fotos de los famosos no blancos que con las de los famosos blancos. Los artistas no blancos están notablemente infrarrepresentados en el cine y la televisión de Hollywood, lo cual guarda una relación directa con su valor para las revistas y otros medios de comunicación.[26] Si no los cubren, no reciben capital simbólico o económico mediante la promoción en las revistas de famosos y otras plataformas que suelen comprarles las fotos a los *paparazzi*. Todo eso aporta a una gran economía de cuerpos célebres, que de forma sistemática valora más los cuerpos blancos. Las jerarquías raciales en los diversos ámbitos de la industria del espectáculo refuerzan el racismo que constituye su núcleo. Esto se extiende a la forma en que se comercializa y valora a las parejas de famosos y hasta a sus hijos. Por ejemplo, *People* pagó $14 millones de dólares por las fotografías de los mellizos de Brad Pitt y Angelina Jolie, pero solo 6 millones por las de los mellizos de Jennifer Lopez y Marc Anthony.[27]

No es de extrañar que la lucrativa venta de fotos de *paparazzi* de Bad Bunny dependiera de la presencia de Kendall Jenner. Como señala la estudiosa de los medios de comunicación Alice Leppert, la familia Kardashian-Jenner ha cosechado ganancias promocionando sus relaciones románticas; ha invertido en la circulación de la intimidad.[28] El nombre combinado de la pareja «Kimye» (para referirse a Kim Kardashian y Kanye West) ha sido el único nombre utilizado en los tabloides que incluya a una persona negra. Algo inusual en este caso es que el nombre de la mujer (Kim) preceda al del hombre.[29] La discrepancia en la representación de las parejas no blancas (y las parejas LGBTQ+) no tiene nada que ver con la estética del posible nombre combinado ni con el nivel de fama de los individuos. Más bien refleja las decisiones conservadoras de los productores en los medios de comunicación que cubren a los famosos (periodistas y editores por igual) en base a lo que creen que venderá más entre sus consumidores ideales, que, presumen, suelen ser de clase media, blancos, angloparlantes o del llamado *mainstream*.[30] La diferencia entre lo que valen Kendall Jenner y Bad Bunny para Jeff como *paparazzi* y para los blogs faranduleros —tanto en el sentido literal del dinero, como en el figurado— se extiende a otros aspectos de la maquinaria mediática estadounidense.

En el verano de 2023 Bad Bunny apareció en la portada de «Future of Music» de *Rolling Stone*, un número doble que se publica en el verano y en el que se presentan los lanzamientos musicales más recientes. Los costos de producción de esa portada han sido de los más elevados de la historia de *Rolling Stone*. Bad Bunny le dijo a Julyssa Lopez, jefa de redacción de *Rolling Stone*, que le encantó que lo trataran como a una auténtica superestrella. *Rolling Stone* trajo en avión desde Europa al estilista de Lady Gaga y, a petición de Bad Bunny, contrató a los diseñadores de joyas Avi Davidov y Ofir Ben-Shimon para que crearan réplicas de las cadenas con incrustaciones de diamantes de los grandes del reguetón que habían influido en su carrera.[31] Julyssa nos comentó en una entrevista que era notable que un artista de habla hispana estuviera la portada del número más importante del año de *Rolling Stone*. Además, la revista le hacía el honor poco usual a Bad Bunny de ponerlo una portada a solo tres años de su portada anterior. En el verano de 2023, mientras Julyssa y Petra escudriñaban las portadas de años recientes en la oficina de *Rolling Stone* en Manhattan, Julyssa nos dijo que muy pocos artistas, actuaran o no en español, aparecen en una segunda portada tan pronto; la mayoría tiene que esperar al menos cinco años.

La primera vez que Bad Bunny apareció en una portada de *Rolling Stone* —en 2020— también fue atípica. Era la culminación de un lento proceso de cambio, que había comenzado en 2015, cuando Suzy Exposito, una joven reportera latina, empezó a trabajar en *Rolling Stone* a tiempo completo. Exposito comenzó a presionar para que la revista cubriera la música latina, alegando su creciente popularidad en todo el mundo. En una presentación en el Centro de Estudios Puertorriqueños de Hunter College, en 2023, Suzy explicó lo difícil que había sido lograr el cambio: «Creo que lo más difícil fue tener que insistir y explicar una y otra vez por qué esos artistas eran importantes. El hecho de que no fueran Daddy Yankee o Shakira o JLo no significaba que no tuvieran algo interesante que decir. Yo sentía que había mucha música interesante. Cada vez que nos reuníamos, repetía lo mismo: "El reguetón está viviendo un renacimiento ahora mismo, creo que deberíamos cubrirlo"».[32] Suzy perseveró y por fin logró convencer a los editores para que le dieran la oportunidad de cubrir la música latina en sus plataformas digitales. En 2018 se convirtió en la editora fundadora de la sección de música latina de la revista.

El artículo de portada del número de enero de 2020 con la foto de Bad Bunny fue el primero en la historia de la revista escrito por una latina y el primero en publicar fotos tomadas por una latina (las fotos eran de la entonces novia de Bad Bunny, Gabriela Berlingeri). También fue la primera portada en destacar a un reguetonero. Cualquiera pensaría que tanto la trayectoria de Bad Bunny en las listas de éxitos como el hecho que Suzy hubiera ampliado el alcance de *Rolling Stone* facilitarían la histórica portada de 2020. Pero no fue así. Durante una charla con Vanessa en la Universidad de Loyola Marymount en marzo de 2023, Suzy describió el proceso de realización de la histórica portada. En un teatro universitario abarrotado de estudiantes que se apretujaban para escucharla hablar sobre el ícono mundial al que ayudó a introducirse en el *mainstream*, Suzy explicó: «Me costó mucho convencer a mis editores para que lo pusieran en la portada. Inicialmente... les propuse ponerlos a él y a J Balvin en la portada cuando lanzaron *Oasis* el año anterior [en 2019], pero eso se cayó. No logré que me escucharan. Dijeron: "Oh, no, tenemos que darle otra portada a Harry Styles"... Y yo les decía: "Bad Bunny causará sensación. Será algo grande. Es mejor que lo hagamos pronto... antes de que lo haga cualquier otra revista importante"».[33]

El momento oportuno para darle la portada a Bad Bunny fue cuando empezó a rumorearse que su segundo álbum de estudio, YHLQMDLG, saldría a la venta en febrero de 2020. Suzy nos contó sobre su conversación con la publicista de Bad Bunny, Sujeylee Solá: «Le dije: "¿por qué no lo traes a la oficina? Que aparezca y ya. ¿Por qué no nos toca una canción [de YHLQMDLG]? Les pediré a mis jefes que vengan"».[34] Según comentó Sujeylee en las redes sociales, al principio Bad Bunny dudó en compartir su música antes de su lanzamiento con gente que no pertenecía a su círculo íntimo, pero su representante Noah Assad lo convenció.[35] Suzy dijo que Bad Bunny se sentó a un extremo de la mesa en una sala de reuniones mientras una multitud de gente de la oficina entraba y se sentaba en el suelo, o se arremolinaba en el pasillo, con la esperanza de conocer a la estrella y escuchar su nueva música. Su popularidad se hizo evidente para los editores. Suzy recordó: «Fue gracioso, porque al principio solo íbamos a estar ocho personas de la oficina, y de repente había más de cincuenta personas intentando entrar». Y prosiguió:

Había unas paredes de cristal y gente afuera sentada en el suelo porque no cabían más personas en la sala de conferencias. Estaba... el grupo de mis compañeros de trabajo [y] gente con la que ni siquiera trabajaba de la sección de *marketing*, recepción y esas cosas. Gritaban: «¡Dios mío, es Bad Bunny!». Así que mis jefes dijeron: «Deberíamos ir a ver qué pasa, porque todas esas chicas están gritando». Les tocamos unas cuantas canciones y, al final, [el editor musical Christian Hoard] dijo: «Muy bien, lo queremos en la portada».[36]

La portada fue un éxito de ventas y visitas al sitio web. Sin embargo, el relato de Suzy sobre lo difícil que fue conseguir que Bad Bunny apareciera en la portada es muy común. La industria musical estadounidense sigue marginando a la música latina y a los artistas latinos en general, sobre todo, a los que actúan en español; sigue tratando a los artistas latinos como si fueran extranjeros, independientemente de cuál sea su ciudadanía, el lugar donde nacieron o la posición que ocupan en las listas de éxitos y los servicios de *streaming*.[37]

Los periodistas que han realizado reportajes importantes sobre Bad Bunny —después del artículo de portada de *Rolling Stone* de 2020— nos dicen que les sigue resultando casi igual de difícil conseguir que sus jefes les permitan hacer un reportaje sobre él. Andrew Chow y Mariah Espada tuvieron que esperar años para conseguir que la revista *Time* le diera luz verde a un artículo de portada sobre Bad Bunny. Andrew nos contó: «Al principio, [Bad Bunny] era como un sueño, pensábamos que [*Time*] nunca [lo pondría en la portada]. ¡Nunca accederían! No creíamos que conseguiríamos hacer una portada de Bad Bunny». Además de sus propios esfuerzos, Andrew y Mariah atribuyeron al «gran año» de Bad Bunny en 2022 —con dos giras consecutivas que batieron récords— y al éxito astronómico de *Un verano sin ti*, el que pudieran hacer el artículo de portada de *Time*.

El ascenso de Bad Bunny a principios de la década de 2020 se produjo en el contexto de la creciente popularidad de la música latina en general. Esto tuvo que ver en buena medida con la llegada del *streaming*, que obligó a la industria a reconocer la importancia de la música latina de un modo en el cual las listas tradicionales, que se basaban principalmente en las ventas de discos, no lo hacían. Las secciones de música latina siempre han recibido presupuestos promocionales más reducidos y menos apoyo que las secciones de pop del *mainstream*.[38] Sin embargo, el que las estadísticas del *streaming* se produzcan en tiempo real y que el *streaming* pueda captar a una audiencia más amplia ha obligado a la industria musical a examinar con mayor detenimiento cómo se consume la música latina.

Muchas de las personas que entrevistamos —Jerry Pullés de Apple Music, Jesús Triviño de TIDAL; Angie Romero (antes con Amazon Music y Spotify), productores musicales, como Tainy y MAG, y artistas como Jowell y Randy, entre otros— están de acuerdo en que el *streaming* impulsó el auge contemporáneo de la música latina en todo el mundo. Dado que el *streaming* representa el 89 % de todas las ganancias de la industria musical,[39] los servicios que lo proveen han tenido que responder a la creciente demanda mundial de música latina. Eddie Santiago, antiguo director de relaciones con artistas latinos para Estados Unidos en Spotify, siempre estuvo dispuesto a invertir en la promoción de la música y los artistas latinos «porque los datos estaban ahí». Eddie nos contó que, a medida que el *streaming* de música latina en Estados Unidos y sus territorios —como Puerto Rico— aumentaba, el equipo de música latinoamericana de Spotify «desarrollaba el mercado y hacía que el servicio tuviera una distribución más amplia».

Angie Romero, exdirectora de programación de contenido global de Amazon Music y exeditora sénior de Spotify, nos explicó que SoundScan, la fuente de datos para las listas musicales de *Billboard* desde la década de 1990, no registraba con precisión a los oyentes de música latina. Se basaba en los escáneres de códigos de barras de las grandes tiendas de discos de Estados Unidos y, por lo tanto, pasaba por alto muchas tiendas pequeñas de las comunidades latinas de Estados Unidos, así como las ventas de álbumes en toda América Latina.[40] También sugirió que el *streaming* había sustituido a la piratería, que operaba al margen de SoundScan, y que por años fue un vehículo de distribución importante entre las comunidades latinoamericanas y latinas. Angie nos dijo que el *streaming* había obligado a la industria musical «a ver el creciente poder de América Latina» porque las cifras eran más visibles.

Si bien el *streaming* puede reproducir muchas de las mismas desigualdades de la industria musical en general, es innegable que ha tenido un efecto importante en el consumo de la música latina.[41] Una y otra vez, periodistas, artistas y ejecutivos de la industria nos han dicho que el *streaming* ofrece una idea más precisa del número de personas que consumen música latina y de su procedencia. Como resultado, territorios globales como América Latina, que antes no se contabilizaban en las listas, ahora forman parte del ecosistema de consumo de la música latina. Además, como nos dijo Angie, «los latinos sobrepasan los índices de *streaming*», lo que significa que los consumidores latinos de Estados Unidos lo usan más que muchos otros grupos. Al mismo tiempo, señaló Andrew Chow, de *Time*, los latinos estadounidenses no son los únicos que impulsan el mercado de la música latina. El *streaming* ha aumentado la cantidad de oyentes «en todas partes del mundo. Así que estamos viendo explosiones enormes en India, Filipinas, México y Sudamérica». La música latina, y el reguetón en particular, ocupa un lugar prominente en el *mainstream* mundial, a pesar de las continuas divisiones en la industria de la música.

Andrew también señaló: «Es obvio que Bad Bunny ha sido crucial en ese *boom* latino». Poner a Bad Bunny en la portada de *Rolling Stone* en 2023 fue mucho más fácil para la editora y autora del artículo de portada, Julyssa Lopez, que para Suzy en 2020. Julyssa nos dijo que el artículo de portada de Suzy en 2020 «fue formidable porque tuvo un efecto positivo en el tráfico —el flujo de consumidores—, que tiende a ser una medida importante para decidir a quién se pone en las portadas». El creciente poder estelar de Bad Bunny también cambió el juego. Julyssa recordó que «la conversación para que apareciera en esa portada fue mucho, mucho más fácil», aunque algunos dudaban de si sería o no suficiente para un número doble. Aunque a Julyssa le costó convencerlos, «no se puede comparar con lo que le costó a Suzy en su día». El nombre de Bad Bunny se consideró desde el principio. Según Julyssa: «Suzy rompió esa barrera, y el cimiento ya estaba ahí». Añádase el innegable éxito de Bad Bunny, y la decisión de la portada era aún más obvia. «¿Qué iban a decir? ¿Que no era lo suficientemente grande? No había discusión», nos dijo Julyssa sobre la decisión. El éxito mundial de Bad Bunny le facilitó a Julyssa la tarea de convencer a las altas esferas de *Rolling Stone* para que lo pusieran en la portada de 2023. No obstante, el mercado mediático estadounidense no ha cambiado en lo fundamental. Así lo reflejan las malinterpretaciones, las malas traducciones y los estereotipos de los latinos que siguen apareciendo en sus contenidos.

Fue idea de Bad Bunny mostrar las cadenas con incrustaciones de diamantes que habían lucido los artistas del reguetón anteriores a él en las fotografías del artículo de portada de *Rolling Stone* en 2023. Julyssa escribió en su perfil que «Bad Bunny llevaba tiempo dándole vueltas a la idea, pensando que se pondría las cadenas para homenajear a los grandes reguetoneros en algún concierto o en alguna presentación pública. Cuando surgió la oportunidad de fotografiarlo para *Rolling Stone*, pensé: "Eso sería perfecto"».[42]

La primera página del artículo muestra una fotografía en blanco y negro de Bad Bunny sin camisa, mirando desafiante a la cámara. En la mano derecha sostiene las réplicas de las cadenas que llevaban los pioneros del reguetón, como Tego Calderón, Don Omar y Daddy Yankee. Se ve esbelto y musculoso. En aquel momento ensayaba para Coachella y practicaba la lucha libre profesional. Es una imagen impactante.

En esa imagen, los entendidos podrán reconocer el significado de las cadenas. Las cursivas «DY» con incrustaciones de diamantes hacen referencia a Daddy Yankee, y el rostro del hombre negro con afro es el de una de las influencias más importantes de Bad Bunny, Tego Calderón. La fotografía sitúa a Bad Bunny en el centro, pero les rinde homenaje a todos los reguetoneros que le abrieron el camino, pero nunca recibieron el mismo nivel de reconocimiento del *mainstream* estadounidense que él.

La imagen de la portada, sin embargo, muestra un primer plano del rostro de Bad Bunny. Lleva una cadena de eslabones gruesa y gafas de sol con una montura también adornada con cadenas. Para Julyssa, la portada fue una oportunidad perdida:

> Creo que lo más frustrante fue que yo pensaba que la foto suya sin camisa sujetando las cadenas debía ser la de la portada. Era tan hermosa. Habría sido toda una declaración, creo, poner esa foto en la portada, y significaba mucho para él... Pero yo no decido qué imagen va [en la portada]... Me la enseñaron después, y era la de él con gafas de sol, que está bien también. Creo que pensaron: «Parece una estrella de *rock*, tiene un estilazo de famoso».

Aunque la estrella y la periodista que escribió el artículo pensaban que la foto de las cadenas tendría más significado, *Rolling Stone* decidió poner en la portada una foto mucho más típica, desprovista de cualquier signo de puertorriqueñidad.

Ese es solo un ejemplo de cómo la prensa no honra ni la forma en que Bad Bunny se representa a sí mismo ni su compromiso ideológico. Cuando la revista *Time* publicó un artículo de portada sobre él —primero en línea, el 28 de marzo de 2023, y después impreso, el 10 de abril de 2023—, fue mucho peor.

Los reporteros Andrew Chow y Mariah Espada eran a sensibles las complicaciones de cubrir a Bad Bunny debido a que no hablaban el mismo idioma. Era la primera portada de *Time* en español. Muchos periodistas nos han dicho que Bad Bunny no disfruta mucho de las entrevistas y que

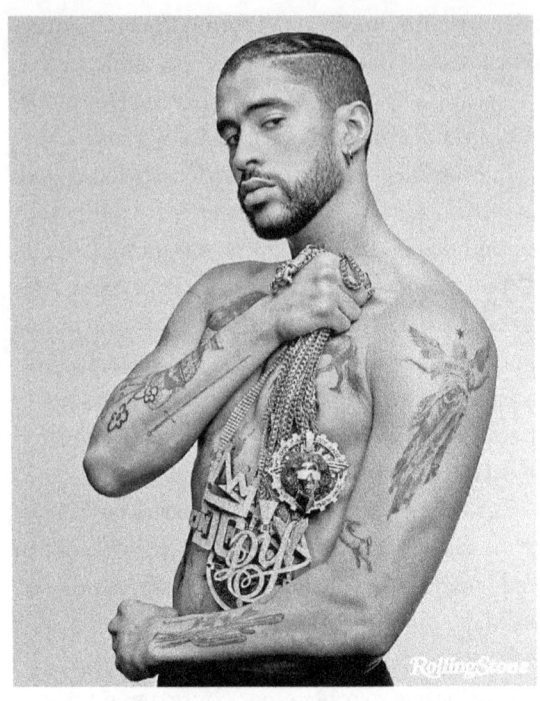

7.1 Esta fotografía apareció en el artículo de portada de Bad Bunny en la revista *Rolling Stone* de 2023. Las cadenas que Bad Bunny sostiene en la mano son réplicas de las que usaron los reguetoneros que lo inspiraron, como Don Omar, Daddy Yankee y Tego Calderón. (Fotografía de Daniel Sannwald para *Rolling Stone*).

7.2 Portada del número Future of Music de *Rolling Stone* (julio/agosto de 2023). Los editores de la revista escogieron esta fotografía por la «imagen de estrella de *rock*» que creían que representaba. (Fotografía de Daniel Sannwald para *Rolling Stone*).

estas salen mucho mejor cuando él se siente a gusto con el entrevistador. Por eso, en 2019, le pidieron a Petra que se reuniera con él antes de la actividad en la Universidad de Harvard. Así tendrían tiempo para congeniar a fin de que él se sintiera más cómodo durante la conversación ante el público. En el caso de la entrevista de *Time*, los periodistas se aseguraron de que Bad Bunny se sintiera cómodo. Andrew nos contó que él y Mariah realizaron la entrevista en español con toda intención para que Bad Bunny pudiera «expresar todo su ser y todos sus pensamientos». Esa comprensión del sentir de Bad Bunny sobre el idioma coincide con lo que otros nos han dicho y con lo que el propio Bad Bunny declaró hace poco en *Vogue*: «Me gusta hablar inglés en privado, no ante las cámara ni en ningún otro sitio».[43]

La portada de la revista *Time* muestra la imagen de Bad Bunny con el título «El Mundo de Bad Bunny» escrito todo en mayúsculas y una cita: «No voy a hacer otra cosa para que a ti te guste». En la entrevista que les hicimos a él junto con Mariah, Andrew nos dijo: «Nos pareció que sería un gesto simbólico pequeño, pero poderoso, que la portada estuviera en español... Teníamos claro que la portada debía ser en español, sobre todo porque uno de los temas principales de la historia era que él no canta en inglés ni tiene por qué hacerlo».

Time publicó en línea la entrevista completa en español, aunque el artículo de portada, tanto en línea como impreso, estaba en inglés. Mariah nos contó que «el 85 % de la conversación se condujo en español, con alguna que otra pregunta en inglés». Nos explicó que su trasfondo nuyorican le sirvió en la conversación en español, mientras que Andrew recordó que «pudo entender mucho». Mariah añadió que, finalizada la entrevista, contrataron a alguien de Puerto Rico «que entendiera bien la jerga y pudiera captar todos los detalles» para que los ayudara en la transcripción y la traducción.

Mariah y Andrew se esforzaron para que Bad Bunny se sintiera complacido con la entrevista. Sin embargo, el artículo publicado contenía un montón de errores de traducción que le causarían problemas al artista, en especial porque muchos fans se sentían molestos por su relación con Kendall Jenner, que para muchos era una prueba de que había perdido su autenticidad desde que se había mudado a Los Ángeles. Como señala Andrew, hubo muchos «tuits y capturas de pantalla de sus citas que suscitaron bastante controversia, algo que esperábamos porque le preguntamos sobre algunos temas espinosos, así que no nos sorprendió ver que el tono del discurso escalara después de eso».

Un tema especialmente «espinoso» fue la cuestión de la raza y el colorismo en la industria de la música. El artículo en inglés dice: «Cuando se le pregunta a Benito si cree que la raza y el colorismo influyen en el éxito de un artista de reguetón, responde: "Como no lo he visto ni vivido, no puedo decir. Sería irresponsable de mi parte decir que sí. Me preguntan si [la superestrella del reguetón de los años 2000] Tego Calderón habría sido más grande si no fuera negro. Para mí, Tego Calderón es el cantante más grande de la industria"». El comentario provocó una fuerte reacción en internet. Un artículo posterior de *Los Angeles Times* cita a fans que tuitearon declaraciones como: «No voy a mentir, Bad Bunny me ha roto el corazón después de admitir que no cree en el colorismo» o «Lo que dice Bad Bunny sobre el colorismo es taaaan decepcionante y no es lo que esperaba de él».[44] Unas semanas después, Petra conoció a una joven en la fila de la tienda de Coachella, que le dijo que le había hecho mucha ilusión ver a Bad Bunny, pero que sus comentarios sobre el colorismo le habían molestado y se estaba planteado no ir al concierto.

Sin duda, esos comentarios son muy decepcionantes. Pero la entrevista en español que *Time* publicó en línea aporta muchos matices sobre sus opiniones y sobre cómo había evolucionado su forma de pensar.[45] A la pregunta de si creía que la raza y el color de la piel desempeñan un papel importante en el éxito de los artistas del reguetón en general, Bad Bunny respondió (en español):

> Me han preguntado eso antes... ha pasado mucho tiempo desde que tuve una pregunta como esa. Dentro de mi ignorancia no lo entendía. Dije que eso no puede ser. No podía imaginarlo. No puedo decir que sí o que no porque no lo he vivido. Tampoco he visto con mis propios ojos que sí, esta persona no se volvió más exitosa debido a su piel, no lo he visto. Sería irresponsable de mi parte decir que sí. Por ejemplo, me preguntaron si Tego Calderón, si hubiera sido más grande si no fuera negro. Pero a mis ojos, Tego Calderón es el cantante más grande de la industria. ¿Tú entiendes? No entendía cosas sobre la industria que tal vez sean ciertas. Quizás las puertas se cerraron por su piel, quizás algún promotor prefirió a un artista más blanco que él. Pero esas cosas no las sé, no las he vivido. Cuando me preguntaron dije: «¿Qué? Para mí Tego Calderón es el cantante más grande del género, también es uno de mis ídolos. ¿Qué quieres decir con no tan grande? ¿Quién es más grande que él?».[46]

Su respuesta contiene verbos en el pretérito y el condicional, que reflejan que Bad Bunny ha reflexionado sobre el racismo y el colorismo, aunque sus respuestas no satisfagan a muchos de sus fans.

El racismo contra los negros es endémico en toda la industria de la música latina; siempre lo ha sido.[47] No cabe duda de que los artistas afrolatinos se enfrentan a muchas más barreras para triunfar que sus homólogos no negros, y que siguen estando infrarrepresentados en la industria musical (y en todos los medios de comunicación) tanto en Estados Unidos como en América Latina. Bad Bunny no lo ha experimentado porque no es percibido como negro ni en el contexto estadounidense ni en el puertorriqueño. La cuestión es aún más compleja si se considera que Estados Unidos y Puerto Rico se rigen por sistemas de clasificación racial muy distintos. En Estados Unidos siempre se ha establecido una distinción fundamental entre la latinidad y la negritud.[48] En Puerto Rico, por el contrario, los discursos raciales son más cónsonos con los de otros países de América Latina, que reconocen diversos grados de mezcla racial.[49] Sin embargo, tanto en Estados Unidos como en Puerto Rico (y en el resto de América Latina) se valora la blanquez por encima de la negritud.[50] Eso se refleja en el racismo sistémico contra los negros en la industria musical latina, que tiende a promover a artistas que encarnan la llamada «apariencia latina»: piel clara, pelo ondulado y rasgos eurocéntricos. No obstante la ambigüedad en torno a la identidad racial de Bad Bunny, lo cierto es que encarna muchas características de la llamada «apariencia latina». En ese contexto, su aparente negación del racismo en la industria de la música latina les pareció insensible a muchas personas que argumentaron que Bad Bunny se beneficiaba del privilegio blanco dentro de la industria.[51] En reacción a los comentarios de Bad Bunny, la crítica cultural Katelina «La Gata» Eccleston declaró a *Time* que Bad Bunny «sigue sin entender su posicionalidad».[52] Los críticos objetan con razón que Bad Bunny parece insinuar que el racismo no existe en la industria de la música latina. Sin embargo, la cita completa de Bad Bunny muestra una imagen más compleja de su percepción del racismo en la industria. Reconoce que es muy probable que Tego Calderón fuera víctima del racismo contra los negros. Bad Bunny señala que está aprendiendo; que en el pasado su ignorancia le había impedido dar respuestas más matizadas y que su comprensión sobre el funcionamiento de la industria está evolucionando. La traducción que leyó el público anglófono fue distinta, y eso es importante.

Los fans también se sintieron decepcionados por las declaraciones de Bad Bunny sobre su himno político, «El apagón», en el artículo de *Time*. El artículo señala que «El apagón» ejemplifica la naturaleza política de la obra de Bad Bunny y que en la letra de la canción «incluso descalifica a los no latinos que quieren participar en la cultura del regueton o aprovecharse de la tierra puertorriqueña por no tener "sazón"». Luego añade que Bad Bunny afirma que está menos convencido del tema de la sazón que cuando escribió la canción:[53] «Cuando escribí esa canción estaba molesto». Y añadió: «No es que me sienta así en este momento... nuestra cultura y nuestra música se extienden por todas partes. Impacta a personas en otros lugares. Quieren probarlo y sentirlo. Entonces, ¿por qué me va a molestar eso, si lo hacen con respeto?». En su artículo de portada en *Rolling Stone*, Julyssa cita un tuit que acusa a Bad Bunny de haber sido consumido por el «mercado gringo» y pregunta cómo es posible que se arrepintiera de haber escrito una de las líneas más icónicas de «El apagón». Otra persona atribuye las declaraciones de Bad Bunny a «una mente totalmente colonizada».[54] Los comentarios de los fans en las redes sociales demostraron que se sentían profundamente traicionados porque percibían que el artista al que defendían por escribir una de las canciones puertorriqueñas de protesta más importantes de nuestro tiempo ahora se mostraba indiferente a los sentimientos expresados en su letra.

Mariah dijo que ella y Andrew habían sido «muy deliberados y cuidadosos» en su artículo. No querían exponer al cantante a las críticas. Pero, por supuesto, aclararon: «una vez que se envía [la historia] al mundo, no tenemos ningún control». Como es típico cuando se extrae un fragmento de su contexto, Mariah cree que la polémica «creció y se alejó un poco de lo que en realidad decía el artículo». Andrew también señaló que el artículo en línea apareció apenas unas semanas después de que se publicaran las fotos de Jeff que muestran a Bad Bunny con Kendall Jenner: «Era como si muchas de esas conversaciones ya se estuvieran llevando a cabo en Twitter, y todo lo que Twitter necesitaba era echar más leña al fuego». La gente ya temía que el astro puertorriqueño hubiera abandonado su compromiso con el archipiélago al mudarse a Los Ángeles y tener una nueva novia blanca y estadounidense. En ese contexto, los comentarios de Bad Bunny cobraron vida propia.

La segunda portada de Bad Bunny en *Rolling Stone* (junio de 2023) dio al cantante la oportunidad de responder a las críticas. En el reportaje queda claro que al artista, cuyo lema es «yo hago lo que me da la gana» y que en sus canciones dice que no le importa lo que piensen los demás, en realidad sí le importa la opinión de los demás. Y mucho. En su entrevista con Julyssa, Bad Bunny expresó su frustración por la incomprensión de su punto de vista respecto al racismo. Bad Bunny le dijo a Julyssa que había dicho lo que dijo en el artículo de *Time* porque «no quería hablar sobre de las experiencias de personas que han sufrido el racismo». Y añadió: «Soy latino, caribeño, mi piel es blanca. He sentido rechazo en Estados Unidos, quizás en algunos lugares por ser latino. Me he sentido rechazado en un mundo en el que hay mucha gente rica, y puedes tener cien millones de dólares en el banco, y para ellos, eres [menos] por ser latino. Es obvio que el racismo [y] el colorismo existen en todo el mundo, en todas las industrias».[55] Queda claro que Bad Bunny es consciente de la complejidad de su posicionamiento en las jerarquías raciales: es «latino», pero tiene la «piel blanca». También sabe muy bien que el racismo existe en todas partes, incluso en la industria de la música latina. De hecho, en nuestra conversación, Julyssa recordó que, cuando abordó el tema de la raza, Bad Bunny la criticó y criticó a las grandes industrias de los medios de comunicación:

> [Bad Bunny] dijo algo así: «No entiendo por qué los periodistas siempre les hacen esas preguntas a los artistas blancos». Y a mí me preocupaba que lo hubiera tomado en el sentido de: «Oh, no debería tener que responder a esas preguntas». Pero eso no era lo que quería decir. Dijo... que no entendía por qué los periodistas no ponen a artistas negros en las portadas o entrevistan en profundidad a los artistas negros. Ni por qué, en cambio, lo filtran [ese tema] a través de un artista como él. Y creo que entendió cuando le dije: «Sí, pero... has alcanzado cierto nivel mundial». Creo que lo entendió, pero lo que yo entendí fue que le resultaba extraño que les hicieran esas preguntas a personas que no habían vivido esas experiencias. Lo que sí dijo sin rodeos fue... que los periodistas deberían hablar con las personas negras.

El recuerdo que tiene Julyssa de esa conversación demuestra que Bad Bunny también entiende de un modo crítico el racismo en los medios de comunicación. No es que Bad Bunny sea irreprochable; sin duda, tenemos que ser críticos de sus comentarios. Sin embargo, la discrepancia entre sus comentarios sobre la raza en *Rolling Stone* y en *Time* sugiere que las decisiones editoriales pueden tener un efecto significativo en cómo se registran e interpretan las palabras de alguien, y que a veces alimentan malentendidos que pueden repercutir por mucho tiempo.

Bad Bunny también habló con franqueza sobre su frustración ante las críticas a sus comentarios sobre «El apagón». Julyssa citó las palabras de Bad Bunny en su artículo:

> «Cuando vi que [la gente decía] que me había arrepentido de escribir "El apagón", me chocó, ¿cuándo dije eso en la entrevista? Nunca diría eso en

mi *fucking* vida». [Ser malinterpretado] lo hacía sentir frustrado por lo que significaba la canción. «Fue todo un viaje... el proceso, que empezó con algo patriótico, y luego la fiesta y la juerga, y más tarde la parte sentimental, la conciencia. Siempre digo que así es la vida de la gente en Puerto Rico: estamos orgullosos de ser puertorriqueños, nos encanta celebrarlo y actuar como si nada importara, y luego chocamos contra una realidad que a menudo es muy dolorosa».[56]

Al hablar con nosotras, Julyssa reflexionó sobre su conversación con Bad Bunny: «[Él] intentaba encontrar un equilibrio entre explicar que [lo que dicen los demás] le afecta —y creo que le molesta y lo decepciona—, y al mismo tiempo intentar [decir]: "Pero no me importa, y quiero seguir haciendo lo que me dé la gana". Como intentando... negociar la idea de que siempre ha sido el artista que hace lo que le da la gana». Ese aspecto del estilo y la narrativa de Bad Bunny es central a su imagen como artista. Pero, como dijo Julyssa: «En realidad creo que es un hombre sensible... No creo que sea alguien que pueda desconectarse y vivir como una estrella de *rock*... Mi impresión, mientras estaba allí con él, no fue en absoluto que sea desdeñoso. Sentí que realmente quería hablar de su frustración por cómo se había percibido [lo que dijo]».

En última instancia, la incongruencia entre los comentarios de Bad Bunny en *Time* y en *Rolling Stone* revelan las desigualdades estructurales que pueden surgir cuando un artista hispanohablante como él entra en el mercado del *mainstream*. En primer lugar, las decisiones editoriales muchas veces se basan en lo que es más relevante o inteligible para el público blanco estadounidense, como la decisión sobre qué fotografía usar en la portada de *Rolling Stone*. Eso resulta todavía más obvio cuando sabemos que la revista invirtió una enorme cantidad de esfuerzo y dinero para reproducir las cadenas, y aun así pensó que no eran lo bastante importantes como para incluirlas en la portada. Puede que Bad Bunny esté rompiendo barreras musicales con sus canciones en español, y que el hecho de que a los reporteros se les haga cada vez más fácil convencer a sus editores de publicar historias sobre él sugiera una creciente aceptación cultural. Pero los malentendidos que resultan de las entrevistas demuestran que la plena aceptación de los hispanohablantes en Estados Unidos aún tiene un largo camino por recorrer.

Bad Bunny está a la vez en el *mainstream* y en el margen. Es uno de los artistas más famosos del mundo y, sin embargo, sigue siendo infravalorado y en ocasiones hasta excluido del *mainstream* del mundo del espectáculo y los famosos en Estados Unidos. Cuando lo incluyen, lo enmarcan dentro de los mismos estereotipos que han dictado las representaciones de los latinos en Estados Unidos o malinterpretan sus palabras. Los escépticos podrían argumentar que eso siempre les ocurre a los famosos: las entrevistas se filtran a través de los ojos de los periodistas y los editores, las fotos se retocan y se alteran. Nunca se sabe hasta qué punto un artista controla su imagen. Bad Bunny a menudo afirma que tiene un control absoluto sobre su obra. Y, de hecho, los productores, los directores de videos musicales y otras personas que lo conocen nos han dicho que participa activamente en las decisiones sobre cómo sonará una canción, cómo se verá un video o cómo se desarrollará un espectáculo.

Pero el *mainstream* de Estados Unidos lo representa de la forma más inteligible para el público estadounidense blanco. Por ejemplo, la mayoría de los estadounidenses no tienen idea de que los puertorriqueños del archipiélago son ciudadanos de Estados Unidos, pero muchos conocen a esos gigantes de la cultura pop que son los Kardashian.[57] En ese contexto, tiene sentido que a algunos les importe más que Jenner y Bad Bunny se hayan besado cuando salieron a cenar que el último apagón en Puerto Rico. Los medios de comunicación se guían por lo que vende o lo que atrae más visitas en internet. Como presumen que la inmensa mayoría de sus consumidores son blancos y viven en los suburbios, les dan prioridad a los famosos que creen que esos consumidores conocen sobre otros a los que tal vez no conozcan. Por tal razón a los periodistas les cuesta tanto que les permitan cubrir a Bad Bunny, aunque sea una de las estrellas musicales más grandes del mundo. Y aun cuando se los permiten, la falta de recursos para abordar cualquier tema latino en el mundo de los medios de comunicación aumenta las probabilidades de que se cometan errores.

A fin de cuentas, las celebridades latinas, al igual que las comunidades latinas, son devaluadas y desestimadas por los medios de comunicación estadounidenses, sin importar su estatus en el mundo hispanohablante. Y aunque Bad Bunny ha roto barreras lingüísticas, sigue supeditado a los mismos tropos que han regido las representaciones de los latinos. Los medios de comunicación siempre han mostrado a los latinos como un «otro» extranjero, hipersexual e ilegal, que nunca será estadounidense (aunque tenga la ciudadanía) y que no merece el respeto ni la atención del público estadounidense.[58]

Sin embargo, a pesar de las críticas que le puedan hacer por haber perdido el rumbo, Bad Bunny mantiene su compromiso inquebrantable de representar y defender a los latinos, y en especial de Puerto Rico, en su música y sus actuaciones. Julyssa nos comentó que Bad Bunny «siente que es su trabajo lo que refleja... su profundidad política o su postura respecto a ciertos temas. Le gustaría que su obra importara más que las palabras que le atribuyen o que se sacan de contexto». Y muy pronto representaría a Puerto Rico en tal vez uno de los escenarios del *mainstream* más prestigiosos del mundo: Coachella.

8
«NUNCA ANTES HUBO UNO COMO YO»: BAD BUNNY, COACHELLA Y LA PERTENENCIA DE LOS LATINOS EN ESTADOS UNIDOS

En febrero de 2023, Petra estaba en su casa cuando recibió una llamada del director de videos musicales, Kacho López Mari. Quería ayuda para un nuevo proyecto.

—¿Sabes que Bad Bunny va a estar en Coachella? —preguntó Kacho—. Necesitamos tu ayuda.

El Festival de Música y Artes del Valle de Coachella es uno de los mayores y más prestigiosos del mundo. Comenzó en 1999 en el Empire Polo Club de Indio, California, como un festival de *rock* de dos días encabezado por Tool, Beck y Rage Against the Machine. Desde entonces, Coachella ha sido ampliamente reconocido como creador de tendencias en la música y en la moda. Allí han actuado pesos pesados de la música pop como Madonna, Red Hot Chili Peppers, Jay-Z, Lady Gaga, Prince, Paul McCartney, Drake,

The Cure y Beyoncé. El festival, que recauda millones de dólares en ganancias y cuenta con el auspicio de grandes empresas, ahora se celebra en dos fines de semana consecutivos, cada uno con tres días de festividades. Cuando Bad Bunny actuó en 2023, una entrada general para un solo fin de semana costaba $549 dólares sin contar otros cargos. Goldenvoice, la empresa que organiza Coachella, gana unos $115 millones de dólares al año por este evento.[1] Coachella genera mucho dinero y también marca grandes tendencias.

Kacho le explicó a Petra la visión de Bad Bunny para Coachella 2023. Bad Bunny sería el primer artista hispanohablante y el primer solista latino en encabezar Coachella. Para mayor prestigio, los organizadores le concedieron la tarima principal; no habría ninguna otra actuación durante su espectáculo. Fue el único cabeza de cartel ese año en obtener dicho privilegio, que lo insertó en la realeza del pop (Beyoncé lo había obtenido en 2018). Bad Bunny quiso aprovechar la oportunidad para presentar una serie de videos que destacaran la historia y las aportaciones de los músicos puertorriqueños a la música popular estadounidense.

El proyecto tenía un alcance ambicioso. Bad Bunny se empeñó en que sus videos ofrecieran información precisa y exhaustiva. La tarea de Petra consistiría en elaborar un esquema de los acontecimientos más importantes de la historia del reguetón desde sus primeros años en las décadas de 1980 y 1990 hasta Coachella en 2023. Petra recopilaría nombres de artistas, enlaces a clips y elementos visuales que se incorporarían a los videos. Y tendría que hacerlo rápido. Faltaban solo dos meses para Coachella y el equipo de Kacho tendría que reunir el material de archivo, crear un guion, grabar voces y filmar imágenes en Puerto Rico y en el desierto de California.

Petra pasó los días que siguieron montando el esquema de diez páginas que constituiría la base dos videos que se proyectarían como parte del set histórico de Bad Bunny. Luego, Kacho y su equipo tomaron el esquema de Petra y trabajaron con el aclamado periodista puertorriqueño Hermes Ayala para crear un guion que transmitiera la información de forma accesible, todo ello sujeto a la aprobación final de Bad Bunny. Con la investigación histórica provista por Petra y otros estudiosos, produjeron cuatro videos diferentes: uno sobre el impacto de los latinos en la música popular; otro sobre la historia de la salsa (en colaboración con el historiador de la salsa César Colón-Montijo); y dos sobre la historia del reguetón, todos basados en los esquemas de Petra. Los cuatro videos se presentaron en inglés, en consonancia con el predominio de angloparlantes en el evento. Se proyectaron dos videos en el primer fin de semana y otros dos en el segundo. Los videos de reguetón precedieron a la interpretación de Bad

Bunny con los pioneros del reguetón Jowell y Randy, y Ñengo Flow del tema de inspiración *underground* «Safaera».

La investigación, el desarrollo y la producción de los videos reflejan el empeño de Bad Bunny en contar esas historias y su compromiso más amplio de usar su plataforma para destacar la cultura y la historia puertorriqueñas. El proyecto pudo haberse realizado de forma mucho más sencilla, tal vez habría bastado con un rápido montaje de imágenes de videos musicales populares de mediados de la década del 2000. El hecho de que Bad Bunny y su equipo contrataran a consultores históricos demuestra que el artista se tomaba muy en serio la precisión y el rigor. Usó uno de los mayores escenarios del mundo para impartir un curso sobre la importancia histórica, social y política de la música latina en Estados Unidos.

Ambas nos unimos a otros 125,000 aficionados en Indio, California, para ver el producto acabado y observar la respuesta del público. Como el público relativamente joven de Coachella hacía que las zonas de los bares estuvieran menos concurridas, pudimos situarnos en la parte delantera del 12 Peaks Bar, justo a la izquierda de la tarima principal. Recostadas contra la valla blanca que nos separaba de la sección vip, esperamos. Algunos puertorriqueños le gritaron a Vanessa «¡Boricua!» al pasar, porque llevaba la bandera de Puerto Rico a la espalda.

Como madres maduras que somos, no estábamos acostumbradas a los conciertos nocturnos de los jóvenes. Pero, a pesar de haber estado todo el día bajo un sol abrasador y de seguir en pie muy pasada nuestra hora de dormir, estábamos demasiado emocionadas como para sentirnos cansadas. Y de pronto, justo a las 11 de la noche, las brillantes luces que iluminaban el valle donde nos encontrábamos se apagaron. Bad Bunny comenzó puntualmente. Al más puro estilo de Bad Bunny, la actuación de dos horas fue un increíble despliegue de efectos especiales, voces impecables y contagiosas vibraciones de fiesta veraniega. Como Kacho nos había dicho ese día, todos los aspectos del espectáculo surgieron de la propia mente y visión de Bad Bunny. Nada era casual. En una entrevista con Apple Music, Bad Bunny dijo que su parte favorita del espectáculo de Coachella fue «cuando mostré la historia de la salsa y la historia del reguetón y la música caribeña. Cuando actué con [la agrupación de música mexicana] Grupo Frontera y hablé de todas esas leyendas de la música latina, traje el verdadero sonido de Puerto Rico, traje el verdadero sonido de la música latina, me sentí muy orgulloso. Para mí, eso fue sin duda lo mejor de Coachella».[2] En uno de los escenarios más importantes a los que pueda acceder cualquier músico, Bad Bunny hizo una declaración sobre el papel de los puertorriqueños y los latinos en la configuración de la música popular estadounidense. Al aportar ese «sonido real», Bad Bunny hizo uso de su escenario, sus estrellas invitadas y sus videos para reivindicar la pertenencia de los latinos en Estados Unidos.

En cuanto se apagaron las luces, el primer video mostró el amanecer sobre las montañas que rodean el Valle de Coachella con una hilera de palmeras en primer plano. Las imágenes procedían de los famosos afiches de los programas de Coachella que el festival ha creado desde sus inicios. El horizonte se iluminó con la luz del nuevo día y escuchamos a Bad Bunny comenzar su narración en español: «Por más de veinte años, el sol y las estrellas sobre el Valle de Coachella han sido testigos de los eventos más épicos, los días más felices y las noches más mágicas». La voz de Bad Bunny resonaba entre el público mientras hablaba de cómo Coachella es un lugar de inspiración para muchos artistas que se presentan al mundo por primera vez en ese festival. Nos pidió que recordáramos nuestro primer beso, la primera vez que amamos, que vimos a nuestro artista favorito. En la pantalla aparecieron imágenes de artistas que habían sido cabezas de cartel del festival en el pasado: The Weeknd, Billie Eilish, Childish Gambino y Kendrick Lamar, entre otros. Todas esas estrellas, dijo Bad Bunny, actuaron por primera vez en Coachella. Mientras los afiches de años anteriores se proyectaron en la pantalla, Bad Bunny dijo: «Se me hace tan increíble ver la lista [de figuras] legendarias que durante más de veinte años se han presentado en este lugar. Pero más increíble es que, [entre] tantas y tantos, nunca antes hubo uno como yo». Las imágenes de sus actuaciones famosas, como la de la ceremonia de premiación de los MTV VMA en el Yankee Stadium, y otros momentos importantes, como cuando recibió un Grammy, se alternaban con las demás imágenes. Unos tenues sonidos electrónicos dieron paso a un himno penetrante de trompetas y bajo creado por Tainy. En la pantalla danzaron imágenes de Bad Bunny a lo largo de su carrera. Y, por fin, a lo lejos apareció la silueta de Bad Bunny. Luego se proyectaron unas letras enormes con su nombre y el escenario se apagó por completo.

Con ese video, Bad Bunny se unió a una élite de artistas anglosajones extremadamente populares, la crema y nata del pop, que, al igual que él, empezaron en escenarios pequeños y luego se convirtieron en artistas de primer orden. El video también fue una declaración de pertenencia, que intervino de forma crítica en el posicionamiento de la música latina dentro de la escena del pop estadounidense. Al posicionarse junto a estrellas como Billie Eilish y The Weeknd, Bad Bunny se insertó en la historia más amplia del pop en lengua inglesa y rechazó la omnipresente narrativa de la música latina como extranjera y exótica. En las semanas previas a Coachella 2023, muchas personas en foros en línea, como Reddit, ridiculizaron el festival por contar con cabezas de cartel «desconocidas» como Bad Bunny y el grupo de chicas de pop coreano, Blackpink. El anuncio de las cabezas de cartel (el tercero en la lista de «desconocidos» era el artista afroestadounidense Frank Ocean) suscitó un animado debate en internet, en el que algunos afirmaban que Bad Bunny no conseguiría reunir suficientes fans para agotar las entradas del festival porque nadie sabía quién era. A pesar de que ya en aquel momento Bad Bunny había batido un sinnúmero de récords mundiales de ventas de entradas y *streams*, algunos afirmaban que no sería capaz de reunir a tantos fans como sus predecesores.

Ese tipo de percepciones reflejan un patrón en los medios de comunicación estadounidenses, que muestran a los músicos latinos, y a los latinos en general, como extranjeros perpetuos, recién llegados, pese a su larga historia en Estados Unidos. Los académicos Wilson Valentín-Escobar y María Elena Cepeda han llamado a ese fenómeno el «efecto [Cristóbal] Colón», porque reformula a las estrellas hispanohablantes como «nuevos descubrimientos» para el mercado del *mainstream* estadounidense.[3] Ese fue el caso del *boom* latino en la década de 1990, cuando superestrellas latinas consagradas, como Ricky Martin y Shakira, publicaron álbumes en inglés, a los que muchos medios de comunicación estadounidenses se refirieron como «debuts» o «introducciones», lo que refleja la suposición de que el público anglófono del *mainstream* estadounidense es el único que determina el éxito musical. Del mismo modo, cuando Selena, el ícono de la música tejana, fue trágicamente asesinada en 1995, los medios de comunicación estadounidenses lamentaron que hubiera fallecido antes de alcanzar todo su potencial, pues murió justo antes del lanzamiento de su primer álbum *crossover* en inglés. Ignoraron el tremendo éxito de Selena y sus revolucionarias contribuciones musicales a la música mexicana y a la industria musical latina.[4] Y aun cuando algunos éxitos en español llegan al *mainstream* estadounidense, los tratan como inferiores a los de los artistas que siempre han grabado en inglés. Así lo demuestra la cobertura mediática de la participación de la estrella canadiense del pop en inglés, Justin Bieber, en la remezcla del éxito de Luis Fonsi y Daddy Yankee «Despacito». Bieber solicitó participar en la remezcla tras escuchar la canción durante un viaje a Colombia. Sin embargo, muchos afirmaron que había sido Fonsi quien se había puesto en contacto con Bieber para pedirle ayuda y le atribuyeron a Bieber el éxito de la canción. En un extraño incidente, Spotify coronó a Bieber como un «rey latino» por su contribución, aunque luego se disculparon tras las críticas de los fans de la música latina.[5] La canción original había dominado las listas latinas antes del exitoso *crossover* de la remezcla (de hecho, Luis Fonsi ha declarado que nunca pretendió que la canción fuera un éxito *crossover*). La cobertura en Estados Unidos presume que triunfar entre los estadounidenses angloparlantes, blancos, de clase media es llegar a la cumbre del éxito de la música popular en todo el mundo.[6]

El tremendo éxito mundial de Bad Bunny nunca ha requerido de concesiones al público del *mainstream* estadounidense. Más bien, como hemos demostrado a lo largo de este libro, gran parte de su éxito se debe a su afán por representar a su cultura, su isla y su lengua. Sin embargo, como sugiere su insistencia en ofrecer una lección de historia en Coachella, Bad Bunny también es muy consciente de quienes lo precedieron y allanaron su camino al éxito. Como le expresó el artista a Julyssa Lopez para *Rolling Stone*: «Hubo mucha gente mucho antes que yo que hizo cosas enormes. A veces la gente se olvida o, quién sabe, tal vez los gringos no estaban prestando mucha atención. Pero ahora que la atención se centra en nosotros [los latinos], quería dejar claro que el camino ha sido largo».[7]

Al mismo tiempo que se enorgullece de su identidad latina y puertorriqueña, Bad Bunny socava de forma deliberada la suposición errónea de los fans y la crítica de que todos los músicos latinos interpretan un estilo que se puede leer con facilidad como «latino». Como también hemos demostrado a lo largo del libro, la mezcla de géneros que hace Bad Bunny en álbumes como *El último tour del mundo* y *Un verano sin ti* contradice la idea de que la música latina tiene que ajustarse a identidades nacionales específicas, como, por ejemplo, el mariachi a México o el son a Cuba. Su trabajo demuestra, además, que durante mucho tiempo las influencias del pop y el *rock* estadounidenses han desempeñado un papel importante en el desarrollo de la música latina y viceversa, como se puede apreciar en las colaboraciones de Bad Bunny con MAG.

Bad Bunny conoce esa historia y la resaltó en uno de los videos que mostró en el segundo fin de semana en Coachella. El video comienza con los sonidos del mambo clásico, mientras el narrador, Ayala, declara: «La música latina ha conquistado el mundo, y sabemos que esto nos pertenece». En ese momento, la banda sonora del video cambia para reproducir un sinfín de éxitos musicales latinos, desde el pop hasta el *rock* y la salsa. De igual modo, los visuales presentan un despliegue vertiginoso de artistas latinoamericanos y latinos entre los que figuran leyendas del mambo, como Machito y sus Afrocubanos, estrellas mexicanas, como Vicente Fernández y Juan Gabriel, «reinas caribeñas», como Celia Cruz y La Lupe, cantautores famosos, como Juan Luis Guerra y Mercedes Sosa, leyendas de la salsa, como la Fania All-Stars, y estrellas del pop latino, como Thalía y Ricky Martin. El video destaca a algunos artistas que hicieron el *crossover* durante el *boom* latino de la década de 1990, como Martin, Enrique Iglesias y Shakira, estrellas del pop, como Gloria Estefan y Jennifer Lopez, quienes incorporaron sonidos latinos a su pop en inglés. También incluye a artistas latinos de Estados Unidos que rara vez —o nunca— cantan música latina, como Mariah Carey y Christina Aguilera.

En conjunto, todas esas referencias destacan la diversidad y el carácter innovador de los músicos latinos a través de las décadas. El video refuta la noción de que la música latina es un sonido estereotipado, tropical, al mostrar los diversos géneros y estilos que comprende la etiqueta «música latina». Ayala dice: «Aunque suene a pop, están moviéndose con el alma de Latinoamérica». Con esa frase, el video sostiene que la música latina no es extranjera, sino una parte integral del panorama de la música popular estadounidense. Asimismo, el video introductorio de Bad Bunny lo muestra tan digno de encabezar Coachella como todas las estrellas anglosajonas que lo hicieron antes que él.

El video también enfatiza que la música latina no es nueva. La voz en *off* del narrador asevera: «Esto no es una llegada. Siempre hemos estado aquí». Una vez concluido el video, vuelve a recordárnoslo cuando reanuda la actuación en vivo. Bad Bunny hizo su entrada sobre una palmera artificial que flotaba sobre el público —algo que ya había hecho en sus conciertos de *World's Hottest Tour*— y aterrizó en un escenario con una larga pasarela que se extendía hasta el centro del público. Lo esperaba un hombre mayor con una guitarra acústica en la mano. Cuando vimos la silueta del hombre entre la niebla producida por una máquina de humo y notamos su peinado característico, el cabello casi a la altura de los hombros, un poco crespado en la parte superior y peinado detrás de las orejas, Petra gritó: «¡Creo que es José Feliciano!». Los que nos rodeaban no parecían tan emocionados y nos preguntamos si alguien más en el público sabría quién era Feliciano. Para nosotras, el significado de ese momento era sobrecogedor.

José Feliciano es un ícono de la música puertorriqueña. Pero también era uno de los recordatorios más elocuentes que Bad Bunny podía ofrecer de que «siempre hemos estado aquí». Nacido en Lares, Puerto Rico, en 1945, José Feliciano se trasladó de niño a Nueva York, donde aprendió a tocar la guitarra tocando el cuatro puertorriqueño. Se convirtió en un virtuoso de la guitarra, inspirándose en la música puertorriqueña, el *soul*, el *rock*, la música clásica y el *jazz*. De joven, Feliciano se hizo famoso cantando en los cafés de Greenwich Village. En 1968 publicó el innovador álbum *Feliciano!*, donde mezcla su guitarra inspirada en el *jazz* latino y su voz llena de sentimiento en éxitos como «California Dreamin'» de The Mamas & the Papas y «And I Love Her» de los Beatles. La joya de la corona del disco fue su versión de la canción «Light My Fire» de The Doors. La versión de Feliciano alcanzó el puesto número tres en las listas de Billboard y le valió el Grammy al Mejor Artista Revelación. Ese mismo año, los Tigres de Detroit lo invitaron a cantar el himno nacional estadounidense en el quinto partido de la Serie Mundial de béisbol. Feliciano lo interpretó en su estilo típico, mezclando sonidos del *jazz* latino y el *folk*, una interpretación en extremo polémica. Los críticos lo amonestaron por alterar el himno nacional y vieron su versión como una protesta contra la guerra de Vietnam, que hacía estragos en aquella época. Aunque Feliciano defendió su interpretación como una muestra de su amor por Estados Unidos, muchos la consideraron antipatriótica e incluso pidieron su deportación (ignorantes de que las personas nacidas en Puerto Rico son ciudadanos estadounidenses).[8] Como resultado, Feliciano pasó un par de años en las listas negras de muchos en la industria de la música. En 2017 le dijo a NPR: «Dejaron de tocar mis canciones. Como si tuviera la peste o algo así».[9]

Las cosas cambiaron en 1970, cuando publicó su primer disco navideño con su composición original, «Feliz Navidad». Feliciano compuso la canción porque sentía nostalgia de Puerto Rico, pero no esperaba que pudiera competir con las canciones navideñas tradicionales.[10] La canción es en inglés y en español para aumentar su difusión en la radio, ya que, en aquel momento, las emisoras en inglés no solían reproducir canciones en español. Según la crítica musical Leila Cobo, «Feliz Navidad» fue un éxito «revolucionario y profético», que allanó el camino para que canciones bilingües como «Despacito» pudieran llegar a las listas de éxitos.[11] Bad Bunny decidió invitar a Feliciano por ese motivo. Según explicó a *Rolling Stone*: «Me llamó la atención porque creo que mucha gente joven no sabe lo grande que fue [Feliciano]. La gente dice: "¡Oh, Bad Bunny está rompiendo esquemas con los gringos". No, papi, José Feliciano lleva rompiendo esquemas con los gringos desde los setenta, ¿me oyes? Hacía giras por todo el mundo, estuvo en Londres, cantaba en inglés, cantaba para el público anglófono».[12]

En Coachella, Feliciano interpretó «La canción» y «Yonaguni» con Bad Bunny. También le ofreció a algunos consejos amorosos e información sobre la procedencia de sus guitarras. A pesar de lo importante que fueron para nosotras la inclusión y el protagonismo de Feliciano en el concierto de Bad Bunny, nos dimos cuenta de que no todo el público reconocía las conexiones históricas que el artista describió en *Rolling Stone*. Al día siguiente, Petra conoció a una joven mesera latina en un restaurante. Al ver que Petra tenía puesta la pulsera de Coachella (para entrar al festival), la mesera le dijo que había asistido a la actuación de Bad Bunny la noche anterior, pero que había revendido su pulsera para los eventos del sábado a unos fans de Blackpink. Hablaron sobre el programa, y Petra mencionó que lo que le gustó más fue ver a José Feliciano y a Bad Bunny juntos. La mesera le explicó que tuvo que buscar en internet después del espectáculo porque no sabía quién había acompañado a Bad Bunny en el escenario. Cuando se enteró de que era Feliciano, recordó que sus padres solían escuchar su música.

En el concierto, sabíamos que la mayoría de las personas que nos rodeaba en Coachella no sabían quién era Feliciano. Pero imaginamos que, en cierto modo, ese era el propósito. Bad Bunny destacó a José Feliciano ante un nuevo público que, de otro modo, no lo habría reconocido, aunque tal vez habían escuchado algunas de sus canciones, en particular «Feliz Navidad». La periodista Julyssa Lopez nos contó que, en sus conversaciones con Bad Bunny, este expresó que lo había hecho en parte porque sentía que Feliciano habría sido cabeza de cartel si Coachella hubiera existido cuando él era joven. Julyssa nos explicó: «En el contexto de lo que es Coachella —gente joven poniendo fotos en Instagram y un montón de influenciadores—, es un atrevimiento traer a una persona [de setenta y siete años]... Me gustó lo de Post Malone [refiriéndose al invitado de Bad Bunny el primer fin de semana], creo que tenía mucho sentido para ese público. Pero [Bad Bunny] dijo: "Hagamos algo diferente el segundo fin de semana y traigamos a este individuo a quien quizás muy poca gente va a reconocer"». Incluir a Feliciano fue una decisión intencionada de Bad Bunny para conectar su propio éxito con los caminos que abrieron las personas que lo precedieron. Esa decisión, además de los videos que mostró, recalcó no solo el carácter histórico de la actuación de Bad Bunny, sino también su constante empeño en destacar las historias de los íconos latinos que vivieron antes que él.

Aunque Bad Bunny reivindicó la influencia de todos los latinos en la música popular, representó a Puerto Rico, como siempre hace. Casi todos los videos que proyectó durante su actuación mostraban las aportaciones de Puerto Rico a los géneros latinos populares, en especial, la salsa y el reguetón. El primer fin de semana, por ejemplo, proyectó un video que explica la historia de la salsa. El narrador, Ayala, dice: «Esta es la música que nos hizo». El video comienza vinculando a Cuba y a Puerto Rico con los tambores africanos de Nigeria y el Congo. Menciona los diversos géneros, ritmos e instrumentos de Cuba y Puerto Rico que influyeron en la salsa contemporánea, comenzando por la bomba afropuertorriqueña y la rumba afrocubana, que Ayala describe como «música de resistencia». De ese modo, no solo sitúa los orígenes de esta música en la diáspora africana, sino que también define la salsa y a sus precursores como una música fundamentada en el orgullo y la resistencia de los puertorriqueños. El video destaca a varios músicos puertorriqueños y cubanos de las décadas de 1920 a 1960, que le dieron forma a la salsa con el mambo, el bolero, la música de tríos, la música jíbara y el son cubano, entre muchos otros. El narrador, Ayala, declara que en la década de 1960, la clave —el patrón rítmico sobre el que se construyen ritmos como la salsa y el son cubano— se convirtió en el camino sonoro «desde estas dos Antillas hasta Nueva York». El video muestra a una serie de puertorriqueños que ayudaron a desarrollar el género de la salsa en Nueva York, entre los que figuran nuyoricans como Eddie Palmieri, Tito Puente, Willie Colón y Héctor Lavoe. También destaca a otros, como el flautista dominicano Johnny Pacheco y las cantantes cubanas Celia Cruz y La Lupe. Termina con un montaje de estrellas más recientes, como La India y Marc Anthony, mientras Ayala declara: «Queda mucho camino por recorrer porque la música que nos hizo no acabará nunca».

Después vino un extenso espectáculo de danza. Una luz dorada brillaba sobre el escenario mientras el humo formaba remolinos alrededor de dos bailarinas vestidas con pantalones plateados ajustados y camisillas cortas, que interpretaron el éxito de Ismael Rivera, «Las tumbas» de su álbum *Soy feliz* (1975).

Cuando la primera pareja de bailarinas abandonó el escenario, entró una segunda pareja bailando al ritmo de los tambores de la introducción del éxito de Héctor Lavoe, «Aguanile». Los tambores sonaron hasta que la pareja comenzó una rápida rutina de baile al son del estribillo. Al igual que Ismael Rivera, Héctor Lavoe es una leyenda puertorriqueña de la salsa. Nacido en Ponce, Puerto Rico, en 1946, Lavoe emigró de adolescente a

Nueva York, donde conoció a Willie Colón. Juntos combinaron sus conocimientos musicales y callejeros con el estilo jíbaro —nombre que se les da a los campesinos de Puerto Rico— de Lavoe, cuya voz aguda, tensa y dramática creó el sonido de Fania Records, el sello de salsa más importante del siglo XX.

La música entonces cambió a los inconfundibles acordes de piano de Rafael Ithier en el éxito de El Gran Combo, «Brujería». El Gran Combo se formó en la década de 1960 y es una de las orquestas de salsa más emblemáticas de la historia de Puerto Rico, que sigue elevando sus raíces afrocaribeñas y abordando el comentario social con letras humorísticas y estilos innovadores. Tan pronto como comenzó el estribillo de «Brujería», el resto de los bailarines entró en el escenario. La coreografía sincronizada recordaba los impecables movimientos de los tres cantantes de El Gran Combo, que siempre bailan al unísono en sus actuaciones. Los bailarines también enlazaron movimientos de la bomba afropuertorriqueña para rendirles homenaje tanto a las raíces de El Gran Combo como a las de las comunidades negras del archipiélago. De hecho, hacia el final del segmento, una bailarina bailó mientras los demás se reunieron en un semicírculo a su alrededor para animarla, escenificando la clásica formación de la bomba en el batey y enfatizando la naturaleza comunitaria de la música y la danza.

La música y el baile se detuvieron y comenzó la melodía de piano al estilo *blues* de la primera estrofa del clásico del bugalú de Pete Rodríguez de 1967 «I Like It (I Like It Like That)». Bad Bunny apareció entre los bailarines justo cuando empezó la inconfundible introducción al estribillo de Rodríguez: «Yeaaaah, baby». Tan pronto como el coro respondió «¡I like it like that [Me gusta así]!», comenzó el ritmo más lento del éxito «I Like It», producido por Tainy y grabado por Bad Bunny, Cardi B y J Balvin. Al igual que el original de Rodríguez, la letra de «I Like It» es bilingüe: Cardi rapea en inglés y Bad Bunny y J Balvin lo hacen en español. Hasta la fecha, esta ha sido la única canción de Bad Bunny que ha alcanzado el primer lugar en la lista Billboard Hot 100, y lo dio a conocer entre muchos oyentes de habla inglesa. Según Tainy, «I Like It» representó un punto de inflexión en el reguetón. Nos contó que estaba cenando con el reguetonero colombiano J Balvin, cuando ambos se enteraron de que la canción estaba escalando en la lista Billboard Hot 100, y que se preveía que llegara al primer lugar la semana siguiente: «Eso para mí... fue algo bien chocante porque [era] como un lugar donde nosotros no se supone que existiéramos. [A] mí me mostró el potencial que tenía la música latina también». El éxito de «I Like It» en el *mainstream* no requirió que Tainy, Bad Bunny o

J Balvin cambiaran su estilo para llegarle a un público nuevo. Todo lo contrario, el *mainstream* llegó a ellos. Como explicó Tainy: «En cuestión de mi música, la gente, no solamente los latinos, ahora están queriendo entender quién trabajó en esa versión, también personas y artistas de ese mercado... *So*, ya es como que gracias a ese tema uno puede llegar a trabajar con una Selena Gómez o Justin Bieber o Dua Lipa, Shawn Mendes...». Como José Feliciano, «I Like It» demuestra la importante aportación de la música latina a la escena del pop estadounidense. Además, presentar «I Like It» en Coachella inmediatamente después de una larga actuación y de un video sobre la historia de la salsa, identificó la canción como puertorriqueña y arraigada a las comunidades y las tradiciones de la diáspora negra.

La presentación de Bad Bunny en Coachella siguió en esa misma línea con otros dos videos sobre la historia del reguetón. El video del segundo fin de semana trataba sobre el predominio mundial del género, lo cual era coherente con el tema general de la noche: el tremendo éxito y la influencia de la música latina en todo el mundo. El video del primer fin de semana trazaba los orígenes del reguetón desde el *reggae* panameño en español hasta el lanzamiento en 2004 de «Gasolina» de Daddy Yankee. Según explica Petra en su libro, *Remixing Reggaetón*, enmarcó el reguetón —de un modo parecido a la salsa— como una música de resistencia que surgió de las comunidades de bajos ingresos y mayormente negras para «desafiar la autoridad y convertirse en la voz de los sin voz». El video incluía una breve mención de la política de Mano Dura Contra el Crimen de Puerto Rico, una iniciativa de la década de 1990 contra la delincuencia, encabezada por el entonces gobernador Pedro Rosselló, cuyo blanco, injustamente, eran los pobres de las ciudades, los caseríos (complejos residenciales públicos) y el predecesor del reguetón, la música *underground*. El gobierno llamó a la Guardia Nacional estadounidense para que ayudara a la Policía de Puerto Rico a hacer redadas en los caseríos, que eran los alegados epicentros del tráfico de drogas. Se organizaron invasiones militares de los caseríos con todo y helicópteros y tanques. La iniciativa supuso la detención de presuntos narcotraficantes y fue seguida de una continua presencia policial, la construcción de portones y torres de vigilancia, y la constante acción militarizada de la policía en los caseríos. A pesar de las afirmaciones de los funcionarios de que la campaña había sido un éxito, la realidad es que la política de Mano Dura Contra el Crimen no consiguió todo lo que se había propuesto. De hecho, las tasas de homicidio aumentaron a consecuencia de las redadas, en parte porque el traslado de los puntos de venta de droga a otras zonas desencadenó nuevas guerras territoriales y oleadas de violencia.[13] Estudiosos como Marisol LeBrón, Zaire Dinzey-Flores y Petra Rivera-Rideau han demostrado que lo único que logró fue concentrar la violencia aún más en los barrios urbanos pobres y, lo que resulta más insidioso, reforzar los estereotipos racistas y clasistas que pintaban a los residentes urbanos pobres, negros y jóvenes (en especial los hombres) como delincuentes violentos.[14]

Para los defensores de la política de Mano Dura Contra el Crimen, la evidencia de esa delincuencia era la música *underground*. Aunque los artistas argumentaban que sus letras no hacían más que reflejar lo que ocurría en las calles, sus críticos daban por sentado que el *underground* promovía la violencia, las drogas y el sexo. Sin duda, las letras del *underground* eran explícitas, pero eso no significa que fomentaran la violencia. Los censores atacaban la música *underground* porque la asociaban con las mismas poblaciones urbanas, pobres y negras contra las que iba dirigida la política de Mano Dura. Como escribe la crítica cultural y socióloga Raquel Z. Rivera: «Las autoridades gubernamentales podían presentar la vigilancia y la restricción del *underground* como una extensión lógica de las políticas estatales contra la delincuencia».[15]

Con el tiempo, las críticas al *underground* se convertirían en censura absoluta cuando, en 1995, la policía hizo redadas en algunas tiendas de discos y confiscó álbumes de música *underground*. En un esfuerzo por frenar la popularidad de esta música, las autoridades acusaron a los propietarios de las tiendas de discos, a los distribuidores y a veces hasta a los propios DJ de violar las leyes contra la obscenidad. Para aficionados como el mánager de Tainy, Pablo Batista, esos esfuerzos estaban mal dirigidos. Pablo nos recordó que, durante esa época, «todos los días se veían muertos, literalmente, en las portadas de los periódicos. Entonces, ¿por qué perseguir a los muchachos que hacían música en vez de a los narcos?». Era mucho más fácil censurar la música *underground* que abordar las desigualdades sistémicas que creaban las condiciones para la creciente violencia en Puerto Rico. Además, no es casualidad que esas iniciativas se dirigieran al *underground* una vez que empezó a salir de los caseríos y entró en otros segmentos de la sociedad puertorriqueña. El pánico moral en torno a la difusión del *underground* revelaba el racismo y el clasismo que motivaron la iniciativa Mano Dura Contra el Crimen, pues no fue hasta que la música llegó a los jóvenes de clase media que se volvió un asunto alarmante.[16]

La marginación del *underground* sigue repercutiendo en el modo en que la industria musical trata al reguetón, a pesar del éxito de Bad Bunny y otros como él. Tainy ha experimentado esas críticas en carne propia a lo largo de su carrera: «Estábamos haciendo un género de música que siempre fue medio marginado y medio menospreciado por otros géneros dentro de la música latina». En Coachella, Bad Bunny subrayó esa historia de marginación en Puerto Rico, defendiendo la influencia de los latinos y la música latina en el *mainstream* estadounidense, y la importancia del reguetón en particular en el ámbito de la música latina.

Después de destacar a pioneros como Renato, Vico C, El General, DJ Playero, DJ Negro y Daddy Yankee, el video que se mostró en Coachella reconoció las zonas urbanas donde se desarrolló el reguetón: «El sonido de Carolina y Santurce [dos zonas urbanas puertorriqueñas] se ha convertido en el legado de Latinoamérica». Al igual que el video sobre la salsa, el video sobre la historia del reguetón resalta las raíces afrocaribeñas del género y las múltiples comunidades que contribuyeron a su creación, al tiempo que subraya el papel y la influencia de los puertorriqueños en su desarrollo y su éxito mundial.

Los dos videos sobre el reguetón que se proyectaron estaban enmarcados en una narración más extensa sobre un joven puertorriqueño ficticio, Giovanni, que viaja a Estados Unidos para visitar a su tío en el Valle de Coachella. En la primera escena, Giovanni está recogiendo sus cosas y preparándose para ir al aeropuerto. A instancias de su madre, corre a su habitación para buscar su documento de identificación, pero se detiene a abrir una caja que contiene varios CD de reguetón y otros recuerdos. Vemos la carátula de *Barrio fino* (2004) de Daddy Yankee, debajo de *El Abayarde* (2002) de Tego Calderón, dos álbumes fundamentales en la globalización del reguetón a mediados de la década del 2000. *Barrio fino* contiene el éxito «Gasolina», que marcó un hito en la historia del reguetón y situó al género en la corriente del *mainstream* mundial. Si bien, como sostienen muchos, Daddy Yankee introdujo el reguetón en el mercado mundial, *El Abayarde* de Calderón lo hizo grande en el archipiélago. Incluso algunos críticos acérrimos del reguetón en Puerto Rico elogiaron a *El Abayarde*.[17] Calderón también se ha dado a conocer por sus posturas respecto a la política puertorriqueña, sobre todo en relación con la justicia racial. Canciones como «Loíza», que figura en *El Abayarde*, denuncian sin ambages el racismo sistémico contra los negros en Puerto Rico. Muchos críticos han considerado a Calderón el heredero moderno de Ismael Rivera.[18] Bad Bunny incluyó a Calderón entre sus principales influencias, cuando declaró a *The New York Times* que Tego es su «favorito *full*» (su favorito absoluto).[19] Así pues, como nos dijo Kacho, que el disco de Calderón fuera el «protagonista» de esa escena del video fue una decisión deliberada de Bad Bunny para insertarse dentro de la «escuela de Tego» del reguetón. Después de que Giovanni abre la caja con los CD, el de Calderón empieza a brillar mientras pasamos de la casa de Giovanni a la historia del reguetón. La figura de Calderón como una especie de padrino del reguetón subraya las raíces afrocaribeñas del género y sus conexiones con la política puertorriqueña.

El desplazamiento de Giovanni entre Puerto Rico y Estados Unidos también supone un reconocimiento de la diáspora puertorriqueña. Una vez finalizadas las partes educativas del video, vemos a Giovanni llegar al aeropuerto en California, donde su tío lo recoge. El tío de Giovanni amarra la maleta con un par de cuerdas elásticas anaranjadas a la capota del automóvil, porque no cabe en el maletero, que contiene un enorme equipo de sonido (de los que solían usarse en las fiestas *underground*). Conducen hacia Coachella por las polvorientas carreteras del desierto californiano, rodeados de matojos y árboles de Josué, mientras un popurrí de éxitos pasados del reguetón y el *underground* retumba desde el maletero del auto. Los asistentes a Coachella que estaban familiarizados con el reguetón de la vieja escuela —Plan B y Don Omar, entre otros— cantaban las canciones. Las imágenes del enorme equipo de sonido, la maleta en la capota del auto y la bandera de Puerto Rico colgada del espejo retrovisor le resultarían familiares al público caribeño. Mostrar esas imágenes con el valle de Coachella como telón de fondo inserta la puertorriqueñidad en el desierto californiano. Giovanni y su tío por fin llegan al festival de Coachella, donde un guardia de seguridad les pide que se identifiquen. Es la primera vez que oímos al tío hablar en un inglés fluido y sin acento, que lo vincula a la gran diáspora puertorriqueña. Tras obtener la autorización para entrar, Giovanni y su tío se dirigen al recinto de Coachella; las luces de los altavoces del sistema de sonido despiden una luz roja intensa en la parte de atrás del auto.

Además de mostrar las historias de las tradiciones musicales puertorriqueñas, Bad Bunny incluyó referencias que los fans familiarizados con su trabajo en Puerto Rico podrían identificar. Al inicio de cada uno de los dos fines de semana de Coachella, Bad Bunny actuó encima de lo que parecía una gasolinera: una plataforma recubierta con un diseño azul y naranja. Un gran cartel giratorio con el logotipo de su conejo giraba a la izquierda. Los bailarines estaban en la parte inferior. La escenografía hacía referencia al concierto de 90 minutos que Bad Bunny ofreció junto con su amigo y mentor, Arcángel, en lo alto de la gasolinera Gulf de la calle Loíza en San Juan, en diciembre de 2022, mientras filmaba el video musical de «La jumpa». Miles de fans se congregaron en la calle para ver el rodaje, que fue muy celebrado en los medios, sobre todo entre los *tiktokers* y los fans de Puerto Rico.

8.1 Bad Bunny en Coachella el 14 de abril de 2023. La escenografía evoca la gasolinera de la calle Loíza en San Juan donde él y Arcángel filmaron el video musical de «La jumpa» y ofrecieron un concierto improvisado. (Christopher Polk/*Variety* vía Getty Images).

Como sostiene la especialista en estudios literarios y culturales, Jossianna Arroyo, la ubicación de la gasolinera Gulf en la calle Loíza tiene significado para quienes asocian la zona con los inmigrantes dominicanos y los pobres urbanos, muchos de los cuales se han visto desplazados a causa del aburguesamiento de San Juan. Arroyo señala que la gasolinera es accesible desde distintos barrios, de modo que reunió a turistas, residentes de los caseríos cercanos y puertorriqueños de clase alta. Para Arroyo, el lugar es un recordatorio de las crisis que han provocado el turismo y el aburguesamiento, así como de la convergencia de diversos estratos de la sociedad puertorriqueña.[20] Solo los fans que estaban familiarizados con aquel concierto entenderían el significado de la gasolinera en la escenografía de Coachella, que representó una conexión especial con ellos.

Para afianzar aún más esa conexión, el segundo fin de semana Arcángel se unió a Bad Bunny para interpretar «La jumpa» encima de su gasolinera improvisada. Uno de los atractivos del festival de Coachella es la lista de invitados sorpresa que se unen al espectáculo. Los artistas puertorriqueños Jhayco, Jowell y Randy y Ñengo Flow actuaron durante el primer fin de semana. Sin embargo, múltiples problemas técnicos arruinaron la participación de Post Malone, quien iba a acompañar a Bad Bunny con la guitarra durante el set acústico. El hecho de que Post Malone fuera el único artista estadounidense de habla inglesa que iba a actuar con Bad Bunny (y que no pudiera hacerlo) aumentó las expectativas para el segundo fin de semana. Los rumores apuntaban a que algún «grande», como Cardi B o Drake, podrían aparecer el segundo fin de semana para compensar por el percance. Además de los artistas puertorriqueños que actuaron el fin de semana anterior, Bad Bunny le ofreció al público dos «grandes», Arcángel y José Feliciano, artistas también puertorriqueños, cuyos nombres apenas se conocen en el *mainstream* del pop estadounidense, a pesar de su éxito en la escena latina. Con semejante grupo de invitados, Bad Bunny destacó a los músicos puertorriqueños que lo precedieron (con la excepción de Jhayco, quien lanzó su primer sencillo en 2017) y que le allanaron el camino, ya fuera porque innovaron el estilo del reguetón en las décadas del 2000 y 2010, como Arcángel y Jowell y Randy, o porque rompieron esquemas en el *mainstream* estadounidense incorporando música puertorriqueña a sus éxitos, como José Feliciano décadas antes.

Bad Bunny dice con frecuencia que artistas como Jowell y Randy y Arcángel fueron fundamentales en su desarrollo musical. En 2018 les dijo a los *podcasters* puertorriqueños Molusco y Chente Ydrach que sus recuerdos de cuando tenía trece o catorce años son «del perreo de Jowell y Randy... igual Arcángel, igual De La Ghetto y un montón de artistas más.... Les tengo respeto a todos y creo que mostrarlo es[tá] bien».[21] Cuando Vanessa visitó a Jowell y Randy en su caravana del festival de música latina Sueños 2024, el dúo habló de la magnitud de actuar con Bad Bunny en el escenario de Coachella 2023. Como nos contó su contemporáneo De La Ghetto, Jowell y Randy apreciaron el homenaje que Bad Bunny siempre les rinde a los que lo precedieron. Randy nos dijo: «Para nosotros es un honor que muchos de estos chamacos de la nueva generación nos tengan a nosotros de referentes».

Jowell y Randy se sintieron honrados por la invitación a compartir el escenario con Bad Bunny, y también emocionados, porque nunca antes habían vivido algo parecido a Coachella. Según Randy: «Jowell y yo hemos actuado en miles de escenarios. Creo que ese es el escenario más monstruoso y la energía es bien diferente». Jowell añadió que fue «un sueño» estar en Coachella y que nunca imaginaron que actuarían en ese escenario. «Cuando sumas los dos fines de semana, te das cuenta de los números. Más de medio millón de personas nos vieron allí en vivo. Entonces hay que ajustar el espectáculo, al menos en nuestro caso como intérpretes... Tenemos... diez cámaras encima, tenemos que hacer lo que [el director] nos dice... ¡Tenemos que meternos en la cabeza que no estamos en el club!». Randy añadió que la energía era «dura» —intensa— y señaló que Coachella se conoce más por los espectáculos de *rock*, así que el hecho de que Bad Bunny encabezara la cartelera demuestra que «están trayendo a los latinos, poco a poco». No cabe duda de que Coachella fue significativo para los artistas en su carácter individual, pero también lo fue para el género del reguetón y para toda la música puertorriqueña.

En conjunto, los videos educativos, la coreografía, la escenografía y los invitados especiales destacaron el papel de la música y los músicos puertorriqueños en el desarrollo del reguetón y de la música latina. Fue un espectáculo para todos, pero hubo momentos especiales para los fans puertorriqueños y los seguidores del reguetón, que las personas que no estaban familiarizadas con la cultura puertorriqueña tal vez no captaron. De ese modo, Bad Bunny insistió en reconocer a Puerto Rico como un lugar de innovación y desarrollo musical, pero también insistió en la pertenencia plena de los puertorriqueños, en sus propios términos.

Bad Bunny representó a Puerto Rico en Coachella como siempre lo hace: invitando al público a su mundo y mostrándole la gran influencia que los puertorriqueños han ejercido en la música popular. Pero también aprovechó la ocasión para expresar su solidaridad con otros grupos latinos. Por ejemplo, incluyó contribuciones de los músicos latinos a la música popular estadounidense en el contenido documental de los videos que proyectó, haciendo referencia a artistas de una amplia gama de países (Argentina, México, Colombia y República Dominicana, entre otros). Además, durante el segundo fin de semana, se produjeron momentos de colaboración entre grupos latinos mediante la participación de Grupo Frontera, un grupo de música mexicana del Valle del Río Grande, en Texas.

Bad Bunny y Grupo Frontera lanzaron un sencillo sorpresa, «un x100to», entre los dos fines de semana de Coachella. La canción, que mezcla la cumbia de Grupo Frontera y el sonido urbano de Bad Bunny, alcanzó muy pronto los primeros puestos de las listas de éxitos. Grupo Frontera está compuesto por cinco miembros: Juan Javier Cantú en el acordeón; Julián Peña Jr. en la percusión; Carlos Guerrero en la batería; Alberto «Beto» Acosta en el bajo quinto; Brian Ortega en el bajo; y el cantante Adelaido «Payo» Solís. Proceden de la ciudad fronteriza de McAllen, Texas. El grupo empezó como una actividad auxiliar del negocio de Acosta

—quien se dedicaba a fotografiar bodas y quinceañeras— y formaban parte de sus paquetes para eventos. Acosta conectó con Cantú, quien ya había tocado con Guerrero. El grupo se reunió y empezó a actuar ante el público local.

En abril de 2022, Grupo Frontera publicó un video en YouTube de «No se va» del grupo pop colombiano Morat. El video muestra a la banda en *jeans*, camisas azules y sombreros de vaquero cantando la canción en un nuevo estilo norteño *funky*. Cantú atribuye su sonido distintivo a las congas de Peña: «No suena como la típica canción norteña; de hecho, suena como algo fresco con esa vibra de reguetón».[22] El video obtuvo millones de visitas y ascendió en las listas de música latina hasta llegar al puesto número tres en la lista Hot Latin Songs; incluso llegó a la lista Hot 100 de Billboard (algo poco usual para una canción de música mexicana).[23]

Con el tiempo, el grupo llamó la atención del productor mexicano-estadounidense Edgar Barrera, quien también se crio cerca de McAllen. Como muchos niños de la frontera, Barrera creció cruzando de un lado a otro de la frontera; en su caso, entre Roma, Texas, y Ciudad Miguel Alemán, en Tamaulipas, México.[24] Comenzó su carrera artística a los veinte años, en 2010, haciendo una pasantía con el cantautor Andrés Castro en Miami.[25] Cuando Barrera conoció a Grupo Frontera en 2022, el grupo ya había ganado dieciocho Grammys Latinos, un Grammy, y muchos otros premios. Barrera ha escrito y producido canciones en una increíble variedad de géneros y estilos: reguetón, música mexicana, salsa y pop. También ha escrito para diversos artistas, como Maluma, Camilo, Reik, Christian Nodal, Shakira, Marc Anthony, Daddy Yankee, Peso Pluma, Ed Sheeran, Ariana Grande y Madonna.

Barrera les presentó «un x100to» a los miembros de Grupo Frontera en 2023. Tenía la canción desde hacía tiempo, pero no le había interesado a nadie. A Grupo Frontera le encantó la canción y grabaron una primera versión. En ese entonces, Bad Bunny y su equipo trabajaban con ahínco en un álbum de trap y no tenían planes de hacer una canción de música mexicana. El productor MAG nos contó que la inesperada colaboración surgió de una simple conversación en una entrega de premios en la que se encontró con Edgar. MAG le pidió a Edgar que compartiera con él cualquier idea o demo que pudiera servir para una colaboración entre Bad Bunny y Grupo Frontera.

En ese momento, MAG solo estaba «pensando en voz alta». Nunca había abordado el tema de una posible colaboración entre Grupo Frontera y Bad Bunny. Más bien, al igual que había hecho con canciones como

«WHERE SHE GOES», pensaba en algún sonido nuevo y diferente que pudiera interesarle a Bad Bunny. Al día siguiente, Edgar Barrera le envió a MAG la demo de «un x100to», advirtiéndole que no estaba mezclada y que estaba dispuesto a ofrecerle otra cosa o hasta empezar de cero en algún proyecto nuevo. A MAG le gustó mucho la demo y decidió llevársela a Bad Bunny, quien, tras escucharla una vez, estuvo de acuerdo en colaborar con Grupo Frontera a pesar de que, como recuerda MAG, «no encajaba en nada de lo que estábamos haciendo». MAG y Bad Bunny quisieron cambiar algunos aspectos de la canción para reflejar el sonido de Bad Bunny. Después de que Payo, el cantante de Grupo Frontera, interpretó la primera estrofa con la banda, MAG añadió unos acordes de sintetizador que marcaron la transición a la estrofa de Bad Bunny. MAG nos explicó que aquel fue un abordamiento inusual a la música mexicana, que no suele tener «elementos electrónicos que entren y corten la canción». Pero funcionó, y la canción debutó en el número tres de la lista Hot Latin Songs y se posicionó entre las primeras cinco canciones en la lista Billboard Hot 100 en su primera semana.[26]

MAG nos dijo que todo el proceso duró apenas tres o cuatro semanas. En ese momento, Bad Bunny estaba ensayando para Coachella en Las Vegas. Quería lanzar la canción entre los dos fines de semana de Coachella. El Grupo Frontera llegó a un lugar en Nevada para rodar el video musical. En el set de filmación, se enteraron de que Bad Bunny había grabado la canción y lo conocieron en persona.[27]

El video se estrenó el lunes 17 de abril de 2023. El segundo fin de semana de Coachella, un año después del lanzamiento de su video «No se va» en YouTube, Grupo Frontera actuó en el festival. Subieron al escenario después de la presentación del video sobre la rica historia de la música latina. Bad Bunny compartió su histórica plataforma de un modo genuino, sacrificando tiempo de sus propias canciones para ofrecerle a Grupo Frontera la oportunidad de interpretar sus temas «No se va» y «Bebé dame» antes de unírseles para interpretar juntos «un x100to». El grupo actuó frente a la imagen de una casa en ruinas, similar a la que se usó en el video musical. En cuanto sonó el ritmo y comenzó la primera estrofa, desde la segunda planta de la casa se desplegaron las banderas mexicana y puertorriqueña. Fue una declaración de solidaridad latina, de pertenencia y aprecio intercultural.[28]

Es obvio que el momento era coherente con el enfoque general del espectáculo de reivindicar a los latinos y la música latina en el espacio de la cultura pop *mainstream* de Coachella. El espacio sustancial que Bad Bunny le brindó a Grupo Frontera también refleja su costumbre de compartir

8.2 Bad Bunny interpreta «x100to» con Grupo Frontera en Coachella el 21 de abril de 2023. La escenografía, en especial la casa, refleja el tema *western* de su video musical. Las dos banderas que cuelgan del segundo piso de la casa expresan la solidaridad entre mexicanos y puertorriqueños. (Fotograma del video de Coachella de Mickey Pierre-Louis).

el protagonismo con los grupos emergentes a los que apoya, a menudo provenientes de comunidades marginadas. En éxito de Grupo Frontera puede rastrearse hasta la historia de los trabajadores mexicanos en Estados Unidos. Grupo Frontera interpreta sobre todo cumbia, un género musical oriundo de Colombia, que se extendió por las comunidades mexicanas y mexicanoestadounidenses a mediados del siglo XX.[29] En Texas, muchos grupos de acordeón empezaron a integrar la cumbia en sus repertorios, tanto así, que en la década de 1970 el acordeón se convirtió en un elemento esencial para el éxito de cualquier grupo de música mexicana en el estado.[30] En la década de 1990, la superestrella texana Selena abrió el mercado latino con sus cumbias modernizadas. En Estados Unidos, los emigrantes mexicanos también escuchaban cumbia. Otros grupos musicales que servían a las comunidades de migrantes tocaban música norteña, que, aunque diferente de la música texana de Selena, también incorporaba la cumbia.[31]

Para Bad Bunny, compartir el escenario de Coachella con un grupo de la frontera entre Texas y México, repleta de tradiciones musicales de los trabajadores inmigrantes mexicanos, fue muy significativo. El festival de Coachella se celebra en Indio, California, una ciudad obrera habitada en su mayoría por trabajadores agrícolas mexicanos y mexicanoestadounidenses. El Valle de Coachella tiene una larga historia de contratación de trabajadores inmigrantes, entre ellos japoneses, filipinos y, sobre todo, mexicanos. Por tal razón, el Valle de Coachella se convirtió en el centro de los esfuerzos organizativos de la Unión de Campesinos, liderada por Dolores Huerta y César Chávez. Los trabajadores inmigrantes mexicanos del Valle de Coachella llevan mucho tiempo enfrentándose a la pobreza, a condiciones de trabajo peligrosas y a la amenaza constante de la deportación. En la actualidad, la mayoría de los trabajadores agrícolas mexicanos del Valle de Coachella ganan menos de $20,000 dólares al año, y casi todos son indocumentados.[32] La realidad de muchos residentes del Valle de Coachella contrasta marcadamente con la opulencia del festival. De hecho, el Festival de Música de Coachella ha sido muy criticado por crear un espacio elitista y exclusivo, que ostenta riqueza y consumo sin reconocer las desigualdades sociales y las dificultades económicas a las que se enfrenta la zona.[33] En ese contexto, la actuación de Grupo Frontera en el festival adquirió mayor relevancia.

Con Grupo Frontera, Bad Bunny destacó la música mexicana, pero también presentó un momento de solidaridad latina. Su fusión musical aunó dos géneros que surgieron de la historia de la vida obrera y la migración entre América Latina y Estados Unidos. Con las banderas de México y Puerto Rico ondulando a sus espaldas, Grupo Frontera y Bad Bunny honraron a sus países de origen al tiempo que mostraron sus semejanzas como dos pueblos que han contribuido a la vida, la historia y la cultura de Estados Unidos, a pesar de haber tenido que enfrentarse al racismo, el clasismo y el (neo)colonialismo.

La histórica actuación de Bad Bunny en Coachella demostró la influencia de la música latina en español en la cultura popular estadounidense. Pero hizo mucho más que eso. En su actuación, Bad Bunny siguió representando a Puerto Rico por todo lo alto. Bad Bunny sabía que el público de Coachella era una mezcla de fans y recién llegados a su mundo. Eso se hizo evidente en el video introductorio y fue en parte lo que lo motivó a presentar los videos educativos sobre la historia de esos géneros y de los latinos en Estados Unidos. Los debates sobre lo que «cuenta» como música latina y el lugar que esta ocupa en el mercado musical estadounidense no se limitan a las ventas y las tendencias. Dichos debates también comunican algo sobre cómo Estados Unidos entiende a los latinos, cuyo lado tenebroso es lo que Leo Chávez ha denominado la «narrativa de la amenaza latina», es decir, la suposición de que los inmigrantes latinos, y los mexicanos en particular, se «apoderarán» de Estados Unidos mediante profundos cambios culturales y demográficos.[34] En ese contexto, la actuación de Bad

Bunny en Coachella fue mucho más que un concierto increíble. Fue un llamado lleno de orgullo a la pertenencia de los puertorriqueños, y los latinos en general, de formas que contrarrestan las narrativas dominantes utilizadas para fomentar la marginación sistémica de estas comunidades. Siempre hemos estado aquí.

9

«PRENDE UNA VELITA»: ESPERANZA CONTINUA, RESISTENCIA CONTINUA

Un mes después de Coachella, el 18 de mayo de 2023, Bad Bunny lanzó la canción y el video musical de «WHERE SHE GOES», el tema principal de su siguiente álbum *Nadie sabe lo que va a pasar mañana* (conocido como *Nadie sabe*). Había filmado el video en el Valle de Lucerne, California, apenas cinco días después de terminar su actuación en Coachella.[1] El video comienza con Bad Bunny cantando mientras conduce por el desierto en un viejo Rolls Royce (el mismo que usaría después en el *listening party* del álbum en San Juan). Luego rapea encaramado en un árbol con una sola flor, rodeado de gallos, y después en una fiesta nocturna alrededor de una gran hoguera. A lo largo del video aparecen imágenes de una mujer con alas de ángel y, en especial, varias escenas de caballos corriendo por el desierto.

En internet se especuló con que «WHERE SHE GOES» hace alusión a su rumoreada novia de entonces, Kendall Jenner. *Teen Vogue* propuso que la imagen de la mujer con alas de ángel podía hacer referencia a la carrera de Jenner como modelo, y la del escorpión, a que su signo zodiacal es Escorpio. Pero la clave eran los caballos. «También hay caballos en el video. Parecería inconsecuente... hasta que recuerdas que Jenner es una experta en caballos, tanto así, que llevó a Benito en una cita para montar a caballo», conjeturó la periodista Aamina Inayit Khan.[2] También sus fans creían que los caballos estaban ahí por Kendall; una escribió en Twitter/X: «En el video, hay caballos todo el tiempo, y la Kendall ama los caballos».[3]

Otros especularon con que los caballos reflejaban un deseo de incursionar en la música mexicana, que en aquel momento dominaba las listas latinas. Hacía poco, Bad Bunny había colaborado con Grupo Frontera y, aunque MAG nos dijo que dicha colaboración fue producto de un encuentro casual entre él y Edgar Barrera, algunos fans opinaban que lo único que quería Bad Bunny era estar a la moda (a pesar de que ya en 2019 había colaborado en uno de los primeros corridos tumbados que se grabaron, «Soy el diablo [remix]» de Natanael Cano).[4] En aquel momento, la música *country* empezaba a dominar el *streaming* en Estados Unidos, y los sombreros y las botas de vaquero se habían puesto de moda (gracias también a estrellas del pop como Beyoncé, quien empezó a llevar sombreros de vaquero cuando grabó su álbum *Renaissance* en 2022).[5] En su reseña de *Nadie sabe* en *Rolling Stone*, Jon Dolan y Vita Dadoo afirman que el arte de la portada del álbum, en la que Bad Bunny aparece en un conjunto vaquero azul con flecos montado en un caballo salvaje, es «un guiño al renacimiento y la perdurabilidad de la figura del vaquero... un homenaje a la prominencia de la música mexicana... [y] una muestra de su habilidad para engancharse a lo que es popular».[6] En otras palabras, si el caballo no tenía nada que ver con Kendall Jenner, entonces, tal vez, Bad Bunny quería sumarse a la moda del *country* o de la música mexicana, un gesto que podría considerarse igualmente falso.

Debido a las repercusiones del artículo de portada de la revista *Time* y a la presencia de Kendall Jenner en Coachella, Bad Bunny se enfrentaba a un caudal de reacciones negativas por sus decisiones personales y por su explosivo éxito profesional (y la expectativa de responsabilidad que conlleva tal éxito). En el meollo de las críticas había un sentir de que las acciones de Bad Bunny daban a entender que ya no le importaban Puerto Rico ni los latinos. Vivía en Los Ángeles y salía con una gringa. ¿Cuáles eran sus valores? Al menos eso fue lo que expresaron, sobre todo, las latinas estadounidenses.[7] Hasta nuestros estudiantes que se consideraban sus fans empezaron a sentirse desilusionados. Como profesoras que imparten cursos sobre la obra de Bad Bunny y su importancia cultural y política, comprendíamos el porqué de los cuestionamientos de sus fans. Para muchos, el trabajo de Bad Bunny tenía cierta relevancia cultural y política, mientras que Jenner y su familia eran, más que nada, gente rica y frívola, que tenía el hábito de cometer apropiaciones culturales.[8] Por lo tanto, las expresiones de Bad Bunny en las entrevistas y su elección de pareja sentimental parecían incongruentes con lo que sus fans percibían que debían ser sus valores y sus prioridades.

En muchos sentidos, *Nadie sabe* refleja cómo había cambiado la vida de Bad Bunny desde que alcanzó niveles astronómicos de fama mundial. Es una respuesta a las críticas por haberse instalado en Los Ángeles y por salir con Kendall Jenner. Las reseñas del álbum comentaron sus constantes referencias a los problemas propios de la fama y el dinero. Algunos críticos parecían lamentar que se hubiera alejado tanto de los sonidos y temas de *Un verano sin ti*, su álbum anterior.[9] *Nadie sabe lo que va a pasar mañana* se comercializó como un álbum para los «verdaderos fans» de Bad Bunny, quienes permanecían fieles a él desde sus inicios como trapero; un regreso a sus raíces. Para otros críticos, sin embargo, la cuestión aún era si sus fans serían capaces de entenderlo y si se había vuelto más distante con la fama. Como señala una reseña en *Variety*: «Aunque es probable que la mayoría de los oyentes no se sientan identificados con la venta de su Bugatti porque no era lo bastante rápido, [Bad] Bunny proclama que no ha cambiado desde que alcanzó el estrellato».[10] Ese escepticismo, combinado con la desaprobación de su rumoreada relación con Jenner, daba a entender que la entrada de Bad Bunny en la maquinaria mediática mundial había alterado su autenticidad en lo fundamental.

En Puerto Rico, sin embargo, escuchamos otras interpretaciones. Cuando hacíamos la fila para comprar entradas para el *listening party* de *Nadie sabe* en San Juan en octubre de 2023, el sentir mayoritario que nos comunicaron los fans era que Bad Bunny seguía comprometido con Puerto Rico por encima de todo. Muchas veces nos hablaron de lo orgullosa que se sentía la gente de que un artista tan importante viniera de Puerto Rico y hablara de temas puertorriqueños. Los fans que asistieron al *listening party* de Bad Bunny, donde los puertorriqueños pudieron escuchar su álbum horas antes que el resto del mundo, nos dijeron que era una prueba de su continua atención a los puertorriqueños y a Puerto Rico, a pesar de su estatus de estrella mundial. De quien no oímos hablar mucho fue de Kendall Jenner. «Hay muchos "haters" por ahí con todo ese asunto con Kendall», dijo un fan, «pero eso en realidad no importa».

De hecho, esos fans puertorriqueños tenían razón al suponer que Puerto Rico ocupaba un lugar destacado en el nuevo álbum de Bad Bunny, y no tan solo porque rememoraba sus raíces en el trap latino. Todo el concepto del álbum gira en torno a Puerto Rico. El caballo que aparece en la portada del disco, en el video musical y en los visualizadores, se convirtió en la imagen del álbum. Pero el caballo no tiene nada que ver con Kendall

9.1 El tema vaquero de *Nadie sabe lo que va a pasar mañana* se inspira en el caballo de carreras puertorriqueño Vuelve Candy B, que da nombre a una de las canciones del álbum. Muchos fans y medios de comunicación especularon con el verdadero significado del tema del álbum, que se les escapó a muchos medios de comunicación del *mainstream* estadounidense. (Diseño de la portada del álbum: Matt McCormick).

Jenner, ni con estar a la moda. El productor MAG nos contó que toda la inspiración del álbum se basó en el legado de Vuelve Candy B, «el caballo [de carreras] puertorriqueño más famoso». Vuelve Candy B ganó varias carreras decisivas en la década de 1990 y se convirtió en el único pura sangre puertorriqueño en ganar más de un millón de dólares. MAG nos recalcó que hay muchas referencias culturales en la canción «VUELVE CANDY B», que están dirigidas a un público puertorriqueño, y que solo alguien familiarizado con la cultura y la historia de Puerto Rico podría entender. Todo el concepto de la canción «VUELVE CANDY B», así como el propio álbum, tienen el propósito de celebrar a Puerto Rico como «tierra de campeones», y entre esos campeones está el caballo Vuelve Candy B.[11]

«PRENDE UNA VELITA» 225

Otro himno para Puerto Rico que aparece en el álbum es «ACHO PR», la canción de trap latino al estilo de la vieja escuela, en la que participan De La Ghetto, Arcángel y Ñengo Flow. De La Ghetto nos contó que, cuando llegó al estudio de Nueva York para grabar, no sabía qué tipo de canción estaban haciendo: «Pensé que iba a ser algo más estilo club, más *rátchet*». Pero luego Bad Bunny les contó el propósito de la canción. Según De La Ghetto:

> [Era algo] pa' la calle, pero pa' la gente. *For the underdogs* [Para los del *underground*]... [para] que se sientan orgullosos de ser puertorriqueños, que se sientan orgullosos del latino, que se sientan orgullosos de ser del barrio, de la isla. Nosotros representamos este orgullo. *Not only us* [No solo nosotros], todas las Miss Universo, Héctor Lavoe, Tito Trinidad, Macho Camacho, Benicio del Toro... *It's one of those songs that makes you feel good to be from the island, to be Puerto Rican, so I understood his message* [Es una de esas canciones que te hacen sentir bien por ser de la isla, por ser puertorriqueño, así que entendí su mensaje]. *And he was saying, «Listen, I want you to write about what you went through, what were you feeling* [Y él decía: «Escucha, quiero que escribas sobre lo que pasaste, lo que sentías»]. Queremos motivar a nuestra gente de la isla.

De La Ghetto recordó que Bad Bunny describió «ACHO PR» como una canción de orgullo y motivación para los puertorriqueños, que refleja el espíritu más amplio de *Nadie sabe lo que va a pasar mañana*. A pesar de los rumores de que ya no le importaban Puerto Rico o los latinos, Bad Bunny redobló su dedicación al archipiélago con las referencias culturales a Puerto Rico, que el *mainstream* estadounidense sin duda había pasado por alto. Que no hayan captado esas referencias es un reflejo de su constante devaluación de la cultura puertorriqueña y de la obra de Bad Bunny. *Nadie sabe* habla de la continua defensa de Puerto Rico por parte de Bad Bunny. Y no había hecho más que empezar.

Bad Bunny finalizó su gira *Most Wanted Tour* para *Nadie sabe lo que va a pasar mañana* en Puerto Rico con tres funciones seguidas en El Choli —que se llenó a capacidad— del 7 al 9 de junio de 2024. En el video que abría el espectáculo, Bad Bunny declaró: «Si has visto a Bad Bunny cantar en vivo, pero no lo has hecho en Puerto Rico, realmente no lo has visto».[12]

Más allá de la emoción y la energía desbordantes del artista y el público de su país, los conciertos de Bad Bunny en Puerto Rico siempre contienen elementos que no le ofrece al público estadounidense. El cierre de su gira *Most Wanted Tour* no fue la excepción. Sus conciertos en Puerto Rico comenzaron con una orquesta tocando la melodía de «La Borinqueña», el himno nacional oficial de Puerto Rico. Al instante, la multitud empezó a cantar a coro.[13]

Aunque la lista de invitados variaba un poco cada día, muchos artistas que colaboraron en el álbum también participaron en los conciertos a lo largo de los tres días: Young Miko, Bryant Meyers, Mora, YOVNGCHIMI, Luar la L, De La Ghetto, Arcángel y Ñengo Flow, entre otros. En el segundo concierto participó la estrella colombiana del reguetón Feid, y en el tercero, su compatriota Eladio Carrión.[14] Además, todos los artistas que participaron en la grabación de «ACHO PR» se reunieron para interpretarla en vivo por primera vez. De La Ghetto nos describió la experiencia: «Nos sentimos como gladiadores en vivo en el coliseo de Roma cuando salimos a cantar ese tema. Era otro capítulo de mi carrera y de su carrera, y de la carrera de todos. Fue histórico, ¿me entiende? Fue histórico. Me sentí súper, súper porque *when I was on the stage* [cuando estaba en el escenario] y yo miraba pa'l público, *I would see kids nine or ten to grownups in their fifties and sixties* [veía desde niños de nueve o diez (años) hasta adultos de cincuenta y sesenta]. Eso era lo que los unía... la música, nuestro género». Durante una de las interpretaciones de la canción, Bad Bunny se emocionó hasta las lágrimas y se cubrió el rostro con la bandera de Puerto Rico.[15]

A diferencia del resto de los conciertos de su gira, que cerraba con una segunda interpretación de «WHERE SHE GOES», el gran final de los espectáculos de Puerto Rico fue «El apagón» con un grupo de cabezudos con máscaras y trajes inspirados en *Nadie sabe* que bailaron en el escenario mientras él cantaba.[16] MAG, que estuvo en los conciertos de Puerto Rico, nos dijo que el cierre de Bad Bunny con «El apagón» había sido «¡como una fiesta! La letra es tan bonita... y que ese capítulo cerrara con "El apagón" y ver a nuestra gente cantándolo, es difícil ponerlo en palabras... porque era en casa. Era en la isla. ¡Es una canción para Puerto Rico! Así que creo que él planeó estratégicamente cerrar [la gira] en casa, en Puerto Rico, pero también cerrar con "El apagón", que se convirtió en un himno para Puerto Rico». A pesar de su enorme fama mundial y de que la mayoría de sus fans en todo el mundo no son puertorriqueños, esos espectáculos demostraron que Bad Bunny aborda los espectáculos en su país de un modo intencionado, y que mantiene una relación cultural y una dedicación diferentes con sus fans en Puerto Rico.

Para los puertorriqueños del archipiélago que no pudieron asistir a El Choli, Bad Bunny retransmitió su espectáculo en vivo en cines por todo Puerto Rico. Y aprovechó la oferta para animar a sus fans, en especial a los jóvenes, a votar en las elecciones generales de 2024 en Puerto Rico. Con el apoyo de su sello discográfico Rimas Entertainment, ofreció entradas para ver los conciertos de *Most Wanted Tour* en los cines a «dos por el precio de una», pero solo a quienes mostraran su tarjeta de identificación electoral.[17] Fue un gesto significativo, si se tiene en cuenta que Puerto Rico suele contar con un registro bajo de votantes y poca participación electoral, y que, según los datos de 2024, el 75 % de los jóvenes de dieciocho a veintiún años aún no se había inscrito para votar en ese momento.[18]

En el verano de 2024, Bad Bunny no había apoyado a ningún candidato a la gobernación en particular, aunque sí estaba comprometido con que la gente votara. Pablo Batista nos dijo que la eficacia de Bad Bunny en activar políticamente a la gente radica en que no es extremista ni dogmático ni pertenece a ningún partido político. La apertura de Bad Bunny y su negativa a que lo encajonen crea posibilidades para un público creciente, personas que tampoco saben dónde encajan políticamente, pero no están de acuerdo con la naturaleza corrupta del gobierno, que provocó las protestas del Verano Boricua de 2019 en Puerto Rico. Al marchar y producir himnos de protesta junto con Residente en el Verano Boricua, Bad Bunny demostró su postura, sin tener que declarar lealtad a nada que no fuera el propio Puerto Rico.

La lucha por la justicia en Puerto Rico continúa, y la esperanza de imaginar un nuevo futuro permanece viva. Los puertorriqueños siguen luchando contra el aburguesamiento, la privatización de los servicios públicos, las infraestructuras inadecuadas y el racismo medioambiental. En el plano político-electoral, en 2023 se formó La Alianza de País (La Alianza), una coalición del Partido Independentista Puertorriqueño (PIP) y el Movimiento Victoria Ciudadana (MVC). Estos dos partidos unieron fuerzas para postular al activista y político independentista Juan Dalmau para gobernador y a la abogada y activista feminista afropuertorriqueña Ana Irma Rivera Lassén para comisionada residente en Washington D.C. (el representante de Puerto Rico sin voto en el Congreso de los Estados Unidos). La Alianza aboga por un Puerto Rico más integrador, que dé prioridad a las necesidades de los puertorriqueños y no a los intereses de los inversores estadounidenses o del gobierno de Estados Unidos.[19] Por primera vez, parecía que el dominio del Partido Nuevo Progresista (PNP) y del Partido Popular Democrático (PPD) en Puerto Rico podría llegar a su fin, y que un defensor de la independencia tendría la posibilidad de convertirse en gobernador, en cuyo caso, las elecciones generales de 2024 habrían sido históricas en Puerto Rico.

Bad Bunny ha usado activamente su plataforma en las redes sociales para criticar a los partidos que promueven la estadidad y el Estado Libre Asociado (ELA). En una entrevista en el *podcast* de YouTube, *El Tony Pregunta*, el 2 de septiembre de 2024, Bad Bunny se emocionó hasta las lágrimas cuando habló de sus preocupaciones por el futuro de Puerto Rico, y animó a los jóvenes a votar. Aunque dijo que prefería mantenerse al margen de la política, habló de cómo aborda la política en su obra, señalando que no le gusta ser dogmático. Dijo que no quería lanzar una canción política en la que llamara mentirosa a la candidata del PNP, Jenniffer González-Colón, o le deseara la muerte al partido estadista.[20] Improvisó:

> Jenniffer mentirosa
> No seas embustera
> Muerte al PNP
> A to' lo' corruptos
> Puerto Rico se merece algo mejor.[21]

Los creadores de contenidos en línea montaron de inmediato la voz de Bad Bunny sobre un *beat* de hiphop al estilo de la vieja escuela.[22] La canción se hizo viral. Las camisetas con la frase «Jenniffer mentirosa, no seas embustera» empezaron a venderse por internet. En una conversación en Instagram con Juan Dalmau, el candidato a gobernador por La Alianza, Residente llevaba puesta una de esas camisetas.[23] Incluso aparecieron en internet imágenes de estrellas del pop estadounidense, como Sabrina Carpenter, luciendo la camiseta.[24]

A Jenniffer González no le hizo ninguna gracia. A medida que la canción se volvía cada vez más popular, González respondió afirmando que Bad Bunny no tendría la libertad de decir esas cosas si viviera en Venezuela. Ese fue su esfuerzo por alarmar a los votantes y hacerles creer que Bad Bunny prefería una dictadura socialista a una democracia.[25] Con su respuesta, González reciclaba el consabido discurso del PNP para promover el miedo entre los puertorriqueños a que la independencia trajera consecuencias catastróficas. Otros miembros del PNP avivaron el fuego del falso discurso.

Thomas Rivera Schatz, presidente del Senado de Puerto Rico, se refirió a La Alianza como «La Alianza Comunista».[26]

Aunque Bad Bunny le dijo a El Tony que prefería mantenerse al margen de la política, de pronto se vio inmerso en una vorágine política y se convirtió en blanco de la ira del PNP. En las redes sociales surgieron respuestas a González, incluso de periodistas independientes como Bianca Graulau, quienes denunciaron el alarmismo comunista descontextualizado y carente de sentido del PNP.[27] Esas respuestas demostraban que Bad Bunny no solo contaba con el apoyo de periodistas, de personas influyentes y de sus fans, sino también que mucha gente le estaba prestando atención y atendiendo a su llamado a implicarse.

Antes de 2024, Bad Bunny se había mantenido relativamente callado sobre sus afiliaciones políticas. Durante las elecciones de 2024, salieron a la luz un video y un artículo de 2020 en los que Bad Bunny explica que no votaría ni por el PNP ni por el PPD en las elecciones de ese año, y que nunca querría ver a Puerto Rico «como un estado».[28] Aunque la letra de canciones como «El apagón» podía suscitar conjeturas sobre su postura política, las elecciones de 2024 se convirtieron en un punto de inflexión político para Bad Bunny. En vísperas de las elecciones, usó su plataforma con más claridad y contundencia que nunca para abogar por un futuro mejor para su patria apoyando a La Alianza.

Unas semanas después de la debacle de El Tony / «Jenniffer mentirosa», Bad Bunny realizó su siguiente gesto político: pagó por una serie de vallas publicitarias que criticaban al PNP y que se colocaron por todo Puerto Rico. Cada una tenía un mensaje impreso en blanco sobre fondo negro. La primera decía: «Quien vota PNP no ama a Puerto Rico». Otras decían: «Votar PNP es votar por la corrupción» y «Votar por PNP es votar por LUMA». Las vallas publicitarias fueron muy controvertidas en Puerto Rico. Corrió el rumor de que Bad Bunny las había mandado poner, y el PNP presentó una denuncia ante la Comisión Estatal de Elecciones, quejándose de que las vallas no incluían inicialmente la información requerida por ley sobre quién las había pagado.[29] En ese momento se confirmó que, en efecto, había sido Bad Bunny quien había pagado por ellas. El 24 de septiembre de 2024 se añadió en la parte inferior de las vallas publicitarias una frase que decía: «Anuncio pagado por Benito A. Martínez, yoamoapr@gmail.com. No fue autorizado por ningún aspirante, candidato o partido político».[30] Bad Bunny también publicó imágenes de las vallas publicitarias en las redes sociales junto con la confirmación de que él las había pagado, añadiendo: «un puertorriqueño que ama a Puerto Rico».[31]

9.2 El 24 de septiembre de 2024, Bad Bunny publicó en X (antes Twitter) varias imágenes de las vallas publicitarias políticas que él había auspiciado. Su tuit confirmaba que había pagado por ellas y afirmaba que es un puertorriqueño que ama a Puerto Rico.
(Foto de X @sanbenito).

9.3 Otra valla publicitaria patrocinada por Bad Bunny, que el artista publicó en las redes sociales el 24 de septiembre de 2024. Las vallas publicitarias crearon una tremenda controversia en todo Puerto Rico y ayudaron a sentar las bases de los esfuerzos políticos de Bad Bunny antes de las elecciones generales de 2024 en Puerto Rico.
(Foto de X @sanbenito).

Al día siguiente de que Bad Bunny se responsabilizara por las vallas publicitarias, apareció en Puerto Rico una valla que atacaba a Bad Bunny. En ella se anunciaba de forma destacada que había sido pagada por la campaña del senador Thomas Rivera Schatz, e incluía el logotipo del PNP, un rectángulo azul oscuro con una palma blanca en el centro.³² El mensaje leía: «El 5 de noviembre, ¡barremos! Para que Benito _ame!». Sin el espacio en blanco delante de la palabra «ame», la frase leería: «¡Para que Benito ame!». Pero el espacio en blanco dejaba claro que la palabra debía ser «mame», con lo cual, leería: «¡Para que Benito mame!» (refiriéndose a la felación). Los medios de comunicación puertorriqueños criticaron la vulgaridad de la valla publicitaria.³³ Dado el historial de ataques al reguetón por su vulgaridad de parte del gobierno, la acción de Rivera Schatz parecía un acto de hipocresía.³⁴

Rivera Schatz concedió una entrevista a la emisora radial puertorriqueña Magic 93.7 FM el día en que se colocó la valla publicitaria. Los presentadores del programa le cuestionaron su vulgaridad. En un primer momento, Rivera Schatz la admitió, pero cuando le preguntaron cuál era el mensaje que quería enviarle a Benito, respondió: «Está claro lo que dice ahí. Yo no creo que tenga que interpretarlo. Y, de hecho, yo invito a la gente a que llegue a sus propias conclusiones». Después justificó la vulgaridad del mensaje afirmando que «estas personas [Bad Bunny y los artistas del reguetón en general] utilizan un lenguaje fuerte contra» el PNP y el gobernador, y que «en su propia lírica usan palabras fuertes contra la mujer». Rivera Schatz afirmó que se limitaba a darles de «su propia medicina» para afirmar que «nosotros vamos a ganar».³⁵ Más adelante en la entrevista, cuando uno de los presentadores dijo que lo que pretendía decir era «para que mame», Rivera Schatz rebatió: «¡Yo no te pongo palabras en tu boca, tú no me pones [palabras] en la mía!». Cuestionó que la gente pudiera sentirse ofendida por su valla: «El que se ofenda con eso, que me diga cuándo se ofendió cuando Benito usó palabras [fuertes] contra el gobernador, contra Jenniffer [González]... O cuando usó palabras denigrantes contra las mujeres en sus letras».³⁶ Rivera Schatz repitió los consabidos estereotipos del reguetón y los argumentos manidos respecto a su vulgaridad para hacer una defensa moral del PNP, cuyos miembros se sentían sin duda amenazados por el hecho de que el artista más popular de Puerto Rico, y uno de los más populares del mundo, denunciara su hipocresía y su corrupción.

Pero ahí no terminaron los ataques a Bad Bunny a través de este medio. Una semana después, aparecieron nuevas vallas publicitarias a lo largo de la Carretera PR-22, también conocida como el Expreso José de Diego, que atraviesa la zona norte de Puerto Rico y pasa por Vega Baja, el pueblo donde nació Bad Bunny. La primera decía: «Benito vive en Los Ángeles y su novia es gringa. ¿Así amas a Puerto Rico?». La otra sugería que Bad Bunny se beneficiaba de los incentivos fiscales de la Ley 60 de Puerto Rico, seguido de «#Hipocresía».[37] Rivera Schatz había ventilado esas falsedades durante la mencionada entrevista radial cuando dijo: «Hay gente que no vive en Puerto Rico que critica la Ley 60, pero se beneficia de ella... Son unos hipócritas». Lo cierto es que la mayoría de los puertorriqueños del archipiélago no pueden acogerse a esas exenciones fiscales, pues para solicitar el beneficio, es requisito haber residido fuera de Puerto Rico al menos diez años antes de establecerse de nuevo en el archipiélago.[38] Bad Bunny nunca ha dejado de ser residente de Puerto Rico. El periodo de tiempo más largo que ha pasado fuera de Puerto Rico ha sido de siete meses.[39] El estatus fiscal de Bad Bunny ya había sido debatido públicamente, cuando Logan Paul, beneficiario estadounidense de la Ley 60 y personalidad de YouTube, se enfadó después de que el artista lo señalara en el video musical y documental «El apagón» / *Aquí vive gente*. En respuesta, Paul acusó infundadamente a Bad Bunny de disfrutar de las mismas exenciones fiscales que el artista criticaba en el documental.[40] El hecho de que esas falsas acusaciones fueran regurgitadas por el PNP demostró el punto de Bad Bunny: que son mentirosos.

En los comentarios en las redes sociales, muchos puertorriqueños señalaron lo ridículo de la hiperfocalización del PNP en Bad Bunny como individuo. Un usuario de Facebook, Assilem Maldonado, dijo: «BB [Bad Bunny] ni está corriendo [para] político y ya lo tienen en los ataques del PNP. PR [Puerto Rico] es un chiste para el PNP y hablan de dictadura y viven atacando a quienes piensan diferente a ellos, que mal nos va. PQ [¿Por qué] tanto enfoque en BB?».[41] En otro perfil de Facebook, Kariana Ashley Feliciano expresó: «Como si Bad Bunny fuera un candidato».[42]

Las vallas publicitarias en la Carretera PR-22 no recibieron la misma atención mediática que las anteriores. El noticiero puertorriqueño *Directo y Sin Filtro*, de ABC-5, publicó en Facebook que esas vallas publicitarias no tenían la información requerida por ley sobre quién las había pagado.[43] Otro usuario de Facebook, Raúl Cabán Pérez, hizo la siguiente acusación: «Como [el] Ataque No Es [al] PNP [a] ellos no [les] importa quien pagó».[44] No surgió ninguna noticia sobre quién había pagado por ellas, pero la información en las vallas publicitarias era una clara defensa del PNP, que se hacía eco de las mentiras que Rivera Schatz había escupido en la entrevista radial. Pocos días después, Bad Bunny pagó por otras vallas publicitarias dirigidas al PNP y al PPD. Una decía: «Cada vez que se te vaya la luz, recuerda que es culpa del PNP y el PPD». Otra declaraba: «El PNP no es estadidad. El PNP es corrupción».⁴⁵ Una tercera valla decía: «No olvides lo que dijeron en el chat. El PNP quiere un Puerto Rico sin puertorriqueños. ¡Que se vayan ellos!».⁴⁶ En esta última, Bad Bunny hacía referencia al comentario del exgobernador caído en desgracia, Ricardo Rosselló, en los infames chats del «Chatgate» de 2019 cuando escribió: «Vi el futuro. Es maravilloso, no hay puertorriqueños».⁴⁷ También hace referencia al final de su propia canción «El apagón», cuando Gabriela Berlingeri canta: «*Que se vayan ellos*». A pesar de las críticas de Rivera Schatz y otros partidarios del PNP, Bad Bunny se mantuvo firme.

El 29 de octubre de 2024, un anuncio incisivo sobre la crisis de la educación en Puerto Rico circuló en la televisión puertorriqueña y las redes sociales. Bad Bunny volvió a colaborar con el director Kacho López Mari para su realización. Según Kacho, Bad Bunny escribió el guion, y él dirigió y editó el video. El conmovedor anuncio destaca el sufrimiento de la juventud puertorriqueña a causa de los recortes en la educación. Mediante imágenes estremecedoras de escuelas deterioradas y rostros de jóvenes desanimados, aunque esperanzados, el anuncio subraya la dura realidad de que, en la última década, se han cerrado más de seiscientas escuelas en Puerto Rico. Un joven dice: «Yo no me quiero ir de Puerto Rico». Otro dice: «Nos roban nuestro presente y nuestro futuro». Una estudiante declara: «Los mismos dos partidos se han robado todo el dinero». El video termina con la frase «Necesitamos un cambio», antes de identificar a Benito A. Martínez Ocasio como la persona que pagó por los anuncios (en letra pequeña y con el audio acelerado).

Entre la canción «Jenniffer mentirosa», las vallas publicitarias y ese nuevo anuncio, Bad Bunny provocó un alboroto (o como decimos los puertorriqueños, un revolú) en todo Puerto Rico. Así que decidió hacer una declaración pública. El 1 de noviembre de 2024 publicó un anuncio a página completa en el periódico puertorriqueño *El Nuevo Día*, titulado «Muerte al PNP». Era una carta dirigida «exclusiva y únicamente al pueblo estadista, no a los políticos que se aprovechan de ellos». En dicha carta, que ocupaba toda la primera página del periódico en letra muy pequeña, Bad Bunny aclaró una vez más que su único interés era el bienestar de Puerto Rico y su gente, no aliarse con ningún partido político.⁴⁸

Bad Bunny también aclaró la diferencia entre los que apoyan la estadidad y los que apoyan al PNP. «Ser estadista es querer que Puerto Rico sea un estado más de los Estados Unidos, pero ser penepé [PNP] hoy es apoyar y ser cómplice de LA CORRUPCIÓN DE ESE PARTIDO». Además, dado que Jenniffer González y Thomas Rivera Schatz lo habían acusado de desearle la muerte a la gente, Bad Bunny explicó:

> «MUERTE AL PNP» no es la muerte de algún ser humano. «MUERTE AL PNP» es la muerte del partido que le ha fallado al pueblo, que le ha robado al pueblo, que le ha mentido al pueblo, que le ha faltado el respeto al pueblo, y cuando digo «al pueblo» los incluyo a ustedes porque ustedes también son parte del pueblo. A ustedes también se les va la luz todos los días mientras cada vez te la cobran más cara. A sus hijos y nietos también les han cerrado escuelas y les han robado el dinero de educación. Ustedes también transitan por las mismas calles esbaratá y apuesto lo que sea que también se les ha explotado más de una goma como a mí. A ustedes también les ha tocado ver a un ser querido irse del país queriéndose quedar, y todo eso porque el INCOMPETENTE Y CORRUPTO GOBIERNO PNP le afecta a todos por igual (obvio, menos a sus amiguito$). [Mayúsculas en el texto original].

Bad Bunny les dijo a sus compatriotas puertorriqueños que simpatizan con el PNP que su partido «no respeta ni a ustedes sus seguidores más fieles, ¿o acaso olvidaron aquella frase peor que la mía en el Famoso chat de Ricky "COGEMOS DE PENDEJO HASTA [A] LOS NUESTROS"? Esa frase fue pa[ra] ustedes, no para nadie más y no vino de mí, vino de ellos».⁴⁹ Aquí, Bad Bunny volvió a denunciar la hipocresía del PNP al criticarlo por usar un lenguaje ofensivo cuando, en realidad, era el PNP el que ofendía y se aprovechaba de Puerto Rico. A lo largo de la carta, Bad Bunny hizo hincapié en que, para él, las elecciones no debían ser cuestión de partidos políticos, sino de acabar con la bien documentada corrupción a la que se enfrentaba (y sigue enfrentándose) Puerto Rico bajo el liderazgo del PNP.

El 3 de noviembre de 2024, al menos 50,000 personas asistieron al acto de cierre de campaña de La Alianza, el Festival de la Esperanza,⁵⁰ producido por Tristana Robles bajo la dirección creativa de Kacho.⁵¹ El festival, en el que participaron representantes del PIP y del MVC, tuvo una banda sonora espectacular. Artistas como Residente, Jowell y Randy, iLe, Kany García, Rafa Pabön, Chuwi y Fabiola Méndez, entre otros, actuaron durante todo el día. Muchos esperaban la llegada de Bad Bunny. Casi seis horas después del inicio del acto, subió al escenario.

Bad Bunny comenzó con un discurso de treinta minutos en el que reunió las diversas piezas del mensaje político que había estado comunicando en los meses anteriores a través de vallas publicitarias, entrevistas, anuncios y su propia música. Habló de sus esperanzas de un futuro mejor para Puerto Rico: «Sueño con un Puerto Rico donde la educación de nuestros niños y niñas sea prioridad y no un sistema sucio de corrupción... Yo sueño con un Puerto Rico donde los jóvenes no tengan que irse para cumplir los suyos. Sueño con un sistema de salud funcional y accesible. Por el amor a Dios, yo sueño con unas carreteras donde no se me explote una goma cada vez que yo salga pa' fuera. Sueño con algo tan básico como que no se vaya la luz todos los días en mi país. Sueño con un pueblo despierto y que reconozca la fuerza que tenemos; que aquí mandamos la gente, que aquí mandan ustedes, nosotros, la gente y no los partidos políticos».[52]

Tras recordar que votó por el candidato a la gobernación por el PNP, Luis Fortuño, la primera vez que ejerció su derecho al voto (y aclaró que fue la única vez que votó por el PNP), Bad Bunny explicó cuánto había cambiado desde aquel primer voto. También reconoció a las nuevas generaciones de puertorriqueños, muchos de ellos fans suyos, que habían apoyado ese movimiento por Puerto Rico: «Me llena de orgullo que sean los jóvenes, la juventud, el corazón de este movimiento, que exige un cambio». Señaló que esas elecciones podrían ser un punto de inflexión en Puerto Rico, y que los dos partidos políticos, el PNP y el PPD, que «por más de cinco décadas, han engañado, han mentido y se han lucrado del pueblo, que les han faltado el respeto a los puertorriqueños y las puertorriqueñas», podrían ser expulsados del poder para dar paso a un nuevo Puerto Rico.[53] Con ese discurso, Bad Bunny se posicionó como miembro de la generación «Yo no me dejo», los jóvenes que no permitirán que el gobierno continúe dañando a Puerto Rico.[54] El politólogo José Laguarta Ramírez ve una conexión directa entre la generación de Bad Bunny y los activistas que habían participado en las movilizaciones políticas contra el colonialismo estadounidense, la corrupción y las medidas de austeridad del gobierno puertorriqueño.[55]

En su discurso, Bad Bunny reafirmó su profunda devoción por su país: «Yo estoy aquí porque amo a mi país de la misma manera que amo a mi madre, y yo por mi madre doy la vida». Aclaró que su única lealtad era para con el pueblo de Puerto Rico, que le había «dado un endoso volcánico, con fuerza, un endoso real... Yo no le he dicho a nadie por quién votar... Son ustedes los que me han inspirado una vez más. Son ustedes, el pueblo, la gente de Puerto Rico los que me han dicho a mí que este 5 de noviembre debemos votar por Juan Dalmau y La Alianza de País».[56] Kacho nos explicó que ese acontecimiento histórico —la culminación de la creciente aceptación y popularidad del movimiento independentista en Puerto Rico— había sido a la vez reivindicativo y emotivo para él y su familia independentista. A Kacho lo conmovió sobre todo escuchar a una de las mayores estrellas de Puerto Rico hablar sobre la independencia: «Allí hubo lágrimas... ver a Benito parado ahí, el mega artista... diciendo: "¡Esto es lo que hay que hacer!". Ver a este país diciendo "Somos puertorriqueños. Esta es nuestra bandera. Esto es lo que somos". Eso es resistencia. Y eso es grande».

Cuando Bad Bunny terminó su discurso, bromeó con los temas de la canción que interpretaría a continuación y con el hecho de que el pronóstico del tiempo para el día de las elecciones eran lluvias fuertes. Exclamó: «En dos días, truene, llueva o relampaguee, nada nos va a detener de hacer historia». Le recordó al público el desprecio, la corrupción y la ineptitud que padeció el pueblo de Puerto Rico bajo el liderazgo del PNP tras el paso del huracán María: «Nunca voy a olvidar cómo aquellos nos abandonaron durante el huracán». Por último anunció: «Este martes, 5 de noviembre seremos la tormenta y no hay quién los salve a ellos».[57]

La advertencia hacía alusión a la letra de su canción «Una velita»: «*Por ahí viene tormenta, ¿quién nos va a salvar?*». Era de esperar que el año en que Bad Bunny se insertó explícita y contundentemente en el discurso político puertorriqueño creara otro himno conmovedor, «Una velita». Tainy produjo el tema, que se lanzó el 19 de septiembre de 2024, el día del séptimo aniversario del huracán María. «Una velita» describe la ansiedad que, después del trauma del huracán María, sienten muchos puertorriqueños ante la llegada de un huracán. Ese sentimiento, según Bad Bunny, inspiró la canción.[58]

La tormenta que se menciona en «Una velita» es una metáfora de las elecciones que estaban a punto de celebrarse. El lanzamiento del tema coincidió con el aniversario del huracán María, pero también se produjo pocos días antes de la fecha límite para que los puertorriqueños se inscribieran para votar, el 21 de septiembre. La canción es una crítica al PNP, que no hace nada por el pueblo y que le roba. Cuando Bad Bunny rapea: «*La palma en la que quieren ahorcar el país, un día de estos la vamos a tumbar*», no solo afirma que el PNP perjudica activamente a Puerto Rico, sino también que el pueblo puertorriqueño derrotará al PNP, simbolizado en la palma.

«Una velita» incorpora, además, alusiones directas a la independencia de Puerto Rico. En un verso muy poderoso, Bad Bunny afirma «*La señal ya se dio y no la quieren ver / Falta que el boricua quiera despertar*». El verso hace referencia al poema «La Borinqueña», también conocido como el «Himno Revolucionario» de Puerto Rico, compuesto por Lola Rodríguez de Tió, poeta del siglo XIX y defensora de la abolición de la esclavitud, los derechos de la mujer y la independencia de Puerto Rico. Ahora bien, existen múltiples versiones de la letra de «La Borinqueña». El poema de Rodríguez de Tió, escrito en 1868, se cantó originalmente sobre una composición de danza tradicional puertorriqueña (un género autóctono de música que se baila en parejas y que se originó en Puerto Rico a mediados del siglo XIX). Si bien la música de «La Borinqueña» ha perdurado, la letra ha cambiado con el tiempo. La letra del actual himno nacional oficial de Puerto Rico, «La Borinqueña», escrita por Manuel Fernández Juncos en 1903, celebra la belleza natural de Puerto Rico. Sin embargo, el poema original de «La Borinqueña» de Rodríguez de Tió está inspirado en el Grito de Lares de 1868, una revuelta organizada por activistas independentistas para liberar a Puerto Rico del gobierno español y abolir la esclavitud. El ejército español respondió a la insurrección con rapidez y violencia arrestando a cientos de personas. A pesar de que la revolución no triunfó, sigue siendo un símbolo importante del nacionalismo puertorriqueño y de los movimientos independentistas.[59] La versión de Rodríguez de Tió comienza: «*¡Despierta borinqueño / que han dado la señal!*». A pesar de que esta fue la versión que se adoptó inicialmente como letra de la danza, los versos resultaban demasiado controvertidos y fueron sustituidos por la letra de Fernández Juncos.[60] Desde entonces, los versos de Rodríguez de Tió se han considerado un llamado a la independencia de Puerto Rico. La reformulación que hace Bad Bunny de la frase de Rodríguez de Tió inserta a «Una velita» dentro de esa historia revolucionaria más amplia.

La producción de Tainy refleja la intensidad y las cualidades inquietantes de la letra de Bad Bunny y de su interpretación. La canción comienza con unos acordes de sintetizador en tono menor y el sonido del viento arremolinándose en el fondo, al tiempo que se introducen las voces de un coro juvenil. A continuación, entran los tambores de bomba, que proporcionan la base rítmica del tema. Bad Bunny tararea entre los versos en un tono fluctuante a lo largo del tema. En su tono más bajo, parece el gemido profundo de alguien que sufre. A medida que el tono se agudiza, se convierte en un grito errático, tal vez el grito del viento que se acerca con la tormenta, impredecible y amenazadora. El final de «Una velita» marca un cambio de tono. La canción pasa de la energía intensa del miedo y el arrojo simultáneos a un tono más suave y melódico. Una voz aguda canta que el

9.4 Bad Bunny interpretó su canción «Una velita» en el Festival de la Esperanza, el cierre de campaña de La Alianza, el 3 de noviembre de 2024. (Foto cortesía de Thais Llorca).

sol volverá a salir. Nada, ni siquiera la inmensa incertidumbre y el cambio, nos infunde miedo si tenemos a nuestros seres queridos a nuestro lado. De este modo, la canción termina con una nota de amor y esperanza.

Bad Bunny interpretó «Una velita» en vivo por primera vez en el Festival de la Esperanza. La actuación comenzó con casi un minuto de percusión intensa con el barril, el tambor característico de la bomba puertorriqueña. A continuación, un coro cantó los primeros versos de «La Borinqueña» de Lola Rodríguez de Tió: «*¡Despierta borinqueño / que han dado la señal!*». El escenario estaba casi a oscuras, excepto por las velas que los cantantes sostenían en las manos. La imagen imitaba un apagón y conjuraba la oscuridad de la tormenta que se avecinaba. De repente, comenzaron los acordes de «Una velita» y el coro cantó los primeros versos. La batería acompañó a Bad Bunny durante toda la canción, y el coro, formado exclusivamente por mujeres, se encargó del tarareo dinámico. En la grabación del concierto, Bad Bunny se mueve por el escenario, colocándose de vez en cuando a un lado para no bloquear a los demás músicos, mientras en un primer plano se ve un mar de más de 50,000 puertorriqueños ondeando banderas de Puerto Rico y banderas verdes y blancas del Partido Independentista Puertorriqueño. Las imágenes son conmovedoras. Emocionantes. Parece que estamos presenciando el comienzo de otra revolución, un nuevo impulso hacia un cambio importante; como si fueran a tumbar la «palma» proverbial a la que hace referencia Bad Bunny en la canción. En las encuestas previas a las elecciones, Dalmau y González iban a la par. Hacia el final del espectáculo, mientras la letra de la canción anuncia que Bad Bunny está esperando a que vuelva a salir el sol, se proyecta en el escenario la imagen de un amanecer. Hay esperanza.

La víspera de las elecciones, se formó un alboroto, sobre todo en La Alianza, después de que un tribunal de distrito de Puerto Rico le diera permiso al PNP para contar los votos anticipados en contravención del procedimiento normal, que consiste en que haya representantes de todos los partidos en el recuento de los votos. En esta ocasión, sin embargo, el juez Raúl Candelario López dictaminó que el PNP podía empezar a contar los votos en solitario.[61] Bad Bunny se expresó en las redes sociales: «Está cabrón que los que han gastado miles en campaña de miedo con dictadura y comunismo son los mismos que han jodido la democracia y el proceso electoral en Puerto Rico. Son los mismos que llevan haciendo mil trucos y malabares con el voto del pueblo. ¡EL PNP SE ESTÁ TRATANDO DE ROBAR LAS ELECCIONES!».[62]

El día de las elecciones, cuando un periodista le preguntó qué les recomendaría a quienes aún no habían decidido por quién votar, Bad Bunny imploró: «Escuchen a su corazón... El pueblo puertorriqueño no es bruto, como dicen por ahí. No es bruto, no es tonto. El puertorriqueño es inteligente. Y yo estoy seguro de que ellos saben cuál es la mejor decisión para Puerto Rico. Yo les diría que piensen en sus hijos, piensen en sus nietos, piensen en su futuro, piensen en ellos mismos, en los que se han ido y quieren volver; que escuchen a su corazón».[63] A fin de cuentas, y a pesar de la controversia en torno a los resultados, el PNP se impuso. Pero los puertorriqueños no se desanimaron. Esas elecciones redefinieron por completo la política puertorriqueña, convirtiendo a La Alianza (y a los partidos que representan) en protagonista del sistema político puertorriqueño. El sistema bipartidista de Puerto Rico, dominado por el PNP y el PPD, se había quebrado. Aunque la muy disputada derrota de Dalmau pueda parecer otro golpe a la resistencia puertorriqueña, incluso sus partidarios se sintieron conmovidos y motivados. En una entrevista al día siguiente de las elecciones, el 6 de noviembre de 2024, Residente dijo: «Es un gran triunfo... el PIP antes sacaba el 5 % [de los votos], la vez pasada, el 14 [%], ahora el treinta y pico. [El PNP y el PPD] están asustados… no porque a Puerto Rico le vaya a ir peor, sino porque a ellos les va a ir peor».⁶⁴ Ese mismo día, Bad Bunny publicó una extensa reflexión en las redes sociales para expresar su orgullo y simpatía con quienes se sentían desalentados, pero también subrayando su esperanza «porque cada vez son más los que despiertan y se unen a quienes sueñan y luchan por un mejor Puerto Rico. Aquí seguimos, no nos quitamos». Prosigue su reflexión con palabras más alentadoras:

> Gente, nada fue en vano. Con amor y paciencia se educa. Aquí seguiremos alzando nuestra voz y defendiendo nuestra tierra. Gobierne quien gobierne, yo siempre he estado y estaré a la disposición y listo para aportar a mi país como siempre he hecho. Gobierne quien gobierne, estaremos atentos fiscalizando, y velando por que las cosas se hagan bien y no esperaremos 4 años para enfrentar a cualquiera que lo haga mal. Al pueblo nos toca defender lo nuestro. El pueblo cambió y se siente… Puerto Rico TE AMO. Seguimos aquí, no nos quitamos.⁶⁵

Aunque ha reiterado en numerosas ocasiones que no está interesado en postularse para un cargo en el gobierno, Bad Bunny ha demostrado su liderato y su capacidad como agente del cambio. Nunca podremos calcular con exactitud cuánto influyó la participación de Bad Bunny en las elecciones puertorriqueñas de 2024. Sin embargo, no podemos ignorar que esas elecciones históricas se produjeron mientras Bad Bunny transformaba el discurso político a través de las redes sociales, vallas publicitarias y campañas centradas en cuestiones clave como la educación en Puerto Rico. Lo que sí está claro es que en Puerto Rico se están produciendo grandes cambios, y que Bad Bunny ha ocupado un lugar central en las conversaciones.

Así como el Grito de Lares no consiguió derrocar al gobierno español, el inagotable empeño de los organizadores de La Alianza y el trabajo creativo de Bad Bunny, Kacho López Mari, Residente y otros artistas que apoyaron al candidato independentista tampoco bastaron para tumbar la palma, como canta Bad Bunny en «Una velita». Y así como los revolucionarios que lideraron el Grito de Lares consiguieron ganar «una batalla simbólica decisiva»,⁶⁶ el candidato independentista Juan Dalmau y quienes le apoyaron también ganaron una batalla. El proceso de tumbar la palma será largo. Ha brotado de la corrupción. Ha crecido sobre falsas afirmaciones de lo que la estadidad puede aportar a Puerto Rico. Pero la realidad colonial nunca ha sido más patente. La estadidad no es una opción. El actual gobierno de Estados Unidos ha dicho explícitamente que no admitirá a

Puerto Rico como estado y, hasta la fecha, ningún plebiscito en el archipiélago ha mostrado una inclinación hacia la estadidad.[67] «Una velita» cita las palabras de «La Borinqueña» de Rodríguez de Tió para motivar a los puertorriqueños de hoy. Ese enlace lírico demuestra que la resistencia no ha cesado. Solo ha evolucionado.

CONCLUSIÓN

«SEGUIMOS AQUÍ»

> Sin Puerto Rico, yo no lo hubiera logrado. Por eso siempre los hago parte de mis sueños, por eso siempre comparto mis logros con ustedes, y por eso siempre, siempre, siempre voy a estar aquí para ustedes. Ustedes me han apoyado, ustedes me han amado, me han querido, han creído en mí, me han defendido y, lo más importante, me han inspirado, ustedes me han inspirado. Por eso siempre los voy a representar, los represento y siempre los voy a representar con el orgullo más puro donde quiera que vaya.
>
> —BAD BUNNY, DISCURSO EN EL FESTIVAL DE LA ESPERANZA

El 5 de enero de 2025, víspera de la importante festividad del Día de Reyes en Puerto Rico, Bad Bunny lanzó su séptimo álbum de estudio en solitario *DeBÍ TiRAR MáS FOToS (DTMF)*.[1] Los fans ya contaban con una serie de pistas sobre los temas del álbum: el tradicional aguinaldo navideño (villancicos navideños en Puerto Rico) en su segundo sencillo «PIToRRO DE COCO»; la búsqueda del tesoro en Google Maps/Spotify que los llevaba por todo Puerto Rico para encontrar los títulos de las canciones; el cortometraje protagonizado por el legendario actor y director puertorriqueño Jacobo Morales; y la publicación en Apple Music de fotos de Bad Bunny y su equipo trabajando en el álbum en los campos de Puerto Rico. Marissa Lopez, de Apple Music, nos dijo: «Nosotros [Apple Music] nos dirigimos a él y le dijimos: "Nos encantaría presentar el álbum... Dará un presagio de lo que se avecina. Envíanos fotos que hayas hecho mientras creabas el álbum"». El 24 de diciembre de 2024, a solo dos semanas del lanzamiento del álbum, una publicación en la cuenta de Instagram de Apple Music

C.1 Esta imagen fue publicada en la cuenta de Instagram de Apple Music el 24 de diciembre de 2024. Formaba parte del plan para dar pistas sobre el inminente lanzamiento del álbum *DeBÍ TiRAR MáS FOToS* de Bad Bunny. Aquí, los dos productores principales de Bad Bunny, MAG y Tainy, trabajan juntos en el álbum. (Foto de Instagram @applemusic).

mostró varias fotos de la producción de DTMF. En una foto, Bad Bunny se está afeitando frente al espejo. En otra, MAG y Tainy están sentados trabajando en sus ordenadores. Los fans incluso pudieron echarle un vistazo al entorno de trabajo en la foto de un ordenador sobre una mesa en una terraza con las montañas de Puerto Rico al fondo. Marissa nos dijo: «Benito hizo muchas [de las fotos]. Causaron un gran furor, y los fans se decían "¡Dios mío! Algo viene por ahí". Se hizo viral. Y luego [Bad Bunny] lanzó el álbum, que, por supuesto, fue monumental. Y el álbum logró todo lo que sabíamos que lograría».

DTMF pronto se convirtió en el número uno en todas las plataformas de *streaming* y recibió elogios de prestigiosos críticos musicales en numerosas publicaciones. Al igual que en su álbum de 2022, *Un verano sin ti*, muchas reseñas se refirieron a DTMF como una carta de amor a Puerto Rico.[2] Pero etiquetar el álbum como una carta de amor simplifica demasiado lo que Bad Bunny hacía. En DTMF, el compromiso de Bad Bunny con Puerto Rico quedó más claro que nunca, las canciones del álbum celebran a Puerto Rico como el lugar más bello y maravilloso de la tierra, pero también advierten que todo eso que lo hace especial está en peligro.

Tal vez el mejor ejemplo de ese mensaje sea el símbolo del sapo concho, un sapo crestado autóctono de Puerto Rico, en peligro de extinción. El sapo concho apareció en muchos de los avances de DTMF, incluido el cortometraje que se estrenó pocos días antes del álbum. La invasión de especies foráneas de sapos y la destrucción de su hábitat natural —a causa del desarrollo— han llevado al sapo concho al borde de la extinción. En el cortometraje, el actor Jacobo Morales desentierra una caja de fotografías en las montañas puertorriqueñas, un vínculo directo con el final del video musical del primer sencillo del álbum, «EL CLúB», donde Bad Bunny entierra la caja (una imagen que capta ese momento estaba entre las fotos publicadas por Apple Music para anunciar el álbum). En el papel de un Bad Bunny envejecido, Morales lleva la caja a su casa, donde revisa las fotos con su amigo Concho, el sapo crestado. La pareja tiene hambre y Morales decide ir a una panadería local para tomarse un tentempié. Pasa por delante de casas ocupadas por estadounidenses, en las que suena música *rock* y *country* a todo volumen (en contraposición al reguetón que solía escucharse antes), y entra en una panadería del pueblo a comprar comida para él y Concho. Allí, se encuentra con una cajera estadounidense que le habla en inglés y le ofrece versiones extrañas de la comida puertorriqueña, en especial, un quesito (típico hojaldre relleno de queso crema) sin queso. En una escena conmovedora, un joven puertorriqueño paga por la compra de Morales, quien no tiene teléfono para pagar en la nueva panadería que opera sin dinero en efectivo. El joven le dice a Morales: «Seguimos aquí». Seguimos aquí. Al igual que el sapo concho, en peligro de extinción, el mensaje del video deja claro que lo que está en juego no es solo la pérdida de la cultura puertorriqueña, sino de Puerto Rico en su conjunto. Los puertorriqueños deben seguir luchando por su cultura y su comunidad.

Las canciones incluidas en el álbum siguen esa misma línea. Como nos explicó MAG, el álbum es un «bucle» que comienza en la ciudad de Nueva York con la canción «NUEVA YoL», regresa a Puerto Rico con la segunda canción «VOY A LLeVARTE PA PR» y así sigue hasta que la última canción, «LA MuDANZA», reinicia el ciclo de migración a

C.2 Fotograma del cortometraje *DeBÍ TiRAR MáS FOToS*, que muestra al actor Jacobo Morales (interpretando a un Bad Bunny envejecido) quejándose de que en la panadería venden quesitos sin queso y que no deberían llamarse quesitos si no tienen queso. Su amigo Concho, un sapo concho en peligro de extinción, lo escucha mientras se come un quesito. Morales bebe café de una tacita de plástico verde, que en realidad es un envase de margarina, otra referencia cultural puertorriqueña, dado que se encuentran (o se encontraban) en todos los hogares puertorriqueños. Esas claves visuales contribuyen a la advertencia general del cortometraje de que la gentrificación amenaza el estilo de vida puertorriqueño. El cortometraje se estrenó en YouTube el 3 de enero de 2025, tres días antes del lanzamiento del álbum homónimo de Bad Bunny. (Dirigido por Bad Bunny y Arí Maniel Cruz Suárez, producido por Rimas Entertainment).

través de la música. MAG nos explicó que, desde el principio, el concepto del álbum era «llevarte en un viaje por los sonidos de Puerto Rico». El viaje incluye los sonidos que se formaron en la diáspora o fueron influenciados por ella. La mezcla única de plena, salsa, bomba y música jíbara con los sonidos del reguetón, el *dembow* y el trap, que los fans de Bad Bunny están acostumbrados a escuchar, ilustran con claridad este concepto sónico. Bad Bunny no fue el primero en hacerlo. El primer álbum de su ídolo Tego Calderón, *El Abayarde*, fue muy celebrado por sus fusiones de salsa y bomba con reguetón. Así como el trabajo de Calderón introdujo el reguetón en el *mainstream* de Puerto Rico, Bad Bunny usa esta misma estrategia en DTMF para llevar los sonidos tradicionales puertorriqueños al *mainstream* del pop mundial. Como nos explicó Jerry Pullés de Apple Music: «Esos ritmos son muy importantes para diferentes grupos de personas, pero no es lo que suele escucharse en el *mainstream*; y solo espero que el legado de este álbum sea haber contribuido a que esos sonidos tan tradicionales y folclóricos sean aceptados en el *mainstream*».

Más que los sonidos, son las canciones las que llevan a los oyentes en un viaje por Puerto Rico. Algunas son canciones de fiesta típicas, que se intercalan entre las canciones de contenido político más explícito, lo cual sugiere que la alegría y la celebración siguen formando parte de la protesta. La canción final del álbum, «LA MuDANZA», es una salsa movida que termina con el alegre y triunfal estribillo «*Yo soy de P FKN R*». No obstante la vibra festiva de la canción, Bad Bunny insertó mensajes políticos en la letra. Por ejemplo, en la segunda estrofa, Bad Bunny canta: «*Si mañana muero, espero que nunca olviden mi rostro / Y pongan un tema mío el día que traigan a Hostos / En la caja la bandera azul clarito*». Se refiere a Eugenio María de Hostos, intelectual y activista independentista puertorriqueño del siglo XIX. Hostos murió en 1903. Está enterrado en la República Dominicana, donde dijo que quería que permanecieran sus restos hasta que Puerto Rico fuera independiente.[3] El verso que menciona la bandera independentista de Puerto Rico con el triángulo azul celeste sobre un ataúd vincula a Bad Bunny con Hostos, ya que no se sabe de cuál de los dos es el ataúd. La coincidencia entre ambos sugiere que podrían ser uno y el mismo, y alinea a Bad Bunny a una de las figuras más importantes del independentismo puertorriqueño.

Si bien casi todos los temas de *DTMF* abordan algún aspecto de la política puertorriqueña, quizás ninguno lo hace con tanta fuerza como «LO QUE LE PASÓ A HAWAii». La canción, lenta e inquietante, advierte a los puertorriqueños que su tierra, su cultura y hasta su propia existencia, podrían desaparecer. Al igual que Puerto Rico, Estados Unidos declaró a Hawái territorio estadounidense en 1898. Aunque se convirtió en estado en 1959, Hawái enfrenta muchos de los mismos problemas que Puerto Rico, desde los estadounidenses ricos que se apoderan de las tierras indígenas hawaianas (a menudo de forma ilegal) hasta la aniquilación de la cultura hawaiana.[4] En la canción, Bad Bunny advierte:

Quieren quitarme el río
Y también la playa
Quieren el barrio mío
Y que mi abuelita se vaya

No, no suelte la bandera
No olvide el lelolai
Porque no quiero que pase contigo
Lo que le pasó a Hawaii

Bad Bunny advierte sobre el desplazamiento y la borradura de los puertorriqueños y la cultura puertorriqueña apuntando a las playas y los barrios que hacen de Puerto Rico su hogar, que también corren el peligro de ser comprados y destruidos por el desarrollo respaldado por los intereses extranjeros. El lelolai, por ejemplo, es un estribillo típico de las canciones tradicionales puertorriqueñas. Bad Bunny combina el lelolai con la imagen de una abuela anciana que permanece en Puerto Rico, como si los últimos vestigios de la vida puertorriqueña estuvieran aferrados a la tierra. Más que un llamado a aferrarse a la cultura puertorriqueña, esta canción también hace un comentario directo sobre el imperialismo estadounidense y sus efectos continuos, relacionando a Hawái y a Puerto Rico como territorios insulares de Estados Unidos.

Los videos musicales de muchas canciones de DTMF también abordan este tema. El primer sencillo del álbum, «EL CLúb», se lanzó el 5 de diciembre de 2024. En el video musical, Bad Bunny aparece rumiando una ruptura amorosa. Al final Bad Bunny deambula por los campos puertorriqueños cargando una caja de fotos. Cuatro jíbaros caminan detrás de él. La imagen idealizada del jíbaro representa a un hombre, a menudo imaginado como un puertorriqueño blanco, que vive en el interior rural de Puerto Rico y mantiene un modo de vida auténticamente puertorriqueño, no mancillado por la influencia estadounidense. Suele representarse con un sombrero de paja, conocido como «pava», guayabera blanca y pantalones. Algunos estudiosos han criticado la figura del jíbaro porque homogeniza la experiencia rural puertorriqueña y margina la negritud y la historia afropuertorriqueña.[5] Sin embargo, el jíbaro ha permanecido como la encarnación de la cultura nacional puertorriqueña. En «EL CLúb», los cuatro jíbaros que siguen a Bad Bunny a través del campo no tienen rostro, lo que sugiere que son fantasmas que se quedan en la tierra. Al final del video, Bad Bunny entierra la caja de fotos y planta una pequeña bandera independentista de Puerto Rico en el lugar.

Los jíbaros fantasmagóricos también se pueden interpretar como un guiño al tema principal del desplazamiento persistente de DTMF, que también se hace evidente en otros videos musicales del álbum. El video musical de «PIToRRO DE COCO» muestra a Bad Bunny bebiendo pitorro (un destilado de ron que se produce clandestinamente en Puerto Rico) con sus mayores. Un letrero rústico fijado en el alero de la terraza donde están sentados lee: «Aquí te espero, Boricua». La canción en sí lamenta el final de una relación. Pero el cartel, más que el regreso de un antiguo amor, sugiere que la comunidad aguarda el retorno de los puertorriqueños que han tenido que marcharse al territorio continental de Estados Unidos. El video musical de «TURiSTA» también aborda el tema del desplazamiento. En este, Bad Bunny interpreta a un empleado de mantenimiento, que tiene que limpiar el desastre que han dejado tras de sí unos turistas en una vivienda de alquiler a corto plazo. El video, aunque sencillo, encierra un profundo mensaje que demuestra las consecuencias del desplazamiento de los puertorriqueños a causa del aburguesamiento, en buena medida impulsado por el auge de los alquileres privados a corto plazo en plataformas digitales como Airbnb.[6]

El video musical de «LA MuDANZA» también destaca la protesta contra el desplazamiento en el mensaje pintado en blanco sobre un fondo negro: «NO ME QUIERO IR DE AQUÍ», que también hace referencia a la icónica canción «El apagón». Al igual que la letra de la canción, el video musical de «LA MuDANZA» presenta imágenes que aluden a la independencia de Puerto Rico, en especial, la extensa escena en la que Bad Bunny corre por el campo portando una gran bandera puertorriqueña. Unos agentes vestidos de negro lo persiguen, pero logra escapar detrás de un grupo de jóvenes puertorriqueños vestidos con mamelucos azul claro que apuntan a los agentes del orden con palos como si fueran fusiles. La escena, junto con la frase «*aquí mataron gente por sacar la bandera*», hace referencia a la Ley de la Mordaza, que se aprobó en 1948 y se mantuvo vigor hasta 1957. La Ley de la Mordaza no solo prohibía cualquier debate sobre la independencia (incluso en privado), sino que también convertía en delito exhibir la bandera de Puerto Rico (incluso en casa). Tras burlar a las autoridades, Bad Bunny pasa al otro lado del cartel negro y se acerca a una multitud donde una mujer le coloca una pava puertorriqueña en la cabeza. La multitud, compuesta por músicos y bailarines que celebran y protestan, establece una vez más la conexión entre la música, la resistencia y la fiesta. Al final del video se muestra una vista aérea de la multitud deletreando P FKN R con sus cuerpos. Los videos musicales amplifican el mensaje de DTMF, que, como el de P FKN R, es a la vez un llamado a la acción y una celebración de la vida y la cultura puertorriqueñas.

Apenas una semana después del lanzamiento de DTMF, Bad Bunny anunció su residencia en El Choli de Puerto Rico con conciertos todos

C.3 Fotograma del video musical «LA MuDANZA», lanzado el 10 de marzo de 2025. La escena muestra a Bad Bunny mientras corre sosteniendo una bandera de Puerto Rico con el triángulo azul celeste, asociado con la independencia de Puerto Rico. Un grupo de oficiales no identificados lo persigue. Esta escena y la letra de la canción hacen referencia a la Ley de la Mordaza, vigente entre 1948 y 1957, que prohibía exhibir la bandera de Puerto Rico. (Video dirigido por Janthony Oliveras).

los fines de semana entre el 11 de julio y el 14 de septiembre de 2025. El nombre de su residencia, «No me quiero ir de aquí», hace referencia a lo que Bad Bunny expresó en el anuncio: su deseo de quedarse en casa.[7] Solo los residentes de Puerto Rico podrían comprar entradas para los primeros nueve espectáculos de la residencia, el resto de las fechas, las entradas estarían disponibles para cualquiera que pudiera conseguirlas. Sin embargo, la enorme popularidad de la residencia —más de 2.5 millones de personas se inscribieron para adquirir solo unos cientos de miles de entradas disponibles— obligó a Bad Bunny a extenderla de los veintiún conciertos pautados originalmente a treinta. Las entradas de los conciertos exclusivos para residentes de Puerto Rico solo se podían comprar en persona. La gente acampó, literalmente, durante días en nueve municipios de Puerto Rico para conseguir la tarjeta con el código QR que les permitiría comprar las entradas, que se agotaron el primer día que salieron a la venta.[8]

Las entradas para el resto de los espectáculos se agotaron en menos de cuatro horas.[9] La residencia de Bad Bunny fue histórica, no solo por ser la primera residencia formal de un cantante en El Choli, sino también porque la velocidad a la que se agotaron las entradas rompió el récord de ventas en El Choli.[10] Dado que los conciertos se realizaron durante la temporada de huracanes, que suele ser la temporada baja del turismo en Puerto Rico,

C.4 Fotografía publicada en la cuenta de Instagram de MAG para celebrar el lanzamiento de *DeBÍ TiRAR MáS FOToS* en enero de 2025. Bad Bunny está sentado en un estudio de producción improvisado con las montañas del centro de Puerto Rico al fondo. Esa zona de Puerto Rico se asocia a menudo con el jíbaro, el agricultor rural que representa la cultura tradicional puertorriqueña. El álbum le rinde homenaje a la cultura puertorriqueña. Bad Bunny y su equipo de producción, incluido MAG, vivieron juntos en las montañas de Puerto Rico para terminar el álbum. (Foto de Instagram @itz_mag).

la residencia tuvo un efecto mayor en la economía puertorriqueña que el que hubiera tenido en cualquier otra época del año.[11] Algunos han señalado que la residencia aumentó los alquileres de Airbnb, lo que pudo haber perjudicado a la población local.[12] Aun así, la audaz decisión de Bad Bunny de crear una residencia en ese recinto emblemático de su país, en lugar de optar por una residencia en Las Vegas, como han hecho tantos otros artistas, pone de relieve su determinación de ayudar a Puerto Rico. Después de la reacción violenta que enfrentó por trasladarse a Los Ángeles en la época de *Nadie sabe*, todo lo relacionado con la residencia —su ubicación en Puerto Rico, el hecho de que reservara entradas solo para los residentes de Puerto Rico, y hasta el propio nombre de la residencia, que cuestiona el desplazamiento de los puertorriqueños— pone de manifiesto que Bad Bunny sigue comprometido con Puerto Rico.

En *DTMF*, Bad Bunny enlaza con lirismo todas las crisis y luchas de Puerto Rico que hemos abordado a lo largo de este libro. Bad Bunny nos ha demostrado su dedicación a su patria y a su generación, y su determinación de rendir homenaje a quienes lo precedieron. Ha guiado musicalmente a su generación en tiempos tremendamente inciertos y difíciles, ofreciendo esperanza y alegría, dos sentimientos que han hecho posible que los movimientos de resistencia sigan creciendo. Ha contribuido a cambiar el panorama político y cultural de Puerto Rico. Aunque no es un organizador y no intenta atribuirse ningún mérito por el movimiento anticolonial masivo en Puerto Rico, sí está contribuyendo a crear su banda sonora. Es una pieza clave del rostro contemporáneo de la resistencia en Puerto Rico. E independientemente de lo que haga en el futuro como artista, en tan solo una década de creación musical, defensa política y compromiso social, ha dejado su huella en la política puertorriqueña y en la cultura mundial.

AGRADECIMIENTOS

Este libro surgió de una breve llamada por Zoom en el verano de 2022. Petra había creado su curso de Bad Bunny en Wellesley, y Vanessa se puso en contacto con ella mientras preparaba su propio curso de Bad Bunny. Esa conversación dio lugar a la creación de un sitio web llamado Bad Bunny Syllabus, que proporciona recursos educativos para contextualizar la obra de Bad Bunny. Después de impartir nuestros cursos durante algunos semestres y ver crecer nuestro sitio web, decidimos escribir un libro que se basara en ese trabajo. Escribimos este libro para nuestros hijos, para que conozcan su historia, y para nuestros padres, que nos enseñaron a amar y a estar orgullosos de todo lo puertorriqueño.

Muchas personas hicieron posible este libro. En primer lugar, agradecemos a todos los que generosamente dedicaron su tiempo y compartieron sus ideas durante las entrevistas que realizamos para este proyecto: Pablo Batista, Eduardo Cabra, Andrew Chow, De La Ghetto (Rafael Castillo Torres), Krystina De Luna, Carina del Valle Schorske, Mariah Espada, Alejandro García Padilla, iLe (Ileana Cabra Joglar), Jowell (Joel Muñoz Martínez), Gustavo López, Julyssa Lopez, Marissa Lopez, Kacho López Mari, MAG (Marcos Borrero), Emilio Morales, Jerry Pullés, Randy (Randy Ortiz Acevedo), Angie Romero, Eddie Santiago, Tainy (Marco Efraín Masís Fernández) y Jesús Triviño.

Jamás hubiéramos podido completar este libro sin el apoyo y la guía de varias personas que hicieron más que simplemente responder a nuestras preguntas: nos dieron consejos sobre cómo desenvolvernos en la industria musical y de verdad creyeron en este proyecto. Un enorme agradecimiento a Julyssa Lopez de *Rolling Stone*, quien apoyó este proyecto cuando aún era solo una idea y quien nos ayudó a encontrar el lugar adecuado para contar esta historia. Queremos expresar nuestro profundo agradecimiento a Leila Cobo de *Billboard* por su guía, aliento y apoyo a nuestro trabajo. Agradecemos a Jerry Pullés, Marissa Lopez y Krystina de Luna de Apple Music, quienes nos han apoyado con entusiasmo durante todo este tiempo. Gracias a Jason Pascal, cuyo entusiasmo por este proyecto desde nuestra primera reunión nos ayudó a mantenernos motivadas. Gracias también a Elina Adut, Joel Albelo, Lizbeth Alvarez, Cat Bartosevich, Paul Dryden, Suzy Exposito, Jesús González, Emilio Morales, Mayna Nevarez, Jesús Polanco, Carolina Quixano, Jesús Rodríguez, Anthony Rosa, Colleen Thais y Richard Vega.

Gracias a Pablo Batista por dedicarnos generosamente su tiempo, por responder con sinceridad a nuestras preguntas y por confiar en nosotras para contar la importante historia del reguetón. ¡Esto es solo el comienzo!

Gracias a Tainy por hablar con nosotras durante tanto tiempo y por compartir su genio musical con nosotras y con el mundo. Estamos increíblemente agradecidas por su disposición a formar parte de este libro. Esperamos que este libro ayude a Akira a comprender la importancia de tu legado.

Muchísimas gracias a MAG. Estamos muy agradecidas por contar con tu apoyo, orientación y confianza en este proyecto. Estamos muy contentas de que este libro nos haya conectado, y nos honra poder llamarte ahora nuestro amigo. Sabemos lo mucho que te importa documentar esta historia musical para Zaia Luna y las generaciones futuras. Esperamos haber hecho justicia a tu trabajo. Gracias por todo.

Mil gracias a Kacho López Mari, quien contactó primero a Petra para consultarle sobre la historia de los videos de reguetón que había creado para la presentación de Bad Bunny en Coachella. ¿Quién iba a imaginar que una simple llamada telefónica se transformaría en esto? Admiramos tu trabajo, tu visión artística y tu dedicación para hacer del mundo un lugar mejor. Ha sido un gran honor tenerte como parte de este proyecto, y esperamos que te haga sentir orgulloso. ¡Viva Puerto Rico libre!

Estamos profundamente agradecidas a los académicos y las académicas que nos animaron a llevar a cabo este proyecto y cuyo trabajo fundamentó nuestros argumentos en este libro: Yarimar Bonilla, María Elena Cepeda, Yomaira Figueroa, Marisol LeBrón, Jorell Meléndez-Badillo, Jade Power-Sotomayor y Jonathan Rosa. Agradecemos a nuestros colegas de Puerto Rico Syllabus por invitarnos a colaborar y por crear un recurso tan increíble. Queremos expresar un agradecimiento especial a Yarimar Bonilla, Cristel Jusino Díaz, al Centro y a todos los académicos y académicas, así como a los y las periodistas que participaron en el Simposio Bad Bunny 2023 en el Centro. Agradecemos a Inés Casillas (Universidad de California en Santa Bárbara) y a Angelina Tallaj-García (Universidad de Fordham) por invitarnos a dar charlas, lo cual nos brindó tiempo y espacio para reflexionar sobre este proyecto con otras mentes inquietas. Gracias a Kate Epstein por su atenta lectura y edición de nuestro trabajo.

El entusiasmo que nuestra editora (y directora editorial de Duke University Press), Gisela Fosado, mostró desde nuestra primera conversación sobre el libro sigue siendo inigualable. No podríamos haberlo hecho sin su apoyo y ánimo. Gracias también a Ale Mejía de Duke por todo su apoyo. Agradecemos a todos nuestros estudiantes asistentes de investigación, tanto actuales como anteriores, que han contribuido al Bad Bunny Syllabus y que nos brindaron su apoyo mientras completábamos este libro. En Loyola Marymount University (LMU): Dennis Marciuska, Mateo-Luis Planas, Carolina Acosta, Natalie Acevedo-Colón, Mani Angeles, Bianca Valentín, Luis Rodríguez, Ivanna Clemesha, Mia Cornelison, Valerie Hernández-Nieblas, Ricardo Bras Nevares y Sofía Valle Menendez. En Wellesley College: Daniela Findlay, Thandiwe Birchwood, Anna Vorhaben, Cecilia Rao y Yahana Streeter. Agradecemos a todos nuestros estudiantes que han tomado nuestros cursos de Bad Bunny y a nuestros departamentos (el Departamento de Estudios Americanos de Wellesley College y el Departamento de Estudios Chicanos y Latinos de LMU) por apoyar los cursos.

Agradecemos la generosa financiación que cada una de nosotras ha recibido para apoyar la investigación que requería este proyecto. En Wellesley College, Petra quisiera agradecer a la Oficina del Rector, al Suzy Newhouse Center for the Humanities, al Knapp Social Science Center, al Project on Public Leadership and Action, al equipo de la «Transforming Stories, Spaces, Lives Mellon Grant» y al Lulu Chow Wang '69 Center for Career Education. En LMU, Vanessa agradece a Media Arts and a Just Society, a la Oficina del Rector, a Global-Local Affairs, al LMU Global Policy Institute, a la Oficina del Decano del Bellarmine College of Liberal Arts (BCLA), al Comité de becas de BCLA y al programa de Asistentes de Investigación Rains de BCLA. Vanessa también agradece a LMU MarComm por apoyar de diversas formas este trabajo.

AGRADECIMIENTOS PERSONALES DE PETRA: Gracias siempre a Ryan por apoyarme durante esta loca aventura. Siempre te apreciaré y te amaré. Gracias a mis hijos, Adrián y Rafael, por todo, siempre y para siempre. Gracias a mami y papi por estar siempre a mi lado y por apoyarme siempre. Gracias a Carmen por presentarme a Bad Bunny hace ya mucho tiempo (creo que «Tú no vive así» fue la primera canción que me pusiste) y por mantenerme siempre con los pies en la tierra. Gracias a mi sobrina Nalini, este libro también es para ti. Gracias a Nico, Brenda, Kevin, Ashley, Titi Cookie y al resto de la familia. Los amo tanto y tanto. Un agradecimiento especial a Susan, Genevieve y Sabriya por las cervezas, los bizcochos y el bochinche. Gracias a Irene por ser siempre un ejemplo para mí y para todos los demás de lo que significa ser una gran profesora e investigadora. Gracias a Paul, Yoon, Elena y Michael por apoyar siempre mi trabajo. Gracias a Charisse, Danielle, Melanie, Tianna, Jenn, Carla y Maryclaire. (Sé que he olvidado incluir a algunas personas, ¡lo siento!). Y el agradecimiento número uno a Vanessa: literalmente, nunca lo habría hecho sin ti. No puedo expresar lo que este proyecto significa para mí, y estoy eternamente agradecida de que hayamos tenido la oportunidad de unirnos y hacerlo realidad.

AGRADECIMIENTOS PERSONALES DE VANESSA: Gracias a mi mamá, Jeannie, que es la guerrera más valiente que conozco. Tú nos mantuviste conectados a mis hermanos y a mí con Puerto Rico y con la identidad puertorriqueña cuando papi no pudo. Papi, ojalá estuvieras aquí para leer este libro y ver cómo mantenemos vivo tu legado de resistencia por la liberación de Puerto Rico. Te fuiste físicamente de mi vida demasiado pronto, pero me diste el mayor regalo: me hiciste puertorriqueña. A mis hermanos, Woody, Larissa y Angie: espero que este libro los haga sentir orgullosos. A mis hijos, Anacaona y Clemente, ojalá siempre mantengan vivo el legado de sus tocayos, y que este libro siempre les recuerde que Puerto Rico «es mi casa, donde nació mi abuelo». A mi compañero Ben, gracias por tu apoyo incondicional a mis ideas más descabelladas, por tu brillantez y por tu aprecio por Puerto Rico y su música. Alex, gracias por formar parte de este trabajo y por ser uno de mis puntos de conexión con Puerto Rico. Le estoy muy agradecida a toda mi familia elegida, en especial a Bridget, Joey, Alana, Liz, Naomi, Jill y Loren. Y, por último, una nota de agradecimiento a mi extraordinaria coautora, Petra: trabajar contigo es algo muy poderoso. Nuestro trabajo en conjunto encarna el espíritu de resistencia puertorriqueño del que trata este libro. Para mí, nuestro trabajo forma parte de una revolución intelectual que, espero, siga creciendo. Desde nuestra primera conversación sobre nuestros cursos, nuestra colaboración siempre se ha basado en el respeto y en la comprensión de que somos más fuertes cuando trabajamos juntas. Este proyecto existe porque estábamos abiertas al crecimiento y al cambio intelectual y creativo, y porque no nos adherimos a las tendencias competitivas y compartimentadas de nuestra profesión. Ojalá podamos seguir documentando nuestra historia, nuestra cultura, nuestra resistencia, nuestra alegría.

NOTAS

PRELIMINARES

Epígrafe: El epígrafe proviene del folleto que se distribuyó en la puerta entre los asistentes al *listening party* (fiesta de escucha) del álbum *Nadie sabe lo que va a pasar mañana* de Bad Bunny el 12 de octubre de 2023 en El Coliseo de Puerto Rico José Miguel Agrelot (El Choli). Petra y Vanessa asistieron al evento.

INTRODUCCIÓN

1. El pitorro es un destilado de ron artesanal puertorriqueño.
2. A lo largo de este libro nos referimos al artista cuyo nombre real es Benito Antonio Martínez Ocasio por su nombre artístico, Bad Bunny, a menos que las citas directas de entrevistas u otras fuentes indiquen lo contrario. Varias citas incluidas en esta sección aparecen en Vanessa Díaz, «Bad Bunny Took Plena and Salsa Songs to Number One. Here's Why That Matters», *Rolling Stone*, 20 de enero de 2025, https://www.rollingstone.com/music/music-latin/bad-bunny-baile-inolvidabe-dtmf-salsa-plena-1235239752/.
3. Gary Trust, «Bad Bunny's "DtMF" Dominates Billboard's Global 200 Chart», *Billboard*, 21 de enero de 2025, https://www.billboard.com/music/chart-beat/bad-bunny-dtmf-global-200-chart-number-one-1235879525/.
4. Keith Caulfield, «Bad Bunny's "El Último Tour del Mundo" Debuts at No. 1 on Billboard 200 Chart, Is First All-Spanish No. 1 Album», *Billboard*, 6 de diciembre de 2020, https://www.billboard.com/pro/bad-bunny-el-ultimo-tour-del-mundo-billboard-200-number-one/.
5. El sitio web de *Billboard* contiene un panorama completo de la trayectoria de Bad Bunny en las listas. Véase «Bad Bunny», *Billboard*, consultado el 15 de mayo de 2025, https://www.billboard.com/artist/bad-bunny/chart-history/hsi/.
6. Althea Legaspi, «Bad Bunny Is the Most Streamed Artist on Spotify for Third Consecutive Year», *Rolling Stone*, 30 de noviembre de 2022, https://www.rollingstone.com/music/music-latin/bad-bunny-spotify-most-streamed-artists-2022-1234638759/.

7   Véase el sitio web de los Premios Grammy Latinos para una lista de las nominaciones y los premios: https://www.latingrammy.com/en/artists/bad-bunny/35119-01.

8   Griselda Flores, «Bad Bunny's "Un Verano Sin Ti" Is Now the Most Streamed Album in Spotify History», *Billboard*, 10 de julio de 2023, https://www.billboard.com/music/latin/bad-bunny-un-verano-sin-ti-most-streamed-album-spotify-history-1235368920/; «The 250 Greatest Albums of the 21st Century So Far», *Rolling Stone*, 10 de enero de 2025, https://www.rollingstone.com/music/music-lists/best-albums-21st-century-1235177256/ghostface-killah-supreme-clientele-2-1235187823/.

9   Eric Frankenberg, «Bad Bunny Closes Out 2022 with Record-Breaking $435 Million in Tour Grosses», *Billboard*, 13 de diciembre de 2022, https://www.billboard.com/pro/bad-bunny-2022-concerts-earn-record-breaking-435-million/.

10 Aunque se le conoce informalmente como «Coachella», el nombre completo de este evento es Coachella Valley Music and Arts Festival [Festival de Música y Arte de Coachella]. Es un festival anual que se celebra en Indio, California, y es ampliamente reconocido como uno de los más importantes del mundo.

11 Robert Lang, «The 10 Biggest Music Tours of 2024», *Deadline*, 13 de diciembre de 2024, https://deadline.com/gallery/top-10-music-tours-2024/.

12 Jon Pareles, «Bad Bunny Looks Back and Hunkers Down», *The New York Times*, 16 de octubre de 2023, https://www.nytimes.com/2023/10/16/arts/music/bad-bunny-nadie-sabe-lo-que-va-a-pasar-manana-review.html.

13 Vanessa Etienne, «Kendall Jenner Faces Accusations of Cultural Appropriation in New 818 Tequila Ad», *People*, 21 de mayo de 2021, https://people.com/food/kendall-jenner-faces-accusations-of-cultural-appropriation-new-818-tequila-ad/. Las hermanas Kardashian y Jenner han sido objeto de un amplio escrutinio por apropiación de la cultura negra y de otros grupos minorizados. Por ejemplo, véase Cady Lang, «Keeping Up with the Kardashians Is Ending. But Their Exploitation of Black Women's Aesthetics Continues», *Time*, 10 de junio de 2021, https://time.com/6072750/kardashians-blackfishing-appropriation/; Eve Buckland, «Moana Was a Person of Colour! Kourtney Kardashian Is Accused of "Cultural Appropriation" for Likening Herself to Polynesian Disney Character in Snaps from Kim's Controversial 40th Island Birthday», *Daily Mail*, 29 de octubre de 2020, https://www.dailymail.co.uk/tvshowbiz/article-8892821/Kourtney-Kardashian-accused-cultural-appropriation-likening-Moana.html.

14 *Nadie sabe lo que va a pasar mañana* contenía, en efecto, numerosas referencias a Puerto Rico y a su cultura, que pasaron inadvertidas para muchos seguidores. Analizamos este aspecto con mayor detalle más adelante en el libro.

15 Por ejemplo, véase Maria Sherman, «Music Review: Bad Bunny's "Debí Tirar Más Fotos" Is a Love Letter to Puerto Rico», *AP News*, 5 de enero de 2025, https://apnews.com/article/bad-bunny-debi-tirar-mas-fotos-review-856f8e4f89e48e6ab104a491ae3dbcde.

16 Vanessa Díaz y Petra Rivera-Rideau, «Bad Bunny's New Album Is So Much More Than a Love Letter to Puerto Rico», *Latina*, 15 de enero de 2025, https://latina.com/bad-bunny-debi-tirar-mas-fotos-album-review/.

17 *YHLQMDLG* es la sigla de «Yo Hago Lo Que Me Da La Gana».

18 Rosa, «Bad Bunny, Good PR», en 00:24:00-00:27:25; el interfijo del improperio está en el minuto 0:26:13.

19 Meléndez-Badillo, *Puerto Rico: historia de una nación*, 21.

20 Meléndez-Badillo, *Puerto Rico*, 24.

21 La Ley de la Mordaza —vigente entre 1948 y 1957— prohibía a los puertorriqueños exhibir la bandera de Puerto Rico, incluso en espacios privados.

22 Isabelia Herrera, «Bad Bunny Pens Statement Criticizing Puerto Rico's Failing Education System», *Remezcla*, 22 de octubre de 2018, https://remezcla.com/music/bad-bunny-education-puerto-rico/.

23 Jan Figueroa Roqué, «Atraídos por el "fenómeno"», *El Vocero*, 29 de julio de 2022, 24.

24 Analizamos en detalle este tema en el capítulo 4. Para más información sobre la campaña de censura, véase Rivera-Rideau, *Remixing Reggaetón*.

25 Véase, por ejemplo, Rivera-Servera, «Reggaetón's Crossings».

26 Feil, *Fearless Vulgarity*.

27 Marisol LeBrón señala que la vigilancia del *underground* puertorriqueño en la década de 1990 fue simultánea a la vigilancia de los clubes nocturnos y espacios *queer*. «De esta forma, la regulación y el patrullaje del *underground* ilumina los modos en que una aspiración general por controlar el comportamiento físico, y particularmente las manifestaciones de sexualidad no normativas en la esfera pública, jugó un rol importante... a la hora de designar ciertas poblaciones como blancos de la vigilancia y el control de mano dura contra el crimen». LeBrón, *La vida y la muerte ante el poder policiaco*, 146.

28 Para un análisis sobre el reguetón y lo *queer* en Puerto Rico, véase Rivera-Servera, «Reggaetón's Crossings».

29 Herrera, «Bad Bunny Pens Statement».

30 Herrera, «Bad Bunny Pens Statement».

31 «Bad Bunny le contesta a maestra frustrada», *Metro PR*, 19 de octubre de 2018, https://www.metro.pr/pr/entretenimiento/2018/10/19/bad-bunny-le-contesta-maestra-frustrada.html.

32 El Tony PR, «"Yo quiero que mi gente viva feliz en Puerto Rico" Benito (Bad Bunny)», entrevista de El Tony, publicada el 2 de septiembre de 2024, YouTube, 01:14:43, https://www.youtube.com/watch?v=zw7bLZOnou4.

33 Leila Cobo, «The Bunny King», número especial de Bad Bunny, *Billboard*, diciembre de 2022.

34 El Tony PR, «Bad Bunny le contesta», alrededor del minuto 1:14:43.

35 Véase Damaris Suárez, Víctor Rodríguez Velázquez y Omaya Sosa Pascual, «A Nightmare for Puerto Ricans to Find a Home, While Others Accumulate Properties», *Centro de Periodismo Investigativo*, 19 de diciembre de 2022, https://periodismoinvestigativo.

	com/2022/12/a-nightmare-for-puerto-ricans-to-find-a-home-while-others-accumulate-properties/; Bianca Graulau (@biancagraulau), «Rich people are moving to Puerto Rico and some Puerto Ricans are not happy about it. #boricua #gentrification #doradopuertorico», TikTok, 15 de abril de 2021, https://www.tiktok.com/@biancagraulau/video/6951534168668916997?lang=en.
36	Bad Bunny declinó una solicitud de entrevista para este libro. Todas sus citas provienen de entrevistas públicas. Su sello discográfico, Rimas Entertainment, no está afiliado a este proyecto.
37	La popularidad de los visualizadores ha crecido en los últimos años y coincide con el momento en que las reproducciones en YouTube comenzaron a contabilizarse en los datos de *Billboard* para las listas Hot 100. Para más información sobre la influencia de YouTube en la distribución musical y los datos, véase Molanphy, *Old Town Road*, 74-79.
38	Los visualizadores de Bad Bunny se encuentran en YouTube en «BAD BUNNY—DeBÍ TiRAR MáS FOToS», consultado el 15 de mayo de 2025, https://www.youtube.com/playlist?list=PLRW7iEDD9RDT_19SQk3uKFkJUCA_uGr7Y. Para más detalles sobre la participación de Jorell Meléndez-Badillo en el proyecto, véase Andrea Flores, «Bad Bunny's "Debí Tirar Más Fotos" Is a Love Letter to Puerto Rico. This Professor Helped Him Tell the Island's History», *Los Angeles Times*, 7 de enero de 2025, https://www.latimes.com/delos/story/2025-01-07/bad-bunnys-debi-tirar-mas-fotos-puerto-rico-jorell-melendez-badillo-visualizers.
39	Véase Ayala y Bernabe, *Puerto Rico en el siglo americano*, capítulo 1.
40	Para una visión general de estos debates, véase Erman, *Almost Citizens*; Duany, *Puerto Rican Nation on the Move*; Ramírez, «Indians and Negroes in Spite of Themselves».
41	Para más información sobre los Casos Insulares, véase Fusté, «Repeating Islands of Debt»; Erman, *Almost Citizens*; Burnett y Marshall, *Foreign in a Domestic Sense*.
42	Para más detalles sobre los límites de la ciudadanía puertorriqueña, véase Meléndez-Badillo, *Puerto Rico*, 108; Torruella, «To Be or Not to Be»; y Valle, «Race and the Empire-State».
43	Erman, *Almost Citizens*.
44	Ayala y Bernabe, *Puerto Rico en el siglo americano*, 245-248.
45	Meléndez-Badillo, *Puerto Rico*, 137.
46	Meléndez-Badillo, *Puerto Rico*, 137. En 2016, el Tribunal Supremo de los Estados Unidos emitió una sentencia en *Puerto Rico v. Sánchez Valle*, que reforzó este arreglo. El caso se centró en dos hombres condenados por delitos de armas tanto por el gobierno federal estadounidense como por las leyes puertorriqueñas. El Tribunal Supremo dictaminó que solo podían ser procesados por el gobierno federal de Estados Unidos. Meléndez-Badillo, *Puerto Rico*, 203.

47	Para más información, véase Meléndez-Badillo, *Puerto Rico*; Ayala y Bernabe, *Puerto Rico en el siglo americano*; y Powers, «Seeing the U.S. Empire».
48	Para una visión general de estos movimientos, véase Ayala y Bernabe, *Puerto Rico en el siglo americano*, 323-342.

I. LAS COSAS ESTÁN EMPEORANDO

Nota: El título del capítulo hace referencia al éxito temprano de Bad Bunny, «Soy peor» (Hear This Music, 2016).

1	Bad Bunny, «Bad Bunny ft. Arcángel, De La Ghetto, Ñengo Flow—ACHO PR (Video Oficial)», 10 de marzo de 2024, YouTube, 00:11:21. https://www.youtube.com/watch?v=ssdN7ZfavHs.
2	Morales, *Fantasy Island*, 68-73.
3	Meléndez-Badillo, *Puerto Rico*, 193.
4	Lucas Vila, «WATCH: Bad Bunny Gives Impassioned Speech in Puerto Rico Ahead of Elections», *Remezcla*, 4 de noviembre de 2024, https://remezcla.com/culture/watch-bad-bunny-gives-speech-puerto-rico/.
5	Ayala y Bernabe, *Puerto Rico en el siglo americano*, 378; Meléndez-Badillo, *Puerto Rico*, 178.
6	Para más información sobre el efecto de la crisis internacional del petróleo en la economía puertorriqueña, véase Ayala y Bernabe, *Puerto Rico en el siglo americano*, 273 y 343.
7	Cabán, «Promesa», 166; Ayala y Bernabe, *Puerto Rico en el siglo americano*, 343; Meléndez-Badillo, *Puerto Rico*.
8	Ayala y Bernabe, *Puerto Rico en el siglo americano*, 380; Cabán, «Promesa», 173; Morales, *Fantasy Island*, 65-67.
9	Para más información sobre el trasfondo de estas políticas, véase Fusté, «Repeating Islands of Debt»; Dick, «US Tax Imperialism in Puerto Rico»; Cabán, «Promesa».
10	Meléndez-Badillo, *Puerto Rico*, 178-179; Morales, *Fantasy Island*.
11	Cabán, «Promesa», 26.
12	García Padilla nos explicó que esto se debía a que todos los estados deben cumplir con la cláusula de uniformidad de la Constitución de los Estados Unidos, según la cual «ningún estado puede tener privilegios que otro estado no tenga. Los impuestos federales que pagas en Nueva York, los pagas en California, los pagas en Georgia, los pagas en Nebraska. Todos los pagan».
13	Morales, *Fantasy Island*, 68-73.
14	Meléndez-Badillo, *Puerto Rico*, 201.
15	Para una crítica del estereotipo de Puerto Rico como una «isla de beneficencia», véase Rebollo-Gil, *Writing Puerto Rico*, 39-45; Morales, *Fantasy Island*; Dávila Ellis, «¿Dónde están las yales?».
16	Meléndez-Badillo, *Puerto Rico*, 196-200.
17	Laguarta Ramírez, «¡Yo no me dejé!», 14.

18   Stefanie Fernández, «A Day in the Life of Bad Bunny, Introverted Superstar», *Pitchfork*, 5 de marzo de 2020, https://pitchfork.com/features/interview/bad-bunny-yhlqmdlg-interview/. Para más información sobre la Ley 7, véase Morales, *Fantasy Island*, 96-97; Laguarta Ramírez, «¡Yo no me dejé!», 14. La periodista Cristina Corujo publicó en su cuenta de X el discurso de Bad Bunny en el concierto: https://x.com/cristina_corujo/status/1853243865471336464?ref_src=twsrc%5Etfw%7Ctwcamp%5Etweetembed%7Ctwterm%5E1853243865471336464%7Ctwgr%5E1f2bf17ee6be96bb9ad397457a7f7a82e5cae5ad%7Ctwcon%5Es1_&ref_url=https%3A%2F%2Fremezcla.com%2Fculture%2Fwatch-bad-bunny-gives-speech-puerto-rico%2F, en 07:27.

19   En 2019, la Ley 20 y la Ley 22 se consolidaron en la Ley 60.

20   Morales, *Fantasy Island*, 244.

21   Morales, *Fantasy Island*, 108.

22   Meléndez-Badillo, *Puerto Rico*, 200.

23   Danica Coto, «Puerto Rico OKs airport privatization amid protests», *Associated Press*, 1 de marzo de 2013, https://www.usatoday.com/story/todayinthesky/2013/03/01/puerto-rico-airport-privatization-deal-lifts-off/1956407/.

24   Meléndez-Badillo, *Puerto Rico*, 200.

25   Morales, *Fantasy Island*, 119.

26   Michael Corkery y Mary Williams Walsh, «Puerto Rico's Governor Says Island's Debts Are "Not Payable"», *New York Times*, 28 de junio de 2015, https://www.nytimes.com/2015/06/29/business/dealbook/puerto-ricos-governor-says-islands-debts-are-not-payable.html. La noticia con el video que contiene el mensaje completo de García Padilla se publicó en el periódico puertorriqueño *Primera Hora* el 30 de junio de 2015, https://www.primerahora.com/noticias/gobierno-politica/notas/mensaje-completo-del-gobernador-alejandro-garcia-padilla/.

27   Morales, *Fantasy Island*, 149.

28   Cabán, «Promesa», 162.

29   «¿Qué es Promesa?», *Junta de Supervisión y Administración Financiera de Puerto Rico*, Preguntas frecuentes, consultado el 4 de octubre de 2024, https://juntasupervision.pr.gov/preguntas-frecuentes/.

30   Meléndez-Badillo, *Puerto Rico*, 203.

31   Prados-Rodríguez, «Puerto Rico's Fight for a Citizen Debt Audit».

32   Para un repaso del efecto de Promesa, véase Cabán, «Promesa»; Meléndez-Badillo, *Puerto Rico*; Morales, *Fantasy Island*.

33   Para más información sobre el efecto de Promesa en la educación pública en Puerto Rico, véase Brisa y Godreau, «Dismantling Public Education in Puerto Rico».

34   Laguarta Ramírez, «¡Yo no me dejé!».

35   Residente, «Residente y Bad Bunny», *El Influence[R]*, publicado el 8 de agosto de 2019, YouTube, 00:38:18, https://www.youtube.com/watch?v=VCNyJIUnejk.

36	El espacio frente a la bodega en La Perla llamado La Placita no debe confundirse con el popular mercado La Placita de Santurce.
37	Algunos sostienen que el *reggae* panameño en español fue el reguetón original. Sin duda, el *reggae* panameño en español fue un ingrediente esencial del reguetón, pero el reguetón que conocemos hoy difiere en aspectos significativos del género panameño. Esas diferencias fueron creadas por los DJ puertorriqueños de la escena *underground*. Para más información sobre el *reggae* panameño en español, véase R. Rivera, Marshall y Pacini Hernandez, *Reggaeton*, 79-108; Watson, «Reading National Identity»; y Rivera-Rideau, *Remixing Reggaetón*, 29-33.
38	La historia completa del reguetón queda fuera del alcance de este capítulo. Para más información, véase Rivera-Rideau, *Remixing Reggaetón*; Marshall, «From Musica Negra to Reggaeton Latino»; R. Rivera, «Policing Morality, Mano Dura Stylee»; LeBrón, *La vida y la muerte ante el poder policiaco*, 123-157.
39	Para más información sobre el papel de «Bailando» y «Despacito» en la creación de fusiones de pop y reguetón, véase Rivera-Rideau, «Reinventing Enrique Iglesias»; y Rivera-Rideau y Torres-Leschnik, «Colors and Flavors of My Puerto Rico».
40	Para más información sobre el auge del reguetón colombiano, véase Eduardo Cepeda, «Tu Pum Pum: The Rise of Colombian Reggaetón and Perreo's Pop Transformation», *Remezcla*, 9 de abril de 2019, https://remezcla.com/features/music/tu-pum-pum-colombian-reggaeton/; y Cepeda, «"A Cartel Built for Love"».
41	Para un análisis más amplio de los cambios en el sonido y el contenido lírico en el reguetón, véase Rivera-Rideau, «Race, Latinidad, and Latin Pop»; y Solis Miranda, «Bienaventurado».
42	April Salud, «Ozuna, Bad Bunny, De La Ghetto, Farruko and Messiah Narrate a Brief History of Latin Trap», *Billboard*, 17 de agosto de 2017, https://www.billboard.com/music/latin/latin-trap-brief-history-ozuna-bad-bunny-de-la-ghetto-7933904/.
43	Salud, «Ozuna, Bad Bunny, De La Ghetto».
44	Aunque el trap latino se desarrolló en Puerto Rico, también había una escena de trap en la ciudad de Nueva York con artistas como Messiah y Tali. De La Ghetto recuerda que Messiah, quien es dominicano-estadounidense, hacía versiones populares en español de canciones trap en inglés y las interpretaba en los clubes nocturnos de Nueva York. Sostiene que algunas canciones de Messiah se hicieron populares en los *hookah lounges* de propietarios dominicanos en San Juan a mediados de la década de 2010. Aunque De La Ghetto ve una sinergia entre las escenas neoyorquina y puertorriqueña, sostiene que fue en Puerto Rico donde el trap latino realmente comenzó y floreció.
45	Drott, *Streaming Music, Streaming Capital*, 1.

46   *Up Next: Sky's the Limit / Up Next: Bad Bunny*, Apple Music, 00:05:00, 9 de marzo de 2018, https://music.apple.com/us/episode/up-next-skys-the-limit/1353682414.

47   Carina del Valle Schorske, «El mundo de Bad Bunny es hoy», *New York Times Magazine*, 11 de octubre de 2020, https://www.nytimes.com/interactive/2020/10/07/magazine/bad-bunny-reggaeton.html.

48   Exposito, «Fireside Chat on "Bad Bunny and Resistance in Puerto Rico"».

49   Fruity Loops cambió su nombre a FL Studio en 2003. Pero en Puerto Rico el nombre Fruity Loops tenía significado, y como nos contó Tainy, algunas personas estaban muy apegadas a unas versiones específicas del antiguo *software* y optaron por no actualizar sus sistemas operativos para poder mantener en funcionamiento las versiones anteriores de Fruity Loops. Reconocemos el cambio de marca, pero continuamos llamándolo Fruity Loops, ya que así es como los artistas en Puerto Rico se refieren a él. Además, el cambio de nombre a FL Studio se realizó solo en respuesta a los desafíos para obtener una marca registrada en Estados Unidos debido al cereal Fruit Loops de Kellogg's.

50   Del Valle Schorske, «El mundo de Bad Bunny es hoy».

51   Rivera-Figueroa, «Bad Bunny's Transgressive Gender Performativity», 93.

52   Exposito, «Fireside Chat on "Bad Bunny and Resistance in Puerto Rico"».

53   Leila Cobo, «Noah Assad: CEO, Rimas Entertainment», *Billboard*, 25 de abril de 2020, *Gale OneFile: Pop Culture Studies*, consultado el 30 de junio de 2025.

54   Cobo, «Noah Assad».

55   Para más información sobre cómo Rimas Entertainment ha usado distintas alianzas —entre ellas con YouTube— para proporcionar a sus artistas un mayor acceso a los mercados globales, véase Rivera-Figueroa, «Bad Bunny on the Global Stage».

56   Leila Cobo, «Latin Newcomers Take On Big Labels», *Billboard*, 14 de febrero de 2019, https://www.billboard.com/pro/bad-bunny-latin-artists-no-longer-need-record-deals/.

57   *Bad Bunny Live in Miami*, Apple Music, 00:29:00, 24 de mayo de 2018, https://music.apple.com/us/episode/bad-bunny-live-in-miami/1380483765.

58   *Chente Ydrach Clips*, «Bad Bunny Cuenta Su Amistad Con Janthony», 12 de mayo de 2022, YouTube, 00:02:28, https://www.youtube.com/watch?v=cEPR5tQnpDo.

59   Julyssa Lopez, «Bad Bunny Conquered the World. Now What?», *Rolling Stone*, 21 de junio de 2023, https://www.rollingstone.com/music/music-features/bad-bunny-coachella-el-apagon-controversy-future-interview-1234770225/.

60   Kyle Denis, «Bad Bunny Celebrates 1 Billion Spotify Streams for "Tití Me Preguntó": 'Nothing I Say in That Song Is a Lie'», *Billboard*, 30 de agosto de 2023, https://www.billboard.com/music/latin/bad-bunny-billion-spotify-streams-titi-me-pregunto-billions-club-1235403722/. Para ver el video: https://www.tiktok.com/@todaystophits/video/7271281880874388778.

2. ¿«ESTAMOS BIEN»?

Nota: El título de este capítulo hace referencia a la canción «Estamos bien» de Bad Bunny, publicada en el álbum *X 100PRE* (Rimas Entertainment, 2018).

1. «Bad Bunny: Estamos bien (debut en la televisión)», clip televisivo publicado por *The Tonight Show with Jimmy Fallon*, 27 de septiembre de 2018, YouTube, 00:04:25, https://www.youtube.com/watch?v=SIQXI0UuX8M.
2. Kishore *et al.*, «Mortality in Puerto Rico after Hurricane María».
3. Bonilla y LeBrón, *Aftershocks of Disaster*.
4. Hostetler-Díaz, «Calles de La Resistencia»; Meléndez-Badillo, *Puerto Rico*, 220.
5. Para más detalles sobre la destrucción, véase «David Begnaud Talks About His Documentary "Puerto Rico: The Exodus After Hurricane Maria"», *CBS News*, 21 de septiembre de 2018, https://www.cbsnews.com/newyork/news/david-begnaud-hurricane-maria-documentary/. Para más información sobre las lluvias, véase Victor Daniel, «Five Years Later, Fiona Brings Back Painful Memories of Maria», *New York Times*, 20 de septiembre de 2022, https://www.nytimes.com/2022/09/19/us/hurricane-maria-anniversary-puerto-rico.html.
6. Para más información sobre Vieques, véase Camille Padilla Dalmau, «Why Does the Puerto Rican Island of Vieques Not Have a Hospital 6 Years After Hurricane María?», *USC Center for Health Journalism*, 7 de noviembre de 2023, https://centerforhealthjournalism.org/our-work/insights/why-does-puerto-rican-island-vieques-not-have-hospital-6-years-after-hurricane.
7. Frances Robles y Luis Ferré-Sadurní, «Puerto Rico's Agriculture and Farmers Decimated by Maria», *New York Times*, 24 de septiembre de 2017, https://www.nytimes.com/2017/09/24/us/puerto-rico-hurricane-maria-agriculture-.html.
8. Cabán, «Puerto Rico's Forever Exodus»; Pedro Cabán y David Smiley, «Florida Politicians Are Courting Displaced Puerto Ricans. But What Are Their Motives?», *Miami Herald*, 11 de enero de 2018, https://www.miamiherald.com/news/politics-government/state-politics/article194045294.html.
9. Es difícil determinar el número exacto de personas que abandonaron el archipiélago después del huracán María. Además, desde los primeros informes, algunos puertorriqueños han regresado al archipiélago. Sin embargo, los investigadores coinciden en que la población neta de Puerto Rico ha experimentado una pérdida masiva como resultado de la tormenta. Para más información, véase Duany, «May God Take Me to Orlando».
10. Pocos días después de que el huracán María destruyera el archipiélago, el presidente Trump comenzó a publicar tuits rabiosos condenando a los jugadores de la NFL que se arrodillaron cuando se tocó el himno nacional de Estados Unidos en protesta por la brutalidad policial contra los afroestadounidenses. Esto fue ampliamente comentado en los medios. Por

ejemplo, un artículo en CNN decía: «En lugar de unir al país en apoyo a los 3.4 millones de ciudadanos estadounidenses que viven en Puerto Rico, Trump ha publicado más de una docena de tuits sobre la NFL y la supuesta falta de patriotismo de los jugadores que se arrodillan o se sientan durante el himno nacional». Chris Cillizza, «Trump's NFL and Puerto Rico Tweets Prove His Goal Is to Divide, Not Unite the Country», CNN, 26 de septiembre de 2017, https://www.cnn.com/2017/09/26/politics/trump-nfl-tweets/index.html.

11 Vanessa Díaz (@Vanessa Díaz), «If you want to know what's really happening in #PuertoRico and what the PR people are experiencing, read what my best friend Alexander reported to me from the metro area yesterday», Facebook, 26 de septiembre de 2017, https://www.facebook.com/vanessadiaz/posts/10106828665596209.

12 Nicole Acevedo, «Judge Gives End Date for Puerto Rican Hurricane Evacuees in FEMA Temporary Housing», *NBC News*, 30 de agosto de 2018, https://www.nbcnews.com/storyline/puerto-rico-crisis/judge-gives-end-date-puerto-rican-hurricane-evacuees-fema-temporary-n905111.

13 Esto se sumaba a la desesperada situación financiera de Puerto Rico, agravada por la ley Promesa y las medidas de austeridad impuestas por La Junta. No resulta sorpresivo que esta historia también aborde la erupción de protestas entre los puertorriqueños en respuesta a dichas medidas, que incluían recortes presupuestarios a la educación pública y las pensiones, así como la venta de la red eléctrica pública. Laura Sullivan, «How FEMA Failed to Help Victims of Hurricanes in Puerto Rico Recover», NPR, 1 de mayo de 2018, https://www.npr.org/2018/05/01/607483473/how-fema-failed-to-help-victims-of-hurricanes-in-puerto-rico-recover.

14 Molinari, «Authenticating Loss and Contesting Recovery», 218.

15 Danica Coto, «Thousands in Puerto Rico Still Without Housing Since María», *AP News*, 24 de julio de 2020, https://apnews.com/article/ap-top-news-puerto-rico-latin-america-caribbean-hurricanes-a2cf35e2f8893592ec4b59d90baae1ac.

16 Kevin Lui, «FEMA Chief Slammed for Calling Puerto Rico Relief Efforts the "Most Logistically Challenging Event"», *Time*, 2 de octubre de 2017, https://time.com/4964574/hurricane-maria-fema-brock-long-puerto-rico-logistics/.

17 Vanessa Díaz (@Vanessa Díaz), «If you want to know what's really happening in #PuertoRico».

18 Meléndez-Badillo, *Puerto Rico*, 218; Negrón-Muntaner, «Our Fellow Americans», 97-98.

19 Nicole Einbinder, «How the Response to Hurricane Maria Compared to Harvey and Irma», PBS, 1 de mayo de 2018, https://www.pbs.org/wgbh/frontline/article/how-the-response-to-hurricane-maria-compared-to-harvey-and-irma/.

20 Kate McCormick y Emma Schwartz, «After Maria, Thousands on Puerto Rico Waited Months for a Plastic Roof», PBS, 2 de mayo de 2018, https://www.pbs.org/wgbh/frontline/article/after-maria-thousands-on-puerto-rico-waited-months-for-a-plastic-roof/.

21 Daniella Silva, «Trump Defends Throwing Paper Towels to Hurricane Survivors in Puerto Rico», NBC, 7 de octubre de 2018, https://www.nbcnews.com/politics/politics-news/trump-defends-throwing-paper-towels-hurricane-survivors-puerto-rico-n808861.

22 «Puerto Rico: Trump Paper Towel-Throwing "Abominable"», BBC, 4 de octubre de 2017, https://www.bbc.com/news/world-us-canada-41504165; Jenna Johnson y Ashley Parker, «Trump Hails "Incredible" Response in "Lovely" Trip to Storm-Torn Puerto Rico», *Washington Post*, 3 de octubre de 2017, https://www.washingtonpost.com/politics/trump-praises-himself-for-administrations-great-job-in-puerto-rico/2017/10/03/fdb5eeb4-a83a-11e7-8ed2-c7114e6ac460_story.html.

23 «Trump Says Puerto Rico in Trouble After Hurricane, Suffering from "Broken Infrastructure" and "Massive Debt"», CNBC, 25 de septiembre de 2017, https://www.cnbc.com/2017/09/25/trump-says-puerto-rico-in-trouble-after-hurricane-debt-must-be-dealt-with.html.

24 Gabriela Meléndez Olivera, «President Trump's Response to Hurricane Maria in Puerto Rico Confirms Second-Class Citizenship», ACLU, 3 de octubre de 2017, https://www.aclu.org/news/human-rights/president-trumps-response-hurricane-maria-puerto-rico-confirms-second-class. Para más información sobre los ataques de Trump en Twitter (ahora X) a Puerto Rico, véase Yarimar Bonilla, «Trump's False Claims About Puerto Rico Are Insulting. But They Reveal a Deeper Truth», *Washington Post*, 14 de septiembre de 2018, https://www.washingtonpost.com/outlook/2018/09/14/trumps-false-claims-about-puerto-rico-are-insulting-they-reveal-deeper-truth/. Para más información sobre las representaciones de los puertorriqueños a principios del siglo XX, véase Duany, *Puerto Rican Nation on the Move*, 39-58; y Erman, *Almost Citizens*.

25 Molinari, «Authenticating Loss», 219-220.

26 Lloréns, «US Media Depictions of Climate Migrants».

27 Diversos estudiosos han comparado con razón el fracaso de la respuesta gubernamental al huracán María con el de la respuesta al huracán Katrina en 2005, cuando las víctimas afroestadounidenses padecieron abandono, viviendas y atención médica inadecuadas y migración forzada. Varios académicos han argumentado que, así como el racismo anti-negro influyó en la forma en la que el gobierno federal respondió a Katrina, en Puerto Rico se utilizaron estereotipos racistas para justificar el abandono de la población después de María. Para más información, véase Fussell *et al.*, «Race, Socioeconomic Status, and Return Migration».

28 Vanessa Díaz (@Vanessa Díaz), «If you want to know what's really happening in #PuertoRico».

29 Para más ejemplos, véase Bonilla, «Coloniality of Disaster»; Massol-Deyá, «Energy Uprising»; Roberto, «Community Kitchens».

30 Laura Sullivan, «FEMA Blamed Delays in Puerto Rico on Maria; Agency Records Tell Another Story», NPR, 14 de junio de 2018, https://www.npr.org/2018/06/14/608588161/

fema-blamed-delays-in-puerto-rico-on-maria-agency-records-tell-another-story.

31   Bonilla y Klein, «Trauma Doctrine».
32   Torres Gotay, «I'm Quite Comfortable».
33   Yarimar Bonilla, «¿Por qué los puertorriqueños siempre tenemos que ser resilientes?», *The New York Times*, 10 de octubre de 2022, https://www.nytimes.com/es/2022/10/12/espanol/opinion/puerto-rico-apagones.html.
34   Meléndez-Badillo, *Puerto Rico*, 220.
35   Meléndez-Badillo, *Puerto Rico*, 215.
36   Después de María, se disparó el número de puertorriqueños que sufrieron depresión, ansiedad y trastorno de estrés postraumático (TEPT). Entre los adultos, los suicidios aumentaron un 18 % en los primeros nueve meses después del huracán. Para más información, véase Abrams, «Puerto Rico, Two Years After Maria».
37   Esta cita proviene de una comunicación personal en inglés.
38   John D. Sutter, Leyla Santiago y Khushbu Shah, «Hablamos con 112 funerarias en Puerto Rico para verificar el número de muertos tras el huracán María y esto fue lo que encontramos», CNN, 20 de noviembre de 2017, https://cnnespanol.cnn.com/2017/11/21/hablamos-con-112-funerarias-en-puerto-rico-para-verificar-el-numero-de-muertos-y-esto-fue-lo-que-encontramos/
39   Kishore *et al.*, «Mortality in Puerto Rico After Hurricane Maria».
40   Adrian Florido, «An Impromptu Memorial to Demand That Puerto Rico's Hurricane Dead Be Counted», NPR, 1 de junio de 2018, https://www.npr.org/2018/06/01/616216225/an-impromptu-memorial-to-demand-puerto-ricos-hurricane-dead-be-counted.
41   Benito Martínez Ocasio (@sanbenito), *X*, 20 de septiembre de 2024, https://x.com/sanbenito/status/1837192098514149752?s=46.
42   Vanessa Díaz (@Vanessa Díaz), «Sé que ahora mismo muchos de nosotros estamos en la misma situación, pero si alguien tiene forma de ponerse en contacto con alguna persona en Rincón o en Mayagüez, le agradeceré que, por favor, me avise. Mi abuelo estaba en el Hospital Bella Vista en Mayagüez cuando azotó el huracán. Mi Titi Sandra estaba en nuestra casa en Rincón, cerca de la Carretera 413. No hemos recibido noticias de ellos desde el martes pasado. Nos hemos puesto en contacto con todas las personas que conocemos y que tienen alguna conexión, hemos llamado a todos los números de teléfono que tenemos y no logramos obtener ninguna información. Por favor, si conocen a alguien que pueda ayudarnos, avísenme. Me alegra saber que nuestros otros seres queridos en la isla están bien (aunque luchando por conseguir suficiente agua para sobrevivir), pero estamos asustados, esperando saber algo de mi abuelo y mi tía. #PuertoRico #HurricaneMaria #Help #Rincon #Mayaguez», Facebook, 25 de septiembre de 2017, https://www.facebook.com/vanessadiaz/posts/10106824805965939.
43   La línea de cruceros Royal Caribbean ofreció a las personas varadas en Puerto Rico, Saint Thomas y Saint Croix pasaje gratuito a Estados Unidos, y llevó

900,000 cajas de agua, suministros médicos y otros artículos de ayuda a Puerto Rico pocos días después del huracán. Chabeli Herrera, «Cruise Ship Carries Thousands of Hurricane Evacuees to Fort Lauderdale», *Tampa Bay Times*, 3 de octubre de 2017, https://www.tampabay.com/florida-politics/2017/10/03/cruise-ship-carries-thousands-of-hurricane-evacuees-to-fort-lauderdale/.

44 Una captura de pantalla de esta publicación de Instagram está disponible en *Genius.com*, https://genius.com/Bad-bunny-mi-puerto-rico-lyrics (consultado el 18 de julio de 2025).

45 «Concierto de Bad Bunny Completo 2020-Uforia Live», publicado por *LM Cleans*, 1 de enero de 2021, YouTube, 00:53:46, https://www.youtube.com/watch?v=T6CajLXgmlg.

46 Poco después de que la canción se hiciera viral, Bad Bunny la publicó en plataformas de *streaming* como Apple Music y Spotify. Dado que Bad Bunny elimina con frecuencia todo el contenido de sus redes sociales, la única versión del video original de Instagram que pudimos encontrar fue un fragmento incluido en el video *Up Next* de Apple Music que presenta a Bad Bunny a principios de 2018. *Up Next: Sky's the Limit / Up Next: Bad Bunny*, Apple Music, 00:05:00, 9 de marzo de 2018, https://music.apple.com/us/episode/up-next-skys-the-limit/1353682414.

47 «Mi Puerto Rico» (letra), *Genius*, 26 de septiembre de 2017, https://genius.com/Bad-bunny-mi-puerto-rico-lyrics.

48 Bonilla, «Postdisaster Futures», 157.

49 Elias Leight, «"Te Boté": How Nio García, Casper Mágico and Darell's Reggaeton Hit Took America», *Rolling Stone*, 22 de septiembre de 2018, https://www.rollingstone.com/music/music-latin/te-bote-nio-garcia-casper-magico-darell-722826/.

50 Pamela Bustios, «Producer Young Martino Says "Te Boté" All Started with Hurricane Maria», *Billboard*, 21 de marzo de 2019, https://www.billboard.com/pro/young-martino-producer-te-bote-interview/.

51 How It Went Down Billboard (@HowItWentDown), «Nio García and Casper Mágico chat about the creation of their song "Te Boté"», Facebook, 14 de agosto de 2018, https://www.facebook.com/watch/?v=846154122245397.

52 «Young Martino», Our Artists and Writers, Universal Music Publishing *Group*, https://www.umusicpub.com/latin/Artists/Y/Young-Martino.aspx.

53 Herrera, «Cruise Ship Carries Thousands of Hurricane Evacuees». Para un análisis de «Despacito» después de María, véase Rivera-Rideau y Torres-Leschnik, «The Colors and Flavors of My Puerto Rico».

54 «"Data Loading" Tainy (Recap)», publicado en *Neon16*, YouTube, 17 de enero de 2024, 00:01:09, https://www.youtube.com/watch?v=RrDDrk_T478.

55 Esa es la edad de Tainy al momento de la publicación del libro.

56 Suzy Exposito, «Bad Bunny Makes Powerful TV Debut on "Fallon", Dedicates "Estamos bien" to Hurricane Maria Victims», *Rolling Stone*, 27 de

	septiembre de 2018, https://www.rollingstone.com/music/music-latin/bad-bunny-fallon-estamos-bien-hurricane-maria-729857/.
57	Bad Bunny ha eliminado gran parte de su contenido en Instagram, pero algunos videos de sus actuaciones en directo han sido republicados en YouTube por sus fans, incluido el material al que se hace referencia en este párrafo. Alberto Ruiz, «Bad Bunny Canta en Directo de Instagram YHLQMDLG Parte 1», publicado el 3 de mayo de 2020, YouTube, 00:51:51, https://www.youtube.com/watch?v=zCEZ9BSS2Jc.
58	Chente Ydrach, «La Única Entrevista que Bad Bunny Va a Dar-Masacote», publicada el 24 de diciembre de 2018, YouTube, 01:28:46, en 47:00, https://www.youtube.com/watch?v=6obyXYrr_gQ.
59	Ydrach, «La Única Entrevista», en 44:30.
60	Véase «Bad Bunny, Instagram (IG) Live, X100PRE Album Part 1 #BadBunny», publicado por *Estrella R*, 26 de diciembre de 2018, YouTube, 28:29, https://www.youtube.com/watch?v=Bq8XNKFhXjo.
61	Tanto esta cita como la oración anterior sobre Hear This Music —que no le permitía a Bad Bunny producir un álbum de estudio— provienen del Instagram Live de Bad Bunny sobre su álbum *X100PRE*, ahora republicado en YouTube. Véase «Bad Bunny, Instagram (IG) Live, X100PRE Album Part 1 #BadBunny».
62	Ruiz, «Bad Bunny Canta».
63	La Ley Jones (sección 27 de la Ley de la Marina Mercante de 1920) es una ley federal estadounidense que hace en extremo difícil y costoso enviar bienes a Puerto Rico, lo cual genera enormes ingresos para Estados Unidos. Para más información, véase Teresa Carey, «The Jones Act, Explained (and What Waiving It Means for Puerto Rico)», PBS, 29 de septiembre de 2017, https://www.pbs.org/newshour/nation/jones-act-explained-waiving-means-puerto-rico; Meléndez-Badillo, *Puerto Rico*.
64	Bonilla, «¿Por qué los puertorriqueños siempre tenemos que ser resilientes?».

3. «EL PUEBLO NO AGUANTA MÁS INJUSTICIA»

Nota: El título de este capítulo proviene de un verso de la canción «Afilando los cuchillos» de Bad Bunny, publicada en YouTube durante el auge de las protestas masivas de 2019 en Puerto Rico contra el entonces gobernador Ricardo Rosselló. Residente, iLe y Bad Bunny, «Afilando los cuchillos», publicada por Residente, 17 de julio de 2019, YouTube, 05:19, https://www.youtube.com/watch?v=RSh7HIH2pvg.

1	LeBrón, *Contra Muerto Rico*, 81.
2	Luis J. Valentín Ortiz y Carla Minet, «Las 889 páginas de Telegram entre Rosselló Nevares y sus allegados», *Centro de Periodismo Investigativo*, 13 de julio de 2019, https://periodismoinvestigativo.com/2019/07/las-889-paginas-de-telegram-entre-rossello-nevares-y-sus-allegados/.
3	LeBrón, «Protests in Puerto Rico Are About Life and Death».

4   «Bad Bunny deja temporalmente la música para unirse a las protestas contra el Gobierno de Puerto Rico», *La Sexta*, 20 de julio de 2019, https://www.lasexta.com/noticias/cultura/bad-bunny-deja-temportalmente-musica-unirse-protestas-gobierno-puerto-rico-video_201907205d338b2f0cf2c80663da1abf.html.
5   Las mayúsculas en esta cita aparecen como en el texto original.
6   Citado en «Bad Bunny se retira temporalmente para protestar en Puerto Rico», *Milenio*, 16 de julio de 2019, https://www.milenio.com/espectaculos/famosos/bad-bunny-pausa-carrera-protestar-ricardo-rossello. Las mayúsculas en esta cita aparecen como en el texto original.
7   Citado en «Bad Bunny se retira temporalmente».
8   David Renshaw y Patty Shaw Ramírez, «Bad Bunny, Ricky Martin, and More Puerto Rican Artists Celebrate Ricardo Rosselló's Resignation», *Fader*, 25 de julio de 2019, https://www.thefader.com/2019/07/25/bad-bunny-ricky-martin-ricardo-rossello-resignation.
9   Boricua, que quiere decir puertorriqueño, es un término derivado del indígena taíno, que significa que proviene de Borikén. Es un gentilicio muy significativo en el contexto de la lucha contra la descolonización.
10 Frances Robles y Patricia Mazzei, «Puerto Rico's Deposed Governor Describes His Family's Panicked Flight from the Island», *The New York Times*, 14 de enero de 2021, https://www.nytimes.com/2021/01/13/us/ricardo-rossello-puerto-rico.html.
11 Robles y Mazzei, «Puerto Rico's Deposed Governor».
12 Zambrana, «Black Feminist Tactics». Véase también LeBrón, *Contra Muerto Rico*, 81; Fernando Tormos-Aponte, «The Politics of Survival», *Jacobin*, 2 de abril de 2018, https://jacobin.com/2018/04/puerto-rico-left-hurricane-maria-colonialism-independence. Otra organización feminista negra que ya estaba activa antes de las protestas y que desempeñó un papel importante en estas fue Colectivo Ilé; para más información sobre su trabajo, véase Abadía Rexach, «Summer 2019».
13 LeBrón, *Contra Muerto Rico*, 81.
14 Isabelia Herrera, «For This Feminist Collective in Puerto Rico, the Mass Protests Were a Long Time Coming», *The New York Times*, 25 de julio de 2019, https://www.nytimes.com/2019/07/25/style/feminist-collective-puerto-rico-protests.html.
15 Aidan Gardiner, «Late Ambulances, Leaking Roofs: Puerto Ricans on Why They Rose Up», *The New York Times*, 25 de julio de 2019, https://www.nytimes.com/2019/07/25/reader-center/puerto-rico-economic-struggles.html.
16 Durante las protestas, la policía utilizó fuerza excesiva contra manifestantes no violentos, incluso gas lacrimógeno y macanazos. Véase también LeBrón, *Contra Muerto Rico*, 94-99; Evan Hill y Ainara Tiefenthäler, «Did Puerto Rican Police Go Too Far During Protests? What the Video Shows», *The New York Times*, 27 de julio de 2019, https://www.nytimes.com/2019/07/27/us/puerto-rico-violence-protests.html.

17   LeBrón, *Contra Muerto Rico*, 82-84.
18   Citado en Cecilia Aldarondo, dir., *Landfall* (Blackscrackle Films, 2020), en 00:01:40.
19   LeBrón, *Contra Muerto Rico*, 82-84.
20   Frances Robles, «"Afilando los cuchillos": Los músicos se unen a las protestas en Puerto Rico», *The New York Times*, 19 de julio de 2019, https://www.nytimes.com/es/2019/07/19/espanol/america-latina/artistas-puerto-rico-protestas.html. Para un análisis de cómo las protestas trascendieron líneas raciales y de género, véase Abadía Rexach, «Summer 2019».
21   Ricky Martin (@Ricky_Martin), «#PuertoRico nos vemos mañana en la marcha a las 5 p.m. frente al Capitolio», Twitter (ahora X), 16 de julio de 2019, https://twitter.com/ricky_martin/status/1151319129455906816.
22   Trap Music (@Trapmusictv), «#BadBunny hace un llamado a la población de Puerto Rico, para que renuncie el gobernador #RickyRosello / #RickyRenuncia», Twitter (ahora X), 16 de julio de 2019, https://x.com/Trapmusictv_/status/1151126760970321921.
23   Núria Net, «Why Bad Bunny Wants Puerto Rican Youth to Take the Streets», *Rolling Stone*, 17 de julio de 2019, https://www.rollingstone.com/music/music-latin/bad-bunny-residente-puerto-rico-protest-governor-rossello-859419/.
24   AP Archive, «Ricky Martin, Bad Bunny Join Thousands of Protestors in Puerto Rico Demanding Governor Resignation», YouTube, 23 de julio de 2019, https://youtu.be/wVsDeH9YERs.
25   Robles, «Afilando los cuchillos».
26   Net, «Why Bad Bunny Wants Puerto Rican Youth to Take the Streets».
27   LeBrón, *Contra Muerto Rico*, 94.
28   LeBrón, *Contra Muerto Rico*, 97.
29   Para un análisis sobre las críticas dirigidas al perreo, véase Rivera-Rideau, *Remixing Reggaetón*; y Rivera-Servera, «Reggaetón's Crossings».
30   Rivera-Servera, «Reggaetón's Crossings», 99.
31   Los Cocos Restaurant (@LosCocosRestaurant), «¡Si no podemos perrear, no es nuestra revolución 2!», Facebook, 22 de diciembre de 2018, https://www.facebook.com/events/375846082989687/.
32   Véase, por ejemplo, El Hangar en Santurce, https://www.facebook.com/Elhangarensanturce/. Véase también Dávila Ellis y LeBrón, «How Music Took Down Puerto Rico's Governor», *Washington Post*, 1 de agosto de 2019, https://www.washingtonpost.com/outlook/2019/08/01/how-music-took-down-puerto-ricos-governor/.
33   Karla Claudio-Betancourt, *Perreo Combativo*, 25 de julio de 2019, 00:01:00, https://vimeo.com/350139441.
34   Zambrana, *Deudas coloniales*, 157-162.
35   También hubo consignas populares en las protestas que no estaban relacionadas con el reguetón, como «Somos más y no tenemos miedo» y «Ricky renuncia, y llévate a la junta».
36   Dávila Ellis y LeBrón, «How Music Took Down Puerto Rico's Governor».

37 Grace (@marie01_31), Twitter (ahora X), 17 de julio de 2019, https://twitter.com/marie01_31/status/1151688037736341506?s=20.
38 Aldarondo, *Landfall*, en 00:02:00.
39 Aldarondo, *Landfall*, en 00:02:00.
40 Dávila Ellis y LeBrón, «How Music Took Down Puerto Rico's Governor».
41 Cintrón-Moscoso y Díaz, «Photo Essay: The Power of Popular Protest».
42 Meléndez-Badillo, *Puerto Rico*, 192.
43 Residente, «Residente y Bad Bunny», *El Influence[R]*, 8 de agosto de 2019, YouTube, 38:18, https://www.youtube.com/watch?v=VCNyJIUnejk.
44 Residente, «Residente y Bad Bunny», en 00:04:24.
45 Residente, «Residente y Bad Bunny», en 00:04:24.
46 Robles, «Sharpening the Knives».
47 Alexia Fernández, «Calle 13's Residente on His New Collaboration with Bad Bunny and Taylor Swift's Masters Dilemma», *People*, 15 de julio de 2019, https://people.com/music/residente-talks-new-collaboration-bad-bunny/.
48 Suzy Exposito, «Inside Residente, Bad Bunny's Conscious Summer Jam "Bellacoso"», *Rolling Stone*, 26 de julio de 2019, https://www.rollingstone.com/music/music-latin/residente-bad-bunny-bellacoso-video-interview-857951/.
49 Residente, «Residente y Bad Bunny», en 00:02:00.
50 Residente, «Residente y Bad Bunny», en 00:21:40.
51 Residente, «Residente y Bad Bunny», en 00:20:30.
52 Vogue, «73 Questions with Bad Bunny», entrevista de Joe Sabia, 29 de abril de 2024, YouTube, 00:20:44, https://www.youtube.com/watch?v=KYuBLoSE-5I.
53 Chente Ydrach, «La Única Entrevista que Bad Bunny Va a Dar—Masacote», publicada el 24 de diciembre de 2018, YouTube, 01:28:46, https://www.youtube.com/watch?v=6obyXYrr_gQ.
54 Hot97, «Residente on Frustration w/ Grammys, Bad Bunny, + "This Is Not America"», publicado el 19 de abril de 2022, YouTube, 00:33:33, https://www.youtube.com/watch?v=veF60FAHv14.
55 La canción fue grabada y publicada en internet pocos días después del asesinato de Ojeda Ríos. Para más información sobre su muerte y su significado en Puerto Rico, véase Meléndez-Badillo, *Puerto Rico*, 192.
56 Rachel Lee Harris, «Puerto Rico Cancels Calle 13 Concert», *The New York Times*, 18 de octubre de 2009, https://www.nytimes.com/2009/10/19/arts/music/19arts-PUERTORICOCA_BRF.html.
57 «A la web, histórico concierto de Calle 13», *Telemundo 47*, 17 de agosto de 2014, https://www.telemundo47.com/entretenimiento/internet-historico-concierto-calle-13/1957015/.
58 Para más información sobre la música y política de Tego Calderón, véase Rivera-Rideau, *Remixing Reggaetón*; Rivera-Rideau, «If I Were You»; Rivera-Rideau, «Cocolos Modernos»; Calderón, «Black Pride».

59	Para más información sobre la represión estatal del movimiento independentista, véase Meléndez-Badillo, *Puerto Rico*; LeBrón, «Puerto Rico and Colonial Circuits of Policing»; Powers, «Seeing the U.S. Empire».
60	Negrón-Muntaner, «Poetry of Filth».
61	Lloréns, «Brothels, Hell, and Puerto Rican Bodies».
62	Anne Hoffman, «"Muerte En Hawaii" el nuevo y provocativo video de Calle 13», NPR, 12 de julio de 2011, https://www.npr.org/sections/altlatino/2011/07/13/137773941/new-calle-13-video-muerte-en-hawaii-pushes-the-limit#Provocativo.

4. «¿POR QUÉ NO PUEDO SER ASÍ?»

Nota: El título de este capítulo es una cita de la canción «Caro» de Bad Bunny, publicada en el álbum *X 100PRE* (Rimas Entertainment, 2018).

1	Nieves Moreno, «A Man Lives Here»; Rivera-Figueroa, «Bad Bunny's Transgressive Gender Performativity».
2	Isabelia Herrera, «Bad Bunny Says He Was Refused Service at a Nail Salon for Being a Man», *Remezcla*, 18 de julio de 2018, https://remezcla.com/music/bad-bunny-nail-salon-service/.
3	Patricia Tortolani, «Bad Bunny Is Here at the Right Time», *Allure*, noviembre de 2021, https://www.allure.com/story/bad-bunny-cover-interview-november-2021.
4	Gabriela Cavanagh, «Bad Bunny Explains the Inspiration Behind His Met Gala Look», *Vogue*, 4 de mayo de 2022, https://www.vogue.com/video/watch/getting-ready-with-bad-bunny.
5	Para críticas específicas sobre Bad Bunny, véase Dávila Ellis, «Doing Reggaeton However He Wants»; Frances Solá-Santiago, «The Classist History Behind Bad Bunny's "Bichiyal"», *Code Switch*, NPR, 17 de marzo de 2020, https://www.npr.org/sections/codeswitch/2020/03/17/816479053/the-classist-history-behind-bad-bunnys-bichiyal. Para críticas más abarcadoras sobre la misoginia en el reguetón, véase Báez, «En mi imperio»; Dávila Ellis, «¿Dónde están las yales?»; Jiménez, «(W)rapped in Foil»; Rivera-Rideau, *Remixing Reggaeton*; Solis Miranda, «Bienaventurado». Cabe mencionar que, si bien las representaciones de género en el reguetón a menudo reproducen visiones sexistas de las mujeres, estas no son exclusivas de ese género musical. De hecho, el musicólogo Noel Allende Goitía ofrece un panorama de la historia de letras similares en diversos géneros musicales puertorriqueños —entre estos, la plena, el bolero y la música jíbara— para mostrar que Bad Bunny y otros reguetoneros no son una anomalía en la cultura musical puertorriqueña, sino que pertenecen a una larga tradición de uso de un lenguaje malsonante y vulgar. Véase Allende Goitía, «The Profane, the Lewd, and the Misogynistic», 40.

6   Josefina Pieres, «Bad Bunny Rewatches His Music Videos, From "Callaíta" to "Yo perreo sola"», *Vanity Fair*, 12 de septiembre de 2023, YouTube, 00:08:36, https://www.youtube.com/watch?v=gm6MkN73EHQ&t=516s.

7   Suzy Exposito, «Bad Bunny Drops Surprise New Song "Callaíta": Listen», *Rolling Stone*, 31 de mayo de 2019, https://www.rollingstone.com/music/music-latin/bad-bunny-drops-new-song-callaita-tainy-841942/.

8   Para un análisis de este tema, véase Rivera-Rideau, «Race, Latinidad, and Latin Pop».

9   Para un análisis más detallado de la Campaña Anti-Pornografía, véase Rivera-Rideau, *Remixing Reggaetón*, 52-80.

10   Rivera-Rideau, *Remixing Reggaetón*, 68-70.

11   Esta representación coincide con los argumentos de Ramón Rivera-Servera, quien sostiene que el perreo puede ser un espacio para que las mujeres reclamen su sexualidad y su autonomía; véase Rivera-Servera, «Reggaetón's Crossings».

12   Bad Bunny, «Callaíta», publicada el 31 de mayo de 2019, YouTube, 00:04:11, https://www.youtube.com/watch?v=acEOASYioGY.

13   Pieres, «Bad Bunny Rewatches His Music Videos», en 00:09:49.

14   Bad Bunny, «La difícil», *YHLQMDLG*, publicada el 28 de febrero de 2020, YouTube, 00:03:12, https://www.youtube.com/watch?v=fEYUoBgYKzw.

15   Rivera-Rideau, *Remixing Reggaetón*, 71-77.

16   Para más información sobre las percepciones contradictorias de la voluntad femenina en el reguetón, véase Báez, «En mi imperio».

17   Bad Bunny, «Solo de mí», publicada el 15 de diciembre de 2018, YouTube, 00:03:19, https://www.youtube.com/watch?v=7rbprAR_Reg.

18   Valdez, «Vivir sin miedo», 237.

19   Valdez, «Vivir sin miedo», 238.

20   Despecho es una canción sobre el desamor.

21   Chente Ydrach, «La Única Entrevista que Bad Bunny Va a Dar—Masacote», publicada el 24 de diciembre de 2018, YouTube, 01:28:46, en 00:26:43, https://www.youtube.com/watch?v=6obyXYrr_gQ.

22   Aramburu y Carrasquillo Hernández, «From Victimization to Feminist Revolution», 17.

23   Para un ejemplo de esta crítica, véase Sanabria León y Torres, «Colonial Necropolitics».

24   Ríos Ruíz, «Estado de emergencia», 128-129.

25   Véase Ríos Ruíz, «Estado de emergencia»; Sanabria León y Torres, «Colonial Necropolitics».

26   Aramburu y Carrasquillo Hernández, «From Victimization to Feminist Revolution», 10.

27   Jhoni Jackson, «Weekend-Long Protest Against Domestic Violence in Puerto Rico Ends with Police Pepper Spraying Activists», *Remezcla*, 26 de noviembre de 2018, https://remezcla.com/features/culture/police-pepper-spray-activists-puerto-rico/.

28   Valdez, «Vivir sin miedo», 238. El mensaje completo que Bad Bunny en su cuenta de Instagram se publicó también en el periódico *Primera Hora* el 15 de diciembre de 2018: https://www.primerahora.com/entretenimiento/musica/notas/nuevo-video-musical-de-bad-bunny-va-contra-la-violencia-de-genero/

29   Citado en Suzy Exposito, «Inside Residente and Bad Bunny's Meeting with Puerto Rico Governor Rosselló», *Rolling Stone*, 16 de enero de 2019, https://www.rollingstone.com/music/music-latin/residente-bad-bunny-meet-governor-rossello-puerto-rico-778809/. Los reportes sobre este encuentro varían: algunas fuentes afirman que se realizó a las 2 de la mañana, otras, que se realizó a las 5 de la mañana. En cualquier caso, el hecho es que los tres hombres se reunieron después de la medianoche para hablar del asunto.

30   Exposito, «Inside Residente and Bad Bunny's Meeting»; Isabelia Herrera, «Bad Bunny and Residente Paid the Puerto Rican Governor a Visit at 2 a.m.», *Remezcla*, 11 de enero de 2019, https://remezcla.com/music/bad-bunny-residente-ricardo-rossello-meeting/.

31   Herrera, «Bad Bunny and Residente Paid the Puerto Rican Governor a Visit at 2 a.m.». Véase el mensaje que La Cole publicó en su cuenta de Facebook: https://www.facebook.com/Colectiva.Feminista.PR/posts/2005520546206333?ref=embed_post.

32   A la larga, Rosselló se reunió con *La Colectiva Feminista en Construcción*, pero solo después de hablar con Bad Bunny y Residente; véase Valdez, «Vivir sin miedo», 228.

33   Jaclyn Diaz, «How #NiUnaMenos Grew from the Streets of Argentina into a Regional Women's Movement», NPR, 14 de octubre de 2021, https://www.npr.org/2021/10/15/1043908435/how-niunamenos-grew-from-the-streets-of-argentina-into-a-regional-womens-movement.

34   Harmeet Kaur y Rafi Rivera, «A Transgender Woman's Murder Has Shocked Puerto Rico and Renewed a Conversation About Transphobia», CNN, 29 de febrero de 2020, https://www.cnn.com/2020/02/29/us/alexa-puerto-rico-transgender-killing/index.html.

35   Amanda Holpuch, «2 Men Plead Guilty in Attack on Transgender Woman Who Was Later Found Dead», *New York Times*, 26 de septiembre de 2023, https://www.nytimes.com/2023/09/26/us/puerto-rico-hate-crime-alexa-transgender-killing.html. Hasta la fecha, nadie ha sido acusado por la muerte de Alexa, aunque dos hombres fueron acusados de agredirla.

36   Ríos Ruíz, «Estado de emergencia».

37   Rodríguez-Madera *et al*., «Experiences of Violence».

38   Ríos Ruíz, «Estado de emergencia», 128.

39   Benji Hart, «For Trans Puerto Ricans, Passing Laws Is Only Part of the Battle for Liberation», *Autostraddle*, 31 de marzo de 2021, https://www.autostraddle.com/for-trans-puerto-ricans-passing-laws-is-only-part-of-the-battle-for-liberation/.

40   Gary Suarez, «Bad Bunny and Sech Land Their First Hot 100 Together», *Forbes*, 25 de febrero de 2020, https://www.forbes.com/sites/

garysuarez/2020/02/25/bad-bunny-and-sech-land-their-first-hot-100-hit-together/.

41 La frecuencia con la que los medios de comunicación y los funcionarios del Estado malgenerizan a las personas no es sorprendente, dadas las prolongadas y difíciles batallas legales de los activistas trans en Puerto Rico para que se reconozcan sus identidades de género. En 2018, los tribunales puertorriqueños por fin reconocieron el derecho de las personas trans a cambiar su identidad de género en todos los documentos oficiales. Véase Castro Pérez, «La lucha por el derecho a ser».

42 Karla Montalván, «Bad Bunny's New Song "Andrea" Sends Powerful Message on Femicide», *People*, 11 de mayo de 2020, https://peopleenespanol.com/chica/bad-bunny-andrea-gender-based-violence-femicide/.

43 Nicole Acevedo, «Puerto Rico's New Tipping Point: Horrific Femicides Reignite Fight Against Gender Violence», *NBC News*, 16 de mayo de 2021, https://www.nbcnews.com/news/latino/puerto-rico-s-new-tipping-point-horrific-femicides-reignite-fight-n1267354.

44 Véase Acevedo, «Puerto Rico's New Tipping Point».

45 Luis Alfredo Del Valle, «What It Means for Pop Music to Raise Awareness About Intimate Partner Violence», entrevista de Isabella Gomez Sarmiento, 28 de mayo de 2022, NPR, transcripción de la entrevista en: https://www.npr.org/transcripts/1101921360.

46 Karla Montalván, «Bad Bunny Spills the Deets on the True Meaning Behind His Song "Andrea"», *People*, 19 de mayo de 2022, https://peopleenespanol.com/chica/bad-bunny-andrea-song-true-meaning/.

47 Nieves Moreno, «A Man Lives Here».

48 Para más información sobre la raza y el estatus de clase de Ricky Martin como «blanquito» en Puerto Rico, véase Negrón-Muntaner, *Boricua Pop*, 247-272.

49 Martin, *Yo*.

50 Rodríguez, «Getting F****d in Puerto Rico».

51 La Fountain-Stokes, «Recent Developments».

52 La Fountain-Stokes, «Recent Developments», 511.

53 Chamberlain, «From Father to Humanitarian», 100.

54 Brittany Spanos, «Ricky Martin Presents Bad Bunny with 2023 GLAAD Vanguard Award», *Rolling Stone*, 31 de marzo de 2023, https://www.rollingstone.com/music/music-news/bad-bunny-ricky-martin-glaad-award-1234707135/. GLAAD es una organización sin fines de lucro que observa las representaciones mediáticas de la comunidad LGBTQ+.

55 Kelly Clarkson, «Ricky Martin Praises Bad Bunny for LGBTQ+ Allyship», *The Kelly Clarkson Show*, 28 de marzo de 2024, YouTube, 01:08, https://www.youtube.com/watch?v=P6bMh7mvIvc&t=1s.

56 Suzy Exposito, «Bad Bunny in Captivity», *Rolling Stone*, 14 de mayo de 2020, https://www.rollingstone.com/music/music-features/bad-bunny-cover-story-lockdown-puerto-rico-new-albums-996871/.

57	Kate Linthicum, «How Bad Bunny Broke Every Rule of Latin Pop—and Became Its Biggest and Brightest Star», *Los Angeles Times*, 28 de febrero de 2020.
58	Linthicum, «How Bad Bunny Broke Every Rule».
59	André Wheeler, «Bad Bunny: Does a Straight Man Deserve to Be Called a "Queer Icon"?», *The Guardian*, 19 de mayo de 2020, https://www.theguardian.com/music/2020/may/19/bad-bunny-queer-icon-rapper-ricky-martin.
60	Dávila Ellis, «Doing Reggaetón However He Wants».
61	Pippa Raga, «"Trap Queen" Nesi Is a Huge Reason "Yo Perreo Sola" Is Such a Big Success», *Distractify*, 16 de octubre de 2020, https://www.distractify.com/p/nesi-reggaeton-explainer.
62	Dávila Ellis, «Doing Reggaetón However He Wants». El comentario de Dávila Ellis hace referencia al trabajo de artistas como Glory y Jenny la Sexy Voz, quienes a menudo interpretan los ganchos más reconocibles del reguetón sin recibir crédito como artistas. Para más información, véase Jiménez, «(W)rapped in Foil»; e Isabelia Herrera, «Jenny La Sexy Voz Is the Woman Behind Reggaetón's Biggest Hooks», *Remezcla*, 16 de mayo de 2016, https://remezcla.com/features/music/jenny-la-sexy-voz-profile/.
63	Miguel Ángel Escudero, «Ex novia de Bad Bunny vence al cantante en los tribunales por el uso de su voz», *El Diario*, 11 de mayo de 2024, https://eldiariony.com/2024/05/11/ex-novia-de-bad-bunny-vence-al-cantante-en-los-tribunales-por-el-uso-de-su-voz/.
64	Cabe señalar también que la costumbre de no acreditar a las cantantes tiene una larga historia en diversos géneros musicales, como se dio a conocer en el galardonado documental *20 Feet from Stardom* (Anchor Bay Entertainment, 2014).
65	Jiménez, «(W)rapped in Foil».
66	Herrera, «Jenny La Sexy Voz».
67	Herrera, «Jenny La Sexy Voz».
68	Julio Capó Jr., «Counter-Editorial: Bad Bunny Is Queer to Me», *Abusable Past*, 27 de mayo de 2020, https://abusablepast.org/counter-editorial-bad-bunny-is-queer-to-me/.
69	Bernardo Sim, «Bad Bunny Isn't Queerbaiting and Those Claims Are Missing the Point», *Out Magazine*, 29 de agosto de 2022, https://www.out.com/commentary/2022/8/29/bad-bunny-isnt-queerbaiting-those-claims-are-missing-point.
70	Isabella Gomez Sarmiento, «For Puerto Rico's Villano Antillano, Femininity Is a Shield—and a Superpower», NPR, 13 de marzo de 2023, https://www.npr.org/2023/03/13/1158426326/villano-antillano-la-sustancia-x-interview.
71	Carlos Nogueras, «Villano Antillano Shows Us We Can Have Our Cake and Eat It Too», *Al Día*, 30 de agosto de 2022.
72	Para más información sobre Kevin Fret y su influencia en la cultura, véase La Fountain-Stokes, *Translocas*.

73   Julia Rocha, «Villano Antillano and Ana Macho Dream of Queer and Trans Futures», *Latino USA*, 17 de marzo de 2023, 00:32:43, en 00:08:30, https://www.latinousa.org/2023/03/17/anaandvillana/.

74   Verónica Bayetti Flores, «Villano Antillano Knows Her Magic», *Rolling Stone*, 26 de junio de 2023, https://www.rollingstone.com/music/music-features/villano-antillano-interview-bizarrap-bad-bunny-1234770907/.

75   «Young Miko le agradece a Bad Bunny», publicado por karriri_, TikTok, 9 de junio de 2023, https://www.tiktok.com/@karrirri_/video/7378654132237815070.

76   Pieres, «Bad Bunny Rewatches His Music Videos».

77   Solá-Santiago, «The Classist History Behind Bad Bunny's "Bichiyal"»; Mariana Viera, «Bad Bunny's Embrace of Femininity Comes with a Caveat», *Vice*, 3 de octubre de 2018, https://www.vice.com/en/article/vbky9x/bad-bunnys-embrace-of-femininity-comes-with-a-caveat.

78   Viera, «Bad Bunny's Embrace of Femininity»; Dávila Ellis, «Doing Reggaetón However He Wants».

5. «EL MUNDO ES MÍO»

Nota: El título de este capítulo hace referencia a la canción «El mundo es mío» de Bad Bunny, publicada en el álbum *El Último Tour del Mundo* (Rimas Entertainment, 2020).

1   Suzy Exposito, «Bad Bunny in Captivity», *Rolling Stone*, 14 de mayo de 2020, https://www.rollingstone.com/music/music-features/bad-bunny-cover-story-lockdown-puerto-rico-new-albums-996871/.

2   Exposito, «Bad Bunny in Captivity».

3   Keith Caulfield, «Bad Bunny's "El Último Tour del Mundo" Debuts at No. 1 on Billboard 200 Chart, Is First All-Spanish No. 1 Album», *Billboard*, 6 de diciembre de 2020, https://www.billboard.com/pro/bad-bunny-el-ultimo-tour-del-mundo-billboard-200-number-one/. La lista Billboard 200 comprende todos los álbumes en todos los géneros y todas las plataformas.

4   Chente Ydrach, «La Última Entrevista de Bad Bunny del Mundo», publicada el 27 de noviembre de 2020, YouTube, 01:19:36, en 00:00:21, https://www.youtube.com/watch?v=WFvceJB9-B8&t=3757s.

5   Gary Trust, «Bad Bunny & Jhay Cortez's "Dákiti" Holds at No. 1 on Billboard Global Charts», *Billboard*, 23 de noviembre de 2020, https://www.billboard.com/pro/bad-bunny-jhay-cortez-dakiti-billie-eilish-therefore-i-am-global-charts/.

6   Gary Suarez, «Bad Bunny's "Las Que No Iban a Salir"», *Rolling Stone*, 12 de mayo de 2020, https://www.rollingstone.com/music/music-album-reviews/bad-bunny-las-que-no-iban-a-salir-2-998311/.

7   Exposito, «Bad Bunny in Captivity».

8   Leila Cobo, «Bad Bunny Talks Surprise New Album "El Último Tour del Mundo" and Rosalía Collab», *Billboard*, 27 de noviembre de 2020, https://

www.billboard.com/music/latin/bad-bunny-surprise-album-interview-el-ultimo-tour-del-mundo-rosalia-9490254/.

9 Julyssa Lopez, «Bad Bunny Releases "Where She Goes" Over a Jersey Club Beat», *Rolling Stone*, 18 de mayo de 2023, https://www.rollingstone.com/music/music-features/bad-bunny-where-she-does-new-song-jersey-club-1234737998/.

10 Amber Corrine y Regina Cho, «The Most Influential and Essential Jersey Club Records, from 1999 to Today», *Vibe*, 5 de junio de 2024, https://www.vibe.com/lists/best-jersey-club-records-1999-to-2024/not-like-us-jersey-club-remix-sjayy/.

11 Gary Trust, «Bad Bunny's "Where She Goes" Blasts In at No. 1 on Billboard Global 200 Chart», *Billboard*, 30 de mayo de 2023, https://www.billboard.com/music/chart-beat/bad-bunny-where-she-goes-number-one-global-200-chart-1235342428/.

12 Para más información sobre la importancia de El Gran Combo en la historia de la música puertorriqueña, véase Berríos-Miranda y Dudley, «El Gran Combo».

13 Gary Trust, «Max Martin Breaks Record for Most Hot 100 No. 1s Among Producers as Ariana Grande's "Yes, And?" Debuts», *Billboard*, 22 de enero de 2024, https://www.billboard.com/lists/max-martin-most-hot-100-number-1s-producers/.

14 Para una crítica de este fenómeno, véase Rivera-Rideau, *Fitness Fiesta!*; Pacini Hernández, *Oye Como Va!*

15 Ramos, *Unbelonging*; Corona, «Cultural Locations of U.S. Latin/o Rock»; Pacini Hernandez, *Oye Como Va!*

16 Exposito, «Bad Bunny in Captivity».

17 R. Rivera, «Will the Real Puerto Rican Culture Please Stand Up»; Flores, *The Diaspora Strikes Back*.

18 Jiménez Román, «Boricua vs. Nuyoricans—Indeed!».

19 Flores, *The Diaspora Strikes Back*, 5; véase también Findlay, «Slipping and Sliding».

20 Para más información sobre la Operación Manos a la Obra, véase Findlay, *We Are Left Without a Father Here*; y Meléndez, *Sponsored Migrations*.

21 Para más información y crítica sobre la narrativa de la sobrepoblación en Puerto Rico, véase Meléndez-Badillo, *Puerto Rico*, 148-149; Whalen, «Colonialism, Citizenship».

22 Esta no fue la primera migración de trabajadores puertorriqueños patrocinada por el Estado. En 1900, las empresas estadounidenses comenzaron a reclutar puertorriqueños para trabajar en las plantaciones en Hawái, que en ese momento también era un territorio recién adquirido con una fuerte inversión estadounidense. Esos trabajadores soportaron condiciones de viaje terribles, viajando primero en barco a Luisiana, luego en tren a California y nuevamente en barco hasta Hawái. Muchos desertaron y optaron por quedarse en California antes que continuar el viaje. Otros sí llegaron a Hawái, donde soportaron duras condiciones laborales junto con trabajadores japoneses,

	filipinos, portugueses y de otras procedencias. Estos trabajadores formaron una comunidad crucial de la diáspora puertorriqueña. Para más información sobre el reclutamiento laboral y los puertorriqueños en Hawái, véase Guevarra, *Aloha, Compadre*, 65-101; y Poblete, *Islanders in the Empire*.
23	Para más información sobre los esfuerzos de reclutamiento de S. G. Friedman en Lorain, Ohio, véase E. Rivera, «La Colonia de Lorain, Ohio».
24	Whalen, «Colonialism, Citizenship», 29.
25	Flores, *The Diaspora Strikes Back*.
26	Duany, *Puerto Rican Nation on the Move*.
27	Venator-Santiago y Gupan, «Puerto Rican Population Change».
28	Hinojosa, «Puerto Rican Exodus».
29	LM Cleans, «Concierto de Bad Bunny Completo 2020—Uforia Live», publicado el 1 de enero de 2021, YouTube, 01:51:05, en 00:54:17, https://www.youtube.com/watch?v=T6CajLXgmlg.
30	Duany, *Puerto Rican Nation on the Move*.
31	«Ten Years of Rimas Entertainment: Billboard Latin Music Week 2024», entrevista de Leila Cobo a Noah Assad, Jonathan Miranda, Junior Carabaño y Raymond Acosta, *Billboard*, 15 de octubre de 2024.
32	LM Cleans, «Concierto de Bad Bunny Completo 2020», en 00:05:04.
33	Bergad, *Dominican Population of the New York Metropolitan Region*.
34	LM Cleans, «Concierto de Bad Bunny Completo 2020», en 00:01:42.
35	Durante la década de 2010, Florida se convirtió en el estado con la mayor población puertorriqueña, y hoy es uno de los centros de migración puertorriqueña más grandes de Estados Unidos. Para más información, véase Duany, «May God Take Me to Orlando».
36	Para más información sobre este tema, véase Findlay, *We Are Left Without a Father Here*, 93-97; Thomas, *Puerto Rican Citizen*, 39-146.
37	Office of the New York State Comptroller, Thomas P. DiNapoli, *Recent Trends and Impact of COVID-19 in the Bronx*, junio de 2021, https://www.osc.ny.gov/reports/osdc/recent-trends-and-impact-covid-19-bronx; Kimiko de Freytas-Tamura, Winnie Hu y Lindsey Rogers Cook, «"It's the Death Towers": How the Bronx Became New York's Virus Hot Spot», *The New York Times*, 26 de mayo de 2020, https://www.nytimes.com/2020/05/26/nyregion/bronx-coronavirus-outbreak.html.
38	*The Tonight Show Starring Jimmy Fallon*, «Bad Bunny on His Record-Breaking Album, Working with Al Pacino, and *Saturday Night Live* (Extended)», publicado el 20 de octubre de 2023, YouTube, 00:08:48, en 00:06:30, https://www.youtube.com/watch?v=Dwg_45e5OX4.
39	Jennifer Drysdale, «Bad Bunny on How His "Dark" New Album Helped His Mental Health During Quarantine (Exclusive)», *ET*, 26 de noviembre de 2020, https://www.etonline.com/bad-bunny-on-how-his-dark-new-album-helped-his-mental-health-during-quarantine-exclusive-156966.
40	Rebecah Jacobs, «Bad Bunny Instantly Sells Out Special "P FKN R" Concert in Puerto Rico», *Hola*, 21 de agosto de 2021, https://www.hola.com/us/

entertainment/20210820g1lom3qujk/bad-bunny-instantly-sells-out-puerto-rico-concert/.

41 Chente Ydrach, «BAD BUNNY: "No es fácil ser yo"», entrevista publicada el 11 de mayo de 2022, YouTube, 02:36:14 en 00:01:07, https://www.youtube.com/watch?v=315afhwxiUc.

42 Ydrach, «BAD BUNNY: "No es fácil ser yo"», en 00:01:11.

43 Frances Robles, «Puerto Rico Faces Staggering Covid Case Explosion», *The New York Times*, 2 de enero de 2022, https://www.nytimes.com/2022/01/02/us/coronavirus-puerto-rico.html; Nicole Narea, «Why One of the Most Vaccinated Places in America Couldn't Avoid Omicron», *Vice*, 9 de enero de 2022, https://www.vox.com/22870713/puerto-rico-omicron-covid-vaccine-travel-restrictions; Jhoni Jackson, «4-Hour Delay to Catch a Bad Bunny's Landmark "P FKN R" Event», *Rolling Stone*, 11 de diciembre de 2021, https://www.rollingstone.com/music/music-live-reviews/bad-bunny-p-fkn-r-concert-live-review-1270509; Jessica Roiz, «Inside "Badchella": Highlights from Bad Bunny's "P FKN R" Concert in Puerto Rico», *Billboard*, 11 de diciembre de 2021, https://www.billboard.com/music/latin/bad-bunny-p-fkn-r-concert-puerto-rico-highlights-1235008384.

44 Ydrach, «BAD BUNNY: "No es fácil ser yo"».

45 Ydrach, «BAD BUNNY: "No es fácil ser yo"», en 00:01:11.

46 Jackson, «4-Hour Delay».

47 Ydrach, «BAD BUNNY: "No es fácil ser yo"», en 00:01:12.

48 Robles, «Puerto Rico Faces Staggering Covid Case Explosion».

49 Robles, «Puerto Rico Faces Staggering Covid Case Explosion»; Narea, «Why One of the Most Vaccinated Places in America Couldn't Avoid Omicron».

50 Jessica Roiz, «Everything We Know About Bad Bunny's Two-Day "P FKN R" in Puerto Rico», *Billboard*, 10 de diciembre de 2021, https://www.billboard.com/music/latin/what-to-know-bad-bunny-p-fkn-r-concert-1235008055; Rosalina Marrero Rodríguez, «Afinan detalles del concierto», *El Nuevo Día*, 9 de diciembre de 2021, base de datos ProQuest.

51 Citado en Roiz, «Everything We Know». Véase también Marrero Rodríguez, «Afinan detalles».

52 Shakira Vargas Rodríguez, «Noah Assad, sus tropiezos y cantazos de camino al éxito», *El Nuevo Día*, 20 de noviembre de 2023, https://www.elnuevodia.com/entretenimiento/musica/notas/noah-assad-sus-tropiezos-y-cantazos-de-camino-al-exito.

53 «Entrarán solo los vacunados», *El Nuevo Día*, 19 de agosto de 2021, base de datos ProQuest.

54 En inglés, «load-in» es el proceso de introducir el equipo y montar el escenario para un concierto u otra producción escénica.

55 Debi Moen, «Bad Bunny llena un estadio en tributo a Puerto Rico», *Production, Lights, and Staging News*, 4 de febrero de 2022, https://plsn.com/articles/designer-insights/bad-bunny-fills-a-stadium-in-tribute-to-puerto-rico.

56		Moen, «Bad Bunny Fills a Stadium in Tribute to Puerto Rico».
57		Roiz, «Inside "Badchella"».
58		Ydrach, «BAD BUNNY: "No es fácil ser yo"».
59		Jackson, «4-Hour Delay»; véase también Roiz, «Inside "Badchella"».
60		Jackson, «4-Hour Delay».
61		Roiz, «Inside "Badchella"».
62		Chente Ydrach, «BAD BUNNY: UN JANGUEO DE PROPORCIONES BÍBLICAS», publicado el 14 de diciembre de 2021, YouTube, 00:36:44, https://www.youtube.com/watch?v=mFMWZqZ1q2Y.
63		Marrero Rodríguez, «Afinan detalles».
64		Ydrach, «Bad Bunny: "No es fácil ser yo"», en 00:01:10.
65		Si bien existen varias especies de coquís, casi todas son endémicas de Puerto Rico y están adaptadas de un modo único a su ecosistema. Algunos coquís han sido transportados a otros lugares, a menudo de forma accidental en plantas exportadas de Puerto Rico, y han adquirido una mala reputación como especie invasora en estos lugares (por ejemplo, Hawái) donde han sido introducidas por la fuerza.
66		Pedro Albizu Campos es una de las figuras más importantes del movimiento independentista puertorriqueño. Tras cursar estudios en la Universidad de Harvard y después en la Escuela de Derecho de Harvard, Albizu Campos regresó a Puerto Rico y, en 1930, se convirtió en presidente del Partido Nacionalista de Puerto Rico —de ideología independentista—, cargo que ocupó hasta su muerte en 1965. Pasó la mayor parte de sus años como líder del partido en prisión por defender la independencia de Puerto Rico. En 1950, Blanca Canales encabezó una insurrección contra Estados Unidos en Jayuya, Puerto Rico. Lolita Lebrón fue otra activista independentista. En 1954, ella y cuatro hombres entraron al Capitolio de los Estados Unidos, donde abrieron fuego e hirieron a cinco congresistas tras gritar «¡Viva Puerto Rico!». Cada uno pasó veinticinco años en prisión federal. Para más información sobre estas y otras acciones del movimiento independentista puertorriqueño, véase Meléndez-Badillo, *Puerto Rico*; y Power, «Seeing the U.S. Empire Through the Eyes of the Puerto Rican Nationalists Who Opposed It».
67		El video se proyectó oficialmente solo en los conciertos P FKN R, aunque en YouTube circularon versiones no oficiales. Bad Bunny publicó el video en su cuenta oficial de Instagram el 29 de octubre de 2024 en respuesta al comentario del comediante Tony Hinchcliffe, quien llamó a Puerto Rico «una isla flotante de basura» durante un mitin de la campaña presidencial de Donald Trump. Véase Benito Antonio (@badbunnypr), «garbage», Instagram, 29 de octubre de 2024, https://www.instagram.com/p/DBtmbHquuhb; véase también Isabela Raygoza, «Bad Bunny Hits Back at Tony Hinchcliffe's "Garbage" With a Passionate Tribute to Puerto Rico», *Billboard*, 29 de octubre de 2024, https://www.billboard.com/music/latin/bad-bunny-tony-hinchcliffe-puerto-rico-comment-video-response-1235814039/; Joe Coscarelli, «Bad Bunny Responds to Racist Remarks at Trump Rally With a Message of Puerto Rican Pride», *The New*

	York Times, 29 de octubre de 2024, https://www.nytimes.com/2024/10/29/us/politics/bad-bunny-trump-harris-puerto-rico.html.
68	Para más información sobre el término «roncar» en el contexto del reguetón, véase Rivera-Rideau, *Remixing Reggaetón*, 125.
69	Alberto Ruiz, «BAD BUNNY CANTA EN DIRECTO DE INSTAGRAM YHLQMDLG PARTE 2», publicado el 3 de mayo de 2020, YouTube, 00:53:47, en 00:09:34, https://www.youtube.com/watch?v=6rcpIQEBIn0&t=2s.
70	Ydrach, «BAD BUNNY: UN JANGUEO DE PROPORCIONES BÍBLICAS», en 00:20:00.

6. «PUERTO RICO ESTÁ BIEN CABRÓN»

Nota: La cita del título de este capítulo proviene de la canción «El apagón» de Bad Bunny, publicada en el álbum *Un verano sin ti* (Rimas Entertainment, 2022).

1	Entre el lanzamiento de su primer álbum de estudio *X 100PRE*, en 2018, y su segundo álbum de estudio en solitario YHLQMDLG en 2020, Bad Bunny también grabó el álbum *Oasis* en colaboración con el artista colombiano de reguetón J Balvin en 2019.
2	Aunque en la canción «Tití me preguntó» la palabra «tití» (tía) lleva tilde en la segunda «i», la ortografía varía según los países y regiones.
3	Para más información sobre la influencia de los dominicanos en el desarrollo del reguetón, véase Pacini Hernandez, «Dominicans in the Mix». Cabe señalar que en Puerto Rico también hay una amplia comunidad dominicana. Para más información sobre los dominicanos en Puerto Rico, véase Duany, «Dominican Migration to Puerto Rico»; y Martínez-San Miguel, «De ilegales e indocumentados». Para más detalles sobre las conexiones culturales entre dominicanos y puertorriqueños, véase Reyes-Santos, *Our Caribbean Kin*; y Rivera-Rideau, «If I Were You».
4	Moises Mendez II, «Bad Bunny's "Un Verano Sin Ti" Is Already Breaking Many Records», *Remezcla*, 9 de mayo de 2022, https://remezcla.com/music/bad-bunny-un-verano-sin-ti-breaking-records-spotify/.
5	El único otro álbum que ha pasado trece semanas en el primer lugar de la lista ha sido *Views* de Drake, en 2016. Keith Caulfield, «Bad Bunny's "Un Verano Sin Ti" Is Luminate's Top Album of 2022 in U.S.», *Billboard*, 11 de enero de 2023, https://www.billboard.com/music/chart-beat/2022-us-year-end-music-report-luminate-top-album-bad-bunny-un-verano-sin-ti-1235196736/.
6	Caulfield, «Bad Bunny's "Un Verano Sin Ti" Is Luminate's Top Album of 2022 in U.S.».
7	Keith Caulfield, «Bad Bunny's "Un Verano Sin Ti" Debuts at No. 1 on Billboard 200 Albums Chart», *Billboard*, 15 de mayo de 2022, https://www.billboard.com/music/chart-beat/bad-bunny-un-verano-sin-ti-billboard-200-chart-debut-1235071183/.

8   Griselda Flores, «Bad Bunny's "Un Verano Sin Ti" Is Now the Most Streamed Album in Spotify History», *Billboard*, 10 de julio de 2023, https://www.billboard.com/music/latin/bad-bunny-un-verano-sin-ti-most-streamed-album-spotify-history-1235368920/.

9   Flores, «Bad Bunny's "Un Verano Sin Ti" Is Now the Most Streamed Album in Spotify History».

10 Stefanie Fernández, «Bad Bunny's "Un Verano Sin Ti" Is a Caribbean Love Letter to Puerto Rico», NPR, 14 de mayo de 2022, https://www.npr.org/2022/05/14/1098222737/bad-bunnys-un-verano-sin-ti-review.

11 Exposito, «Fireside Chat on "Bad Bunny and Resistance in Puerto Rico"».

12 Jeanette Hernandez, «Bad Bunny's "El Último Tour del Mundo" Is the Highest Grossing Tour by a Latine Artist», *Remezcla*, 6 de abril de 2022, https://remezcla.com/remezcla/bad-bunny-el-ultimo-tour-del-mundo-highest-grossing-tour-by-a-latin-artist/; Kai Grady, «Bad Bunny Just Broke a Record with His "El Último Tour del Mundo"», *Los Angeles Times*, 7 de abril de 2022, https://www.latimes.com/entertainment-arts/music/story/2022-04-07/bad-bunny-highest-grossing-tour-latinx-artist.

13 Mandy Dalugdug, «Bad Bunny Grosses $435M from 81-Date Tour in 2022, Setting New All-Time Calendar Year Record», *Music Business Worldwide*, 13 de diciembre de 2022, https://www.musicbusinessworldwide.com/bad-bunny-grosses-435m-worlds-hottest-tour-in-2022-setting-new-all-time-touring-record-report/.

14 Jeanette Hernandez, «Bad Bunny's World's Hottest Tour Tickets Are Now on Sale—& the Internet Is Freaking Out», *Remezcla*, 28 de enero de 2022, https://remezcla.com/music/bad-bunny-worlds-hottest-tour-tickets-now-on-sale-internet-is-freaking-out/.

15 Rimas (@rimas), «Un Verano Sin Ti 🦋 Diagrama de asientos y detalles de venta en el @coliseopr de Puerto Rico», Instagram, 7 de julio de 2022, https://www.instagram.com/p/Cftlm1_Lxem/?utm_source=ig_embed&ig_rid=39a7d8de-0b3a-4aab-bda6-3a898ac1153a; Griselda Flores, «Planning to Go to Bad Bunny's Puerto Rico Shows? Here's What You Need to Know», *Billboard*, 7 de julio de 2022, https://www.billboard.com/music/latin/bad-bunny-puerto-rico-shows-un-verano-sin-ti-tickets-1235111838/.

16 «Bad Bunny ofreció histórico concierto en su natal Puerto Rico: Así fue su show», *Telemundo*, 29 de julio de 2022, https://www.telemundo.com/entretenimiento/latinx-now-espanol/musica/bad-bunny-ofrecio-historico-concierto-en-puerto-rico-asi-fue-su-show-ercna40694; Izzie Ramirez, «Bad Bunny Threw the Party of the Year for Puerto Ricans—and Didn't Skip the Politics», *Vox*, 5 de agosto de 2022, https://www.vox.com/culture/23292674/bad-bunny-el-choli-concert-puerto-rico-politics-luma-gentrification; «Bad Bunny, ahora es que es», *Primera Hora*, 28 de julio de 2022, 33.

17 Lucas Villa, «Here Are All the Special Guests at Bad Bunny's "Un Verano Sin Ti" Show», *Remezcla*, 29 de julio de 2022, https://remezcla.com/music/here-are-all-the-special-guests-at-bad-bunnys-un-verano-sin-ti-show/.

18	Ramirez, «Bad Bunny Threw the Party of the Year for Puerto Ricans».
19	Ramirez, «Bad Bunny Threw the Party of the Year for Puerto Ricans».
20	Jan Figueroa Roqué, «Atraídos por el "fenómeno"», *El Vocero*, 29 de julio de 2022, 24.
21	Carlos González, «Se apodera de la isla», *El Nuevo Día*, 30 de julio de 2022, 27.
22	Figueroa Roqué, «Atraídos por el "fenómeno"».
23	Figueroa Roqué, «Atraídos por el "fenómeno"».
24	En Puerto Rico, «bicho» es el nombre que se le da vulgarmente al miembro sexual masculino. El término «mamabicho» (mamar + bicho) se refiere a la felación.
25	Univision, «Primer cacerolazo en casa del gobernador: Exigen en Puerto Rico la renuncia de Pedro Pierluisi y salida de LUMA», *Univision Puerto Rico*, 22 de agosto de 2022, https://www.univision.com/local/puerto-rico-wlii/puerto-rico-luma-energy-renuncia-gobernador-pedro-pierluisi-cacerolazo-bad-bunny.
26	Carina del Valle Schorske, «Bad Bunny and Resistance in Puerto Rico» (visita virtual a la clase de Vanessa Díaz), Loyola Marymount University, Los Ángeles, CA, 8 de marzo de 2023.
27	La información contenida en este párrafo proviene mayormente de nuestras contribuciones escritas para *El Apagón Syllabus*, un proyecto colaborativo entre *BadBunnySyllabus.com* y *PuertoRicoSyllabus*, https://www.badbunnysyllabus.com/apag%C3%B3n-syllabus.
28	DJ Joe, «Vamos a Joder» de Joselly Adrian Rosario, pista 15 de *Fatal Fantasy* (Fantasy Records, 2000), CD.
29	Ableton Live, conocido simplemente como Ableton, es un popular *software* de producción de audio digital (Digital Audio Workstation o DAW), que se usa ampliamente en la industria de la música.
30	Para más información sobre este pánico moral, véase R. Rivera, «Policing Morality, *Mano Dura Stylee*».
31	Chente Ydrach, «BAD BUNNY: "No es fácil ser yo"».
32	Kacho López Mari, «Bad Bunny Syllabus and Puerto Rico Syllabus Present: El Apagón Micro-Syllabus», 21 de septiembre de 2023, evento virtual vía Zoom.
33	López Mari, «Bad Bunny Syllabus and Puerto Rico Syllabus Present».
34	Para más información sobre LaBoriVogue, véase Rivera Velázquez, «Caribbean Kiki»; y González Cedeño y Costales del Toro, «Ballrooms and the Sacred Runway».
35	Kacho López Mari, «Bad Bunny and Resistance in Puerto Rico» (visita virtual a la clase de Vanessa Díaz), Loyola Marymount University, Los Ángeles, CA, 7 de febrero de 2024.
36	Ydrach, «BAD BUNNY: "No es fácil ser yo"».
37	López Mari, «Bad Bunny and Resistance in Puerto Rico».
38	López Mari, «Bad Bunny Syllabus and Puerto Rico Syllabus Present».
39	López Mari, «Bad Bunny Syllabus and Puerto Rico Syllabus Present».

40   Israel Meléndez Ayala, «Betrayal and Blackouts in Puerto Rico», *The New York Times*, 23 de septiembre de 2022, https://www.nytimes.com/2022/09/22/opinion/puerto-rico-fiona-power-luma.html.

41   Lauren Hirsch y Nick Brown, «Puerto Rican Power Utility Files for Bankruptcy», *Reuters*, 2 de julio de 2017, https://www.reuters.com/article/business/puerto-rican-power-utility-files-for-bankruptcy-idUSKBN19O02E/.

42   Yarimar Bonilla, «Puerto Rico Should Not Be the Land of Blackouts», *The New York Times*, 25 de junio de 2024, A22.

43   De Onís, *Energy Islands*, 86; Klein, *La batalla por el paraíso*.

44   De Onís, *Energy Islands*, 84.

45   Laurel Wamsley, «Here's What's in That $300 Million Whitefish Contract», NPR, 27 de octubre de 2017, https://www.npr.org/sections/thetwo-way/2017/10/27/560422492/heres-what-s-in-that-300-million-whitefish-contract.

46   De Onís, *Energy Islands*, 85.

47   Meléndez Ayala, «Betrayal and Blackouts in Puerto Rico».

48   En julio de 2024, los abonados del servicio de energía eléctrica de Puerto Rico estuvieron sujetos a un aumento de casi un 5 % en las tarifas. Los puertorriqueños pagan por el servicio eléctrico un 41 % más que el promedio estadounidense. Para más información, véase Coral Murphy Marcos, «Puerto Rico Approves Electricity Rate Increase Weeks After Massive Blackout», *AP News*, 1 de julio de 2024, https://apnews.com/article/puerto-rico-electricity-rates-blackout-53f96091f59738b79af3be515b8e6915.

49   Bonilla, «Puerto Rico Should Not Be the Land of Blackouts».

50   Patricia Mazzei, «"Why Don't We Have Electricity?": Outages Plague Puerto Rico», *The New York Times*, 19 de octubre de 2021, https://www.nytimes.com/2021/10/19/us/puerto-rico-electricity-protest.html.

51   Patricia Mazzei, «Arrest Is Sought for Executive of Energy Firm in Puerto Rico», *The New York Times*, 11 de noviembre de 2021, A12.

52   Mazzei, «Arrest Is Sought for Executive»; Bonilla, «Puerto Rico Should Not Be the Land of Blackouts».

53   Laura N. Pérez Sánchez, «"I'm So Tired": Puerto Ricans Stuck in Dark Fear Extended Blackout», *The New York Times*, 25 de septiembre de 2022, A29.

54   Pérez Sánchez, «"I'm So Tired"».

55   De Onís, *Energy Islands*.

56   Juan J. Arroyo, «Bad Bunny's Video for "El Apagón" Is a Blistering Call to Action That Everyone Needs to See», *Rolling Stone*, 16 de septiembre de 2022, https://www.rollingstone.com/music/music-latin/bad-bunny-releases-documentary-for-el-apagon-1234594915/.

57   Arroyo, «Bad Bunny's Video for "El Apagón"».

58   Si un negocio obtiene $3 millones o menos de dólares en ganancias, no está obligado a contratar a empleados locales. Si el negocio obtiene más de $3 millones de dólares en ganancias, solo debe emplear a una persona en Puerto Rico. Véase *Códigos de Incentivos de Puerto Rico, Ley 60* (julio de 2019),

§ 45041, Sección 1030.01, «Creación de empleos» (13 L.P.R.A. § 45022), https://bvirtualogp.pr.gov/ogp/Bvirtual/leyesreferencia/PDF/60-2019.pdf.

59 Para más información sobre el efecto de los inversionistas del sector cripto en el aburguesamiento puertorriqueño, véase Meléndez-Badillo, *Puerto Rico*, 205-209; Klein, *La batalla por el paraíso*.

60 Pierluisi negó que el hecho de que su primo fuera propietario de una propiedad en Sol y Playa influyera en su aprobación del proyecto, aunque dado el historial de corrupción en Puerto Rico, era difícil creerlo. De hecho, pocos años después, en 2023, Walter y su hermano Eduardo se declararon culpables de malversar $3.7 millones de dólares en fondos federales, que debían haberse invertido en viviendas públicas en Puerto Rico. Véase Javier Colón Dávila, «Puerto Rico Governor's 2 Cousins Guilty in Embezzlement Case», *AP News*, 13 de abril de 2023, https://apnews.com/article/puerto-rico-governor-pierluisi-cousins-embezzled-c7ee4693c4f5112f205c3fc797f77f58.

61 Manuel Guillama Capella, «Exgobernador Alejandro García Padilla será abogado de los desarrolladores de condo hotel en Aguadilla», *El Nuevo Día*, 3 de marzo de 2023, https://www.elnuevodia.com/noticias/locales/notas/exgobernador-alejandro-garcia-padilla-sera-abogado-de-los-desarrolladores-de-condohotel-en-aguadilla/; «Man Shot During Land Privatization Protests in Puerto Rico», *NBC News*, 2 de febrero de 2023, https://www.nbcnews.com/now/video/man-shot-during-land-privatization-protests-in-puerto-rico-162515525992.

62 Para más detalles, véase Alexander C. Kaufman y Hermes Ayala Guzmán, «The Battle over the Last Piece of Puerto Rico That Wasn't for Sale», *Huff Post*, 14 de octubre de 2021, https://www.huffpost.com/entry/puerto-rico-beaches-privatization_n_6160a321e4b0cc44c50c93e3.

63 López Mari, «Bad Bunny and Resistance in Puerto Rico». Para más detalles sobre el apagón, véase «Hurricane Knocks Out Power in Puerto Rico; Warnings of Mudslides», *The New York Times*, 19 de septiembre de 2022, A15.

64 Aquí Bad Bunny hace referencia a la frase «Puerto Rico se levantará», que se promovió en Puerto Rico después del huracán María. Se suponía que la frase fuera una exhortación, pero fue recibida como un llamado a la acción de los que morían o los que sufrían. También analizamos este tema en el capítulo 3.

65 Benito A. Martínez Ocasio, discurso en Allegiant Stadium, Las Vegas, NV, Instagram, 23 de septiembre de 2022, https://www.instagram.com/reel/Ci48jnFgidT/?igsh=MzRlODBiNWFlZA.

66 López Mari, «Bad Bunny Syllabus and Puerto Rico Syllabus Present».

67 Arroyo, «Bad Bunny's Video for "El Apagón"».

68 Lucas Villa, «Here's Who Bad Bunny Honored with the Cabezudos from His Grammy Performance», *Remezcla*, 6 de febrero de 2023, https://remezcla.com/music/this-is-the-team-behind-the-cabezudos-from-bad-bunnys-grammy-performance/.

69 Power-Sotomayor, «Dancing in *Non-English* at the Grammys».

70 Jeanette Hernandez, «Is Dahian El Apechao Joining Bad Bunny for Grammys Performance?», *Remezcla*, 2 de febrero de 2023, https://remezcla.com/music/is-dahian-el-apechao-joining-bad-bunny-for-grammys-performance/.
71 Power-Sotomayor, «Dancing in *Non-English* at the Grammys».

7. «CANTANDO EN *NON-ENGLISH*»

Nota: El título de este capítulo hace referencia a la controversia que se suscitó a raíz de la ceremonia de los premios Grammy de 2023, cuando la actuación de Bad Bunny fue transmitida con subtítulos que leían «*Singing in Non-English* [Cantando en un idioma que no es el inglés]», en lugar de ofrecer la traducción. A su discurso, también pronunciado en español, le pusieron subtítulos similares: «*Speaking in Non-English* [Hablando en un idioma que no es el inglés]». En este capítulo se discute más a fondo dicha controversia.

1 Video Music Awards (@videomusicawards), «Bad Bunny Wins Artist of the Year | 2022 Video Music Awards», Facebook, 28 de agosto de 2022, https://www.facebook.com/watch/?v=403949604994036.
2 Anthony Robledo, «This Member of Congress Called Out the Grammys' Bad Bunny Snafu as Lacking "Respect"», *BuzzFeed News*, 9 de febrero de 2023, https://www.buzzfeednews.com/article/anthonyrobledo/robert-garcia-grammys-statement-bad-bunny; Liz Calvario, «Rapper 50 Cent Slams Grammys for Not Having Spanish Subtitles for Bad Bunny Performance, Speech», *Today*, 9 de febrero de 2023, https://www.today.com/popculture/music/rapper-50-cent-slams-grammys-not-spanish-subtitles-bad-bunny-performan-rcna70008; Yarimar Bonilla, «Bad Bunny Is [Winning in *Non-English*]», *The New York Times*, 11 de febrero de 2023, https://www.nytimes.com/2023/02/11/opinion/bad-bunny-*Non-English*-grammys.html?searchResultPosition=1.
3 El 6 de febrero de 2023, Bad Bunny publicó en su cuenta de Instagram la icónica imagen de su presentación en los Grammy con los subtítulos «[*Speaking in Non-English*] / [*Singing in Non-English*]». La publicación ha sido eliminada desde entonces.
4 Cepeda, *Musical ImagiNation*, 35-60; Fiol-Matta, «Pop Latinidad»; Rivera-Rideau y Torres-Leschnik, «The Colors and Flavors of My Puerto Rico».
5 Es importante notar que Bad Bunny usa muchas palabras en inglés tanto en los títulos de sus canciones y en sus letras como en sus entrevistas en español. Esto refleja la relación colonial entre Estados Unidos y Puerto Rico, que ha influido marcadamente en el español puertorriqueño. Poco después de asumir el control colonial de Puerto Rico, Estados Unidos lo declaró bilingüe, aunque casi nadie en el archipiélago hablaba inglés, e impuso la enseñanza totalmente en inglés en las escuelas, lo que casi provoca el colapso del sistema educativo. Esas políticas draconianas estuvieron vigentes hasta 1949. Como ha señalado el antropólogo lingüístico Jonathan Rosa, los puertorriqueños experimentan el inglés y el español como lenguas íntimamente entrelazadas debido a la

violencia colonial ejercida por Estados Unidos. Aunque nos centramos en Bad Bunny como artista de habla hispana, es importante reconocer la importante influencia del inglés en su español, el español puertorriqueño. Para más información sobre las políticas lingüísticas estadounidenses en Puerto Rico, véase J. González, *Harvest of Empire*, 274-275. Sobre el uso del inglés por parte de Bad Bunny, véase Rosa, «Bad Bunny, Good PR»; y Pérez, «More Than Spanish to English Code-Switching».

6 El actor y cantante cubano Desi Arnaz fue presentador y actuó en *Saturday Night Live* el 21 de febrero de 1976. En 2001 y 2010, Jennifer Lopez también fue presentadora y actuó en el programa. Aunque ambos artistas latinos tenían temas en español, Lopez cantó en inglés y Arnaz cantó una canción en inglés y otra en español. Las dos canciones que interpretó Bad Bunny fueron en español. Los críticos elogiaron ese episodio por incluir algunos de los primeros bocetos casi enteramente en español en la historia del programa. Véase Esther Zuckerman, «SNL Didn't Need Subtitles», *The Atlantic*, 22 de octubre de 2023, https://www.theatlantic.com/culture/archive/2023/10/bad-bunny-saturday-night-live-snl/675731/.

7 Traducción: «Ok, vamos a aprender esto un momento. Antes que nada, quiero enviar un saludo a todos los latinos del mundo, especialmente a los que me ven en vivo desde Puerto Rico».

8 Traducción: «Cámbiame eso, cámbiame eso».

9 Cady Lang, «*Keeping Up with the Kardashians* Is Ending. But Their Exploitation of Black Women's Aesthetics Continues», *Time*, 10 de junio de 2021, https://time.com/6072750/kardashians-blackfishing-appropriation/; *Teen Vogue*, «Kendall and Kylie Jenner Accused of Culturally Appropriating Chola Culture», 29 de agosto de 2017, https://www.teenvogue.com/story/kendall-kylie-jenner-cultural-appropriation-chola-culture-plaid-shirt; Andrea Arterbery, «Why the Kardashian-Jenners' Hairstyles Are Cultural Appropriation», *Teen Vogue*, 11 de agosto de 2016, https://www.teenvogue.com/story/kardashian-jenners-cultural-appropriation-hair; Sam Reeds, «Kendall Jenner's Tequila Brand Actually Is Problematic», *InStyle*, 2 de septiembre de 2022, https://www.instyle.com/celebrity/kendall-jenner-818-tequila-problematic-explained; Naomi Larsson, «Kendall Jenner Defends Her Tequila Brand After Calls of Cultural Appropriation», *Elle*, 17 de septiembre de 2021, https://www.elle.com/uk/life-and-culture/a37629528/kendall-jenner-defends-818-tequila-brand-cultural-appropriation-mexico/.

10 A petición del fotógrafo, usamos el seudónimo «Jeff».

11 Como relata Vanessa Díaz en su libro *Manufacturing Celebrity*, entre 2002 y 2008 la composición demográfica de los *paparazzi* en Los Ángeles cambió de una mayoría de hombres blancos a una mayoría de hombres latinos, muchos de ellos inmigrantes. Este cambio demográfico coincide con la aprobación de más leyes anti-*paparazzi* en California y con un creciente sentimiento anti-*paparazzi* en la industria del entretenimiento, ambos fundamentados en un discurso antiinmigrantes más amplio. Véase Díaz, *Manufacturing Celebrity*.

12	La publicación original ya no está disponible, pero se cita en varios artículos, entre ellos Carrie Wittmer, «Kendall Jenner and Bad Bunny Were Photographed Getting "Very Cozy" at Coachella», *Glamour*, 17 de abril de 2023, https://www.glamour.com/story/kendall-jenner-and-bad-bunny-were-photographed-getting-very-cozy-at-coachella.
13	Para más información sobre el sistema de venta de fotografías de *paparazzi*, véase Díaz, *Manufacturing Celebrity*, 80-86.
14	En su propio trabajo como periodista, Vanessa solía recibir información sobre la ubicación de celebridades de alto perfil para que acudiera a ciertos restaurantes a «cubrir» sus salidas. Mientras tanto, los *paparazzi*, que habían sido igualmente informados, esperaban afuera de los mismos restaurantes. A menudo, esas filtraciones de información son parte de las estrategias de los famosos para promover o controlar la narrativa mediática en torno a sus asuntos matrimoniales o familiares. Véase Díaz, *Manufacturing Celebrity*, 106-107 y 165-166.
15	Para más información y ejemplos fotográficos de estos acuerdos, véase Díaz, *Manufacturing Celebrity*, 82-83. Véase también Kyndall Cunningham, «Meet the Photo Agency That Turns Celeb Watchers into Conspiracy Theorists», *Vox*, 4 de junio de 2024, https://www.vox.com/culture/352715/backgrid-explained-paparazzi-photo-agency-celeb-couple-sightings.
16	Díaz, *Manufacturing Celebrity*.
17	Para complicar más las cosas, Kendall y Kylie no son Kardashian. Los padres de Kendall y Kylie son Kris Jenner y Caitlyn Jenner. Los Kardashian son hijos de Kris Jenner y el fallecido Robert Kardashian. Ambas familias están entrelazadas y comparten la misma madre, que es blanca. Dado que los Jenner y los Kardashian son hermanos, a menudo se entremezclan. Sin embargo, la identidad racial de los Kardashian y las prácticas de apropiación cultural de los miembros de la familia Kardashian-Jenner son objeto de escrutinio constante. Véase Tehranian, «Is Kim Kardashian White (and Why Does It Matter Anyway)?».
18	Para más información sobre las representaciones de los puertorriqueños a principios del siglo XX, véase Duany, *Puerto Rican Nation on the Move*, 39-86; y Erman, *Almost Citizens*.
19	Powdermaker, *Hollywood, the Dream Factory*.
20	Sandoval-Sánchez, *José, Can You See?*, 21-61.
21	Díaz, *Manufacturing Celebrity*, 102-118.
22	Por supuesto, el padre de Kim Kardashian, Robert Kardashian, alcanzó notoriedad como abogado en el juicio de O. J. Simpson, pero la familia no se convirtió en el centro de escrutinio mediático hasta la difusión del video sexual. Como periodista de los famosos antes de que se diera a conocer el video, Vanessa fue interpelada varias veces por Paris Hilton para que entrevistara a Kim cuando la llevó consigo a eventos de alfombra roja. Los episodios de la primera temporada de *Los Kardashian* giran en torno al escándalo de los videos sexuales, lo que sugiere una estrategia deliberada.

23   Chente Ydrach, «La Única Entrevista que Bad Bunny Va a Dar—Masacote», publicado el 24 de diciembre de 2018, YouTube, 01:28:36, en 00:16:20, https://www.youtube.com/watch?v=6obyXYrr_gQ.

24   Véase Michelle Ruiz, «Bad Bunny's Year... of Rest and Relaxation», *Vanity Fair*, octubre de 2023, https://archive.vanityfair.com/article/2023/10/bad-bunnys-yearof-rest-and-relaxation.

25   Julyssa Lopez, «Bad Bunny Conquered the World. Now What?», *Rolling Stone*, 21 de junio de 2023, https://www.rollingstone.com/music/music-features/bad-bunny-coachella-el-apagon-controversy-future-interview-1234770225.

26   Smith y Wheeler, «Inequality in 1,600 Popular Films», 3-4.

27   Díaz, *Manufacturing Celebrity*, 90, 232-233 y 238.

28   Leppert, «Momager of the Brides».

29   Díaz, *Manufacturing Celebrity*, 238.

30   Díaz, *Manufacturing Celebrity*, 236-240. Para una definición más amplia de lo que se considera el *mainstream*, véase Cepeda, *Musical ImagiNation*; Coddington, *How Hip Hop Became Hit Pop*; y Rivera-Rideau y Torres-Leschnik, «The Colors and Flavors of My Puerto Rico».

31   Davidov y Ben-Shimon han diseñado joyería para muchos músicos reconocidos, como Cardi B y Justin Bieber, entre otros. Su trabajo se ha expuesto en el Museo Americano de Historia Natural (AMNH, por sus siglas en inglés). Janae Pierre, «This NYC Jeweler Iced Out Some of Hip-Hop's Biggest Names. Now His Work Is at AMNH», *Gothamist*, 20 de junio de 2024, https://gothamist.com/arts-entertainment/this-nyc-jeweler-iced-out-some-of-hip-hops-biggest-names-now-his-work-is-at-amnh.

32   Exposito, «Mediating Bad Bunny», en 00:21:20.

33   Exposito, «Fireside Chat on "Bad Bunny and Resistance in Puerto Rico"».

34   Exposito, «Fireside Chat on "Bad Bunny and Resistance in Puerto Rico"».

35   Sujeylee Solá (@sujeylee), «¡La primera portada de *Rolling Stone* de Bad Bunny! Todavía es un poco surreal verla. Estoy increíblemente orgullosa de ella. Comencé las conversaciones con mis contactos en *Rolling Stone* en octubre del año pasado y seguí enviándoles correos mensuales. Recibimos una enorme cantidad de apoyo en línea, pero aún no teníamos la portada. Finalmente hicimos planes para ir a Nueva York antes del lanzamiento del álbum y le pregunté a Noah si podíamos llevar a Beno a la oficina de *Rolling Stone* y hacer una sesión exclusiva para que todos escucharan el álbum. Hubo serias dudas porque Bad Bunny no muestra su música a nadie fuera de su círculo íntimo y su equipo. Gracias a Dios, Noah dijo "Hablaré con él y lo haremos. Vamos a hacerlo". Para resumir esta historia, llevarlo a esa oficina selló el trato, todos allí pudieron presenciar por qué Bad Bunny merecía estar en la portada de *Rolling Stone*. Su gran defensora y escritora de un artículo de portada, Suzy, incrementaba la emoción entre sus colegas después de cada canción. Fue épico ver todo esto. La reunión terminó con un apretón de manos y una oferta para la portada. Luego llegó la cuarentena y tuve miedo de que la portada no pudiera realizarse porque, por supuesto, estábamos

enfrentando uno de los momentos más difíciles de nuestras vidas y esto ya no parecía importante. Pero aquí está. La música nos mantiene vivos y ¿por qué no hacer una sesión de fotos en casa durante la cuarentena con Bad Bunny (great idea @catrionaniaolain)? Él constantemente rompe las reglas sobre cómo se hacen las cosas, y esta no fue la excepción. Gracias a todos los que trabajaron con empeño para que este artículo de portada haya sido lo que es. @badbunnypr es el primer artista urbano latino masculino en aparecer en la portada de @rollingstone, tenemos a la primera periodista latina en escribir un artículo de portada para RS @brujacore y a la primera fotógrafa latina en hacer fotografías de portada para RS, @gabrielaberlingeri. Estoy tan orgullosa de ustedes», *Instagram*, 14 de mayo de 2020, https://www.instagram.com/sujeylee/p/CALB6fVHYoi/?img_index=3.

36   Todas las citas de Suzy Exposito en este párrafo provienen de «Fireside Chat on "Bad Bunny and Resistance in Puerto Rico"».

37   Por ejemplo, la cobertura mediática estadounidense de la exitosa canción «Despacito» describió con frecuencia a los puertorriqueños Daddy Yankee y Luis Fonsi —ambos ciudadanos estadounidenses— como extranjeros, mientras que dio por sentado que la estrella de pop blanca Justin Bieber, ciudadano canadiense, era ciudadano estadounidense. Véase Rivera-Rideau y Torres-Leschnik, «The Colors and Flavors of My Puerto Rico», 104.

38   Para un repaso de la distribución desigual de recursos en la música latina, véase Negus, *Music Genres and Corporate Cultures*. Negus escribió sobre la salsa en la década de 1990; sin embargo, muchas de sus observaciones fueron reiteradas por los ejecutivos de música latina que entrevistamos, quienes con frecuencia nos hablaron de las dificultades que enfrentaban al promover a sus artistas en una industria dominada por el inglés.

39   Ana Durrani, «Top Streaming Statistics In 2024», *Forbes*, 15 de agosto de 2024, https://www.forbes.com/home-improvement/internet/streaming-stats.

40   Para más información sobre el efecto de Soundscan en las listas de éxitos, véase Molanphy, *Old Town Road*, 44-46.

41   Para críticas del *streaming*, véase Drott, *Streaming Music, Streaming Capital*.

42   Lopez, «Bad Bunny Conquered the World».

43   Joe Sabia, «73 Questions with Bad Bunny», *Vogue*, 29 de abril de 2024, YouTube, 00:20:44, en 00:06:19, https://www.youtube.com/watch?v=KYuBLoSE-5I.

44   Shaadi Devereaux, «Latinx Files: Reggaeton Has a Color Blindness Problem», *Los Angeles Times*, 6 de abril de 2023, https://www.latimes.com/world-nation/newsletter/2023-04-06/latinx-files-bad-bunny-colorism-tego-calderon-racism-time-interview-latinx-files.

45   Los matices en las respuestas de Bad Bunny también se perdieron en otras partes de la entrevista. Para más información, véase Mariana Alessandra (@marianalesandra), «Bad Bunny's TIME Interview: Spanish vs. English», TikTok, 20 de marzo de 2023, https://www.tiktok.com/@marianalesandra/video/7216066739832966443.

46	Andrew R. Chow y Mariah Espada, «"Hago música como si fuera la única persona en el mundo". Bad Bunny sobre Coachella, Hollywood y superándose a sí mismo», *Time*, 28 de marzo de 2023, https://time.com/6266396/bad-bunny-entrevista-coachella.
47	Para más información sobre la anti-negritud en la industria de la música latina, véase Abreu, *Rhythms of Race*; Rivera-Rideau, «Reinventing Enrique Iglesias»; y Rivera-Rideau, «Race, Latinidad, and Latin Pop».
48	Véase Jiménez Román y Flores, *Afro-Latin@ Reader*.
49	Para más información sobre las ideologías raciales en Puerto Rico, véase Jiménez Román, «Un hombre (negro) del pueblo»; Godreau, *Scripts of Blackness*; Rivera-Rideau, *Remixing Reggaetón*.
50	Para una excelente visión general de las similitudes entre las ideologías raciales de Estados Unidos y América Latina, véase Hernández, «Envisioning the United States in the Latin American Myth».
51	Para un ejemplo de argumentos que sostienen que Bad Bunny se beneficia de la preferencia por la blanqueza en las industrias mediáticas latinas, véase Eduardo Cepeda, «Bad Bunny's Silence Speaks Volumes», *Remezcla*, 12 de junio de 2020, https://remezcla.com/features/music/bad-bunny-silence-speaks-volumes.
52	Citado en Andrew Chow y Mariah Espada, «Bad Bunny's Next Move», *Time*, 28 de marzo de 2023, https://time.com/6266349/bad-bunny-cover-story.
53	En esta canción dice: «*Ahora todos quieren ser latino'/ Pero les falta sazón/ Batería y reggaetón*». N. de la T. Esta respuesta de Bad Bunny proviene de la entrevista en español, según se publicó en *Time* el mismo día que se publicó el artículo antes citado. Véase Chow y Estrada, «Hago música como si fuera la única persona en el mundo».
54	Lopez, «Bad Bunny Conquered the World».
55	Citado en Lopez, «Bad Bunny Conquered the World».
56	Citado en Lopez, «Bad Bunny Conquered the World».
57	Frances Negrón-Muntaner cita una encuesta hecha en 2017, que reveló que solo el 54 % de los estadounidenses sabe que los puertorriqueños son ciudadanos de Estados Unidos. Véase Negrón-Muntaner, «Our Fellow Americans».
58	Picker y Sun, *Latinos Beyond Reel*.

8. «NUNCA ANTES HUBO UNO COMO YO»

Nota: El título de este capítulo es una cita directa de uno de los videos proyectados durante la apertura del espectáculo de Bad Bunny en Coachella 2023. Parte del discurso —incluida esta cita— se traduce en el capítulo.

1	El dato proviene de un reportaje de 2023. Jordan Darville, «Report: Coachella Spent Millions on Frank Ocean's Ice Rink, Still Trying to Figure Out How to Use It», *Fader*, 21 de abril de 2023, https://www.thefader.

       com/2023/04/21/report-coachella-spent-millions-on-frank-oceans-ice-rink-still-trying-to-figure-out-how-to-use-it.

2. Apple Music, «Bad Bunny: "WHERE SHE GOES", Coachella & Wrestling», 19 de mayo de 2023, YouTube, 00:13:14, en 00:03:54, https://www.youtube.com/watch?v=YzHtDRpsS8U.
3. Cepeda, *Musical ImagiNation*.
4. Para más información sobre Selena y su influencia, véase Paredez, *Selenidad*.
5. Rivera-Rideau y Torres-Leschnik, «The Colors and Flavors of My Puerto Rico».
6. Rivera-Rideau y Torres-Leschnik, «The Colors and Flavors of My Puerto Rico»; Cepeda, *Musical ImagiNation*; Coddington, *How Hip Hop Became Hit Pop*.
7. Julyssa Lopez, «Bad Bunny Conquered the World. Now What?», *Rolling Stone*, 21 de junio de 2023, https://www.rollingstone.com/music/music-features/bad-bunny-coachella-el-apagon-controversy-future-interview-1234770225/.
8. Karen Grigby Bates, «A Different National Anthem, Before the Nation Was Ready for It», *Code Switch*, NPR, 2 de noviembre de 2017, https://www.npr.org/sections/codeswitch/2017/11/02/560948130/a-different-national-anthem-before-the-nation-was-ready-for-it; Vazquez, «Toward an Ethics of Knowing Nothing», 35-37.
9. Bates, «A Different National Anthem».
10. Cobo, *Decoding «Despacito»*, 12.
11. Cobo, *Decoding «Despacito»*, 12.
12. Lopez, «Bad Bunny Conquered the World».
13. LeBrón, *La vida y la muerte ante el poder policiaco*, 78-79.
14. Dinzey-Flores, *Locked In, Locked Out*; LeBrón, *La vida y la muerte ante el poder policiaco*; Rivera-Rideau, *Remixing Reggaetón*.
15. R. Rivera, «Policing Morality, *Mano Dura Stylee*», 122. Véase también LeBrón, *La vida y la muerte ante el poder policiaco*, 123-157; y Rivera-Rideau, *Remixing Reggaetón*, 21-51.
16. R. Rivera, «Policing Morality, *Mano Dura Stylee*».
17. Rivera-Rideau, *Remixing Reggaetón*.
18. Rivera-Rideau, «"Cocolos Modernos"».
19. Carina del Valle Schorske, «The World According to Bad Bunny», *The New York Times Magazine*, 11 de octubre de 2020, https://www.nytimes.com/interactive/2020/10/07/magazine/bad-bunny.html.
20. Arroyo, «Bad Bunny Caribeño».
21. Chente Ydrach, «La Única Entrevista que Bad Bunny Va a Dar», publicada el 24 de diciembre de 2018, YouTube, 01:28:36, en 01:02:00, https://www.youtube.com/watch?v=6obyXYrr_gQ.
22. Citado en Jessica Roiz, «Latin Artist on the Rise: How Grupo Frontera Went from a Local Band to the Billboard Charts», *Billboard*, 22 de diciembre de 2022, https://www.billboard.com/music/latin/grupo-frontera-interview-latin-artist-on-the-rise-1235190705.

23 Roiz, «Latin Artist on the Rise».

24 Suzy Exposito, «Edgar Barrera Talks About Writing Hits for Peso Pluma, Grupo Frontera & Bad Bunny, Shakira, Karol G—and Madonna, Too», *GQ*, 2 de febrero de 2024, https://www.gq.com/story/edgar-barrera-talks-about-writing-hits-for-peso-pluma-grupo-frontera-and-bad-bunny-shakira-karol-g-and-even-madonna.

25 Leila Cobo, «Why Edgar Barrera's New Era in Latin Music Is His Biggest Yet—And How He's Crossing Over to the Mainstream», *Billboard*, 28 de febrero de 2022, https://www.billboard.com/music/latin/edgar-barrera-edge-songwriter-producer-latin-airplay-interview-1235036339.

26 Pamela Bustios, «Grupo Frontera Secures Career High Debut on Hot Latin Songs Chart with Bad Bunny Collab "Un x100to"», *Billboard*, 25 de abril de 2023, https://www.billboard.com/music/chart-beat/grupo-frontera-bad-bunny-un-x100to-hot-latin-songs-chart-1235315339; Griselda Flores, Jason Lipshutz, Isabela Raygoza, Jessica Roiz y Andrew Unterberger, «Is Grupo Frontera and Bad Bunny's "Un x100to" Going to Be one of the Songs of the Summer?», *Billboard*, 2 de mayo de 2023, https://www.billboard.com/music/chart-beat/grupo-frontera-bad-bunny-un-x100to-hot-100-success-1235320076.

27 Lucas Villa, «Grupo Frontera Reveals How Their Bad Bunny Collaboration Came Together», *Remezcla*, 18 de abril de 2023, https://remezcla.com/music/grupo-frontera-reveals-how-their-bad-bunny-collaboration-came-together.

28 En su análisis de una actuación de 2011 del grupo de música mexicana Los Tigres del Norte y el reguetonero Residente, María Elena Cepeda señala que estas colaboraciones transculturales pueden ajustarse a las tendencias de mercadeo latino transnacional que colapsan las distinciones etnorraciales dentro de la latinidad. Sin embargo, Cepeda destaca que este es un proceso contradictorio. Muestra cómo los jóvenes fans reconocen las distinciones entre puertorriqueños y mexicanos, al tiempo que perciben similitudes en la etnorracialización de ambos grupos como latinos. Véase Cepeda, «Marketing, Performing, and Interpreting Multiple Latinidades».

29 Pacini Hernandez, *Oye Como Va!*, 119-121.

30 Pacini Hernandez, *Oye Como Va!*, 123.

31 Para más información sobre el vínculo entre la música norteña y los trabajadores migrantes mexicanos, véase Ragland, *Música Norteña*.

32 Paíz, «Essential Only as Labor».

33 Por ejemplo, véase Gustavo Arellano, «Coachella Makes Millions, but the Festival's Impoverished Mexican Neighbors See Very Little of It», *Los Angeles Times*, 18 de abril de 2018, https://www.latimes.com/opinion/op-ed/la-oe-arellano-coachella-valley-20180418-story.html; Rachel Treisman, «Coachella Began as a Typo. Here's What Happened Next», NPR, 16 de abril de 2025, https://www.npr.org/2025/04/16/nx-s1-5365781/coachella-festival-valley-history.

34 Chavez, *Latino Threat*.

9. «PRENDE UNA VELITA»

Nota: El título de este capítulo proviene de un verso de la canción «Una velita» de Bad Bunny (Rimas Entertainment, 2024).

1. Julyssa Lopez, «Bad Bunny Conquered the World. Now What?», *Rolling Stone*, 21 de junio de 2023, https://www.rollingstone.com/music/music-features/bad-bunny-coachella-el-apagon-controversy-future-interview-1234770225/.
2. Aamina Inayit Khan, «Did Bad Bunny Hide Kendall Jenner References in the "Where She Goes" Video?», *Teen Vogue*, 19 de mayo de 2023, https://www.teenvogue.com/story/bad-bunny-kendall-jenner-references-where-she-goes-music-video.
3. Citado en Angie Orellana Hernández, «Fans Think Bad Bunny Planted These Kendall Jenner Easter Eggs in New Music Video "Where She Goes"», *E! News*, 18 de mayo de 2023, https://www.eonline.com/news/1374888/fans-think-bad-bunny-planted-these-kendall-jenner-easter-eggs-in-new-music-video-where-she-goes.
4. Los corridos tumbados son un subgénero de los corridos mexicanos, que mezclan las tradiciones musicales mexicanas con el hiphop y el reguetón, y a menudo abordan temas similares a los de los narcocorridos. Para más información, véase Elda Cantú, «Everyone Loves Corridos Tumbados. In Mexico, It's Complicated», *The New York Times*, 12 de diciembre de 2023, https://www.nytimes.com/2023/12/05/arts/music/corridos-tumbados-peso-pluma-mexico.html.
5. Para más información sobre la influencia de la música *country* en la industria musical de 2023, véase Ethan Millman, «Country Music's Summer of Streaming Domination», *Rolling Stone*, 5 de septiembre de 2023, https://www.rollingstone.com/music/music-features/country-music-streaming-surge-morgan-wallen-zach-bryan-1234817052/; Conor Murray, «Country Dominates Spotify, Apple Year-End Charts—But Right-Wing Anthems by Jason Aldean, Oliver Anthony Aren't Near the Top», *Forbes*, 29 de noviembre de 2023, https://www.forbes.com/sites/conormurray/2023/11/29/country-dominates-spotify-apple-year-end-charts-but-right-wing-anthems-from-jason-aldean-oliver-anthony-arent-near-the-top/; Xander Zellner, «Every Country Music Record Broken on the Hot 100 in 2023: From Morgan Wallen to Oliver Anthony Music and More», *Billboard*, 5 de septiembre de 2023, https://www.billboard.com/lists/country-music-records-hot-100-morgan-wallen-oliver-anthony-most-country-songs-in-the-top-50-of-the-hot-100-in-a-single-week/.
6. Jon Dolan y Vita Dadoo, «Bad Bunny Is Paranoid, Petty, Bored, Brilliant on "Nadie sabe lo que va a pasar mañana"», *Rolling Stone*, 16 de octubre de 2023, https://www.rollingstone.com/music/music-album-reviews/bad-bunny-nadie-sabe-lo-que-va-a-pasar-manana-1234855236/.
7. Jillian Hernandez, «Bad Bunny Fans Are Upset—and Not Just About the Kendall Jenner Dating Rumors», *Refinery29*, última actualización el 11 de

abril de 2023, https://www.refinery29.com/en-us/2023/04/11353281/bad-bunny-fans-reaction-kendall-jenner-race.

8   Hernandez, «Bad Bunny Fans Are Upset».
9   Por ejemplo, véase Thania Garcia, «Bad Bunny Grapples with Fame in "Nadie Sabe Lo Que Va a Pasar Mañana", a Trap-Infused Diary Entry: Album Review», *Variety*, 16 de octubre de 2023, https://variety.com/2023/music/news/bad-bunny-nadie-sabe-lo-que-va-a-pasar-manana-album-review-1235757265/; Dolan y Dadoo, «Bad Bunny Is Paranoid, Petty, Bored, Brilliant»; Jon Pareles, «Bad Bunny Looks Back and Hunkers Down», *The New York Times*, 16 de octubre de 2023, https://www.nytimes.com/2023/10/16/arts/music/bad-bunny-nadie-sabe-lo-que-va-a-pasar-manana-review.html.
10 Garcia, «Bad Bunny Grapples with Fame».
11 Cabe señalar también que los latinos tienen una larga historia de participación y predominio en las carreras de caballos en Estados Unidos. El historiador José Alamillo señala que los latinos predominaron tanto en este deporte durante la década de 1960 que *Sports Illustrated* declaró una «invasión latina» en los hipódromos principales del país. Alamillo también informa que, desde el 2000, aproximadamente la mitad de los jinetes profesionales en Estados Unidos son latinos, incluidos los puertorriqueños. Véase Alamillo, «History of Latino/as and Sports».
12 Marina Ortiz Cortés, «El divertido (e incómodo) momento en el que Bad Bunny se queda enganchado a una bailarina», *El Independiente*, 6 de octubre de 2024, https://www.elindependiente.com/gente/2024/06/10/bad-bunny-enganchado-bailarina-posicion-incomoda/.
13 Puerto Rico Vive (@prvive), «Entrada del concierto de Bad Bunny. Orquesta de PR tocando el himno de Puerto Rico 🇵🇷🎺❤️ ORGULLO BORICUAAAAAA❤️🎤 Puerto Rico 🇵🇷💼 @jlpromotionspr 👥 Facebook: PRviveOfficial 📱 Instagram: @PRvive ♻️ NO DEJEN BASURA, CUIDEMOS LO NUESTRO», Instagram, 7 de junio de 2024, https://www.instagram.com/reel/C78RoA8t_vP/?igsh=MzRlODBiNWFlZA.
14 Jeanette Hernandez, «Here Are All the Special Guests at Bad Bunny's Most Wanted Tour Shows in Puerto Rico», *Remezcla*, 10 de junio de 2024, https://remezcla.com/music/here-are-all-the-special-guests-at-bad-bunnys-most-wanted-tour-shows-in-puerto-rico/.
15 Mariana Garibay, «Video | Bad Bunny llora en pleno concierto y usuarios temen que podría retirarse de la música», *La Razón*, 6 de septiembre de 2024, https://www.razon.com.mx/entretenimiento/2024/06/10/video-bad-bunny-llora-en-pleno-concierto-y-usuarios-temen-que-podria-retirarse-de-la-musica/.
16 Juan Arroyo, «Bad Bunny Ends "Most Wanted" Tour with a Historic Three-Night Run in Puerto Rico», *Rolling Stone*, 10 de junio de 2024, https://www.rollingstone.com/music/music-news/bad-bunny-most-wanted-puerto-rico-el-choli-surprise-guests-feid-1235037045.

17   EFE, «Bad Bunny anuncia venta de boletos 2 × 1 en Puerto Rico para impulsar electores a votar», *El Diario*, 6 de junio de 2024, https://eldiariony.com/2024/06/06/bad-bunny-anuncia-oferta-de-venta-de-boletos-2x1-en-puerto-rico-para-impulsar-electores-a-votar.

18   Nicole Acevedo, «Bad Bunny Spoke Out Against Voter Apathy in Puerto Rico and It's Having an Effect», *NBC News*, 5 de septiembre de 2024, https://www.nbcnews.com/news/latino/bad-bunny-puerto-rico-voting-2024-election-rcna169739.

19   Abraham, «Puerto Rico's New Leftist Alliance Poses a Threat».

20   El Tony PR, «"Yo quiero que mi gente viva feliz en Puerto Rico" Benito (Bad Bunny)», publicado el 2 de septiembre de 2024, YouTube, 01:28:21, https://www.youtube.com/watch?v=zw7bLZOnou4.

21   Wapa Digital, «La Alianza compone canción con expresiones de Bad Bunny contra el PNP y JGo», *Wapa PR*, 10 de septiembre de 2024, https://wapa.tv/noticias/entretenimiento/la-alianza-compone-cancion-con-expresiones-de-bad-bunny-contra-el-pnp-y-jgo/article_fb6a52b0-6a1d-11ef-b9af-cb559e7d1d31.html.

22   JPTG, «Bad Bunny—Jennifer Mentirosa (clip)», publicado el 5 de septiembre de 2024, YouTube, 00:00:30, https://www.youtube.com/watch?app=desktop&v=holgxIow15s.

23   Telemundo PR, «¿Ya lo endosó? Residente sube una foto a las redes con Juan Dalmau», *Telemundo PR*, 22 de septiembre de 2024, https://www.telemundopr.com/noticias/puerto-rico/ya-lo-endoso-residente-sube-una-foto-a-las-redes-con-juan-dalmau/2647313.

24   TALKESHI (@talkeshipod), «buenos días», Instagram, 4 de octubre de 2024, https://www.instagram.com/p/DAuSb1iyCbD/?igsh=MzRlODBiNWFlZA.

25   *Jugando pelota dura*, «Jenniffer González reacciona a expresiones de Bad Bunny sobre el PNP», publicado el 5 de septiembre de 2024, YouTube, 00:10:00, en 00:02:55, https://www.youtube.com/watch?v=DmO9-cIsvRA.

26   Magic TV, «Primicia—El senador PNP, Thomas Rivera Schatz validó los billboards en contraataque a Bad Bunny», publicado el 25 de septiembre de 2024, YouTube, 00:06:33, la cita en 00:04:25, https://youtu.be/PL7KQXkPKbw?si=vGIpc4SMszB4ke-J.

27   Bianca Graulau (@biancagraulau), «Esta es la razón por la cual yo empecé a cubrir otros países. Tenemos que mirar al mundo, aprender y exigir más», Instagram, 4 de septiembre de 2024, https://www.instagram.com/reel/C_gtEPNuTAW/?igsh=MzRlODBiNWFlZA. Véase también Con(Sentimientos) (@con.sentimientospr), Instagram, 17 de septiembre de 2024, https://www.instagram.com/reel/DACQJlgOVQI/?igsh=MzRlODBiNWFlZA.

28   Amanda Mars, «Bad Bunny: "Hay que romper eso de que los gringos son dioses... No, papi"», *El País Semanal*, 3 de enero de 2021, https://elpais.com/elpais/2020/12/30/eps/1609327975_051296.html; Patria Nueva Cuenta Oficial (@patrianuevapr) y Juan Dalmau Ramírez (@juandalmaupr),

Instagram, 6 de junio de 2024, https://www.instagram.com/reel/C75IsHhPGLh/?igsh=MzRlODBiNWFlZA; El Vocero, «Bad Bunny votará en las elecciones generales», *El Vocero*, 20 de agosto de 2020, https://www.elvocero.com/escenario/bad-bunny-votar-en-las-elecciones-generales/article_b5838e86-e31e-11ea-8faf-df2c68c2bf3d.html.

29 Telemundo PR, «Aparecen nuevos "billboards" de Bad Bunny contra el PNP y PPD», *Telemundo PR*, 7 de octubre de 2024, https://www.telemundopr.com/noticias/puerto-rico/aparecen-nuevos-billboards-de-bad-bunny-contra-el-pnp-y-ppd/2651396.

30 Mesa de redacción, «Electoral Comptroller: Bad Bunny Could Be Fined over Political Signs», *San Juan Daily Star*, 26 de septiembre de 2024, https://www.sanjuandailystar.com/post/electoral-comptroller-bad-bunny-could-be-fined-over-political-signs.

31 Jessica Roiz, «Bad Bunny Slams Puerto Rico's New Progressive Party in Billboards He Paid For», *Billboard*, 26 de septiembre de 2024, https://www.billboard.com/music/latin/bad-bunny-slams-puerto-rico-new-progressive-party-billboards-1235785480.

32 Este logotipo a veces aparece con el esquema de colores invertido.

33 Wapa Digital, «Thomas Rivera Schatz le responde a Bad Bunny con "billboard" para que "_ame"», *Wapa PR*, 1 de noviembre de 2024, https://wapa.tv/noticias/politica/thomas-rivera-schatz-le-responde-a-bad-bunny-con-billboard-para-que-ame/article_812a4044-7b45-11ef-9d79-fbad70be20b8.html.

34 Aun así, en la asamblea general del PNP en 2024, contrataron al legendario reguetonero DJ Playero para musicalizar el evento. Durante su actuación, la frase «Todo el mundo bellakeando» apareció en la pantalla, proyectada para todo el evento. A la larga, DJ Playero asumió la responsabilidad de haber proyectado la frase, pero la ironía es evidente. El Vocero, «DJ Playero aclara controversial estribillo durante asamblea del PNP», *El Vocero*, 23 de septiembre de 2024, https://www.elvocero.com/escenario/dj-playero-aclara-controversial-estribillo-durante-asamblea-del-pnp/article_35cdbf8a-7a01-11ef-abb8-3b71a1bbf79e.html.

35 Magic TV, «Primicia—El senador PNP, Thomas Rivera Schatz», en 00:01:40.

36 Magic TV, «Primicia—El senador PNP, Thomas Rivera Schatz», en 00:04:55.

37 Directo y Sin Filtro por ABC Puerto Rico (@Directo y Sin Filtro por ABC Puerto Rico), «💀**¡Sigue la guerra de los billboards!**💀 Así amaneció hoy el expreso PR-22, en dirección de San Juan a Arecibo, cerca del peaje de Toa Baja, con un nuevo anuncio que ha llamado la atención de todos. 👀 Esta vez, el mensaje va en contra de @badbunnypr, pero lo más curioso es que el anuncio **no está firmado** ni incluye la información legal que identifica quién lo paga. ¿Qué te parece? ¿Quién crees que está detrás de este polémico billboard? 👀», Facebook, 3 de octubre de 2024, https://www.facebook.com/directoysinfiltroabc/posts/987138256547838.

38 *Código de Incentivos de Puerto Rico*, Ley 60 (1 julio de 2019), § 45041, https://bvirtualogp.pr.gov/ogp/Bvirtual/leyesreferencia/PDF/60-2019.pdf.

39	Partido Independentista Puertorriqueño, «Festival de la Esperanza», transmisión en vivo el 3 de noviembre de 2024, YouTube, 08:23:36, en 05:45:37, https://youtu.be/DHkVsRV-Xzw?t=20737.
40	Jamie Burton, «Logan Paul Slammed for Accusing Bad Bunny of "Tax Fraud" in Puerto Rico», *Newsweek*, 6 de octubre de 2022, https://www.newsweek.com/logan-paul-slammed-accusing-bad-bunny-puerto-rico-act-22-tax-fraud-exploitation-1749337.
41	Assilem Maldonado, respuesta a Directo y Sin Filtro por ABC Puerto Rico, Facebook, 3 de octubre de 2024, https://www.facebook.com/directoysinfiltroabc/posts/987138256547838.
42	Karina Ashley Feliciano, respuesta a Directo y Sin Filtro por ABC Puerto Rico, 3 de octubre de 2024, https://www.facebook.com/directoysinfiltroabc/posts/987138256547838.
43	Directo y Sin Filtro por ABC Puerto Rico, «¡Sigue la guerra de los billboards!».
44	Raúl Cabán Pérez, respuesta a Directo y Sin Filtro por ABC Puerto Rico, Facebook, 3 de octubre de 2024, https://www.facebook.com/directoysinfiltroabc/posts/987138256547838.
45	Telemundo PR, «Aparecen nuevos "billboards" de Bad Bunny contra el PNP y PPD».
46	Jay Fonseca, «🦋 Bad Bunny publicó esta tarde nuevos billboards en los que critica también al Partido Popular Democrático (PPD). 📱 Las imágenes fueron tomadas por el analista político Néstor Duprey en su cuenta de la red social "X". 👀 Una de las vallas publicitarias dice: "Cada vez que se te vaya la luz recuerda que es culpa del PNP y el PPD." 👀 Además, un segundo billboard dice: "No olvides lo que dijeron en el chat… El PNP quiere un Puerto Rico sin puertorriqueños. ¡Que se vayan ellos!" ¿Y tú ya decidiste por quién votar?», Facebook, 7 de octubre de 2024, https://www.facebook.com/photo.php?fbid=1107835054034227&set=a.267813968036344&type=3.
47	Ortiz y Minet, «Las 889 páginas de Telegram».
48	Benito A. Martínez Ocasio, «Muerte al PNP», *El Nuevo Día*, 1 de noviembre de 2024, 2.
49	Valeria María Torres Nieves, «"No me arrepiento de ninguna de mis expresiones": Bad Bunny dirige carta abierta a los estadistas», *El Nuevo Día*, 1 de noviembre de 2024, https://www.elnuevodia.com/noticias/politica/notas/no-me-arrepiento-de-ninguna-de-mis-expresiones-bad-bunny-dirige-carta-abierta-a-los-estadistas. (Todas las mayúsculas según aparecen en el original).
50	Ramón «Tonito» Zayas, «Estos fueron algunos de los artistas que se presentaron en el "Festival de la Esperanza" de la Alianza de País», *El Nuevo Día*, 3 de noviembre de 2024, https://www.elnuevodia.com/entretenimiento/farandula/fotogalerias/estos-fueron-algunos-de-los-artistas-que-se-presentaron-en-el-festival-de-la-esperanza-de-la-alianza-de-pais.
51	Kacho y Tristana son los cofundadores de la productora Filmes Zapateros.

52 Partido Independentista Puertorriqueño, «Festival de la Esperanza», en 05:51:41.
53 Partido Independentista Puertorriqueño, «Festival de la Esperanza», en 05:58:03.
54 Para una descripción más extensa de esta generación y de la frase, véase Laguarta Ramírez, «¡Yo no me dejé!».
55 Laguarta Ramírez, «¡Yo no me dejé!».
56 Partido Independentista Puertorriqueño, «Festival de la Esperanza», en 06:01:05.
57 Partido Independentista Puertorriqueño, «Festival de la Esperanza», en 06:02:50.
58 Bad Bunny (@badbunnypr), «huracán», Instagram, 23 de septiembre de 2024, https://www.instagram.com/p/DARbzcPSqDM.
59 Meléndez-Badillo, *Puerto Rico*, 63 y 70.
60 Para más detalles sobre la compleja historia de «La Borinqueña», véase Joanna McKee, «Puerto Rico's National Anthem "La Borinqueña": The Story Behind the Song», Kennedy Center, 19 de junio de 2024, https://www.kennedy-center.org/education/resources-for-educators/classroom-resources/media-and-interactives/media/music/story-behind-the-song/the-story-behind-the-song/la-borinquena---english.
61 Metro Puerto Rico, «Bad Bunny: "¡El PNP se está tratando de robar las elecciones!"», *Metro*, 4 de noviembre de 2024, https://www.metro.pr/entretenimiento/2024/11/04/bad-bunny-el-pnp-se-esta-tratando-de-robar-las-elecciones.
62 Benito Antonio (@sanbenito), *X*, 4 de noviembre de 2024, https://x.com/sanbenito/status/1853516159246913781. (Todas las mayúsculas según aparecen en el texto original).
63 PUERTO RICO (@puertoricogram), « Bad Bunny llega al colegio de votaciones a ejercer su derecho al voto», Instagram, 5 de noviembre de 2024, https://www.instagram.com/reel/DB_nPShxJ_p/?igsh=MzRlODBiNWFlZA.
64 JuventudDeIzquierda (@juventudizquierdista), «Residente: Después de 55 años el partido La Alianza se consolida como segunda fuerza política en puerto rico », Instagram, 6 de noviembre de 2024, https://www.instagram.com/reel/DCCKB4_x_yb/?igsh=MzRlODBiNWFlZA.
65 Benito Antonio (@sanbenito), «Hoy más que nunca me siento orgulloso de quien soy, de mis acciones y del amor que le tengo a mi tierra. Se vale estar triste, se vale sentirse desanimado pues entiendo la frustración que sentimos muchos. A mí también me preocupa el futuro de PUERTO RICO y los daños que se pudiera enfrentar en los próximos años, por eso me expreso y no dejaré de hacerlo. Pero yo aún sigo con esperanza porque cada vez son más los que despiertan y se unen a quienes sueñan y luchan por un mejor Puerto Rico. Aquí seguimos, no nos quitamos», *X*, 6 de noviembre de 2024, https://x.com/sanbenito/status/1854198311944851773?s=48.
66 Meléndez-Badillo, *Puerto Rico*, 70.

67   En una entrevista después de las elecciones presidenciales de 2024 en Estados Unidos, Mitch McConnell, líder congresista del partido mayoritario entrante, declaró que el gobierno republicano no admitiría a ningún estado a la unión que no beneficiara al Partido Republicano en lo que respecta a la representación en el Congreso. En las elecciones puertorriqueñas del 5 de noviembre de 2024 se incluyó una papeleta con la pregunta hipotética de qué candidato preferían los votantes para la presidencia de Estados Unidos. Una mayoría aplastante de puertorriqueños votó a favor de la demócrata Kamala Harris sobre Donald Trump. McConnell hizo esta declaración al día siguiente de las elecciones. Para más información sobre las declaraciones de McConnell, véase José Delgado, «"There Won't Be Any New States Admitted," says Mitch McConnell, Senate Republican Leader», *El Nuevo Día*, 7 de noviembre de 2024, https://www.elnuevodia.com/english/news/story/there-wont-be-any-new-states-admitted-says-mitch-mcconnell-senate-republican-leader. Para más información sobre los plebiscitos, véase, por ejemplo, Cristina Corujo, «Puerto Rico Votes in Favor of Statehood. But What Does It Mean for the Island?», *ABC News*, 8 de noviembre de 2020, https://abcnews.go.com/US/puerto-rico-votes-favor-statehood-island/story?id=74055630; CNBC Television, «Senate Minority Leader Mitch McConnell Speaks After Trump's Election Victory—11/6/2024», transmisión en vivo el 6 de noviembre de 2024, YouTube, 00:17:15, en 00:04:23, https://youtu.be/DMpIn_6oOzE?t=261.

CONCLUSIÓN

Nota: El título de este capítulo hace referencia a una expresión usada por los puertorriqueños para afirmar su pertenencia a Puerto Rico ante la gentrificación y el desplazamiento crecientes; también alude a una cita del cortometraje *DeBÍ TiRAR MáS FOToS*, lanzado como preludio al álbum homónimo de Bad Bunny. Benito A. Martínez Ocasio y Arí Maniel Cruz Suárez, dir., *DeBÍ TiRAR MáS FOToS* (Rimas Entertainment, 2025), publicado por Bad Bunny, 3 de enero de 2025, YouTube, 00:12:58, https://www.youtube.com/watch?v=gLSzEYVDads.

1   Muchos argumentos de esta conclusión provienen de la reseña del álbum que coescribimos para *Latina*. Véase Vanessa Díaz y Petra Rivera-Rideau, «Bad Bunny's Album Is So Much More Than a Love Letter to Puerto Rico», *Latina*, 15 de enero de 2025, https://latina.com/bad-bunny-debi-tirar-mas-fotos-album-review/.

2   Por ejemplo, véase Lola Méndez, «Bad Bunny's New Album Is a Love Letter to Puerto Rico—and These Are the Most Important Details», *Architectural Digest*, 15 de enero de 2025, https://www.architecturaldigest.com/story/bad-bunnys-new-album-is-a-love-letter-to-puerto-rico-and-these-are-the-most-important-details; Maria Sherman, «Bad Bunny's "Debí Tirar Más Fotos" Is a Love Letter to Puerto Rico», *AP News*, 5 de enero de 2025, https://apnews.

3   com/article/bad-bunny-debi-tirar-mas-fotos-review-856f8e4f89e48e6ab104a491ae3dbcde.
3   Meléndez-Badillo, *Puerto Rico*, 93-95.
4   Aunque Estados Unidos anexó formalmente a Hawái en 1898, no adquirió las islas mediante el Tratado de París, como ocurrió con Puerto Rico. En cambio, la anexión de Hawái fue el resultado de varias décadas de intervención militar y económica, incluido el derrocamiento de la monarquía hawaiana por empresarios estadounidenses poderosos. Para más información sobre Hawái, véase Aikau y Vicuña González, *Detours*.
5   Para un panorama de estas críticas, véase Godreau, *Scripts of Blackness*, 83-92.
6   Para más información sobre el efecto de los alquileres a corto plazo en el área metropolitana de San Juan, véase Santiago-Bartolomei, «In Two Caribbean Cities, Digital Platforms Drive Gentrification».
7   Nicole Acevedo, «Bad Bunny to Launch First-Ever Residency in Puerto Rico», *NBC News*, 13 de enero de 2025, https://www.nbcnews.com/news/latino/bad-bunny-first-residency-puerto-rico-rcna187433.
8   Telemundo Puerto Rico, «Vale la pena: Termina larga espera para fanáticos de Bad Bunny», publicado el 15 de enero de 2025, YouTube, 00:02:25, https://www.youtube.com/watch?v=CJ5Fxr_T7p0.
9   Thania Garcia, «Bad Bunny Sells Out Puerto Rico Residency», *Variety*, 17 de enero de 2025, https://variety.com/2025/music/news/bad-bunny-sells-out-puerto-rico-residency-1236277639/.
10 Jessica Roiz, «Bad Bunny's Puerto Rico Residency Aims to Boost Local Economy», *Billboard*, 15 de enero de 2025, https://www.billboard.com/pro/bad-bunny-puerto-rico-residency-help-local-economy/.
11 Roiz, «Bad Bunny's Puerto Rico Residency Aims to Boost Local Economy». Véase también Jhoni Jackson, «What Bad Bunny's Residency Means for Puerto Rico's Economy», *Yahoo News*, 15 de enero de 2025, https://www.yahoo.com/news/bad-bunny-residency-means-puerto-130000613.html; Yamili Habib, «Bad Bunny's Residency in Puerto Rico Is Sparking an Economic and Cultural Revival», *Mitú*, 15 de julio de 2025, https://wearemitu.com/wearemitu/culture/bad-bunnys-residency-in-puerto-rico-impact/.
12 Star Staff, «Searches for Accommodations in PR Surge After Announcement of Bad Bunny Residency», *San Juan Daily Star*, 13 de febrero de 2025, https://www.sanjuandailystar.com/post/searches-for-accommodations-in-pr-surge-after-announcement-of-bad-bunny-residency.

DISCOGRAFÍA

Bad Bunny. *X 100PRE*. Producido por Bad Bunny, Tainy, La Paciencia, y otros. Rimas Entertainment. Publicado el 24 de diciembre de 2018.

Bad Bunny and J Balvin. *Oasis*. Producido por Sky Rompiendo, Tainy, y otros. Rimas Entertainment and Universal Music Latin. Publicado el 28 de junio de 2019.

Bad Bunny. *YHLQMDLG*. Producido por Tainy, Subelo neo, y otros. Rimas Entertainment. Publicado el 29 de febrero de 2020.

Bad Bunny. *Las que no iban a salir*. Producido por Bad Bunny, Tainy, La Paciencia, y otros. Rimas Entertainment. Publicado el 10 de mayo de 2020.

Bad Bunny. *El último tour del mundo*. Producido por Bad Bunny, MAG, Tainy, y otros. Rimas Entertainment. Publicado el 27 de noviembre de 2020.

Bad Bunny. *Un verano sin ti*. Producido por Bad Bunny, Tainy, MAG, y otros. Rimas Entertainment. Publicado el 6 de mayo de 2022.

Bad Bunny. *Nadie sabe lo que va a pasar mañana*. Producido por Bad Bunny, MAG, Tainy, y otros. Rimas Entertainment. Publicado el 13 de octubre de 2023.

Bad Bunny. *DeBÍ TiRAR MáS FOToS*. Producido por Bad Bunny, MAG, Tainy, La Paciencia, y otros. Rimas Entertainment. Publicado el 5 de enero de 2025.

BIBLIOGRAFÍA

ENTREVISTAS

Pablo Batista, director de gerencia/A&R en Neon16. Miami, FL, 3 de junio de 2024. (ING)
Eduardo Cabra, productor musical. Zoom, 13 de junio de 2024. (ESP)
Andrew Chow, periodista en *Time*. Zoom, 18 de julio de 2023. (ING)
De La Ghetto (Rafael Castillo Torres), artista musical. Zoom, 16 de julio de 2024. (ESP)
Krystina De Luna, programadora de música latina en Apple Music. Zoom, 24 de mayo de 2024. (ING)
Carina del Valle Schorske, escritora y periodista. Zoom, 24 de mayo de 2023. (ING)
Mariah Espada, exeditora de *Time* y periodista. Zoom, 18 de julio de 2023. (ING)
Alejandro García Padilla, exgobernador de Puerto Rico (2013-2017). Zoom, 20 de junio de 2024. (ESP)
iLe (Ileana Cabra Joglar), artista musical. Zoom, 13 de junio de 2024. (ESP)
Jeff (Pseudónimo), fotógrafo de famosos. Los Ángeles, CA, 10 de marzo de 2023. (ING)
Jowell (Joel Muñoz Martínez), artista musical. Chicago, IL, 26 de mayo de 2024. (ESP)
Gustavo Lopez, ejecutivo y director ejecutivo de música latina en Globalatino (exdirector ejecutivo y fundador de Machete Music). Woodland Hills, CA, 17 de agosto de 2023. (ING)
Julyssa Lopez, editora asociada de música y periodista en *Rolling Stone*. Zoom, 27 de junio de 2023. (ING)
Marissa Lopez, encargada de relaciones con artistas latinos en Apple Music. Zoom, 28 de junio de 2024; Zoom, 14 de marzo de 2025. (ING)
Kacho López Mari, director fílmico. San Juan, Puerto Rico, 9 de octubre de 2024; Zoom, 5 de diciembre de 2024; llamada telefónica, 14 de enero de 2025. (ESP)
MAG (Marcos Borrero), productor musical. Zoom, 13 de junio de 2024; Zoom, 19 de agosto de 2024; llamada telefónica, 14 de enero de 2025; Zoom, 29 de enero de 2025. (ING)
Emilio Morales, director administrativo en Rimas Publishing. San Juan, Puerto Rico, 10 de octubre de 2024. (ESP)
Jerry Pullés, programador de música latina en Apple Music. Zoom, 20 de mayo de 2024. (ING)
Randy (Randy Ortiz Acevedo), artista musical. Chicago, IL, 26 de mayo de 2024. (ESP)
Angie Romero, exdirectora de contenido global en Amazon Music y exeditora sénior en Spotify. Zoom, 17 de noviembre de 2023. (ING)

Eddie Santiago, exdirector de alianzas con artistas latinos de Estados Unidos en Spotify. Zoom, 25 de junio de 2024. (ING)

Tainy (Marco Efraín Masís Fernández), productor musical. Miami, FL, 4 de junio de 2024. (ESP)

Jesús Triviño, director senior de relaciones con la industria en TIDAL. Zoom, 23 de abril de 2024. (ING)

OTRAS FUENTES

Abadía-Rexach, Bárbara. «Summer 2019: The Great Racialized Puerto Rican Family Protesting in the Street Fearlessly». *Society and Space*, 25 de febrero de 2020. https://www.societyandspace.org/articles/summer-2019-the-great-racialized-puerto-rican-family-protesting-in-the-street-fearlessly.

Abraham, Jenaro. «Puerto Rico's New Leftist Alliance Poses a Threat to US Imperialism». *NACLA*, 19 de diciembre de 2024. https://nacla.org/puerto-rico-left-alliance-imperialism.

Abrams, Zara. «Puerto Rico, Two Years After Maria». *Monitor on Psychology* (American Psychological Association), vol. 50, núm. 8 (septiembre de 2019): 28. https://www.apa.org/monitor/2019/09/puerto-rico.

Abreu, Christina. *Rhythms of Race: Cuban Musicians and the Making of Latino New York City and Miami, 1940–1960*. Chapel Hill: University of North Carolina Press, 2015.

Aikau, Hokulani K., y Vernadette Vicuña Gonzalez, eds. *Detours: A Decolonial Guide to Hawai'i*. Durham: Duke University Press, 2019.

Alamillo, José M. «A History of Latino/as and Sports». *Oxford Research Encyclopedia of American History*, 21 de agosto de 2024. https://doi.org/10.1093/acrefore/9780199329175.013.374.

Allende Goitía, Noel. «The Profane, the Lewd, and the Misogynistic in Puerto Rican Singing: A Historical and Interpretive Primer to Bad Bunny's Song Lyrics (1900–2022)». En *The Bad Bunny Enigma: Culture, Resistance, and Uncertainty*, editado por Sheilla R. Madera, Nelson Varas-Díaz y Daniel Nevárez Araújo, 27-44. Londres: Lexington Books, 2025.

Amaya, Hector. «The Dark Side of Transnational Latinidad: Narcocorridos and the Branding of Authenticity». En *Contemporary Latina/o Media: Production, Circulation, Politics*, editado por Arlene Dávila y Yeidy Rivero, 223-242. Nueva York: New York University Press, 2014.

Aramburu, Diana, y Tania Carrasquillo Hernández. «From Victimization to Feminist Revolution: Performing Decolonized Bodies as Acts of Collective Rebellion in Puerto Rico». *Centro: Journal of the Center for Puerto Rican Studies*, vol. 35, núm. 2 (2023): 7-29.

Arroyo, Jossiana. «Bad Bunny Caribeño». The Bad Bunny Symposium: Thinking with Bad Bunny. Center for Puerto Rican Studies, Hunter College, Nueva York, 13 de mayo de 2023. Video, mp4, 01:20:51. https://centropr.hunter.cuny.edu/media/bad-bunny-caribeno/.

Ayala, César J., y Rafael Bernabe. *Puerto Rico en el siglo americano: Su historia desde 1898*. Traducido por Aurora Lauzardo Ugarte. San Juan: Ediciones Callejón, 2011.

Báez, Jillian M. «"En Mi Imperio": Competing Discourses of Agency in Ivy Queen's Reggaetón». *Centro: Journal of the Center for Puerto Rican Studies*, vol. 18, núm. 2 (2006): 63-81.

Bergad, Laird W. *The Dominican Population of the New York Metropolitan Region, 1970-2019*. Center for Latin American, Caribbean, and Latino Studies, CUNY Graduate Center, agosto de 2022. https://academicworks.cuny.edu/clacls_pubs/103/.

Berríos-Miranda, Marisol, y Shannon Dudley. «El Gran Combo, Cortijo, and the Musical Geography of Cangrejos/Santurce, Puerto Rico». *Caribbean Studies*, vol. 36, núm. 2 (2008): 121-151.

Bonilla, Yarimar. «The Coloniality of Disaster: Race, Empire, and the Temporal Logics of Emergency in Puerto Rico, USA». *Political Geography* 78 (2020): 102-181. https://doi.org/10.1016/j.polgeo.2020.102181.

_____. «Postdisaster Futures: Hopeful Pessimism, Imperial Ruination, and La Futura Cuir». *Small Axe: A Caribbean Journal of Criticism*, vol. 24, núm. 2 (2020): 147-162.

_____, y Naomi Klein. «The Trauma Doctrine». En *Aftershocks of Disaster: Puerto Rico Before and After the Storm*, editado por Yarimar Bonilla y Marisol LeBrón, 21-37. Chicago: Haymarket Books, 2019.

_____, y Marisol LeBrón, eds. *Aftershocks of Disaster: Puerto Rico Before and After the Storm*. Chicago: Haymarket Books, 2019.

Brisa, Rima, e Isar Godreau. «Dismantling Public Education in Puerto Rico». En *Aftershocks of Disaster: Puerto Rico Before and After the Storm*, editado por Yarimar Bonilla y Marisol LeBrón, 234-239. Chicago: Haymarket Books, 2019.

Burnett, Christine Duffy, y Burke Marshall, eds. *Foreign in a Domestic Sense: Puerto Rico, American Expansionism, and the Constitution*. Durham: Duke University Press, 2001.

Cabán, Pedro. «Promesa, Puerto Rico and the American Empire». *Latino Studies*, vol. 16, núm. 2 (2018): 161-184. https://doi.org/10.1057/s41276-018-0125-z.

_____. «Puerto Rico's Forever Exodus». *NACLA*, 22 de febrero de 2018. https://dev.nacla.org/news/2018/02/22/puerto-rico%E2%80%99s-forever-exodus.

Calderón, Tego. «Black Pride». En *Reggaeton*, editado por Raquel Z. Rivera, Wayne Marshall y Deborah Pacini Hernandez, 324-326. Durham: Duke University Press, 2009.

Castro Pérez, Joel. «La lucha por derecho a ser: Una historia de transfobia institucional, 1995-2018». *Centro: Journal of the Center for Puerto Rican Studies*, vol. 30, núm. 2 (2023): 478-501.

Cepeda, María Elena. «"A Cartel Built for Love": "Medellín," Pablo Escobar, and the Scripts of Global Colombianidad». En *Critical Dialogues in Latinx Studies*, editado por Mérida Rúa y Ana Ramos-Zayas, 39-50. Nueva York: New York University Press, 2021.

_____. «Marketing, Performing, and Interpreting Multiple Latinidades: Los Tigres del Norte and Calle 13's "América"». En *Contemporary Latina/o Media: Production,*

  Circulation, Politics, editado por Arlene Dávila y Yeidy Rivero, 303-321. Nueva York: New York University Press, 2014.

_____. *Musical ImagiNation: U.S.-Colombian Identity in the Latin Music Boom*. Nueva York: New York University Press, 2010.

Chamberlain, Edward. «From Father to Humanitarian: Charting Intimacies and Discontinuities in Ricky Martin's Social Media Presence and Writing». En *Caribbean Migrations: The Legacies of Colonialism*, editado por Anke Birkenmeir, 87-102. Nuevo Brunswick: Rutgers University Press, 2021.

Chavez, Leo. *The Latino Threat: Constructing Immigrants, Citizens, and the Nation*. 2.ª edición. Redwood City: Stanford University Press, 2013.

Cintrón-Moscoso, Federico, y Vanessa Díaz. «Photo Essay: The Power of Popular Protest: El Verano Boricua». *Latin American Perspectives*, vol. 47, núm. 3 (2020): 13-17. https://doi.org/10.1177/0094582X20916217.

Cobo, Leila. *Decoding «Despacito»: An Oral History of Latin Music*. Nueva York: Penguin Random House, 2021.

Coddington, Amy. *How Hip Hop Became Hit Pop: Radio, Rap, and Race*. Berkeley: University of California Press, 2023.

Corona, Ignacio. «The Cultural Locations of US 'Latin' Rock». En *The Routledge Companion to Latina/o Media Studies*, editado por Dolores Inés Casillas y María Elena Cepeda, 241-258. Nueva York: Routledge, 2017.

Dávila Ellis, Verónica. «Doing Reggaetón However He Wants: Bad Bunny's YHLQMDLG (Review)». *NACLA*, 23 de marzo de 2020. https://nacla.org/news/2020-03-23-bad-bunny-yhlqmdlg-review.

_____. «"¿Dónde están las yales?" Reggaetón and Womanhood in the Welfare Island». *Journal of Gender and Sexuality Studies/Revista de Estudios de Género y Sexualidades*, vol. 46, núms. 1-2 (2020): 195-214.

De Onís, Catalina. *Energy Islands: Metaphors of Power, Extractivism, and Justice in Puerto Rico*. Berkeley: University of California Press, 2021.

Díaz, Vanessa. *Manufacturing Celebrity: Latino Paparazzi and Women Reporters in Hollywood*. Durham: Duke University Press, 2020.

_____, y Petra R. Rivera-Rideau. «"Esta es mi tierra/Esta soy yo": Teaching US Colonialism and Puerto Rican Resistance Through Bad Bunny». *Latino Studies*, vol. 22, núm. 3 (2024): 562-570.

Dick, Diane Lourdes. «US Tax Imperialism in Puerto Rico». *American Law Review*, vol. 65, núm. 1 (2015): 1-86.

Dinzey-Flores, Zaire Zenit. *Locked In, Locked Out: Gated Communities in a Puerto Rican City*. Filadelfia: University of Pennsylvania Press, 2013.

Drott, Eric. *Streaming Music, Streaming Capital*. Durham: Duke University Press, 2024.

Duany, Jorge. «Dominican Migration to Puerto Rico: A Transnational Perspective». *Centro: Journal of the Center for Puerto Rican Studies*, vol. 17, núm. 1 (2005): 242-269.

_____. «"May God Take Me to Orlando": The Puerto Rican Exodus to Florida Before and After Hurricane María». En *Caribbean Migrations: The Legacies of Colonialism*, editado por Anke Birkenmaier, 40-58. Nuevo Brunswick: Rutgers University Press, 2021.

_____. *The Puerto Rican Nation on the Move*. Chapel Hill: University of North Carolina Press, 2002.

Erman, Sam. *Almost Citizens: Puerto Rico, the US Constitution, and Empire*. Nueva York: Cambridge University Press, 2018.

Exposito, Suzy. «Fireside Chat on "Bad Bunny and Resistance in Puerto Rico"». Disertación, Auditorio Ahmanson, Universidad Loyola Marymount, Los Ángeles, 22 de marzo de 2023.

_____. «Mediating Bad Bunny». The Bad Bunny Symposium: Thinking with Bad Bunny. Center for Puerto Rican Studies, Hunter College, Nueva York, 13 de mayo de 2023. Video, YouTube, 01:18:09. https://www.youtube.com/watch?v=nWIyrjuQabc&list=PLvhJBamtYzrU1kpiRB1EQATrIlH-JEOUS&index=5.

Feil, Ken. *Fearless Vulgarity: Jacqueline Susann's Queer Comedy and Camp Authorship*. Detroit: Wayne State University Press, 2023.

Findlay, Eileen J. «Slipping and Sliding: The Many Meanings of Race in Life Histories of New York Puerto Rican Return Migrants in San Juan». *Centro: Journal of the Center for Puerto Rican Studies*, vol. 24, núm. 2 (2012): 20-43.

Fiol-Matta, Licia. «Pop Latinidad: Puerto Ricans in the Latin Explosion, 1999». *Centro: Journal of the Center for Puerto Rican Studies*, vol. 14, núm. 1 (2002): 26-52.

Flores, Juan. *The Diaspora Strikes Back: Caribeño Tales of Learning and Turning*. Nueva York: Routledge, 2009.

Fussell, Elizabeth, Narayan Sastry y Mark VanLandingham. «Race, Socioeconomic Status, and Return Migration to New Orleans After Hurricane Katrina». *Population and Environment* 31 (2010): 20-42. https://doi.org/10.1007/s11111-009-0092-2.

Fusté, José. «Repeating Islands of Debt: Historicizing the Transcolonial Relationality of Puerto Rico's Economic Crisis». *Radical History Review* 128 (2017): 91-119.

Godreau, Isar P. *Scripts of Blackness: Race, Cultural Nationalism, and U.S. Colonialism in Puerto Rico*. Urbana: University of Illinois Press, 2015.

González, Juan. *Harvest of Empire: A History of Latinos in America*. 2.ª edición revisada. Nueva York: Penguin Books, 2022.

González Cedeño, Kiana, y Ariana Costales del Toro. «Ballrooms and the Sacred Runway: Intimate and Public Lamentations in Cuir Communities of Puerto Rico». *Centro: Journal of the Center for Puerto Rican Studies*, vol. 36, núm. 2 (2024). https://www.thefreelibrary.com/Ballrooms+and+the+Sacred+Runway%3a+Intimate+and+Public+Lamentations+in-a0820017690.

Guevarra, Rudy P., Jr. *Aloha Compadre: Latinxs in Hawai'i*. Nuevo Brunswick: Rutgers University Press, 2023.

Hernández, Tanya Katerí. «Envisioning the United States in the Latin American Myth of "Racial Democracy Mestizaje"». *Latin American and Caribbean Ethnic Studies*, vol. 11, núm. 2 (2016): 189-205.

Hinojosa, Jennifer, y Edwin Meléndez. «Puerto Rican Exodus: One Year Since Hurricane María». *Research Brief*, septiembre de 2018, Centro RB2018-05. Center for Puerto Rican Studies, Hunter College. https://academicworks.cuny.edu/cpr_pubs/5/.

Hostetler-Díaz, Jean. «Calles de La Resistencia: Pathways to Empowerment in Puerto Rico». *Latin American Perspectives*, vol. 47, núm. 3 (2020): 4-12.

Jiménez, Félix. «(W)rapped in Foil: Glory at Twelve Words a Minute». En *Reggaeton*, editado por Raquel Z. Rivera, Wayne Marshall y Deborah Pacini Hernandez, 229-251. Durham: Duke University Press, 2009.

Jiménez Román, Miriam. «Boricua vs. Nuyoricans—Indeed!». *ReVista: Harvard Review of Latin America* 7, núm. 3 (2008): 8-11.

_____. «Un Hombre (Negro) del Pueblo: José Celso Barbosa and the Puerto Rican 'Race' Toward Whiteness». *Centro: Journal of the Center for Puerto Rican Studies*, vol. 8, núms. 1-2 (1996): 8-29.

_____, y Juan Flores, eds. *The Afro-Latin@ Reader: History and Culture in the United States*. Durham: Duke University Press, 2010.

Kim, Sujin, y Lisa M. Dorner (2014). «"Everything Is a Spectrum": Korean Migrant Youth Identity Work in the Transnational Borderland». En *Children and Borders*, editado por Spyros Spyrou y Miranda Christou, 276-292. Londres: Palgrave Macmillan, 2014. https://doi.org/10.1057/9781137326317_16.

Kishore, Nishant, Domingo Marqués, Ayesha Mahmud, Mathew V. Kiang, Irmary Rodriguez, Arlan Fuller y Peggy Ebner. «Mortality in Puerto Rico after Hurricane María». *New England Journal of Medicine*, vol. 379, núm. 2 (2018): 162-170.

Klein, Naomi. *La batalla por el paraíso: Puerto Rico y el capitalismo del desastre*. Traducido por Teresa Córdova Rodríguez. Chicago: Paidós, 2018.

La Fountain-Stokes, Lawrence. «Recent Developments in Queer Puerto Rican History, Politics, and Culture». *Centro: Journal of the Center for Puerto Rican Studies*, vol. 30, núm. 2 (2018): 502-540.

_____. *Translocas: The Politics of Puerto Rican Drag and Trans Performance*. Ann Arbor: University of Michigan Press, 2021.

Laguarta Ramírez, José A. «Yo no me dejé! Reggaetón Critique and Puerto Rico in the Times of Benito Martínez Ocasio». En «The Political Landscape of P FKN R». The Bad Bunny Symposium: Thinking with Bad Bunny. Center for Puerto Rican Studies, Hunter College, Nueva York, 13 de mayo de 2023. Video, YouTube, 1:09:13. https://www.youtube.com/watch?v=M19WXGV7CZc&list=PLvhJBamtYzrU1kpiRB1EQATrIlH-JEOUS&index=8.

LeBrón, Marisol. *Contra Muerto Rico: Lecciones del Verano Boricua*. Traducido por Beatriz Llenín Figueroa. Cabo Rojo: Editora Educación Emergente, 2021.

_____. *La vida y la muerte ante el poder policiaco: Raza, violencia, y resistencia en Puerto Rico*. Traducido por Beatriz Llenín Figueroa. Cabo Rojo: Editora Educación Emergente, 2021.

_____. «The Protests in Puerto Rico Are About Life and Death». *NACLA*, 18 de julio de 2019. https://dev.nacla.org/news/2019/07/18/protests-puerto-rico-are-about-life-and-death.

_____. «Puerto Rico and the Colonial Circuits of Policing: How Reconsidering the History of Policing in Puerto Rico Complicates Our Understandings of the Island's Colonial Relationship with the United States». *NACLA*, 27 de septiembre de 2017. https://dev.nacla.org/news/2017/09/27/puerto-rico-and-colonial-circuits-policing.

Leppert, Alice. «Momager of the Brides: Kris Jenner's Management». En *First Comes Love: Power Couples, Celebrity Kinship and Cultural Politics*, editado por Shelley Cobb y Neil Ewen, 133-150. Nueva York: Bloomsbury, 2015.

Lloréns, Hilda. «Brothels, Hell and Puerto Rican Bodies: Sex, Race, and Other Cultural Politics in 21st Century Artistic Representations». *Centro: Journal of the Center for Puerto Rican Studies*, vol. 20, núm. 1 (2008): 193-217.

_____. «US Media Depictions of Climate Migrants: The Recent Case of the Puerto Rican "Exodus"». En *Aftershocks of Disaster: Puerto Rico Before and After the Storm*, editado por Yarimar Bonilla y Marisol LeBrón, 124-137. Chicago: Haymarket Books, 2019.

López Mari, Kacho, dir. *El Apagón - Aquí Vive Gente*. Rimas Entertainment, 2022. Video, YouTube, 00:22:53. https://www.youtube.com/watch?v=1TCX_Aqzoo4.

Marshall, Wayne. «From Música Negra to Reggaeton Latino: The Cultural Politics of Nation, Migration, and Commercialization». En *Reggaeton*, editado por Raquel Z. Rivera, Wayne Marshall y Deborah Pacini Hernandez, 19-76. Durham: Duke University Press, 2009.

Martin, Ricky. *Me*. Nueva York: Penguin Random House, 2010.

Martínez-San Miguel, Yolanda. «De ilegales e indocumentados: Representaciones culturales de la migración dominicana en Puerto Rico». *Revista de Ciencias Sociales* 4 (1998): 113-173.

Massol-Deyá, Arturo. «The Energy Uprising: A Community-Driven Search for Sustainability and Sovereignty in Puerto Rico». En *Aftershocks of Disaster: Puerto Rico Before and After the Storm*, editado por Yarimar Bonilla y Marisol LeBrón, 298-308. Chicago: Haymarket Books, 2019.

Meléndez, Edgardo. *Sponsored Migrations: The State and Puerto Rican Postwar Migration*. Columbus: Ohio State University Press, 2017.

Meléndez-Badillo, Jorell A. *Puerto Rico: Historia de una nación*. Traducido por Aurora Lauzardo Ugarte. Ciudad de México: Planeta, 2024.

Molanphy, Chris. *Old Town Road*. Durham: Duke University Press, 2023.

Molinari, Sarah. «Authenticating Loss and Contesting Recovery: FEMA and the Politics of Colonial Disaster Management». En *Aftershocks of Disaster: Puerto Rico Before and After the Storm*, editado por Yarimar Bonilla y Marisol LeBrón, 285-297. Chicago: Haymarket Books, 2019.

Morales, Ed. *Fantasy Island: Colonialism, Exploitation, and the Betrayal of Puerto Rico*. Nueva York: Bold Type Books, 2019. (Disponible también en español: *La isla de la fantasía: El colonialismo, la explotación, y la traición a Puerto Rico*. Traducido por LM Editorial Services. Nueva York: Bold Type Books, 2019).

Negrón-Muntaner, Frances. *Boricua Pop: Puerto Ricans and the Latinization of US Culture*. Nueva York: New York University Press, 2004.

_____. «Our Fellow Americans: Why Calling Puerto Ricans 'Americans' Will Not Save Them». En *Aftershocks of Disaster: Puerto Rico Before and After the Storm*, editado por Yarimar Bonilla y Marisol LeBrón, 93-100. Chicago: Haymarket Books, 2019.

———. «Poetry of Filth: The (Post) Reggaetonic Lyrics of Calle 13». En *Reggaeton*, editado por Raquel Z. Rivera, Wayne Marshall y Deborah Pacini Hernandez, 327-348. Durham: Duke University Press, 2009.

Negus, Keith. *Music Genres and Corporate Cultures*. Nueva York: Routledge, 1999.

Nieves Moreno, Alfredo. «A Man Lives Here: Reggaetón's Hypermasculine Resident». En *Reggaeton*, editado por Raquel Z. Rivera, Wayne Marshall y Deborah Pacini Hernandez, 252-279. Durham: Duke University Press, 2009.

Ortiz Valentín, Luis J., y Minet, Carla. «Las 889 páginas de Telegram entre Rosselló Nevares y sus allegados». *Centro de Periodismo Investigativo*, 13 de julio de 2019. https://periodismoinvestigativo.com/2019/07/las-889-paginas-de-telegram-entre-rossello-nevares-y-sus-allegados/.

Pacini Hernandez, Deborah. «Dominicans in the Mix: Reflections on Dominican Identity, Race, and Reggaeton». En *Reggaeton*, editado por Raquel Z. Rivera, Wayne Marshall y Deborah Pacini Hernandez, 135-164. Durham: Duke University Press, 2009.

———. *Oye Como Va! Hybridity and Identity in Latino Popular Music*. Filadelfia: Temple University Press, 2010.

Paíz, Christian O. «Essential Only as Labor: Coachella Valley Farmworkers During covid-19». *Kalfou*, vol. 8, núm. 1-2 (2021): 31-50.

Paredez, Deborah. *Selenidad: Selena, Latinos, and the Performance of Memory*. Durham: Duke University Press, 2009.

Pérez, Ileana. «More Than Spanish to English Code-Switching: An Analysis of Bad Bunny's Translanguaging Practices Throughout His Discography». En *The Bad Bunny Enigma: Culture, Resistance, and Uncertainty*, editado por Sheilla R. Madera, Nelson Varas-Díaz y Daniel Nevárez Araújo, 189-203. Londres: Lexington Books, 2025.

Picker, Miguel, y Chyng Sun, dirs. *Latinos Beyond Reel: Challenging a Media Stereotype*. Kanopy Streaming, 2016. https://latinosbeyondreel.com/.

Poblete, JoAnna. *Islanders in the Empire: Filipino and Puerto Rican Laborers in Hawai'i*. Urbana: University of Illinois Press, 2014.

Powdermaker, Hortense. *Hollywood, the Dream Factory: An Anthropologist Looks at the Movie-Makers*. Boston: Little, Brown, 1950.

Power, Margaret. «Seeing the U.S. Empire Through the Eyes of Puerto Rican Nationalists Who Opposed It». *Modern American History*, vol. 2, núm. 2 (2019): 189-192.

Power-Sotomayor, Jade. «Dancing in *Non-English* at the Grammys». The Bad Bunny Symposium: Thinking with Bad Bunny. Center for Puerto Rican Studies, Hunter College, Nueva York, 13 de mayo de 2023. https://centropr.hunter.cuny.edu/media/bad-bunny-caribeno/.

Prados-Rodríguez, Eva. «Puerto Rico's Fight for a Citizen Debt Audit: A Strategy for Public Mobilization and a Fair Reconstruction». En *Aftershocks of Disaster: Puerto Rico Before and After the Storm*, editado por Yarimar Bonilla y Marisol LeBrón, 213-219. Chicago: Haymarket Books, 2019.

Ragland, Cathy. *Música Norteña: Mexican Migrants Creating a Nation Between Nations*. Filadelfia: Temple University Press, 2009.

Ramírez, Catherine S. *Assimilation: An Alternative History*. Berkeley: University of California Press, 2020.

———. «Indians and Negroes in Spite of Themselves: Puerto Rican Students at the Carlisle Indian Industrial School». En *Relational Formations of Race: Theory, Method, and Practice*, editado por Natalia Molina, Daniel Martinez HoSang y Ramón A. Gutiérrez, 166-184. Berkeley: University of California Press, 2019.

Ramos, Iván A. *Unbelonging: Inauthentic Sounds in Mexican and Latinx Aesthetics*. Nueva York: New York University Press, 2023.

Rebollo-Gil, Guillermo. *Writing Puerto Rico: Our Decolonial Moment*. Nueva York: Palgrave Macmillan, 2018.

Reyes-Santos, Alaí. *Our Caribbean Kin: Race and Nation in the Neoliberal Antilles*. Nuevo Brunswick: Rutgers University Press, 2015.

Ríos Ruíz, Elena. «Estado de emergencia ante la violencia del género: Una conversación con la coalición feminista puertorriqueña Coordinadora Paz para las Mujeres». *Centro: Journal of the Center for Puerto Rican Studies*, vol. 35, núm. 2 (2023): 125-136.

Rivera, Eugenio «Gene». «La Colonia de Lorain, Ohio». En *The Puerto Rican Diaspora: Historical Perspectives*, editado por Carmen Theresa Whalen y Víctor Vázquez-Hernández, 151-173. Filadelfia: Temple University Press, 2005.

Rivera, Raquel Z. «Policing Morality, *Mano Dura Stylee*: The Case of Underground Rap and Reggae in Puerto Rico». En *Reggaeton*, editado por Raquel Z. Rivera, Wayne Marshall y Deborah Pacini Hernandez, 111-134. Durham: Duke University Press, 2009.

———. «Will the Real Puerto Rican Culture Please Stand Up». En *None of the Above: Puerto Ricans in the Global Era*, editado por Frances Negrón-Muntaner, 217-231. Nueva York: Palgrave Macmillan, 2007.

———, Wayne Marshall y Deborah Pacini Hernandez, eds. *Reggaeton*. Durham: Duke University Press, 2009.

Rivera-Figueroa, Luis Enrique. «Bad Bunny on the Global Stage: The Network Society, Streaming, and the Latin Music Industry». En *The Bad Bunny Enigma: Culture, Resistance, and Uncertainty*, editado por Sheilla R. Madera, Nelson Varas-Díaz y Daniel Nevárez Araújo, 75-94. Londres: Lexington Books, 2025.

———. «Bad Bunny's Transgressive Gender Performativity: Camp Aesthetics and Hegemonic Masculinities in Early Latin Trap». *Journal of Latin American Communication Research*, vol. 8, núms. 1-2 (2020): 86-108.

Rivera-Rideau, Petra R. «"Cocolos Modernos": Salsa, Reggaetón, and Puerto Rico's Cultural Politics of Blackness». *Latin American and Caribbean Ethnic Studies*, vol. 8, núm. 1 (2013): 1-19.

———. *Fitness Fiesta! Selling Latinx Culture Through Zumba*. Durham: Duke University Press, 2024.

———. «"If I Were You": Tego Calderón's Diasporic Interventions». *Small Axe: A Caribbean Journal of Criticism*, vol. 55, núm. 3 (2018): 55-69.

———. «Race, Latinidad, and Latin Pop: CNCO and Reggaetón in the Mainstream». En *Oxford Handbook of Global Popular Music*, editado por Simone Krueger

Bridge y Britta Sweers. Nueva York: Oxford University Press, 2021. https://doi.org/10.1093/oxfordhb/9780190081379.013.51.

———. «Reinventing Enrique Iglesias: Constructing Latino Whiteness in the Latin Urban Scene». *Latino Studies*, vol. 17, núm. 4 (2019): 467-483.

———. *Remixing Reggaetón: The Cultural Politics of Race in Puerto Rico*. Durham: Duke University Press, 2015.

———, y Jericko Torres-Leschnik. «"The Colors and Flavors of My Puerto Rico": Mapping "Despacito's" Crossovers». *Journal of Popular Music Studies*, vol. 31, núm. 1 (2019): 87-108.

Rivera-Servera, Ramón H. «Reggaetón's Crossings: Black Aesthetics, Latina Nightlife, and Queer Choreography». En *No Tea, No Shade: New Writings in Black Queer Studies*, editado por E. Patrick Johnson, 95-112. Durham: Duke University Press, 2016.

Rivera Velásquez, Celiany. «Caribbean Kiki: The Cuir Irreverence of Puerto Rican LaBoriVogue and Dominican Draguéalo». *Centro: Journal of the Center for Puerto Rican Studies*, vol. 36, núm. 2 (2024). https://www.thefreelibrary.com/Caribbean+Kiki%3a+The+Cuir+Irreverence+of+Puerto+Rican+LaBoriVogue+and-a0820017689.

Roberto, Giovanni. «Community Kitchens: An Emerging Movement?». En *Aftershocks of Disaster: Puerto Rico Before and After the Storm*, editado por Yarimar Bonilla y Marisol LeBrón, 309-318. Chicago: Haymarket Books, 2019.

Rodríguez, Juana María. «Getting F****d in Puerto Rico: Metaphoric Provocations and Queer Activist Interventions». En *None of the Above: Puerto Ricans in the Global Era*, editado por Frances Negrón-Muntaner, 129-145. Nueva York: Palgrave Macmillan, 2007.

Rodríguez-Madera, Sheilla L., Mark Padilla, Nelson Varas-Díaz, Torsten Neilands, Ana C. Vasques Guzzi, Ericka J. Florenciani y Alíxida Ramos-Pibernus. «Experiences of Violence Among Transgender Women in Puerto Rico: An Underestimated Problem». *Journal of Homosexuality*, vol. 6, núm. 2 (2017): 209-217.

Rosa, Jonathan. «Bad Bunny, Good PR: Race, Language and the Politics of Vernacular Celebrity». The Bad Bunny Symposium: Thinking with Bad Bunny. Center for Puerto Rican Studies, Hunter College, Nueva York, 13 de mayo de 2023. Video, mp4, 1:15:51. https://centropr.hunter.cuny.edu/media/bad-bunny-good-pr-race-language-and-the-politics-of-vernacular-celebrity/.

Sanabria León, Waleska, y M. Gabriela Torres. «Colonial Necropolitics in Responding to Gender-Based Violence Amidst Cascading Disasters in Puerto Rico». *Feminist Anthropology*, vol. 5, núm. 1 (2024): 13-28.

Sandoval-Sánchez, Alberto. *José, Can You See? Latinos on and off Broadway*. Madison: University of Wisconsin Press, 1999.

Santiago-Bartolomei, Raúl. «In Two Caribbean Cities, Digital Platforms Drive Gentrification: With the Help of Apps Like Airbnb, Short-Term Rental Housing Elevates Costs and Fuels Displacement in Havana and San Juan». NACLA: *Report on the Americas*, vol. 54, núm. 3 (2022): 324-329.

Smith, Stacy L., Katherine Pieper y Sam Wheeler. «Inequality in 1,600 Popular Films: Examining Portrayals of Gender, Race/Ethnicity, lgbtq+ and Disability from 2007 to 2022». USC Annenberg Inclusion Initiative, agosto de 2023, 3-4. https://assets.uscannenberg.org/docs/aii-inequality-in-1600-popular-films-20230811.pdf.

Solis Miranda, Regina. «*Bienaventurado el que escuche este liriqueo*: Negotiating *Latinidad* Through Reggaeton». *Latino Studies*, vol. 20, núm. 4 (2022): 498-526.

Suárez Findlay, Eileen J. *We Are Left Without a Father Here: Masculinity, Domesticity, and Migration in Postwar Puerto Rico*. Durham: Duke University Press, 2014.

Tehranian, John. «Is Kim Kardashian White (and Why Does It Matter Anyway)? Racial Fluidity, Identity Mutability and the Future of Civil Rights Jurisprudence». *Houston Law Review*, vol. 58, núm. 1 (2020): 151-183. https://houstonlawreview.org/article/18003-is-kim-kardashian-white-and-why-does-it-matter-anyway-racial-fluidity-identity-mutability-the-future-of-civil-rights-jurisprudence.

Thomas, Lorrin. *Puerto Rican Citizen*. Chicago: University of Chicago Press, 2010.

Torres Gotay, Benjamín. «"I'm Quite Comfortable": Abandonment and Resignation After María». En *Aftershocks of Disaster: Puerto Rico Before and After the Storm*, editado por Yarimar Bonilla y Marisol LeBrón, 82-89. Chicago: Haymarket Books, 2019.

Torruella, Juan R. «To Be or Not to Be: Puerto Ricans and Their Illusory US Citizenship». *Centro: Journal of the Center for Puerto Rican Studies*, vol. 29, núm. 1 (2017). https://www.thefreelibrary.com/To+Be+or+Not+to+Be%3A+Puerto+Ricons+and+Their+Illusory+U.S.+Citizenship.-a0608508782.

Valdez, Elena. «Vivir sin miedo: Las artes contemporáneas ante la violencia de género en Puerto Rico». *Centro: Journal of the Center for Puerto Rican Studies*, vol. 35, núm. 2 (2023): 227-247.

Valle, Ariana J. «Race and the Empire-State: Puerto Ricans' Unequal US Citizenship». *Sociology of Race and Ethnicity*, vol. 5, núm. 1 (2018).

Vazquez, Alexandra T. «Toward an Ethics of Knowing Nothing». En *Pop When the World Falls Apart: Music in the Shadow of Doubt*, editado por Eric Weisbard, 27-39. Durham: Duke University Press, 2012.

Venator-Santiago, Charles R., y Volodymyr Gupan. «Puerto Rican Population Change in the United States, 2016-2021». UCONN: Puerto Rican Studies Initiative for Community Engagement and Public Policy, Data Report DR 2022-1, septiembre de 2022. https://puerto-rican-studies-initiative-clas.media.uconn.edu/wp-content/uploads/sites/3555/2023/12/UConn_PuertoRicanPopulationChange_FinalPrint.pdf.

Watson, Sonja. «Reading National Identity in Panama Through Renato, a First-Generation Panamanian Reggae en Español Artist». *Alter/nativas* 2 (2014). https://alternativas.osu.edu/en/issues/spring-2014/essays1/watson.html.

Whalen, Carmen Theresa. «Colonialism, Citizenship, and the Making of the Puerto Rican Diaspora: An Introduction». En *The Puerto Rican Diaspora: Historical Perspectives*, editado por Carmen Theresa Whalen y Víctor Vásquez-Hernández, 1-42. Filadelfia: Temple University Press, 2005.

Zambrana, Rocío. «Black Feminist Tactics: On La Colectiva Feminista en Construcción's Politics Without Guarantees». *Society and Space*, 25 de febrero de 2020. https://www.societyandspace.org/articles/black-feminist-tactics-on-la-colectiva-feminista-en-construccions-politics-without-guarantees.

_____. *Deudas coloniales: El caso de Puerto Rico*. Traducido por Raquel Salas Rivera. Cabo Rojo: Editora Educación Emergente, 2022.

ÍNDICE ANALÍTICO

Nota: *los números de página seguidos de f indican imágenes.*

«Afilando los cuchillos» (Residente, Bad Bunny, iLe), 88-91
«Bailando» (Bueno), 41, 263n39
«Controversia» (Rivera), 157, 164
«Despacito» (Daddy Yankee y Luis Fonsi), 41, 65, 206, 263n39, 269n53; remezcla de (con Justin Bieber), 203, 293n37. *Véase también* huracán María
«El apagón», 149, 155-160, 162-164, 167, 169-174, 193-195, 227, 230, 234, 249; Logan Paul y, 233; video musical, 25, 85f, 156-164, 170-171, 172, 233; mensaje político de, 161-162; boquetes y, 78. *Véase también* López Mari, Kacho
«El pistolón» (Yaga y Mackie), 40-42
«La Borinqueña», 227, 238-239, 242, 302n60
«La difícil», 106-107
«La ocasión» (DJ Luian y Mambo Kingz), 43-44

Ableton, 158, 286n29
aburguesamiento, 22, 25, 151, 214, 228, 249, 288n59; «El apagón» y, 162; *Aquí vive gente* y, 164, 167, 171; *DeBÍ TiRAR MáS FOToS* (film) y, 246f, 303
AEE (Autoridad de Energía Eléctrica de Puerto Rico), 165-166
Agua, Sol y Sereno, 172
Agüeybaná, 144

Aguilera, Christina, 205
Airbnb, 124, 249, 252
Albizu Campos, Pedro, 24-25, 86, 93, 144, 157, 161, 283n66
Alexis y Fido, 68, 118
Almighty, 42
Almirante Sur, 21, 45
Amazon Music, 187
Anonimus, 42
Anthony, Marc, 183, 208, 217
Anuel AA, 42-43, 50
Apple Music, 13, 42-43, 47, 149, 201, 243, 245; relaciones con artistas latinos, 20; Trap Kingz (*playlist*), 44, 47; campaña Up Next, 45, 49-50, 269n46. *Véase también* López, Marissa; Pullés, Jerry
Aquí vive gente, 164-170, 233
Aramburu, Diana, 108
Arcángel y De La Ghetto, 26, 39-40, 42, 50
Arcángel, 26, 28, 50, 91, 133, 141-142, 154, 213-215, 227; «La Ocasión», 42; «El pistolón», 40; «Traficando a mi manera», 40, 42. *Véase también* Bad Bunny, canciones de: «ACHO PR»; «Diles»; «P FKN R»; «Tú no vives así»
Arnaz, Desi, 181, 290n6
Arroyo, Carlos, 143
Arroyo, Jossianna, 214

Arroyo, Juan, 171
Artista del Año, Premios Grammy, 175
artistas afrolatinos, 193
Assad, Noah, 48-49, 51, 70, 125-126, 138, 141, 185, 292n35
austeridad, 29, 109, 151; medidas, 33-34, 36, 78, 145, 236, 266n13; selectiva, 83
Ayala, Hermes, 200, 204-205, 208, 261n48, 261n6, 288n62

Baby Records, 39
bachata, 131, 151, 156
Bad Bunny, canciones de: «ACHO PR», 27-29, 226-227; «Andrea», 111-113, 152 (*véase también* Ruiz Costas, Andrea); «Baticano», 119; «Bellacoso» 91; «BOKeTE», 78; «Caile», 27, 50; «Callaíta», 102-105, 107, 111, 150, 156; «Caro», 97, 98*f*, 114, 116, 118-119; «El CLúB», 245, 248; «Dákiti», 127, 137; «Después de la playa», 147-148, 173, 176; «La difícil», 105-106; «Diles», 29, 46-50; «Estamos bien», 52-54, 66, 70-72, 78, 101; «Ignorantes», 111, 116, 119; «La jumpa», 213-214; «Maldita pobreza», 142; «Mi Puerto Rico», 63, 66; «Moscow Mule», 147; «La MuDANZA», 25, 245, 247, 249, 250*f*; «NUEVAYoL», 130-131, 245; «Ojitos lindos», 151; «P FKN R», 144-145, 158; «PIToRRO DE COCO», 243, 248; «Safaera», 50, 201; «Sensualidad», 50; «Si yo veo a tu mamá», 151; «Solo de mí», 106-109; «Soy peor», 47-48; «Tití me preguntó», 119, 131, 148, 151, 284n2; «Trellas», 127; «Tú no vives así», 47; «TURiSTA», 249; «Una velita», 237-239, 241-242; «un x100to», 216-218; «VUELVE CANDY B», 225; «WELTiTA», 17; «WHERE SHE GOES», 129-130, 218, 222, 227; «Yo no soy celoso», 151; «Yo perreo sola», 110, 116-118, 138; «Yo visto así», 127, 133, 142. *Véase también* «El apagón»; Cardi B: «I Like It»; MAG; Tainy (Marco Efraín Masís Fernández)
Bad Bunny, giras: *Most Wanted Tour*, 14, 120, 226-228; *El último tour del mundo*, 14, 152; *World's Hottest Tour*, 14, 153, 170, 173-174, 205; «Badchella», 141
bandera de Puerto Rico, 18, 74, 157, 160-161, 172*f*, 201, 213, 227, 239; bikini, 85; capa, 144; en Coachella, 218, 220; creación de la, 23; Ley de la Mordaza y, 249, 250*f*, 259n21(*véase también* Bad Bunny, canciones de: «La MuDANZA»); independentista, 76, 77*f*, 247
Barea, J. J., 144, 157
Barrera, Edgar, 217-218, 223
Batista, Pablo, 22, 63, 72-73, 87, 103, 211, 228
Ben-Shimon, Ofir, 184, 292n31
Benítez, Lucecita, 144
Berlingeri, Gabriela, 117, 124, 162, 169, 180, 185, 234, 293n35
Berríos, Raquel, 112. *Véase también* Buscabulla
Beyoncé, 13, 50, 200, 223
Bieber, Justin, 65, 132, 181, 203-204, 210, 292n31, 293n37. *Véase también* «Despacito»
Billboard Global 200, lista, 13, 126-127, 130, 149, 279n3
Billboard Global Excl. US, lista, 127
Billboard Hot 100, lista 13, 64, 132, 150, 209, 217-218, 260n37
Billboard Hot Latin Songs, lista, 64, 111
Billboard Latin Albums, lista (Artistas Latinos), 13
Billboard, 21, 41, 43, 49, 64, 128, 140-141, 187; sitio web, 257n5
Billboard, premios, 69
Blackpink, 203, 207
blanqueza, 180, 193, 294n51
BMI, premios, 69

Bomba Estéreo, 153*f*, 154
bomba, 13, 15, 76, 83, 151, 208-209, 238, 222; baile, 80, 209; tambores, 239; reguetón y, 246
Bonilla, Yarimar, 58, 63, 73, 267n24, 267n29
boom latino, 176, 188, 203, 205
Borikén, 17
Bueno, Descemer, 41
Bugatti, 142, 224
Burgos, Julia de, 172
Buscabulla, 112-113, 154

Cabán, Pedro, 35, 262n32
cabezudos, 172, 174, 227
Cabra Eduardo, 17, 92
Cáceres, Anthony. *Véase* El Tony
Calderón, Tego, 93, 133, 156-157, 172, 189, 190*f*, 192-193, 273n58; *El Abayarde*, 212-213, 246; «Métele sazón», 68
Calle 13, 91-94, 102, 156; «La Perla», 91; «Querido FBI», 92
Camacho-Quinn, Jasmine, 144
Camacho, Héctor «Macho», 226
Camilo, 217
Campaña Anti-Pornografía, 103-106, 275n9
Canales, Blanca, 25, 144, 283n66
Cancel Miranda, Rafael, 25
Candelario López, Raúl, 240
Cano, Natanael: «Soy el diablo (remix)», 223
Cantú, Juan Javier, 216-217. *Véase también* Grupo Frontera
Capó, Julio, Jr., 118-119
Cardi B, 215, 292n31; «I Like It», 69, 209-210
Carey, Mariah, 205
Caribe, el, 45, 133, 147, 150; turistas *queer* en, 115
Carpenter, Sabrina, 229
Carrasquillo Hernández, Tania, 108
Carrión, Eladio, 50, 227
caseríos, 27, 29, 81, 145, 210-211, 214

Casos Insulares, 23, 260n41
Casper Mágico, 64-66
Castro, Andrés, 217
CBS, 176-177
Cepeda, María Elena, 203, 296n28
Cepeda, Rafael, 144
Chacón, Iris, 157
Chamberlain, Edward, 115
Chencho Corleone, 154
Childish Gambino, 202
Chimaras, Laura, 107
Chow, Andrew, 186, 188-189, 191, 194
Chuwi, 15
ciudadanía, 23, 186, 197-198, 260n42
Claudio-Betancourt, Karla, 85
Clemente, Roberto, 16, 142-143, 172
Clinton, Bill, 30-31. *Véase también* corporaciones; Sección 936 del Código de Rentas Internas
Cliqua, 105
CNCO, 102
Coachella, Festival de Música y Arte (Coachella Valley Music and Arts Festival), 14, 141, 189, 192, 198-210, 212-216, 218-223, 258n10, 295
Coachella, Valle de, 202, 212-213, 219
Colombia, 41, 46, 138, 203, 216, 219
Colón-Montijo, César, 200
Colón, Cristóbal, 17, 19
Colón, Miriam, 144
colonialismo, 16-17, 79, 151, 164, 173, 220; resistencia al, 145; EU, 15-17, 24, 37, 51, 93, 236
colorismo, 191-192, 195
conciertos P FKN R, 136*f*, 140-141, 143*f*, 145-146, 153, 156, 283n67
Congreso de los Estados Unidos, 24-25, 30, 35, 228
Coordinadora Paz para las Mujeres, 108
coquí, 143, 283n65
Corona, Ignacio, 132
corporaciones, 167, 200; EU, 30-31, 33, 51
corrupción, 22, 80, 82, 241, 288n60; del gobierno, 16, 236; Partido Nuevo

ÍNDICE ANALÍTICO 321

Progresista (PNP) y, 230-237; Rosselló y, 78, 88-89
Cotto, Miguel, 143
covid-19 pandemia, 108, 124, 126, 130, 137; en el Bronx, 139; en Puerto Rico, 141
crossover, 176; «Despacito» (Luis Fonsi y Daddy Yankee) como, 203; «Gasolina» (Daddy Yankee) como, 41; Selena como, 203
Cruz, Celia, 205, 208
Crypto Arena de Los Ángeles, 171
cuatro, 12
Cuba, 23, 204, 208
cumbia, 151, 216, 219
Curet Alonso, Tite, 172

Daddy Yankee, 69, 118, 144, 184, 189, 190*f*, 212, 217; *Barrio fino*, 212; «En la cama», 86-88; «Gasolina», 41, 68, 117, 210, 212. *Véase también* «Despacito»
Dadoo, Vita, 224
Dahian «El Apechao» (Luis Daniel Frías Felix), 148, 173
Dalmau, Juan, 29-30, 229-230, 237, 240-241
dancehall, 40-41, 131
Darell, 64-65
Davidov, Avi, 184, 292n31
Dávila Ellis, Verónica, 117, 272n5, 278n62
Dávila-Roldán, Zoán, 79
Dávila, Jomo, 51
De la Cruz, Carliz, 117
De La Ghetto (Rafael Castillo Torres), 17, 26-29, 38-40, 42- 46, 50-51, 91, 99, 133, 215, 263n44; «ACHO PR», 27-28, 226-227; «Caile», 50; *Masacre musical*, 28-29; «La ocasión», 43-44
De la Rosa, Zaira, 154
De Onís, Catalina, 165, 167
DeBÍ TiRAR MáS FOToS (directores fílmicos Cruz Suárez y Martínez Ocasio), 246*f*, 303

DeBÍ TiRAR MáS FOToS (DTMF), 12-13, 15-17, 22-23, 129*f*, 130-131, 243-252, 303
Dei V, 15
Del Toro, Benicio, 81, 143-144, 156, 226
Del Valle Schorske, Carina, 36-37, 45-46, 155
Del Valle, Luis Alfredo, 112. *Véase también* Buscabulla
dembow, 107, 131, 151, 246
descolonización, 37
desigualdad estructural, 114, 139
deuda. *Véase* Puerto Rico: crisis de la; reestructuración de la
Día de Reyes (6 de enero), 15
diáspora puertorriqueña, 20, 23, 25, 134-135, 143, 155, 213; *DeBÍ TiRAR MáS FOToS* y, 246; en Hawái, 281n22; huracán María y, 53, 61, 137; Nueva York y, 129; plena y, 13; reguetón y, 41; artistas del reguetón y, 133
Díaz, Vanessa, 266n11, 268n42
Dinzey-Flores, Zaire, 211
DJ Joe, 158; «Vamos a joder», 158
DJ Luian, 43, 46-47. *Véase también* «La ocasión»
DJ Negro, 41, 212
DJ Orma (Ormani Pérez), 45-46, 49-50
DJ Playero, 41, 212, 300n34
Dolan, Jon, 223
Don Omar, 68, 102, 118, 189, 190*f*, 213
Drake, 199, 215, 284n5
DSP (plataformas de transmisión digital), 42-44

Eccleston, Katelina «La Gata», 193
Eilish, Billie, 202
El Choli (El Coliseo de Puerto Rico José Miguel Agrelot), 19, 60, 62*f*, 120, 226, 228, 257; Residencia de Bad Bunny en, 249, 251; P FKN R conciertos en, 140-141; actuaciones de Tainy en, 67*f*, 69*f*; conciertos de *Un verano sin ti* en, 153, 155
El General, 212

El Gran Combo de Puerto Rico, 172, 280n12; «Brujería», 209; «Un verano en Nueva York», 130
El Nuevo Día (periódico), 112, 142, 154, 234
El Rey Charlie (Misael González Trinidad), 80-81, 88
El Tony, 21, 230; *El Tony Pregunta*, 229
El último tour del mundo, 13, 126-130, 133, 135-138, 140, 146, 149-150; desafiar las normas de género, 132, 204
Erman, Sam, 24, 260n40, 291n18
Espada, Mariah, 186, 189, 191, 194
España, 17, 23, 98, 238, 241
español (idioma), 18, 49, 64, 98, 196-197; álbumes en, 13, 126, 150; Arnaz y, 181, 290n6; artistas, 14, 175-176, 178, 183-184, 186, 203-204, 289n5; Bad Bunny y, 133, 150, 175-180, 183-184, 189, 191-193, 196, 200, 202, 289-290nn5-6; Feliciano y, 205; Jersey Club, 129; música en, 146, 176, 220; performance, 176; pop (música), 115; puertorriqueño, 17, 175, 289-290n5; rap y R&B, 26, 29, 39; canciones en, 13, 176, 196, 183-184, 205, 209-210, 290n6; trap, 39, 43, 263n44. *Véase también* reguetón: «roncar»
Estadio Hiram Bithorn, 140-143
Estado Libre Asociado (ELA), 24
Estefan, Gloria, 205
Europa, 25, 53, 61, 184
Exposito, Suzy, 45, 48, 71, 102, 116, 128, 150, 184-186

Facebook, 61, 110, 233
fama, 15, 50, 71-72, 178, 182-183, 224, 227
Fania All-Stars, 205
Fania Records, 209
fans, 15, 21, 27, 101, 154, 175, 193-194, 223-224, 227-228, 230, 244, 296n28; Campaña Anti-Pornografía y, 103; «El apagón» y, 171; gratitud de Bad Bunny a, 138; videos de Bad Bunny en Instagram y, 270n57; beso de Bad Bunny en los VMA y, 119; relación de Bad Bunny con Kendall Jenner y, 178-179, 191; Blackpink, 207; en Coachella, 201-204, 213-214, 220; colorismo y, 192-193; *DeBÍ TiRAR MáS FOToS* y, 246; angloparlantes, 178; Grupo Frontera y, 223; video musical de «La jumpa» y, 213; música latina, 204; trap latino y, 42; de toda la vida, 119; *Nadie sabe lo que va a pasar mañana* y, 224, 225f, 258n14; Nesi y, 117; concierto en el camión en Nueva York y, 140; P FKN R conciertos y, 141-142, 145-146; puertorriqueños, 216, 236, 243; reguetón, 216; «Tití me preguntó» y, 131; *El último tour del mundo* y, 135, 138, 146; *underground*, 211; Up Next y, 50; visualizadores y, 23
Farruko, 41, 46, 60; «Krippy Kush», 50
FBI, 92, 160
Feid, 227
Feliciano, José, 205-207, 210, 215; «Feliz Navidad», 207
FEMA (Federal Emergency Management Agency [Agencia Federal de Manejo de Emergencias]), 56-58
Fernández Juncos, Manuel, 238
Fernández, Ruth, 144
Fernández, Vicente, 205
Festival de la Esperanza, 33, 235, 239
Figueroa Cordero, Andrés, 25
Filipinas, 23, 188
Flores, Andrea, 260n38
Flores, Irving, 25
Flores, Juan, 134-135
Florida, 56-57, 133, 281n35; Fort Lauderdale, 65; Miami, 152; Orlando, 26, 64, 152
Fonsi, Luis, 41, 65, 204, 293n37. *Véase también* «Despacito»
Foraker, Ley, 23
Fortuño, Luis, 33-34, 93, 167, 236

Fret, Kevin, 119, 278n72
Fruity Loops (FL Studio), 45-46, 51, 68, 97, 131, 264n49

Gabriel, Juan, 205
Gala del Met, 99, 100*f*
García Padilla, Alejandro, 30-36, 79-80, 82, 169, 261n12
García, Natalia, 103-104
García, Nio, 64-66
García, Robert, 176
género, 106, 121, 123, 272n20; igualdad de, 110; expresiones de, 173; identidad de, 99, 110, 115, 277n41; ideologías de, 110; inclusividad de, 118; normas de, 98-99, 100*f*; políticas de, 97, 101, 121-122; representaciones de, 105, 274n5; representaciones no binarias de, 19, 49-50, 114-117, 121; roles de, 94; violencia de, 112. *Véase también* violencia: de género
Gente de Zona, 41
Glory, 117, 278n62
Godreau Aubert, Ariadna, 83
Goldenvoice. *Véase* Coachella
Gómez, Selena, 210
González, Jenniffer, 229-230, 232, 235, 240
González, Velda, 102-103. *Véase también* Campaña Anti-Pornografía
Graulau, Bianca, 163-169, 230
Great Kilo, 158
Grito de Lares, 23, 238, 241
Grupo Frontera, 201, 216-220, 223; «Bebé dame», 218; «No se va», 217-218
Guam, 23
Guerra, Juan Luis, 205

Hawái, 164, 247-248, 280n22, 283n65, 304n4
Hear This Music, 46-47, 72, 270n61
Héctor el Father, 68, 118
Hernández Colón, Rafael, 30
Hernández, Maricusa, 167. *Véase también Aquí vive gente*; aburguesamiento

hiphop, 39-41, 67, 131-133; *beats*, 28, 229; corridos tumbados y, 297n4; productores, 38
Hoard, Christian, 186
Hoffman, Anne, 94
Hollywood, 178-181, 183
homofobia, 84, 114, 121-122; Rosselló y, 82*f*, 88
Hostetler-Díaz, Jean, 54
Hostos, Eugenio María de, 247
house latino, 157
huracán Fiona, 170
huracán Harvey, 56
huracán Irma, 55-56, 165
huracán María, 71, 73, 268n36; secuelas de, 25, 63-65; «Despacito» y, 65, 269n53; respuesta del gobierno a, 19, 55-57, 78-79, 237, 267n27; Puerto Rico y, 50, 52-57, 59-63, 66, 73, 78-79, 87, 108, 137, 140, 165, 170, 265nn9-10, 288n64; Rosselló y, 75, 88; «Te boté» y, 63-66, 87

Iglesias, Enrique, 41, 205
iLe (Ileana Cabra), 76, 77*f*, 80, 83, 90*f*, 92, 144; «Afilando los cuchillos», 88-90, 270; Festival de la Esperanza y, 235. *Véase también* Calle 13; Residente
imperialismo estadounidense, 248
inglés, idioma, 74, 184, 200, 209, 245; acento e, 213; álbumes en, 176, 203; Arnaz y, 290n6; artistas, 140, 203, 206, 209, 215; audiencias, 123, 178, 193, 203, 209; Bad Bunny e, 52, 176-177, 191, 289-290n5; De La Ghetto e, 39-40, 133; Feliciano e, 206; normas lingüísticas del, 17; López y, 290n6; industria de la música e, 293n38; *Non-English*, 176, 289; música pop e, 115, 203; en Puerto Rico, 17, 40, 289-290n5; estaciones radiales, 206; Selena e, 203; canciones trap, 263n44; mercado estadounidense e, 176, 209-210

Instagram, 106, 207, 229; Apple Music e, 243, 244*f*; Bad Bunny e, 19, 47, 61, 63, 72, 75-76, 83, 109, 124, 138, 145, 176, 269n44, 269n46, 270n57, 283n67, 289n3; Casper y Nio e, 64; MAG e, 113, 129*f*, 251*f*
interfijo de un improperio, 17, 259n18
Ivy Queen, 118, 133

J Balvin, 41, 50, 70, 97, 138, 185, 210, 284n1. *Véase también* Cardi B: «I Like It»; *Oasis*
Jackson, Jhoni, 142
Jenner, Kendall, 15, 117, 179-184, 191, 194, 197, 222-224, 258n13, 291n17
Jenner, Kylie, 179, 181-184, 258n13, 291n17
Jenny la Sexy Voz, 118, 278n62
Jersey Club, 130
Jhayco (Jhay Cortez), 137, 154, 214-215
jíbaros, 248, 251*f*. *Véase también* Lavoe, Héctor
Jiménez, Félix, 118, 278n62
Jowell (Joel Muñoz Martínez), 16, 20, 133, 215
Jowell y Randy, 16, 28, 133, 154, 187, 201, 214-215, 235
Joy, Jazmyne, 97, 114-115
Juliá, Raúl, 144, 157
Junta de Supervisión y Administración Financiera (Junta de Supervisión Fiscal o La junta), 35-37, 79, 145, 165-166, 266n13

Kardashian, Kim, 181, 183, 291n17, 291-292n22
Karol G, 41; «Provenza», 118
Kendo Kaponi, 144
Khan, Aamina Inayit, 223

La Alianza de País, 29, 228-230, 235, 237, 239*f*, 240-241
La Cole (La Colectiva Feminista en Construcción), 78-79, 82, 84, 91, 109-110, 276n31

La Cruz, 122
La Fountain-Stokes, Lawrence, 115, 278n72
La India, 81, 208
La Junta. *Véase* Junta de Supervisión y Administración Financiera (Junta de Supervisión Fiscal)
La Lupe, 205, 208
La Yuli, 105-106
Laboratoria Boricua de Vogue (LaBoriVogue), 159*f*, 160, 286n34
Lady Gaga, 184, 199
Laguarta Ramírez, José, 33, 37, 236, 302n54
Lamar, Kendrick, 202
Las que no iban a salir, 124
latinidad, 193, 296n28
Lavoe, Héctor, 14*f*, 144, 208-209, 226
Lebrón, Lolita, 25, 144, 283n66
LeBrón, Marisol, 75, 79, 83-84, 211, 259n27
lenguaje (idioma), 87, 191; barreras lingüísticas, 197; censura y, 41; clases, 135; del colonizador, 18; migración y, 135; ofensivo, 235; fuerte, 232; EU políticas del, 290n5; vulgar, 154, 158-159, 274n5. *Véase también* inglés; español
Leppert, Alice, 183
lesbofobia, 84
Ley de la Mordaza, 249, 250*f*, 259n21
Ley Jones-Shafroth, 24
LGBTQ+ (comunidades), 99, 115-116, 118
Lloréns, Hilda, 57, 94
López Mari, Kacho, 18, 20, 106, 234; video musical de «El apagón», 85*f*, 156-164, 170-171, 174, 233; *Aquí vive gente*, 164-170, 234; video musical de «Callaíta», 103-104; Coachella 2023 y, 199-201, 213; Festival de la Esperanza y, 235-237, 219; Filmes Zapateros, 301n51
Lopez, Jennifer (JLo), 184, 205, 290n6; actuación en el Super Bowl (2020), 144

Lopez, Julyssa, 182, 184, 188-189, 194-196, 198, 204, 207
Lopez, Marissa, 20, 243
Los Angeles Times, 117, 192
Los Ángeles, 49, 124-126, 132; Bad Bunny en, 15, 178-179, 182-183, 191, 223-224, 233, 252; *paparazzi* en, 290n11
Los Kardashian, 179, 181, 291n22
Los Pleneros de la Cresta, 15
Los Sobrinos, 14*f*, 15
Luar la L, 227
Luftman, Andrew, 132
LUMA Energy, 155-156, 165-166, 230
Luny Tunes, 40, 45-46, 68, 133

Machito y sus Afrocubanos, 205
Madonna, 199, 217
MAG (Marcos Borrero), 20, 27, 48, 51, 124-134, 145, 154-158, 204, 218, 227; «Andrea», 152; «El apagón», 157-160, 162-163; *DeBÍ TiRAR MáS FOToS* y, 12-13, 129*f*, 130, 243-244, 251*f*; Grupo Frontera y, 217-219, 223; Max Martin y, 124, 132; *Nadie sabe lo que va a pasar mañana* y, 129, 224-225; «NUEVAYoL», 130-131; P FKN R conciertos y, 141-142; *streaming* y, 187; «Tití me preguntó», 131, 148-149; *El último tour del mundo* y, 126-130, 133, 135-138, 140; «un x100to», 218; *Un verano sin ti* y, 112, 131, 148-151; «VUELVE CANDY B», 225
Magic 93.7 FM, 232
mainstream, 184-185, 209-210, 225, 247; mundial, 212; reguetón y, 42, 246; fusión de reguetón y pop, 41. *Véase también* Coachella; *crossover*; género: normas; *mainstream* estadounidense; audiencia 52, 117, 123, 176, 178, 292n30; mercado, 196; EU, 133, 176, 203, 247; medios, 81, 88, 179, 183, 225*f*, 293n37

mainstream estadounidense, 118, 212, 215; Bad Bunny y, 15, 20, 53, 133, 175-176, 177-178, 189, 197, 203, 226
Maluma, 41, 217
Mambo Kingz, 43, 47. *Véase también* «La ocasión»
mambo-merengue, 147
mambo, 147-148, 151, 204, 208
Mari Bras, Juan, 160
Mari Pesquera, Santiago, 160, 161*f*
Martin, Max, 124, 132
Martin, Ricky, 516 74, 76, 77*f*, 81, 121, 144, 203, 205; como «blanquito», 115, 277n48; «Caro», 116, 118; «La copa de la vida», 176
Martínez Ocasio, Bernie, 45, 51
Martínez Ocasio, Bysael, 45, 51
masculinidad, 97, 98*f*, 121-122
Meléndez-Badillo, Jorell, 17, 22-23, 29, 31, 34, 58, 260n38; sobre el aburguesamiento, 288n59; sobre la narrativa de la sobrepoblación en Puerto Rico, 280n21; sobre Ojeda Ríos, 273n55; sobre la ciudadanía puertorriqueña, 260n42; sobre el movimiento independentista puertorriqueño, 274n59, 283n66
Mendes, Shawn, 210
Méndez, Fabiola, 235
México, 31, 164, 188; artistas de, 216; Ciudad Miguel Alemán, 217; mariachi y, 204; Ciudad de México, 152; frontera estadounidense con, 219
Miami, 47, 49, 67, 112, 125, 130, 152, 217
misoginia, 79, 110, 121-122; reguetón y, 101, 113, 274n5
Molinari, Sarah, 56
Molusco, 71, 92, 108, 215
Montañez, Andy, 172
Mora, 138, 227
Morales, Ed, 33, 35
Morales, Jacobo, 15, 243, 245, 246*f*
Movimiento Victoria Ciudadana (MVC), 30, 228, 235

Muñoz Marín, Luis, 24
música jíbara, 208, 246, 274n5
música mexicana, 203, 217-220, 223, 296n28. *Véase también* Grupo Frontera
música popular, 99, 121, 174, 204; latinos y, 200, 208; puertorriqueños y, 216; estadounidense, 132, 200-202, 205, 216
Myers, Bryant, 27, 42, 227; «La esclava», 42-43

nacionalismo puertorriqueño, 94, 134, 238
Nadie sabe lo que va a pasar mañana, 15, 222, 224-226, 257, 258n14
Namerrow Pastor, Lale, 81; *Landfall*, 87
Nazario, Ednita, 76, 144
negritud, 193
Negrón Luciano, Alexa, 110
Negrón-Muntaner, Frances, 93, 277n48, 294n57
Nely el Arma Secreta (Josías de la Cruz), 68
Nesi, 117-118, 121
NFL, 55, 265-266n10
Nicky Jam, 64, 77, 133
No Label, 96-97
Nodal, Christian, 217
Nueva York, 21, 27, 38-39, 43, 130-131, 133, 149, 157, 205, 208-209, 226, 245; Bronx, 137-139; concierto en el camión de Bad Bunny, 136f, 137-139, 146; East Harlem, 134; Jersey Club y, 130; trap latino y, 263n44; Manhattan, 27, 137, 184; Yankee Stadium, 119, 138, 152, 175, 202
Núria Net, 81
nuyorican, 130, 134, 144, 191, 208

Ñengo Flow, 27-28, 46, 201, 214, 226, 227

Oasis (Bad Bunny y J Balvin), 97, 185, 284n1
Ocasio Santiago, Miguel, 112
Ocasio, Lysaurie, 33, 45
Ocean, Frank, 203
Oliveras, Janthony, 27, 51
Operación Manos a la Obra, 134, 280n20
Ozuna, 42-43, 46, 49, 64

Pabön, Rafa, 235
Pacheco, Johnny, 208
Pacini Hernandez, Deborah, 132, 263n37, 284n3
panderetas, 12
Pantoja, Antonia, 144
paparazzi, 178-184, 290-291n11, 291nn13-14
Partido Independentista Puertorriqueño (PIP), 228-229, 235
Partido Nuevo Progresista (PNP), 228-237, 240, 300n34, 301n46
Partido Popular Democrático (PPD), 229, 230, 234, 236, 240-241
Partido Socialista Puertorriqueño (PSP), 160
Pascal, Pedro, 177
Paul, Logan, 233
Payo (Adelaido Solís), 216, 218
perreo, 18, 84-86, 102-106, 109, 116, 118, 128, 142, 147, 215, 272n29; combativo, 80, 84-85, 87, 91, 160; voluntad de las mujeres y, 106, 275n11
pesimismo esperanzado, 63, 66
Peso Pluma, 217
Pierluisi, Pedro, 78, 94, 145, 154-157, 166, 288n60; Orden Ejecutiva 2021-013, 109, 112
Pierluisi, Walter, 169, 288n60
Pietri, Pedro, 144
pitorro, 12, 249, 257n1
Plan B, 213
plena, 12-13, 15, 76, 83, 246, 274n5; bailarines, 171, 172f
Post Malone, 207, 214-215
Powdermaker, Hortense, 180
Power-Sotomayor, Jade, 173-174, 254
Premios Grammy, 14, 69, 128, 171-178, 289n3. *Véase también* Premios Grammy Latinos

Premios Grammy Latinos, 14, 93, 217 (*véase también* Premios Grammy)
Premios MTV (MTV Video Music Awards, VMA), 119, 175
Prensa Asociada, 56, 81
Prince Royce, 50
Prince, 50, 199
privatización: de las playas en Puerto Rico, 168; de los servicios públicos, 33-34, 36, 228; de la Universidad de Puerto Rico, 144
Promesa, 35-37, 51, 262nn32-33, 266n13
Puente, Tito, 144, 208
Puerto Rico: Ley 20, 33, 167; Ley 22, 33, 167; Ley 60, 22, 164, 168-169, 233, 262n19, 287-288n58; Aguadilla, 153, 169; Arecibo, 37, 51, 104, 301n37; Canóvanas, 58; Culebra, 55; crisis de la deuda en, 16, 19, 25, 30-37, 57, 108, 167; reestructuración de la deuda en, 165; Dorado, 22, 169; economía de, 29-30, 154, 167-168, 252, 261n6; red eléctrica de, 36, 57, 155, 164-167 (*véase también* «El apagón»; LUMA Energy; AEE); Fajardo, 153; feminicidio en, 99, 108-109, 112-113; Guaynabo, 55; Jayuya, 25, 283n66; Isabela, 158 (*véase también* Túnel de Guajataca); Mano Dura Contra el Crimen, 210-211; Morovis, 45; Playa Caracoles, 104; economía política de, 35; Ponce, 134, 153, 208; Toa Baja, 110, 154, 300n37; turismo en, 45, 164, 168, 214, 250; economía del turismo, 168; economía estadounidense y, 57; Vega Baja, 16, 21, 30, 44-45, 233; Vieques, 55, 144, 265n6; Villa Palmeras, 144, 156. *Véase también* huracán Fiona; huracán Harvey; huracán Irma; huracán María; San Juan
Puig, Mónica, 143
Pullés, Jerry, 41-43, 45, 47, 98, 101, 120, 187, 247

queer: en la obra de Bad Bunny, 114-117, 118, 121-122; en la música latina, 97; en Puerto Rico, 259n28; vulgaridad y, 19
queerbaiting, 116, 119-120
quesito, 245, 246*f*

R&B, 39, 43; en español, 26, 29, 39-40
racismo, 75, 79, 135, 192-195, 220; en contra de los negros, 193, 212, 267n27; censura y, 211; en la industria del entretenimiento, 183; ambiental, 228; en la industria de la música latina, 193; estructural, 139
RaiNao, 15
Ramos, Iván A., 132
Randy (Randy Ortiz Acevedo), 40, 215. *Véase también* «El pistolón»; Jowell y Randy
rap (música), 26, 41, 128; en español, 26, 29. *Véase también* trap
Rauw, Alejandro, 30, 133
RBD, 69
reggae, 133; panameño en español, 41, 210, 263n37
reguetón, 15, 20, 22, 40-43, 45, 48, 63, 65, 67-70, 76, 93, 96, 102-107, 128, 132-133, 142, 144-145, 147, 151, 175, 184, 188-189, 190*f*, 192, 200-201, 209-213, 217, 245-246, 263n38, 263n41, 278n62; estética del, 93; caribeño, 26; colombiano, 263n40, 284n1; corridos tumbados y, 297n4; críticos del, 84, 86; cultura del, 193; música dominicana y, 149, 284n3; género y, 99, 100*f*, 101, 105, 114-116, 121-122, 274n5; misoginia en, 101, 113-114, 274n5; pop, 263n39; protestas contra Rosselló y, 83, 86-87, 272n35; Puerto Rico y, 208, 215-216; *queer* y, 19, 259n28; *Rolling Stone* y, 184; «roncar» en, 145, 284n68; industria de la música estadounidense y, 150, 211; vulgaridad y, 19, 232; mujeres en, 116-118, 275n16. *Véase*

también Alexis y Fido; Batista, Pablo; Calderón, Tego; Calle 13; Daddy Yankee; De La Ghetto; DJ Joe; DJ Playero; Don Omar; Farruko; Feid; Héctor el Father; J Balvin; Jowell y Randy; Karol G; trap latino; Luny Tunes; Maluma; Nely el Arma Secreta; Nicky Jam; Rauw Alejandro; *reggae* panameño en español; perreo; Residente; Tainy; Wisin y Yandel; Young Miko; Zion; Zion y Lennox
Reik, 217
Renato, 212
República Dominicana, 148-149, 216, 247; Santiago de los Caballeros, 148
Residente (René Pérez Joglar), 30, 76, 77*f*, 82, 87, 90*f*, 91-95, 127, 228-229, 240-241, 270, 296n28; «Afilando los cuchillos», 88-90; «Bellacoso», 91; Festival de la Esperanza y, 235; *El Influence[R]*, 37, 89, 91; Rosselló y, 110, 276n32. *Véase también* Calle 13
resistencia, 17, 237; cuerpo y, 84; cultura de las fiestas de baile y, 174; movimientos de, 252; música como, 16, 22, 83, 101, 122, 163, 174, 208, 210, 249 (*véase también* reguetón; salsa); perreo combativo como, 160; políticas de la, 122-123; *Un verano sin ti* y, 149
respetabilidad, 19, 84; políticas de, 86, 94, 121
Ricky Renuncia, 74, 79, 82*f*, 85, 95
Rimas Entertainment, 49, 72, 107, 228, 260n36, 264n55
Rincón de Gautier, Felisa (Doña Fela), 172
Rincón, 79, 126, 169, 268n42; Sol y Playa, 169, 288n60 (*véase también* Pierluisi, Walter)
Rivera Lassén, Ana Irma, 228
Rivera Martínez, Rosa, 169
Rivera Schatz, Thomas, 230, 232-234
Rivera-Rideau, Petra, 263n39, 263n41, 269n53, 275n8, 280n14; *Remixing*

Reggaetón, 209, 259n24, 263n38, 272n29, 273n58, 275n9, 284n68
Rivera-Severa, Ramón, 84, 275n11
Rivera, Danny, 81
Rivera, Ismael (Maelo), 16, 144, 156-158, 160-163, 172, 212; «Las tumbas», 208; *Soy feliz*, 208
Rivera, Raquel Z., 211
Robles, Tristana, 235
Rodríguez de Tío, Lola, 172, 238-239, 242
Rodríguez, Pete, 209
Roiz, Jessica, 141
Rolling Stone, 51, 81, 140, 142, 171, 182, 194, 204, 206; artículos de portada sobre Bad Bunny en, 116, 184-186, 188, 190*f*, 194, 196, 292-295n35; «Callaíta» y, 102; Casper y, 64; *Las que no iban a salir* y, 128; *Nadie sabe lo que va a pasar mañana* y, 223; Residente y, 91, 109; *Un verano sin ti* y, 14; Villano Antillano y, 120. *Véase también* Exposito, Suzy
Romero, Angie, 187
Rosa, Jonathan, 17, 289-290n5
Rosado, Beto «La paciencia», 51
Rosselló, Pedro, 31, 33, 36, 86, 89, 210
Rosselló, Ricardo «Ricky», 19, 36, 74, 79-80, 87-91, 234; Ley 60 y, 167; administración de, 60, 77-78, 80, 89, 94, 160; medidas de austeridad y, 78, 145; gabinete de, 154; violencia de género y, 109; homofobia de, 75, 81, 82*f*; privatización del servicio eléctrico y, 165; protestas contra, 25, 74, 76-77, 81, 82*f*, 84-87, 90*f*, 270; renuncia de, 76-78, 84-87, 91; Trump y, 60. *Véase también* corrupción; García Padilla, Alejandro; Vázquez Garced, Wanda
Royal Caribbean, 61, 268n43
Ruiz Costas, Andrea, 112-113

salsa, 14*f*, 15, 131, 200-201, 204, 208-210, 217, 246, 293n38; historia de la, 200, 208, 210. *Véase también* Curet

Alonso, Tite; El Gran Combo de Puerto Rico; Fania All-Stars; Fania Records; La India; Lavoe, Héctor; Rivera, Danny; Rivera, Ismael (Maelo)
San Juan, 29, 46, 74, 79-81, 88, 103-104, 119-120, 124, 126, 138, 156, 164, 168; Calle Loíza, 213, 214*f*; Capitolio, 62*f*; catedral de, 85; Condado, 167; *hooka clubs* propiedad de dominicanos, 263n44; caserío Juana Matos, 144; *listening party* (fiesta de escucha) de *Nadie sabe lo que va a pasar mañana* en, 222, 224; Viejo San Juan, 18, 38, 76, 78, 80-81, 84, 87, 167; La Perla, 38-39, 161, 263n36; P FKN R conciertos en, 136*f*, 141, 143*f*, 146; Plaza Las Américas, 46; Puerta de Tierra, 167; Santurce, 144, 153, 167; alquileres a corto plazo, 304n6 (*véase también* Airbnb; aburguesamiento); protestas del Verano Boricua, 90*f*. *Véase también* El Choli; Rodríguez de Tió, Lola
Santiago, Eddie, 98, 120-122, 135, 187
Santos Febres, Mayra, 144
Santos, Antony, 131
Santos, Romeo, 141
sapo concho, 15, 245, 246*f*
Saturday Night Live (SNL), 14*f*, 176-178, 290n6
Sección 936 del Código de Rentas Internas de Estados Unidos, 30-31, 33, 38
Sech, 111, 138
Selena, 203, 219, 295n4
Shakira, 184, 203, 205, 217
Shirley, Travis, 141
soca, 151
Solá, Sujeylee, 96, 185, 292n35
Solís, Adelaido «Payo», 216, 218. *Véase también* Grupo Frontera
Sosa, Mercedes, 205
Sotomayor, Sonia, 144
SoundCloud, 22, 42, 46
SoundScan, 187, 293n40

Spears, Britney, 131-132
Spotify, 13-14, 42-43, 51, 137, 146, 150, 187, 269n46; Bieber y, 204; búsqueda del tesoro, 243; latinos estadounidenses en, 98, 120, 135
Stensby, Wayne, 166
Stillz, 105, 136*f*
streaming: música *country* y, 223; críticas al, 293n41; artistas latinos en, 186; música latina y, 186-188; plataformas, 13, 43, 244, 269n46. *Véase también* Apple Music; DSP; Spotify
Suarez, Gary, 128

taínos (indígenas), 17, 144
Tainy (Marco Efraín Masís Fernández), 21, 51, 54, 66-71, 73, 83, 87, 103, 126, 130, 187, 202, 211, 269n55; «ACHO PR», 27-28; «Andrea», 152; «Callaíta», 101-102; «Dákiti», 137; *Data*, 67; *DeBÍ TiRAR MáS FOToS* y, 244; «Estamos bien», 53, 70; Fruity Loops y, 45-46, 131, 264n49; «I Like It» (Cardi B), 69, 209; *Más Flow: Los Benjamins*, 40, 69; «Pam pam» (Wisin y Yandel), 68; «Una velita», 238-239; *Un verano sin ti* y, 149, 151; «Yo no soy celoso», 151-152
Thalía, 205
The New York Times Magazine, 45-46
The New York Times, 78-69, 82, 166, 176, 212
The Tonight Show with Jimmy Fallon, 20, 52-54, 73, 111
The Weeknd, 202
Time (revista), 186, 189, 191, 223
Tisci, Riccardo, 100*f*
Tito Flow, 149
Today Show, 176
Tokischa, 119
Tony Dize, 154
Tony Tun Tun, 69
Torres Gotay, Benjamín, 58
Towers, Myke, 50, 141
transfobia, 84, 114, 120-122

trap (música), 15, 40-44, 47-48, 132, 263n44. *Véase también* trap latino
trap latino, 15, 26-27, 29, 37, 40-51, 145, 224, 263n44; puertorriqueños de la diáspora y, 133; género y, 97-99. *Véase también* Anuel AA; Apple Music: Trap Kingz (lista de reproducción); Arcángel; Bad Bunny, canciones de: «ACHO PR»; «Estamos bien»; Carrión, Eladio; De La Ghetto; Myers, Bryant; «La ocasión»; Ozuna; Young Martino: «Te boté»; Towers, Myke
Tribunal Supremo de Estados Unidos, 23, 36, 144, 260n46
Trinidad, Félix «Tito», 76, 143, 226
Triviño, Jesús, 187
Trump, Donald, 73; huracán María y, 52-53, 55-57, 265-266n10; Puerto Rico y, 57-60, 265-266n10, 267n24, 283-284n67, 303n67
Túnel de Guajataca, 158-162, 174
Twitter (X), 60, 62*f*, 75, 109, 117, 119, 194, 223, 231*f*

Un verano sin ti, 11-112, 147-152, 154, 164, 224, 245; conciertos en Puerto Rico de, 120, 153; desafiar las normas de género en, 204; éxito de, 14, 126, 149-151, 171, 186. *Véase también* Bad Bunny, canciones de: «Andrea»; «Tití me preguntó»; giras de Bad Bunny: *World's Hottest Tour*; MAG; Tainy
underground, 210-211, 213, 259n27, 263n37
Universidad de Harvard: Albizu Campos y, 283n66; Bad Bunny en, 53, 75, 96-97, 101, 106, 108, 113, 121, 191; Luny Tunes y, 133. *Véase también* No Label
Universidad de Puerto Rico (UPR), 37, 46
Univisión, 137-138

Valentín-Escobar, Wilson, 203

Vanguard (Premios GLAAD), 99, 116
Vanity Fair, 102, 104, 121
Vázquez Garced, Wanda, 77, 94
Vázquez, Sergio, 142
Velázquez, José Martín. *Véase* Young Martino
Verano Boricua, 78-81, 87, 90*f*, 91, 95, 101, 144, 157, 228; perreo y, 84, 87; vulgaridad y, 18, 87. *Véase también* Young Martino: «Te boté»
Vico C, 133, 144, 212
videos musicales, 103-107, 114, 121, 142, 156, 248-250
Villano Antillano, 119-123, 154
violencia, 41-42, 103, 109-110, 115, 122, 211; contra los negros, 84; colonial, 290n5; doméstica, 107, 112; de género, 19, 79, 99, 107-111, 113-114; armas, 87; de pareja, 108, 110-111; reguetón y, 86, 113-114; contra las personas trans, 110
Vuelve Candy B, 225
vulgaridad, 18-19, 87, 232. *Véase también* Verano Boricua

West, Kanye, 28, 183
Wheeler, Andre, 117-118
Whitefish Energy, 165
Wisin y Yandel, 68, 77, 118

X 100PRE, 70-72, 92, 97, 98*f*, 136, 138, 270n61, 284n1; arte para, 142; «Caro», 98*f*; Martin y, 115; gira de, 96

Yandel, 69; «Mami yo quisiera quedarme», 87
Ydrach, Chente, 51, 71, 92, 108, 113, 124, 126, 140, 159, 162, 182, 215; sobre el concierto P FKN R, 142, 143, 145
YHLQMDLG, 17, 95, 105, 124, 127, 138, 140, 145, 259n17; DJ Orma (Ormani) y, 50; reseñas de, 117; portada de *Rolling Stone* y, 185; tema visual y, 136.

Véase también Bad Bunny, canciones de: «La difícil»; «Safaera»; «Si yo veo a tu mamá»; *Las que no iban a salir*; «Yo perreo sola»; *Oasis*
Young Martino (José Martín Velásquez), 64, 66; «Te boté», 64-66, 87
Young Miko, 30, 120, 122, 154, 227
YouTube, 49, 64, 171, 264n55, 283n67; «Afilando los cuchillos» y, 89, 270; *DeBÍ TiRAR MáS FOToS* (video) y, 246*f*; Grupo Frontera y, 216-219; tutoriales, 58; visualizadores, 22, 260nn37-38. *Véase también* Molusco; Paul, Logan; Residente: *El Influence[R]*; El Tony: *El Tony Pregunta*; Ydrach, Chente
YOVNGCHIMI, 227

Zambrana, Rocío, 79, 85
Zardoya, María, 154
Zion y Lennox, 27, 68
Zion, 39-40, 68

ACERCA DE LAS AUTORAS

Vanessa Díaz es profesora adjunta de Estudios Chicanos y Latinos en la Universidad Loyola Marymount, y autora de *Manufacturing Celebrity: Latino Paparazzi and Women Reporters in Hollywood*.

Petra R. Rivera-Rideau es profesora adjunta de Estudios Americanos en Wellesley College, y autora de *Remixing Reggaetón: The Cultural Politics of Race in Puerto Rico* y *Fitness Fiesta!: Selling Latinx Culture through Zumba*.

www.ingramcontent.com/pod-product-compliance
Lightning Source LLC
Jackson TN
JSHW020240181225
95677JS00003B/3